Fotorealistische Computeranimation

W. Leister   H. Müller   A. Stößer

Fotorealistische Computeranimation

Mit 182 zum Teil farbigen Abbildungen

Springer-Verlag

Berlin Heidelberg New York
London Paris Tokyo
Hong Kong Barcelona
Budapest

Heinrich Müller
Universität Freiburg
Institut für Informatik
Rheinstraße 10–12
W-7800 Freiburg

Wolfgang Leister
Achim Stößer
Universität Karlsruhe
Institut für Betriebs-
und Dialogsysteme
Postfach 69 80
W-7500 Karlsruhe

ISBN 3-540-53234-X Springer-Verlag Berlin Heidelberg New York

CIP-Titelaufnahme der Deutschen Bibliothek
Leister, Wolfgang: Fotorealistische Computeranimation/W. Leister; H. Müller; A. Stösser.
Berlin; Heidelberg; New York; London; Paris; Tokyo; Hong Kong; Barcelona; Budapest:
Springer, 1991
    ISBN 3-540-53234-X (Berlin . . .)
NE. Müller, Heinrich:; Stösser, Achim:

Die Wiedergabe von Gebrauchsnamen, Handelsnamen, Warenbezeichnungen usw. in
diesem Werk berechtigt auch ohne besondere Kennzeichnung nicht zu der Annahme, daß
solche Namen im Sinne der Warenzeichen- und Markenschutz-Gesetzgebung als frei zu
betrachten wären und daher von jedermann benutzt werden dürften.

45/3140-5 4 3 2 1 0 – Gedruckt auf säurefreiem Papier

Vorwort

Die heutige Computergraphik mit ihren vielfältigen Anwendungen zeigt eine Tendenz zu Farbe und Bewegung. Während man sich früher mit auf Plottern erstellten Liniengraphiken oder auf Bildschirmen gezeigten Drahtmodellen, deren direkte Bewegung sehr teure Spezialhardware erforderte, zufrieden geben mußte, ist heute das fotoähnliche Bild inklusive direkter Manipulation am Bildschirm in den Bereich des auch finanziell Möglichen gerückt. Schon gängige Home-Computer oder PCs für wenige tausend Mark verfügen über Graphikmöglichkeiten, die vor einigen Jahren noch Spezialeinrichtungen vorbehalten waren.

Besonders eindrucksvoll sind die immer häufiger im Fernsehen als Vorspann oder in Werbespots zu sehenden rechnergenerierten Videoclips. Solche Computeranimationen (wobei „Animation" hier nicht als Anregung im Sinne von „Unterhaltung", sondern als „Belebung" zu verstehen ist) erzielen ihre Wirkung durch die Simulation optischer Effekte, wie etwa des Reflexionsverhaltens metallischer Oberflächen, sowie durch ausgefeilte Bewegungsabläufe. Bei den bedeutenden Computergraphikkonferenzen ist eine Entwicklung zu totalem rechnergenerierten Realismus (manchmal auch als „Hyperrealismus" bezeichnet) festzustellen. Nicht nur die optische Abbildung, sondern auch die dargestellten Modelle (z.B. Tiere, Menschen, Wasser, Bäume, Wolken) und ihr Bewegungsablauf werden unter Rückgriff auf entsprechende physikalische Gesetze dem natürlichen Vorbild täuschend ähnlich nachgeahmt.

Eine Motivation zur Beschäftigung mit dieser Art von Nachbildung der Natur ist sicherlich die Demonstration des technisch Machbaren und die kommerzielle Verwertbarkeit eindrucksvoller Effekte. Darüber hinaus gibt es jedoch auch echte Anwendungsgebiete. Ein Beispiel ist die Visualisierung komplexer Daten und Prozesse. Diesem nicht erst seit der Initiative der amerikanischen National Science Foundation (NSF) zu „Visualization in Scientific Computing" aktuellen Thema eröffnen sich durch den Einsatz fotorealistischer Computeranimation neue Wege.

Dieses Buch behandelt Techniken zur Produktion fotorealistischer Computeranimationen. Für potentielle Entwickler von Animationssystemen oder -systemkomponenten werden grundlegende Verfahren und ihre effiziente Umsetzung in Algorithmen und Software vorgestellt. Anwender der fotorealistischen Computergraphik erfahren technische Einzelheiten, die helfen können, Computeranimationssysteme besser zu verstehen und zu nutzen. Ferner werden Ideen für die Realisierung von Effekten angeboten, die dazu beitragen können, die heute speziell in den Medien zu erkennende ermüdende Gleichförmigkeit von Computeranimationen zu überwinden. Zukünftige Anwender können sich mit diesem aussichtsreichen Gebiet vertraut machen, wobei sich hoffentlich niemand durch die Komplexität des Weges von der Idee bis zum fertigen Film abschrecken läßt.

Die Gliederung orientiert sich an den Entwicklungsphasen, die bei der Produktion von Computeranimationen zu durchlaufen sind. Zunächst wird dieser Entwicklungsprozeß sowie die bei seiner Durchführung eingesetzte Soft- und Hardware vorgestellt. Danach werden die Teilschritte Modellierung, Bilderzeugung, Aufzeichnung und Nachbearbeitung im einzelnen betrachtet. Gegenstand der Diskussion sind Komponenten und Verfahren, die sich in der Erfahrung der Autoren als wesentlich erwiesen haben. Dabei repräsentiert die Auswahl nur einen kleinen Teil des heutigen Wissens. Aus diesem Grund schließen die einzelnen Kapitel mit Übersichten zum Stand der Technik und Verweisen auf die relevanten weiterführenden Literaturstellen. Die Übersichten erleichtern es dem Leser, sich selbst in der Fachliteratur zurechtzufinden und so auf die gewünschte Information schnell zugreifen zu können.

Ein wesentlicher Bestandteil dieses Buches ist die Demonstration der vorgestellten Techniken anhand eines konkreten Beispiels, der fotorealistischen Computeranimation *Occursus cum novo* („Begegnung mit dem Neuen"), die 1987 entstand. Im März 1987 wurde nach Erteilung eines Stipendiums des ORF im Rahmen der Linzer *Ars Electronica* am Institut für Betriebs- und Dialogsysteme der Universität Karlsruhe eine Arbeitsgruppe mit dem Ziel gebildet, eine fünfminütige Computeranimation vollständig mit dem Strahlverfolgungsverfahren herzustellen. Am 11. September 1987 konnte der Film dem universitätsinternen Publikum zum ersten Mal vorgestellt werden. Der Öffentlichkeit dargeboten wurde die Animation am 19. September 1987 bei der Vorstellung der Stipendienarbeiten auf der *Ars Electronica*. Viele der in diesem Buch vorgestellten Konzepte wurden im Verlauf dieses Projektes implementiert und eingesetzt. Über die Erfahrung wird für die einzelnen Teilschritte in jeweils einem separaten Abschnitt berichtet. Zu diesen Texten haben außer den Autoren auch die anderen Teilnehmer an dem Projekt beigetragen: Gerd Bieberich, Andreas Christmann, Bernhard Geiger, Udo Kebschull, Bernd Lamparter, Rudolf Lindner, Markus Linsenmann, Thomas Maus, Burkhard Neidecker, Markus Pins, Matthias Schmidt, Alfred Schmitt, Birgit Schumacher, Michael Stark und Vassilis Vlassopoulos. Darüber hinaus haben zahlreiche weitere Personen zur Entstehung dieses Buches beigetragen, und zwar durch Unterstützung bei der Verwendung des LaTeX-Systems, durch Korrekturlesen sowie schließlich bei der Herstellung. Ihnen allen wollen wir an dieser Stelle besonders danken.

Freiburg, Karlsruhe
Im Frühjahr 1991

Wolfgang Leister
Heinrich Müller
Achim Stößer

Inhaltsverzeichnis

1. Animation

In diesem Kapitel wird erläutert, was Animation bedeutet, und die historische Entwicklung von Bilderzeugungs- und Animationstechniken geschildert. Es folgt ein Überblick zu Anwendungsmöglichkeiten der Computeranimation. Schließlich wird die Vorgehensweise bei der Entwicklung von Computeranimationen und die dabei eingesetzte Hard- und Software beschrieben.

1.1 Geschichtliche Wurzeln

Animation bedeutet die Erstellung von Bildserien, die bei hinreichend schneller Wiedergabe den Eindruck von kontinuierlicher Bewegung hervorrufen. *Computeranimation* ist Animation mit Rechnern. Neben dem Rechnereinsatz im Zusammenhang mit traditionellen Animationstechniken hat sich in den vergangenen Jahren eine eigenständige Animationsrichtung entwickelt, die *fotorealistische Computeranimation*. Durch den Einsatz von Datenerfassungstechniken der Computergraphik und Simulationsmodellen für Optik, Kinetik, Kinematik und Dynamik haben sich Möglichkeiten eröffnet, die weit über das hinausgehen, was mit vernünftigem Aufwand mit traditionellen Techniken machbar ist.

Fotorealistische Computeranimation reiht sich in die Entwicklungsgeschichte vieler anderer Techniken der bildlichen Darstellung ein. Aus Gründen des Selbstverständnisses der Computeranimation wird im folgenden auf diese Vorgeschichte etwas eingegangen. Die Entwicklung war dabei geprägt von der Erforschung und der Nachahmung der Natur einerseits und dem Einsatz dieser Erkenntnisse für neue Ausdrucksmöglichkeiten andererseits. Auch in der fotorealistischen Computeranimation entwickeln sich sehr schnell neue ungeahnte Ausdrucksmöglichkeiten, die über die zuerst beabsichtigte perfekte visuelle Fälschung der Natur hinausgehen.

1.1.1 Bilderzeugung und Realismus

Die älteste Möglichkeit der Bilderzeugung ist sicherlich die Veränderung einer Zeichenfläche mittels eines Zeichenwerkzeugs, sei es mit dem Finger in den Sand zu zeichnen, mit scharfen Steinen Kerben in Knochen zu ritzen oder Farbpigmente auf Felswände oder Zelthäute aufzutragen. Später wurde die Raumdimension einbezogen, realisiert durch Schnitzereien, in Ton modellierte Figuren

oder aus Ritzzeichnungen entwickelte Reliefs. Bei den Motiven spielen von je-
her, wie siebenunddreißig Jahrtausende alte eiszeitliche Höhlenmalereien zeigen,
einerseits die reale Umwelt und zum anderen symbolische Darstellungen eine wesentliche Rolle. Diese Symbole gehorchen Regeln, die sich aus mythischen, philosophischen oder psychologischen Motiven entwickelt haben. Die Darstellung der
realen Umwelt folgt dagegen in zunehmendem Maß Gesetzen, die naturwissen-
schaftlich und damit exakt zu begründen sind.

Erste Ansätze der realistischen Darstellung gab es schon in der Kunst der
griechischen Antike im 7. und 6. Jahrhundert vor unserer Zeitrechnung, wo bereits durch Überdeckung und Figurenverkürzung perspektivische Wirkung an-
gestrebt wurde, weitergeführt in römischen Wandbildern und Mosaiken. Doch
wirklich optischer Realismus bei der Abbildung der Natur wird erst seit kurzer
Zeit erreicht; neben der Perspektive erfordert die verständliche zweidimensionale
Darstellung dreidimensionaler Szenen die Verwendung von Beleuchtungseffekten,
wie sie in der Malerei, wo Modellieren auch das bildnerische Vortäuschen von
Körperlichkeit bezeichnet, etwa seit dem 14. Jahrhundert, erstmals von Giotto
di Bondone durch Beleuchtungsmodellierung und Schattierung realisiert wurden.

Die wichtigsten Grundlagen für Regeln zur natürlichen Darstellung wurden
im *Quattrocento* geschaffen. Eine ganze Reihe von Künstlern und Naturwissen-
schaftlern beschäftigte sich damals mit der Abbildung der realen Welt auf die
Leinwand. Im Jahr 1435 beschrieb Leon Battista Alberti in seinem Traktat *De
pictura* die Theorie der Perspektive. Alberti lieferte sowohl eine theoretische als
auch eine praktische Lösung des Perspektivproblems. Er entwickelte die lineare
perspektive Zentralprojektion. Es folgten Werke von Piero della Francesca (1490),
Leonardo da Vinci und Gérard Desargues. Die dort beschriebenen Methoden wurden bald von verschiedenen Künstlern aufgegriffen. Albrecht Dürer war einer der
ersten, der diese Methoden weiterentwickelte und in die Praxis umsetzte. Seine
Anwendung der Perspektive war ein Wendepunkt weg von der Bedeutungsper-
spektive und Lokalfarbe in mittelalterlichen Andachtsbildern zu wissenschaftlichen Methoden. Giottos Figuren-Verkürzungen und Licht-Schatten-Modellierung
und die Anwendung von Brunelleschis Perspektive in der Malerei Masaccios waren entscheidende Stationen auf dem Weg zum wissenschaftlich fundierten Realismus der Renaissance.

Die Methoden zur Darstellung dreidimensionaler Szenen wurden von den exakten Wissenschaften, insbesondere der Mathematik, zunehmend vervollkomm-
net. Außer dem Darstellungsproblem wurden auch viele andere Erscheinungen
der Natur mathematisch modelliert. Dabei entwickelten sich mächtige Beschreibungsverfahren und Kalküle. Diese werden heute in der Mathematik als eigenständige Gebiete wie der Analysis mit der Differential- und Integralrechnung,
der linearen Algebra und analytischen Geometrie, der Differentialgeometrie und
anderen gepflegt. Die Beschreibungsverfahren und Kalküle werden zur Formulierung und Anwendung naturwissenschaftlicher Gesetze verwendet. Sie gehen als
eine wesentliche Komponente in Systeme der fotorealistischen Computeranimation ein.

1.1.2 Automation der Abbildung, Fotografie

Filippo Brunelleschi verwirklichte im Jahre 1425 eine Vorrichtung zur Abbildung von Objekten. Diese Vorrichtung bestand aus einem Gestell, auf dem eine Spiegelebene sowie ein Brett aus Holz angebracht waren. Das beobachtete Motiv wurde über den Spiegel auf das Brett übertragen und dort zeichnerisch festgehalten.

Ein anderer früher Apparat war die *Camera obscura*. Das Prinzip dieser Einrichtung ist sehr einfach; einige der modernen Bilderzeugungsverfahren der Computergraphik, wie *Raytracing*, arbeiten ähnlich. Das Bild wird durch eine Lochblende, ab Mitte des 16. Jahrhunderts auch durch eine Sammellinse, ins Innere eines Kastens auf eine Mattscheibe oder später auf ein Aufnahmematerial abgebildet. Bereits im 4. Jahrhundert vor unserer Zeitrechnung deutete Aristoteles Naturerscheinungen, die sich mit dem Prinzip der *Camera obscura* erklären lassen. Der als Alhazen bekannte Ibn-al-Haitham beschrieb sie zum ersten Mal im 11. Jahrhundert; er verwandte sie zu Sonnenbeobachtungen. Kamāl-al-Dīn betrachtete damit im 13. Jahrhundert fliegende Vögel. Im 16. und 17. Jahrhundert wurde die *Camera obscura* vor allem als Zeichenhilfsmittel verwendet. Dies galt nicht als ehrenvoll und wurde nur von wenigen Malern zugegeben. Mit ziemlicher Sicherheit läßt sich sagen, daß sie beispielsweise von Vermeer und Canaletto verwendet wurde.

Seit Mitte des 18. Jahrhunderts waren Scherenschnitte verbreitet, hergestellt über das Schattenbild auf einem rückseitig beleuchteten, halbtransparenten Schirm. Da die Scherenschnittporträts sehr billig waren, wurden sie nach dem französischen Finanzminister *Silhouetten* genannt. Ähnliche Bilder wurden hergestellt, indem flache Objekte auf lichtempfindliches Papier gelegt wurden.

Ein weiterer großer Schritt hin zur Vervollkommnung der Illusion begann in der Mitte des neunzehnten Jahrhunderts mit der *Fotografie*. Sie wurde zunächst von vielen Künstlern abgelehnt, bald aber als Medium für Kunst und Wissenschaft anerkannt. Die Fotografie entstand aus dem Bedürfnis, die Bilder der *Camera obscura* ohne den Eingriff eines Menschen festzuhalten. Aufbauend auf früheren Beobachtungen der Lichtempfindlichkeit gewisser chemischer Substanzen gelang Joseph Nicéphore Niépce 1816 ein Bild auf Chlorsilberpapier und 1824 die erste „Heliographie", die Belichtung einer asphaltbeschichteten Zinnplatte mit einer *Camera obscura* über einen Zeitraum von acht Stunden. Die Reduktion der Belichtungszeit auf weniger als eine halbe Stunde wurde durch die 1839 vorgestellte *Daguerreotypie* von Louis Jacques Mandé Daguerre möglich. Nahezu gleichzeitig führten in München Carl August von Steinheil und Franz von Kobell fotografische Versuche durch. Auch Hyppolyte Bayard, der 1837 mit fotografischen Experimenten begann, nahm die Erfindung der Fotografie für sich in Anspruch.

Die Daguerreotypien waren nicht vervielfältigbar. Dieser Nachteil wurde mit der Erfindung des Negativs durch William Henry Fox Talbot behoben. Das Negativ war eine Metallplatte, die belichtet und fixiert wurde. Davon konnten Papierabzüge hergestellt werden. Zur Verbreitung der Fotografie trug der von George Eastman eingeführte Rollfilm bei, der die Glasplatten ersetzte. 1887 erfand Hannibal Goodwin den vollkommen transparenten und biegsamen Rollfilm auf Zelluloidbasis. Das heute am häufigsten verwendete Kleinbildformat ($24 \times 36\text{mm}^2$) ist ein Nebenprodukt der Kinematographie: Oskar Barnack verwendete ab 1912 das 1891 von Thomas Alva Edison eingeführte 35mm-Format.

Mit den schwarzweißen Fotografien gab man sich nicht lange zufrieden, denn bald wurden verschiedene Handkolorierverfahren verwendet. Basierend auf Thomas Youngs Theorie der drei Grundfarben im Auge demonstrierte 1861 James Clerk Maxwell die Farbreproduktion aus drei Diapositiven, die durch Rot-, Grün- und Blaufilter fotografiert wurden. Zur Integration der drei Farbauszüge in ein Bild schlug 1868 Ducos du Hauron ein Muster aus feinen Linien vor, die, aus einem ausreichenden Abstand betrachtet, dichter waren als das Auflösungsvermögen des Auges, so daß ein Farbeindruck auf einem einzelnen Bild erzeugt werden konnte. John Joly realisierte das Verfahren 1894 mit einem Raster aus roten, grünen und blauvioletten Linien und einer Liniendicke von weniger als einem Zehntel Millimeter. Wenn die Linien auch oft von oben nach unten verliefen, erinnern die so aufgenommenen Fotos sehr an heutige Rasterbildschirme. Dieses sogenannte *Autochrome-Verfahren* wurde von James McDonough (1896) und den Gebrüdern Lumière (1904) weiterentwickelt und war ab 1897 sehr erfolgreich. Von besonderer Bedeutung war schließlich das *Dreischichtenverfahren*. Hierbei werden Filter und lichtempfindliche Schichten auf dem Film übereinandergelegt, wodurch Spezialkameras für Farbaufnahmen überflüssig werden.

Die auf kohärentem Licht basierende *Holographie* bietet eine Möglichkeit, Objekte räumlich wiederzugeben, statt sich mit einem bloßen zweidimensionalen Abbild zu begnügen. Diese Verfahren wurden durch die Lasertechnik ermöglicht. Die holographische Bilderzeugung wurde 1948 von Gabor vorgeschlagen und von Leith, Upatnieks 1962 wesentlich verbessert. Frühe Versuche mit rechnergenerierten Hologrammen gehen auf Lohmann und Paris, 1967, zurück. Während sich einfache rechnergenerierte Hologramme in der Technik bewährt haben, ist das volle dreidimensionale synthetische Hologramm einer komplexen Szene in hinreichender Größe angesichts des beträchtlichen Rechenaufwands noch utopisch.

In der maschinellen Herstellung von Bildern wurde eine Gefahr für die traditionellen Künste gesehen. Tatsächlich wurde die Kunst jedoch durch die Fotografie bereichert – durch Nadar und Le Gray etwa –, andererseits wurden mit dem Aufkommen fotografischer Ateliers viele Porträtmaler brotlos. Wenn auch schon früh in Fotografien selbst schönfärberische Retuschen vorgenommen wurden, wenn die Dadaisten als völlig neue Gestaltungsmöglichkeit die Fotomontage entwickelten, so blieb doch die Beschränkung auf die Abbildung oder bestenfalls Verfremdung der existierenden Realität, die nur ein winziger Bruchteil der *möglichen* Realität und somit ein weites Betätigungsfeld für andere Künstler ist.

Aus Sicht der fotorealistischen Computeranimation ist Fotografie als eine Aufzeichnungstechnik für rechnergenerierte Bilder und Filme von Bedeutung. Ferner besteht natürlich eine gewisse Konkurrenzbeziehung. Es macht nicht viel Sinn, natürliche Erscheinungen perfekt nachzuahmen, die viel einfacher direkt fotografisch erfaßbar sind. Vielmehr wird in vielen Situationen die Fotografie die Computergraphik ergänzen und umgekehrt.

1.1.3 Film und Video

Aus einfachen stroboskopischen Geräten entwickelten sich nach und nach bewegte Bilder, Ton-, Farb- und Stereofilm, um so einer realistischen Darstellung zeitlicher Abläufe immer näher zu kommen. Drei Entwicklungslinien führen zur Kinematographie: zum einen die Aufzeichnung von Bildern, zum anderen deren Wiedergabe und schließlich die Bewegungssimulation durch Bildfolgen.

Die Aufzeichnung von Bildern, die Fotografie, die von der *Camera obscura* ausging, wurde bereits ausführlich beschrieben. Sie führte zu Reihenaufnahmen von Jules Janssen (1874) und Eadwaerd Muybridge (um 1878) und zum perforierten Normalfilm von Thomas Alva Edison.

Verschiedene Geräte zur Wiedergabe von Bewegtbildern gehen auf die um 1660 entstandene *Laterna magica*, einer Vorläuferin des Diaprojektors, zurück. In der ersten Hälfte des 19. Jahrhunderts wurden Geräte erfunden, die zyklische Bildfolgen zu einer mehr oder minder kontinuierlichen Bewegung zusammenfügten. Eines davon war das 1832 auf die Untersuchung des „Zaunphänomens" durch P.M. Roget 1824/25 und die Faradaysche Scheibe 1830/31 folgende Lebensrad von Joseph Plateau und Simon Stampfer. Durch Schlitze in einer sich drehenden Scheibe wurden dahinterliegende Bilder betrachtet. Diese Bildserie verschmolz durch die Trägheit des Auges zu einer kontinuierlichen Bewegung. Ähnliche Geräte mit Schlitzmasken und Spiegelumlenkungen entstanden; sie unterschieden sich häufig weniger durch ihr Prinzip als vielmehr durch ihre phantasievollen Bezeichnungen wie *Phenakistoskop, Stroboskop, Bioskop, Mutoskop, Folioskop, Kinematoskop, Thaumatrop, Zoetrop* oder *Praxinoskop*. Zusammen mit der *Laterna magica* ergaben sie 1845 das Projektions-Lebensrad von Uchatius. 1895 entstand daraus und aus Edisons perforiertem Film der *Cinématographe* von Auguste und Louis Lumière.

In diesem Jahrhundert entwickelte sich als neues Wiedergabeverfahren die Fernseh- und Videotechnik, aufbauend auf älteren Entwicklungen wie die *Nipkow-Scheibe*. Nipkow schlug 1884 vor, die Helligkeit eines mittels einer rotierenden Scheibe abgetasteten Bildes über eine Selenzelle in Stromschwankungen zu übersetzen. Zur Wiedergabe sah er ein Lichtrelais vor. Obwohl Nipkows Ideen im Prinzip richtig waren, konnten sie aus technischen Gründen – im wesentlichen, weil geeignete Verstärker fehlten – zu diesem Zeitpunkt nicht realisiert werden. Die Entwicklung des Fernsehens zu einer praktikablen Technik geschah in den zwanziger Jahren. Zur Bildwiedergabe wurde die *Braunsche Röhre* eingesetzt, wo eine beschichtete Oberfläche durch Auftreffen eines Elektronenstrahls zum Leuchten gebracht wird. Durch gezieltes Steuern des Strahls und entsprechende Verstärkung oder Abschwächung seiner Intensität können so dynamisch Bilder auf diese Oberfläche gezeichnet werden. Die Steuerung des Elektronenstrahls erfolgt über ein Signal, das in geeigneter Form vom Sender zum Empfänger übertragen wird. Das Fernsehen war zunächst schwarzweiß. Die Entwicklung des Farbfernsehens zur Serienreife fand in den fünfziger Jahren statt. So wurde in den USA 1954 die NTSC-Farbfernsehnorm eingeführt und 1963 von Bruch in Deutschland das PAL-Verfahren vorgestellt.

Das Fernsehen war zunächst nur alternatives Medium zur Darstellung von Filmen und Bildern mit dem Zweck, diese praktisch beliebig aussenden und empfangen zu können. Eine Konkurrenz zur klassischen Filmtechnik wurde die Fernsehtechnik durch die Einführung von Aufzeichnungsanlagen für Videosignale, den Magnetaufzeichnungsmaschinen (MAZ-Anlagen) oder Video-Rekordern. Die ersten kommerziellen, damals noch recht aufwendigen MAZ-Anlagen kamen Mitte der fünfziger Jahre auf den Markt. Das Filmmaterial aus Zelluloid wird hier durch das Magnetband ersetzt. Seit ihrer Einführung wurde die Magnetaufzeichnungstechnik zunehmend perfektioniert, zum einen als Massenprodukt, zum anderen bezüglich der Aufnahmequalität im professionellen Bereich.

Ende der siebziger Jahre wurden die ersten digitalen Effektgeräte entwickelt, die Bildmanipulationsoperationen wie Zooming, Wegklappen, Rotieren und Deformieren von Videobildern ermöglichen. Solche Geräte dienen zur Nachbearbeitung von Videofilmen, wobei allerdings durch das eventuell mehrmals erforderliche Schneiden bei der heute verbreiteten analogen Technik schnell ein Qualitätsverlust eintritt. Höchste Qualität erzielen digitale Videosysteme, die Bilder digital codiert aufzeichnen und so ein qualitätsverlustfreies Wiedergeben und Kopieren ermöglichen. Durch die digitale Videotechnik wird in Zukunft die nahtlose Verbindung zur Computertechnik geschaffen werden. Sie vereinfacht die heute noch recht aufwendige Aufzeichnung von Computeranimationen, die einen nicht unbeträchtlichen Einsatz an spezieller störungsanfälliger Hardware erfordert, signifikant. Auch die heutige Trennung von Bilderzeugung mit anschließender Aufzeichnung und der darauf folgenden Nachbearbeitung des Videomaterials ist überflüssig, da letztendlich sowohl bei der Bilderzeugung als auch bei der Nachbearbeitung nur noch digitale Bilder zu manipulieren sind.

1.1.4 Zeichentrickfilm

Die Entwicklung der Animationstechnik wurde Ende des 19. Jahrhunderts durch die Erfindung der Filmkamera auf fototechnischer Basis entscheidend beeinflußt. Nicht nur die Umwelt konnte in bewegter Form aufgezeichnet werden, auch bisher nur umständlich in Bewegung zu versetzende Zeichnungen und Gemälde konnten nun relativ einfach animiert werden. Um die Jahrhundertwende wurden die ersten *Zeichentrickfilme* erzeugt, indem gezeichnete Bilder mit einem Negativfilm fotografiert wurden. 1908 schuf Émile Cohl die abstrakte Animation *Fantasmagorie* von zwei Minuten Dauer.

In der Anfangszeit mußten für jedes Bild die Figuren und der Hintergrund einzeln angefertigt werden. Dies war sehr zeit- und arbeitsaufwendig. Im Jahr 1915 erfand der Amerikaner Earl Hurd die *Zellophantechnik*. Hierbei werden die Figuren auf durchsichtige Zellophanfolien gezeichnet. Beim Filmen werden diese Blätter auf einen festen Hintergrund aufgelegt und können gegeneinander verschoben werden. Hurd und Bray verfeinerten die Zellophantechnik zur Methode der Montagezeichnungen, bei der sich die Komponenten einer Figur auf verschiedenen Streifen befinden, die bei der Aufnahme übereinandergelegt werden.

Weitere wesentliche Fortschritte der Zeichentricktechnik kamen von Walt Disney. Walt Disney stellte seit 1920 Zeichentrickfilme her. Sein Erfolg begann 1928 mit der Uraufführung seines Zeichentrickfilms „Steamboat Willie", in dem als Hauptdarsteller Mickey Mouse vorkam. Disney führte zahlreiche Verbesserungen der Zeichentricktechnik durch. So wurde beispielsweise durch *animierte Hintergrundperspektiven* (1935) und die *Multiplan-Kamera* (1937) den Filmen eine dreidimensionale Tiefenwirkung verliehen. Der Höhepunkt war der erste abendfüllende Zeichentrickfilm „Schneewittchen und die sieben Zwerge", in den alle technischen Entwicklungen einflossen.

Mit dem Aufkommen der Computertechnik wurden mehr und mehr Arbeiten der Zeichentrickerstellung durch den Einsatz von Rechnern automatisiert. So konnten Rechner Steuerungsaufgaben übernehmen, beispielsweise bei der Einzelbildaufzeichnung. Interessanter aber war die Möglichkeit, Einzelbilder und Bildfolgen im Rechner zu erzeugen, zu speichern und weiterzubearbeiten. Dazu wurden *Scan-and-Paint-Systeme* entwickelt. Bei zweidimensionalen Animationstechniken können auf diese Weise die In-betweening-Phase (das Erstellen der Zwischenbilder zwischen wesentlichen Stützstellenbildern, das beim Zeichentrickfilm eine arbeitsaufwendige Aufgabe ist, die zum einen Geschick erfordert, aber letztendlich doch zur Routine wird), die Eingabe der Bilder oder das Kolorieren der Bilder rechnerunterstützt erfolgen.

Die fotorealistische Computeranimation kann als Fortsetzung der Zeichentricktechnik verstanden werden. Allerdings sind die dafür eingesetzten Techniken wesentlich verschieden. Sie gehen weit über das bloße Nachvollziehen der Zeichentricktechniken hinaus und eröffnen Möglichkeiten, die durch diese nur mit immensem Aufwand realisierbar sind.

1.1.5 Computergraphik und Computeranimation

Der Einsatz von Computern als bildgebende Maschinen ergab sich zunächst zwangsläufig aus den Bedürfnissen der Rechneranwendung. Rechenergebnisse, insbesondere wenn sie geometrisch-anschaulichen Berechnungen entstammen, mühsam von Hand aufbereiten zu müssen, hat die Entwicklung von bildgebenden Geräten motiviert. So verfügte der *Whirlwind Computer* des *Massachusetts Institute of Technology* (MIT) von 1950 schon über rechnergesteuerte Kathodenstrahlröhren zur Ausgabe von Graphik. Jay Forrester berechnete 1951 auf dem *Whirlwind Computer* die wohl erste Computeranimation, die einen springenden Ball darstellte. Mitte der fünfziger Jahre entwickelte sich die graphische Interaktion in Form von Bildschirmgeräten mit Lichtgriffel beim SAGE Air Defense System. Der Lichtgriffel diente zur Selektion von Zielen auf dem Bildschirm. Das Zeitalter moderner interaktiver graphischer Systeme begann mit der Entwicklung des Sketchpad-Zeichenprogramms durch Ivan Sutherland am Lincoln Laboratory des MIT Anfang der sechziger Jahre. Mitte der sechziger Jahre wurde die Entwicklung der Computergraphik vor allem durch Projekte des rechnerunterstützten Konstruierens (computer aided design, CAD) und der rechnerunterstützten Fertigung (computer aided manufacturing, CAM) vorangetrieben. Das betraf unter anderem auch die bildschirmbasierten Techniken. Die eingesetzten Geräte waren die sogenannten Vektorgraphik-Terminals. Diese vollzogen das auf dem Bildschirm nach, was der Plotter mit dem Zeichenstift auf dem Papier tut: sie bewegten den Elektronenstrahl auf dem Bildschirm nach den Anweisungen des Rechners, um dadurch einzelne Punkte, Linien, Schraffuren etc. zu zeichnen.

Im Zusammenhang mit dreidimensionalem geometrischen Modellieren wurde auch an Verbesserungen der Darstellung gearbeitet. Für Rechner trivial ist die Abbildung dreidimensionaler Szenen mittels perspektivischer Projektion. Als weniger einfach erwies sich hingegen das Problem, die nicht sichtbaren Linien eines dreidimensionalen Objekts in der zweidimensionalen Darstellung zu eliminieren. Die ersten Algorithmen zur Lösung dieses sogenannten *Hidden-Line-Problems* (engl.) wurden seit Anfang der sechziger Jahre entwickelt, so etwa der 1963 am MIT entstandene Algorithmus von Roberts. Die Entwicklung effizienter Hidden-Line-Algorithmen ist auch heute noch Gegenstand der Forschung.

Eine andere wesentliche Entwicklungslinie neben CAD waren Echtzeitsichtsimulationssysteme, etwa zum Pilotentraining. Solche Systeme wurden seit Anfang der sechziger Jahre vor allem in den USA entwickelt. Anfangs beschränkten sich deren Möglichkeiten auf das Durchfliegen einer leeren Landschaft, die im wesentlichen aus einer Ebene bestand, auf der einfache Texturen aufgebracht waren. Bedeutende Verbesserungen geschahen seit Mitte der sechziger Jahre vor allem an der *University of Utah* in Salt Lake City, USA. Dort wurden sogenannte *Rendering- und Shading-Techniken* entwickelt, die die Darstellung von beliebig geformten dreidimensionalen Objekten realitätsnah erlaubten, indem sie Modelle der Physik als Grundlage von Bilderzeugungsalgorithmen heranzogen. Schritte dieser Entwicklung in Salt Lake City waren *Flat-Shading* (Romney, Warnock, Watkins, 1967), *Gouraud-Shading* (Gouraud, 1971) und *Phong-Shading* (Phong, 1973). Zu solchen Verfahren wurden entsprechende Algorithmen und Hardware entwickelt, die ihren Einsatz in Echtzeitsichtsimulationssytemen, allerdings mit beträchtlichem Aufwand, ermöglichte. Wesentlich für die heutige Computergraphik war die Entwicklung der *Rastergraphik* seit Mitte der siebziger Jahre, die durch schnelle, relativ preisgünstige Direktzugriffsspeicher in Halbleitertechnik möglich wurde. Bei der Rastertechnik wird das Bild wie bei der Fernsehtechnik aufgebaut. Es setzt sich aus Zeilen von Bildpunkten unterschiedlicher Intensität oder Farbe zusammen. Der Rechner ist mit etwas Zusatzelektronik ausgestattet in der Lage, etwa das beim Fernsehen benötigte Videosignal zu generieren und damit Fernsehbilder bereitzustellen. Auch das Umgekehrte ist möglich: Bilder, die von einer Videokamera aufgenommen werden, können in den Rechner übernommen und dort weiterverarbeitet werden. Seit Anfang der achtziger Jahre ist die Rastergraphik in einfacher Form selbst bei Home-Computern und PCs Standard. Aufwendigere Geräte erlauben eine Farbenvielfalt und Bildfeinheit, die denen des Fernsehens entsprechen, ja sogar erheblich besser sein können.

Die Verbreitung der Rastergraphiktechnik weckte verstärkt das Interesse an Bilderzeugungstechniken, wobei die Anforderung auf Echtzeitanimation nicht mehr im Vordergrund stand. Vielmehr sollte die Darstellungsqualität aufgrund weitergehender optischer Simulation verbessert werden. In diesem Kontext entstand 1979 das *Raytracing-Verfahren*, das fast gleichzeitig von Whitted, damals Bell Laboratory, und Kay, Greenberg, Cornell University, vorgestellt wurde. Ein ähnliches Verfahren wurde schon Anfang der siebziger Jahre von Goldstein und Nagel publiziert, aber nicht weiter beachtet. 1984 folgte das *Radiosity-Verfahren* (Cohen, Greenberg). Wichtig für die heutige Computeranimation, da häufig eingesetzt, war die Entwicklung von Texturabbildungstechniken durch Blinn, 1976. Diese erlauben, digital erfaßte natürliche Texturen in dreidimensionalen Szenen als Oberflächenstrukturen zu verwenden, wodurch auf einfache Weise ein hoher Grad an Realismus erreicht werden kann. Man denke etwa an eine Holztextur, die, auf ein Rechteck einer geometrischen Szene abgebildet, dieses wie ein furniertes Brett erscheinen läßt.

Die Entwicklung von Computeranimationen in größerem Umfang begann in den siebziger Jahren mit zunächst recht einfacher Computergraphik, meistens Vektorgraphik oder einfach schattierter Graphik (Flat Shading, Gouraud Shading), wie sie von Videospielen bekannt ist. Erste eindrucksvolle Beispiele fotorealistischer Computeranimationen entstanden seit Beginn der achtziger Jahre. Hochburg der Entwicklung waren die USA, und dort insbesondere das NYIT (New York Institute of Technology), die Ohio State University sowie in Kanada das *MiraLab* an der Universität von Montreal. Aus diesen Forschungseinrichtungen gingen verschiedene Animationsfirmen hervor, die die Computeranimation durch die experimentelle Umsetzung einer Vielzahl von Ideen rasant weiterentwickelten. Eine solche Firma, die bedeutende Marksteine gesetzt hat, ist *Pixar*. Bedeutende Pixar-Produktionen waren *André & Wally B.* (1984), *Luxo Junior* (1986), *Red's Dream* (1987) und *Tin Toy* (1988). Diese Animationen erhalten ihren Realismus durch komplexe Modelle, wie etwa Partikelsysteme, durch die Texturabbildungstechnik sowie durch ausgefeilte Bewegungsabläufe. Auch Rechnerhersteller, die die Computeranimation nicht als ihr zentrales Arbeitsfeld haben, interessierten sich für diese Techniken. So wurde das optisch und vom Rechenaufwand aufwendige Raytracing-Verfahren erstmals in der Animation *Quest* (1986) von *Apollo* in größerem Umfang eingesetzt. In Europa findet die aktivste Entwicklung in Frankreich statt.

1.2 Anwendungen der Computeranimation

Basierend auf den bildgebenden Verfahren der Computergraphik und der Film- und Videotechnik haben sich verschiedene Typen der Computeranimation entwickelt. Man unterscheidet zwei wesentliche Arten von Animation: *Echtzeitanimation* und *Filmanimation*. Bei der Echtzeitanimation wird das Bild während der Vorführung aus einem rechnerinternen Modell erzeugt und dargestellt. Der Rechner ist also Synthese- und Wiedergabegerät in einem. Bei der Filmanimation wird zunächst der gesamte Film mit dem Rechner erzeugt, dann auf Film- oder Videomaterial aufgezeichnet, von dem er dann mit geeigneten Abspielgeräten wiedergegeben wird.

1.2.1 Echtzeitanimation

Der wesentliche Vorteil der Echtzeitanimation ist, daß in die Filmerzeugung und damit den Ablauf eingegriffen werden kann und so der Zuschauer zum Teilnehmer der Animation wird. Für den Rechnerbenutzer ist die Möglichkeit des interaktiven Eingriffes in das Geschehen nichts Besonderes. Im Zusammenhang mit den klassischen Techniken des Trickfilms stellt sie aber einen entscheidenden Fortschritt dar.

Die Anwendungen von interaktiver Animation sind vielseitig. Diese reichen von den Videospielen bis hin zu Systemen des rechnerunterstützten Unterrichts, den Sichtsimulatoren zum Training von Piloten oder Schiffsbesatzungen und Überwachungseinrichtungen für Experimente, Simulationen und Kraftwerken. Eine klare Trennungslinie zwischen interaktiver Computergraphik und Computeranimation ist hier nicht auszumachen. Der klassische Film könnte sich hin zum interaktiven Film im Zusammenwirken mit interaktiven Romanen entwickeln.

Prinzipiell ist Echtzeitanimation mit jedem Rechner, der über einen Monitor verfügt, möglich. Allerdings ist die technische Qualität recht unterschiedlich. Die beste Bildqualität bei extremen Interaktionsmöglichkeiten haben spezielle Sichtsimulationssysteme. Diese bilden die visuelle Komponente von aufwendigen Simulatoren für Flugzeuge, Fahrzeuge, Schiffe. Sie erreichen ihre Leistung durch umfangreichen Hardware-Einsatz. Diese Geräte sind in der Lage, durchaus realitätsnahe Bilder von Landschaften inklusive Beleuchtung und atmosphärischen Effekten mit einer Geschwindigkeit zu generieren, die beispielsweise das interaktive Durchfliegen eines real existierenden Landstriches, der durch Digitalisieren in den Rechner übernommen wurde, im Tiefflug erlauben. Der Einsatz solcher interaktiven Sichtsimulatoren bleibt aufgrund des Preises allerdings wenigen Anwendern – hier ist vor allem der militärische Bereich zu nennen – vorbehalten.

Für die Anwendung am Arbeitsplatz, etwa von Wissenschaftlern, stehen heute Hochleistungsgraphikarbeitsplatzrechner zur Verfügung. Diese Rechner erlauben, auch komplexe Drahtmodelle (das sind Liniendarstellungen von dreidimensionalen Objekten, wie ein Teil von Abb. 1.1) sowie einfachere Modelle in fotoähnlicher Darstellung in Echtzeit oder nahezu in Echtzeit (d.h. mit ruckartigen Verzögerungen) direkt am Bildschirm zu bewegen. Abb. 1.1 zeigt die Darstellung eines aus Tomographiedaten rekonstruierten Hüftgelenks. Diese Bilder wurden vom Bildschirm eines Hochleistungsgraphikarbeitsplatzrechners fotografiert und sind in dieser Darstellung mittels Drehknöpfen direkt beweglich. Diese Leistung zu einem Preis, der die Verbreitung dieser Arbeitsplatzrechner nicht behindert, wird durch Spezialhardware in Form von höchstintegrierten Schaltkreisen erreicht. Diese Hardware führt die einzelnen Phasen des Bildaufbaus wie Projektion, Berechnung der sichtbaren Flächen und der Beleuchtung aus einer Beschreibung einer dreidimensionalen Eingabeszene durch und kann dabei noch Eingaben vom Benutzer zur Veränderung der Projektion und andere Transformationen verarbeiten. Dabei können mehrere hunderttausend Vektoren (d.h. Linien bei Drahtmodellen) und mehrere zehntausend schattierte Polygone pro Sekunde verarbeitet werden.

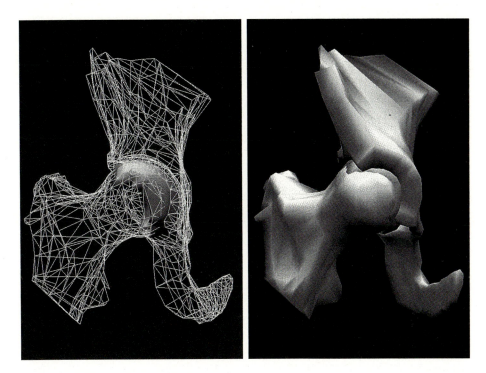

Abb. 1.1: In Echtzeit bewegliche Darstellung eines Hüftgelenks. Links Drahtmodell und Shading kombiniert, rechts reines Shading

Hochleistungsgraphikarbeitsplatzrechner haben zwei wesentliche Einsatzfelder: das *computergestützte Modellieren* (CAD) und die *Visualisierung*. Letztere ist auch ein wesentlicher Anwendungsbereich für Computeranimationstechniken. Das Datenaufkommen bei wissenschaftlichen Experimenten und Computersimulationen ist immens. Durch die wachsende Rechenleistung können immer komplexere Systeme simuliert werden, die immer komplexere Information liefern, die zu verstehen und zu interpretieren ist. Computeranimationssysteme können hier als eine *intelligente Kamera* fungieren, die automatisch aus den anfallenden Daten eine verständliche Visualisierung in Form einer Animation abliefert, eine Perspektive, die erst durch die Animation mit Computern möglich wird. Abb. 1.2 veranschaulicht das Zusammenwirken von Simulation (Experiment) und Computeranimation. Die von Simulationsseite anfallenden Daten steuern das Drehbuch der Computeranimation und damit das Geschehen auf dem Bildschirm. So kann die Simulation der Arbeitsschritte von Manipulatoren (Robotern) in einer automatisierten Fertigungsumgebung in Form eines fotorealistischen Films abgespielt werden, wodurch dem Auftraggeber die Qualität des Simulationsmodells unmittelbar verständlich zu präsentieren ist, ohne ihm eine mühsame Abstraktion abzuverlangen. Hochleistungsgraphikarbeitsplatzrechner erlauben zusätzlich den interaktiven Eingriff sowohl in das Experiment als auch in die Animation durch Veränderung von Sichtparametern.

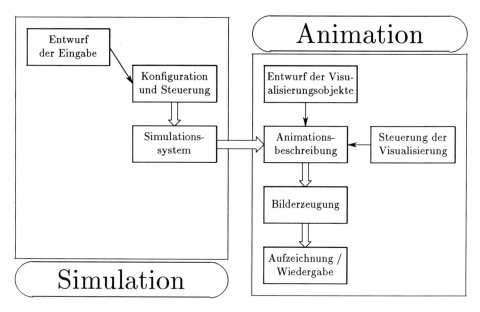

Abb. 1.2: Simulation und Animation

Weitere Beispiele für die Anwendung von Computeranimation als Visualisierungstechnik gibt es in der Strömungstechnik, Chemie und Biologie (Großmoleküle), Physik (Teilchenphysik) oder dem Maschinenbau (Finite-Elemente-Methode). In der Informatik werden Visualisierungstechniken in der Software-Entwicklung eingesetzt. Populär wurde die Algorithmen- oder Programmanimation, bei der das Verhalten eines Programms während des Ablaufs graphisch dargestellt wird. Gegenstand der Darstellung sind verschiedene Aspekte: die Änderung der Datenstrukturen, die Folge von Prozeduraufrufen und bei verteilten Systemen das Kommunikationsaufkommen und die Lastverteilung auf die einzelnen Prozessoren. Anwendung finden solche Techniken in der Ausbildung und Lehre, aber auch als Hilfsmittel bei der Fehlersuche und Optimierung.

1.2.2 Filmanimation

Bei der Filmanimation ist das Ergebnis ein auf einem Archivierungsmedium aufgezeichneter Film, der beliebig auf geeigneten Abspielgeräten (Videogerät, Filmprojektor) wiedergegeben werden kann. Diese Trennung von Generierungsprozeß und Wiedergabeprozeß erlaubt der Computeranimation, alle ihre Möglichkeiten auszuspielen. Es fallen alle Beschränkungen bezüglich Bildqualität und Szenenkomplexität weg, die durch die Anforderung der Echtzeitgenerierung bei der Echtzeitanimation gegeben sind. Das ermöglicht, auch schon mit einfachen Rechnern eindrucksvolle Filmanimationen zu generieren. Es können aber auch Software und Rechenleistung in beliebig massivem Umfang eingesetzt werden: zwischen den Möglichkeiten dessen, was dadurch heute bei der rechnerentwickelten Filmanimation einerseits und der Echtzeitanimation andererseits möglich

Abb. 1.3: Ein fotorealistisches Bild mit Vielfachspiegelung und -brechung sowie Schlagschatten

ist, liegen Größenordnungen, die in näherer Zukunft kaum in Richtung Echtzeit zu überbrücken sind. Eindrucksvoll sind die immer häufiger im Fernsehen als Vorspann oder in Werbespots zu sehenden rechnergenerierten Videoclips. Solche Computeranimationen erzielen ihre Wirkung durch die Simulation optischer Effekte wie etwa dem Reflexionsverhalten metallischer Oberflächen sowie durch ausgefeilte Bewegungsabläufe. Abb. 1.3 zeigt ein Bild mit vielfacher Spiegelung, Brechung und Schlagschatten. Ein derzeit bei bedeutenden Computergraphikkonferenzen festzustellender Trend ist hin zu totalem rechnergenerierten Realismus. Nicht nur die optische Darstellung, sondern auch die dargestellten Modelle (z.B. Lebewesen, Wasser, Wolken, Bäume) und deren Bewegungsablauf werden unter Rückgriff auf entsprechende physikalische Gesetze dem natürlichen Vorbild täuschend ähnlich simuliert.

Eine Motivation zur Beschäftigung mit dieser Art von Nachahmung der Natur ist sicherlich die Demonstration des technisch Machbaren. Manchmal wird in diesem Zusammenhang auch abschätzig von „Hollywood-Graphik" gesprochen. Tatsächlich stammen die eindrucksvollsten Produktionen aus diesem Umfeld. So wurde der 1988 entstandenen Computeranimation „Tin Toy" der Firma Pixar ein Oscar verliehen. Dabei ist allerdings zu beachten, daß die Medien zur Unterhaltung, Fortbildung (Lehrfilm) und Werbung durch die zunehmend zur Verfügung stehende Freizeit an Bedeutung gewinnen werden.

Die geschilderte Art von Hyperrealismus, die bei der Filmanimation möglich wird, kann andererseits wieder als Werkzeug bei Datenvisualisierungsaufgaben

eingesetzt werden. Durch ihre Komplexität hat diese Art von Animation eine
Vielzahl beeinflußbarer Größen, die den Parametern von Experiment und Simulation zugeordnet werden können, und so die Visualisierung vieldimensiona-
ler Parameterräume ermöglicht. Ein zwar nicht hyperrealistisches, aber die Zu-
ordnungsmöglichkeiten demonstrierendes Beispiel ist der Chernoffsche Kopf in
Abb. 1.4. Der Ausdruck des Kopfes wird bei diesem Beispiel durch neun Parameter gesteuert, die aus einer Simulation abgezogen werden. Er äußert seine
Meinung zur ablaufenden Simulation durch einen mehr oder minder freundlichen
Gesichtsausdruck.

Filmanimation kann auch in einer interaktiven Umgebung eingesetzt werden. Eine Möglichkeit ist das *digitale interaktive Video*. Beim digitalen interaktiven Video werden Videosequenzen digitalisiert und komprimiert auf einem
Datenträger wie Magnetplatte oder CD-ROM (diese ist von der handelsüblichen
CD-Audioplatte abgeleitet und wie diese nicht wiederbeschreibbar) abgespeichert. Zum Digitalisieren von Videofilm wird spezielle Hardware angeboten, die
die Wandlung in Echtzeit durchführen kann. Diese Videosequenzen können dann
beliebig auf den etwa bei Arbeitsplatzrechnern ohnehin vorhandenen Rasterbildschirm eingespielt werden. Dabei ist auch eine Überlagerung mit der Graphik
des Rechners, etwa zu Zwecken der Interaktion, möglich. Abhängig vom aktuellen Dialogzustand können die benötigten Sequenzen oder Standbilder eingespielt
werden. Die verwendeten Bilder und Filme brauchen dabei nicht rechnergene-
riert zu sein: es können auch Realfilme verwendet werden. Digitales interaktives
Video findet etwa beim rechnerunterstützten Unterricht Verwendung.

1.3 Entwicklungsphasen einer Computeranimation

Ein Computeranimationsprojekt besteht aus einer Folge von Arbeitsgängen
(Abb. 1.5): der *Konzeption* mit dem Drehbuch als Ergebnis, der *Planung*, die
den Projektplan liefert, dem *Entwurf* der Details der Animation, dokumentiert
im Arbeitsbuch, der *Modellierung* der Objekte und der Bewegung für den Bilderzeugungsprozeß, der *Bilderzeugung*, die die Einzelbilder der Animation liefert,
und, für die Filmanimation, der *Aufzeichnung* der Einzelbilder zum Rohfilm sowie der *Nachbearbeitung* zum fertigen Produkt.

1.3.1 Konzeption

In der Konzeptionsphase wird ausgehend von einer Idee das Drehbuch entwickelt.
Das *Drehbuch* beschreibt zunächst im sogenannten *Exposé* in wenigen Zeilen
Thema und Idee der geplanten Animation. Darauf folgt das *Treatment*, in dem
der detaillierte Handlungsablauf verbal beschrieben wird. Der Handlungsablauf
ist dazu in Sequenzen zerlegt, die separat beschrieben werden. Neben der Beschreibung der beteiligten Akteure und der Szenenumgebung umfaßt das Treatment auch die entsprechenden Texte sowie eine Beschreibung der Geräusche und
der Musik. Schließlich folgt das *Storyboard*, das graphische Skizzen der Schlüssel-
szenen der geplanten Animation enthält.

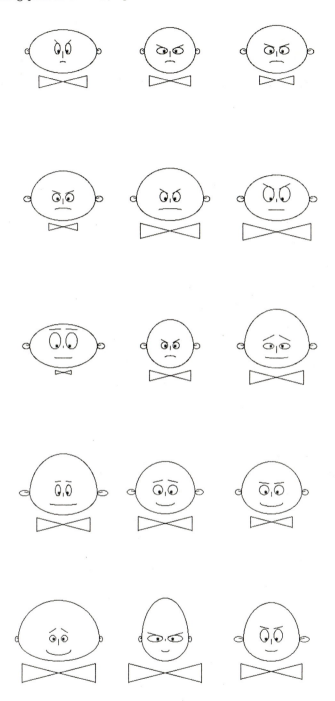

Abb. 1.4: Datenvisualisierung anhand des Chernoffschen Kopfs

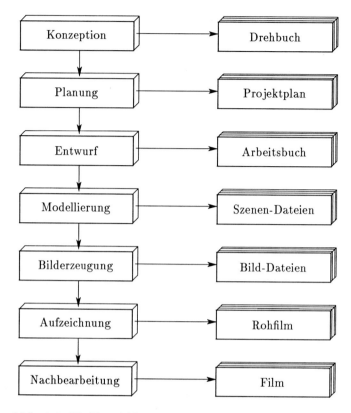

Abb. 1.5: Die Entwicklungsphasen einer Computeranimation

1.3.2 Planung

Ausgehend vom Drehbuch ist nun die Durchführung des Projekts zu planen. Ergebnis der Planungsphase ist der *Projektplan*, in dem alle Einzelheiten der Realisierung des Projekts dokumentiert sind. Das beginnt mit der vorläufigen *finanziellen Planung* des Projekts. Diese wird wesentlich beeinflußt durch die benötigte *Ausstattung*, sowohl an Technik als auch an Personal. Gegenstand des Projektplans ist ferner ein *Zeitplan*. Schließlich sind Maßnahmen zur *Projektüberwachung* und *Projektverwaltung* festzulegen.

Der Projektverwaltung kommt bei der fotorealistischen Computergraphik insbesondere in der Bildberechungsphase angesichts der großen Datenmengen, der Berechnungskosten und der Aufzeichnungskosten eine große Bedeutung zu. Dazu wird stets aktuelle Information über den Projektstatus benötigt, also welche Sequenzen bereits modelliert, welche Bilder schon berechnet beziehungsweise schon aufgezeichnet sind. Wichtig ist die Archivierung aller Arbeitsergebnisse, einerseits um bei Systemzusammenbrüchen immer auf ein Backup zurückgreifen zu können, andererseits um die große Datenmenge überhaupt handhaben zu können. In den meisten Fällen ist es unmöglich und unökonomisch, die gesamten

Informationen und Bilder auf den schnell zugreifbaren Datenträgern zu halten. Daher werden die berechneten Bilder auf Magnetbänder ausgelagert. Gleichzeitig werden Kataloge über die ausgelagerten Bilder erstellt, um ein Wiederauffinden der Bilder zu ermöglichen.

Verschiedene Maßnahmen hängen von der speziellen Situation des Projekts ab. Dazu gehören beispielsweise Formatwandlungen, um die Schnittstellen zu den anderen beteiligten Institutionen und Firmen sicherzustellen. Dieses ist beispielsweise bei auswärtiger Videoaufzeichnung oder Weiterbearbeitung notwendig. Solche Schritte dürfen bei der Planung nicht vernachlässigt werden, da sie bei der großen Datenmenge einen Engpaß bedeuten können, der den Erfolg des gesamten Projekts in Gefahr bringen kann.

1.3.3 Entwurf

In der Entwurfsphase wird eine Umsetzung des Drehbuchs in ein detailliertes *Arbeitsbuch* durchgeführt. Das Arbeitsbuch beschreibt alle Details der zu realisierenden Animation. Das Arbeitsbuch wird häufig wie ein Fahrplan angelegt. Es ist analog zum Drehbuch in Sequenzen unterteilt. Eine Sequenz setzt sich wiederum aus Einzelbildern zusammen, das heißt, jede Sequenz wird bis herunter zum einzelnen Bild dokumentiert. Die Länge der Sequenz ist durch die Anzahl der Einzelbilder bestimmt.

Zur Spezifikation der einzelnen Bilder ist das Arbeitsbuch in mehrere Spalten aufgeteilt. So gibt es Spalten, in denen die Akteure, das heißt die bewegten Objekte, die umgebende statische Szene sowie die Bewegung von Akteuren und Kamera, das heißt die Abbildungsvorschrift der Szene auf das Bild, für jedes einzelne Bild in allen Details festgelegt wird. Oft genügt es, die Akteure und die umgebende Szene für alle Einzelbilder gemeinsam zu definieren, da sie über die Sequenz unverändert bleiben. Die Definition der Bewegung kann durch Angabe von Schlüsselbildern sowie des Verfahrens geschehen, nach dem die Zwischenbilder aus diesen zu generieren sind. Ferner ist festgelegt, mit welchen Modellierungswerkzeugen die Modelle und die Bewegung erstellt werden sollen. In weiteren Spalten des Arbeitsbuches sind passend zu den Bildern der Sequenzen die Geräusche, die gesprochenen Texte und die Musik spezifiziert. Schließlich sind Schlüsselbilder graphisch dargestellt.

1.3.4 Modellierung

Die Aufgabe in der Modellierungsphase ist, die Angaben zum Handlungsablauf im Arbeitsbuch so in Anweisungen an das Bilderzeugungssystem umzusetzen, daß die resultierende Bildsequenz die Vorgaben erfüllt. Diese Anweisungen definieren die *Schnittstelle des Bilderzeugungssystems*, sei es in Form eines Formats für Dateien, die das Bilderzeugungssystem verarbeiten kann (dieser Weg wird bei der Filmanimation häufig eingeschlagen), sei es in Form einer Programmbibliothek aus Prozeduraufrufen in das Bilderzeugungssystem.

Schnittstellen zum Bilderzeugungssystem sind häufig einfach gehalten. In Kapitel 2 wird eine derartige Schnittstelle, die VERA-Schnittstelle, die auch für die Bilder dieses Buches verwendet wurde, beschrieben. Sie umfaßt nur relativ wenige grundlegende Anweisungen bezüglich Geometrie, Farbe, Beleuchtung, Projektion. Allerdings sind diese Anweisungen so universell, daß durch eine entsprechende Vielzahl davon auch die komplexesten Animationen zu beschreiben sind. Andererseits ist die szenenweise Beschreibung von Animationen in dieser Form entsprechend aufwendig und ermüdend, so daß dieses selten direkt gemacht wird. Vielmehr werden Modellierungswerkzeuge eingesetzt, die aus anschaulichen oder wenigen Eingaben durch geeignete Algorithmen die Beschreibungen komplexer Modelle in Form von Schnittstellenanweisungen generieren.

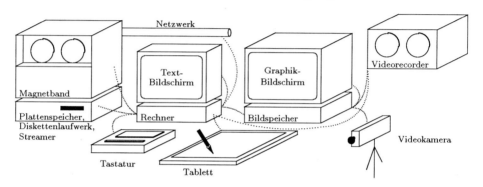

Abb. 1.6: Die Hardwarekomponenten eines Computeranimationssystems

Solche Modellierungswerkzeuge können *interaktive Entwurfsprogramme* sein. Ein Arbeitsplatz zur Computeranimation stellt zu diesem Zweck geeignete Eingabegeräte zur Verfügung, mit denen der Entwerfer am Bildschirm die Modelle seiner Animation und die Bewegungskurven konstruiert (Abb. 1.6). Vorteilhaft beim interaktiven Modellieren ist, daß der Entwerfer sofort eine Rückmeldung über das Aussehen des von ihm entworfenen Objektes hat. Mit Hilfe der komfortablen Eingabegeräte und Digitalisiereinrichtungen kann er den Entwurf vornehmen, ohne sich mit Koordinaten in ihrer mathematischen Darstellung beschäftigen zu müssen. Abhängig von der Anwendung werden meist anschauliche Konstruktionsoperationen angeboten. Die eingesetzten interaktiven Entwurfsprogramme sind den Geometrieentwurfsmodulen von CAD-Systemen ähnlich.

Der interaktive Entwurf komplexer Objekte und Bewegungsabläufe ist sehr arbeitsaufwendig. Eine andere Klasse von Modellierungswerkzeugen sind *Simulationsprogramme*. Simulationsprogramme können dazu verwendet werden, Pflanzen und Berge wachsen zu lassen, Gesetze der Schwerkraft zu simulieren oder Menschen und Tiere gehen zu lassen. Der Vorteil beim Modellieren durch Simulation ist, daß aus relativ wenigen Eingabeparametern komplexe Objekte und Bewegungsabläufe errechnet werden, wodurch der Anwender sehr entlastet wird. Nachteilig kann der bei aufwendigen Simulationen hohe Rechenaufwand sein. Ferner ist man an die zur Verfügung gestellten Modelle gebunden. Das Ergebnis eines Simulationsprogramms ist wieder eine Folge von Anweisungen an das Bilderzeugungssystem.

Die flexibelste Möglichkeit des Modellierens ist der Einsatz universeller Programmiersprachen. Diese erlauben, alle Möglichkeiten auszuschöpfen, die heutige Rechner bieten. Man kann darin seine eigenen Simulationsmodelle formulieren, eigene interaktive Systeme zum Modellieren einer ganz speziellen Anwendung schreiben. Die erstellten Programme sind dabei häufig Wegwerfprogramme, also Programme, die nur zum Zweck dieser Animation geschrieben wurden und wahrscheinlich woanders nicht mehr in dieser Form eingesetzt werden können. Bei der Programmentwicklung stehen die Werkzeuge der verwendeten Programmierumgebung (Editoren, Compiler, Debugger, Versionenverwaltung) unterstützend zur Verfügung. Nachteilig am Modellieren durch Programmieren ist, daß der Anwender Programmierkenntnisse haben muß, die beispielsweise bei künstlerisch ausgebildeten Designern nicht vorausgesetzt werden können.

Computeranimationssysteme werden üblicherweise in relativ unabhängige Module zerlegt angeboten (Abb. 1.7). Dabei wird häufig zwischen dem Entwurf

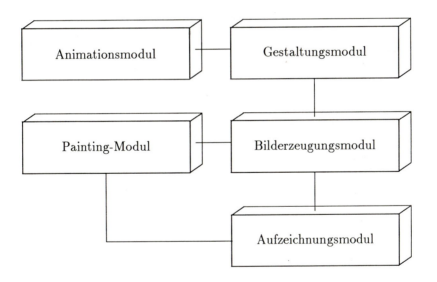

Abb. 1.7: Die Softwarekomponenten eines Computeranimationssystems

statischer Objekte und dem Entwurf von Bewegung getrennt. Die erste Aufgabe wird einem *Gestaltungsmodul*, die andere einem *Animationsmodul* zugewiesen. Gegenstand des Entwurfs mit diesen Modulen sind bei der fotorealistischen Computeranimation neben der Geometrie auch die optischen Parameter der Szene, wie die Materialeigenschaften der Objekte und die Art der Beleuchtung. Wichtige Verfahren und Algorithmen, auf deren Grundlage existierende Werkzeuge zum Modellieren aufgebaut sind, werden in Kapitel 3 vorgestellt.

1.3.5 Bilderzeugung

In der Bilderzeugungphase wird die Szenenbeschreibung in Bilder überführt. Bilder sind üblicherweise Rasterbilder, beschrieben durch eine Matrix aus Bildpunkten. Im zweidimensionalen Fall kann die Szenenbeschreibung aus einer Folge von Zeichenbefehlen bestehen, die in dieser Matrix Linien, Punkte, geschlossene Polygonzüge und darauf Fülloperationen mit Mustern oder Farben ausführen. Diese stehen bei heutigen Rechnern meistens schon standardweise in Software oder Hardware zur Verfügung. Bei dreidimensionalen Szenenbeschreibungen ist der Abbildungsvorgang aufwendiger. Dieser besteht aus einer Projektion und der Elimination möglicherweise verdeckter Teile der Szene. Heutige Bilderzeugungssysteme bieten darüber hinaus die Simulation von Beleuchtungseffekten auf Objektoberflächen an, die von Lichtquellen induziert werden. Deren Lage, Intensität und Farbe sind Gegenstand der Szenenbeschreibung, genauso wie die Materialeigenschaften der Objekte. Ein Material wird durch sein Reflexionsverhalten (diffus oder glänzend) und bei Transparenz durch sein Absorptionsverhalten beschrieben. Durch Texturen kann der Grad an Realismus bedeutend erhöht werden. Texturen beschreiben die Feinstruktur von Oberflächen durch Variation der Parameter des Beleuchtungsmodells.

Bilderzeugungsalgorithmen benötigen je nach Komplexität der Szene, der gewünschten Bildqualität und der Leistungsfähigkeit des Rechners zwischen Bruchteilen von Sekunden bis zu vielen Stunden pro Bild. Eine Animation wiederum setzt sich aus einer Vielzahl von Einzelbildern zusammen (25 für eine Sekunde bei PAL-Video). Für Bilderzeugung in Echtzeit wird Spezialhardware angeboten, die von umfangreichen Rechnersystemen bei der hochqualitativen Sichtsimulation bis hin zu Spezial-VLSI-Chips bei Supergraphikarbeitsplatzrechnern geht. Für optische Simulationsverfahren höchster Qualität werden auch *Supercomputer* und *Rechnernetze* eingesetzt, zu denen der Entwickler einer Computeranimation durch entsprechende Kommunikationseinrichtungen Zugriff hat, z.B. indem sein Arbeitsplatz in ein Rechnernetz integriert ist (Abb. 1.6). Rechnernetze aus vielen, auch relativ einfachen Rechnern, besitzen in der Summe eine durchaus beachtliche Rechenleistung. Da die Einzelbilder einer Animation voneinander praktisch unabhängig sind, können diese in einem solchen Netzwerk verteilt auf mehreren Rechnern berechnet werden, wobei die Rechenzeit pro Bild dann zwar lang, für die gesamte Animation aber erträglich ist. Häufig werden in Computeranimationsstudios auch *Minisupercomputer* verwendet, die mit weniger aufwendiger Hardware als die Supercomputer bei ähnlicher Struktur zu einem Bruchteil des Preises beachtliche Rechenleistung bieten, ohne die aufwendige Infrastruktur von Supercomputern zu benötigen.

Manche Minisupercomputer erreichen ihre Geschwindigkeit wie die Supercomputer durch *Vektorprozessoren*. Vektorprozessoren sind in der Lage, Verknüpfungen von Zahlentupeln (Vektoren) wie komponentenweise Addition, Subtraktion, Multiplikation, Division, logische Verknüpfungen und damit verbundene Datenbewegungsoperationen sehr effizient durch überlappende Bearbeitung (engl. *pipe lining*) auszuführen. Diese Operationen kommen bei numerischen Anwendungen wie Matrixmultiplikationen bei Iterationsverfahren häufig vor. Vektorrechner arbeiten allerdings nur ökonomisch, wenn der Anteil von sogenannten Vektorbefehlen hoch ist, üblicherweise 90% der Gesamtanzahl an ausgeführten Befehlen (Amdahls Gesetz). Nach heutigem Kenntnisstand besitzen nicht alle Verfahren mit bestimmten Leistungsmerkmalen bezüglich der Bildqualität diese Eigenschaft.

Neben Vektorrechnern beginnen weitere Konzepte des parallelen Rechnens populär zu werden. Diese reichen von Maschinen mit vielen tausend sehr einfachen Prozessoren bis hin zu Architekturen mit einigen Dutzend sehr leistungsfähigen Prozessoren. Generell stellt sich auch hier das Problem der effizienten Ausnutzung der zur Verfügung stehenden Rechenleistung. Dabei ist etwa darauf zu achten, daß der Zusatzaufwand für die Datenkommunikation zwischen den Prozessoren klein bleibt. Algorithmen und Software zur Bilderzeugung mit ihren Besonderheiten werden in Kapitel 4 behandelt.

Die bisher beschriebene Vorgehensweise, nämlich zunächst mittels eines Gestaltungsmoduls eine Szenenbeschreibung zu erstellen und diese dann durch den Bilderzeugungsmodul in Bilder umsetzen zu lassen, wird vor allem bei der dreidimensionalen fotorealistischen Computeranimation eingesetzt. Bei einfacheren, den Techniken des klassischen Zeichentrickfilms folgenden Systemen werden die Bilder direkt entworfen. Das geschieht mittels *Painting-Systemen*. Painting-Systeme stellen vektor- und rastergraphikorientierte Zeichnungserstellungs- und Bildmanipulationsfunktionen zur Verfügung, wie sie teilweise von den auf Mikrorechnern heute weitverbreiteten Malprogrammen oder Graphikeditoren bekannt sind. So sind beliebige Pinselformen und Farb- und Texturpaletten verwendbar. Aus der Bildverarbeitung wurden Bildverbesserungs- und Bildmontageoperatoren übernommen. Verlangt wird hier hohe Qualität, beispielsweise Rasterunterdrückung mittels Farbinterpolationen bei Vektoren oder Montagen.

Typischerweise besteht ein Painting-System aus einem Rastergraphiksystem, einem elektronischen Tablett oder einer anderen graphischen Eingabemöglichkeit, einem Farbmonitor, Steuermenüs und einer textuellen Eingabemöglichkeit. Beim Arbeiten wählt der Modellierer die Form und Farbe des Pinsels aus den im Menü angebotenen Möglichkeiten. Danach kann er mit dem Tablettstift Eingaben machen. Dies veranlaßt die Ausgabe der Pinselform auf dem Bildschirm, die den gewählten Parametern entspricht. Beim Bewegen des Stiftes hinterläßt der Pinsel eine Spur. Meist wird das Bild des Pinsels mehrmals wiederholt auf den Monitor geschrieben und später abgespeichert.

Es gibt viele kommerzielle Painting-Programme mit einer Vielzahl von Möglichkeiten und Eigentümlichkeiten. Es wird ein großes Sortiment von Pinselformen und -größen, Airbrush-Effekten, Farbmischmöglichkeiten, Laden und Speichern von Bildern oder Paletten, Füllalgorithmen, Ausschneideoperationen etc. angeboten. In vielen Systemen können auch Texte, rechnergenerierte Bilder oder Bilder aus der realen Umwelt hinzugemischt werden.

Painting-Programme benötigen eine Hardwareleistung, die es erlaubt, die zur Verfügung gestellten Operationen in Echtzeit auszuführen. Andernfalls ist ein richtiges Antwortverhalten etwa des Pinsels nicht mehr gewährleistet. Durch

nicht abschätzbares Antwortverhalten können Einschränkungen beim Entwurfs-
prozeß entstehen, die soweit führen können, daß dieses System nicht mehr akzeptiert wird.

Auch in dreidimensionalen Computeranimationssystemen werden üblicherweise Painting-Techniken in Form eines *Painting-Moduls* zur Verfügung gestellt.
Er wird dort beispielsweise zum Erstellen von Texturen und Hintergründen verwendet. Ferner kann er zum Retuschieren der errechneten Bilder und zur Bild-
montage eingesetzt werden. In Kapitel 6 werden Verfahren beschrieben, die sich
bei der Nachbearbeitung fotorealistischer Bilder als nützlich erwiesen haben.

1.3.6 Aufzeichnung

Bei der Filmanimation liefert das Bilderzeugungssystem die Animationssequenz
als eine Folge von Bildern ab. Bei Video-Technik nach dem PAL-Standard sind
das 25 Bilder für eine Sekunde Film. Die Aufzeichnung auf Film oder Video erfolgt bei Systemen, die die Bilder nicht in Echtzeit erzeugen können, Bild für
Bild durch Einzelbildschnitt. Video- oder Filmrekorder sind Teil der Compu-
teranimationshardware (Abb. 1.6), die vom Rechner des Arbeitsplatzes durch
entsprechende Hard- und Software bedient wird. Die Aufzeichnung geschieht
üblicherweise rechnergesteuert durch ein Programm, den *Aufzeichnungsmodul*.
Der Aufzeichnungsmodul stellt die Bilder im Einzelbildmodus bereit und übernimmt sie auf Film- oder Videomaterial. Die Steuerung der Aufzeichnungsanlage
geschieht vollautomatisch. Sie kann so außerhalb der Arbeitszeit, d.h. nachts
oder an Wochenenden, ausgeführt werden. Aufgrund ihres Speicherbedarfs werden Bilder üblicherweise komprimiert abgelegt und müssen vor dem Einschreiben
in den Bildwiederholspeicher dekomprimiert werden.

Bei Echtzeitanimation kann die Aufzeichnung auf Video direkt erfolgen. Vor-
aussetzung hierfür ist, daß das bildgebende System die entsprechenden Signale
zur Verfügung stellt. Das ist bei vielen Graphikrechnern nicht gegeben, inzwischen aber bei Herstellern von Graphikarbeitsplatzrechnern als Zusatz erhältlich.

Aufzeichnungstechniken werden in Kapitel 5 behandelt.

1.3.7 Nachbearbeitung

Aufgaben der Nachbearbeitung sind das Zusammenschneiden des Gesamtfilms
aus den Einzelsequenzen, eventuell unter Verwendung zusätzlicher elektronischer
Effekte, die Ergänzung durch Schrifttafeln im Vor- und Nachspann sowie die
Vertonung. Hierfür stehen die Einrichtungen der Film- und Videotechnik zur
Verfügung. Auch diese Einrichtungen arbeiten heute in großem Umfang rechnerunterstützt, allerdings weitgehend durch Spezialrechner, die in Geräte integriert
sind und ältere Technologien ersetzen. Verstärkt werden digitale Trickgeräte eingesetzt. Diese Geräte erlauben, einen vorgegebenen Satz an Bildmanipulationsoperationen durch den massiven Einsatz von Spezialhardware in Echtzeit durchzuführen. Das geht hin bis zur dreidimensionalen Deformation von Bildern. So
können beispielsweise Bilder und Animationen in Echtzeit auf einfache Objekte

wie Zylinder und Kegel projiziert werden. Solche Manipulationen haben ihre Bedeutung bei Realfilmen, sie können bei Computeranimationen aber schon bei der Bilderzeugung durchgeführt werden. Andererseits ermöglichen entsprechende Geräte eine Vereinfachung des Bilderzeugungsprozesses, indem Teile davon in die Nachbearbeitungsphase verlagert werden. In Kapitel 6 werden die Möglichkeiten von Effektgeräten näher beschrieben.

Die Vertonung umfaßt *gesprochenen Text, Geräusche* und *Musik*. Sie muß unter Umständen schon in früheren Phasen der Filmerstellung beachtet werden, beispielsweise wenn sie ebenfalls rechnergesteuert erfolgen soll oder das Tonmaterial, etwa in Form des Textes, schon vorliegt. Ein triviales Beispiel ist, daß eine Filmsequenz so lang sein sollte, daß der gewünschte Text in diesem Zeitraum auch gesprochen werden kann. Interessante Möglichkeiten ergeben sich durch die Integration von Animations- und Audio-Software. Letztendlich kann beim Entwurf der Animation die Tonspur in Form von Anweisungen an das geräuschgebende System mitmodelliert werden. Im Bereich der Echtzeitsichtsimulation ist das situationsgetreue Einspielen oder Erzeugen von Geräuschen schon seit längerer Zeit gebräuchlich.

1.4 *Occursus cum novo*

Occursus cum novo („Begegnung mit dem Neuen") ist eine 1987 am Institut für Betriebs- und Dialogsysteme der Universität Karlsruhe entstandene Computeranimation. Der Film hat eine Laufzeit von etwa fünf Minuten und wurde mit dem Strahlverfolgungsverfahren berechnet. Hier und in den folgenden Kapiteln dient *Occursus cum novo* als Beispiel für die Erstellung einer Computeranimation. Ins-

> ...mit Hilfe des Zahnoskops wird es möglich sein, die Wirklichkeit einzufangen, das Leben unmittelbar zu erreichen, ohne den Umweg über die Kunst ...
> Brian W. Aldiss, *Der Malacia-Gobelin*

besondere wird an diesem Beispiel deutlich, welcher Aufwand zur Erstellung einer Computeranimation nötig sein kann und welche Schwierigkeiten dabei auftreten können.

1.4.1 Inhalt des Films

Anlaß zur Produktion des Films war die Linzer Kunstveranstaltung *Ars Electronica* 1987. *Occursus cum novo* ist daher ein rein künstlerischer Film, in dem aber

> Die Generation oder Erzeugung aller natürlichen Dinge ist eine zweiartige, eine die ohne alle Kunst, von Natur geschieht, die andere geschieht durch Kunst, nämlich durch alchimiam.
> Paracelsus, *De generatione rerum naturalium*

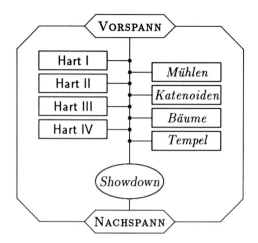

Abb. 1.8: *Occursus cum novo*

natürlich auch die Möglichkeiten des technisch Machbaren demonstriert werden sollten.

Occursus cum novo ist formal nach einem Schema aufgebaut, das der Musik entlehnt ist — dem Rondo. Das heißt, der Film ist grob in zwei parallele, sich abwechselnde Handlungsstränge gegliedert: einerseits die „harte Welt", die gekennzeichnet ist durch schnelle Veränderung, ständigen Aufbau von Objekten und eine deutliche Hektik sowie eine durch einen Wecker und Filmschnitte symbolisierte zeitliche Dynamik und andererseits die „weiche Welt" mit ruhigen, fließenden Übergängen, unbeweglicher Kamera und ohne harte Schnitte (Abb. 1.8).

Allerdings sind diese beiden Realitätsebenen nicht vollständig voneinander getrennt. So treten beispielsweise in der harten Welt Würmer auf, die dem konstruktiven Element entgegenwirken. In der letzten harten Szene zerfällt sogar ein Wurm in seine Einzelteile. In der weichen Welt dagegen wird der Zeitfaktor deutlich, wenn sich eine griechische Stein- in eine römische Bronzestatue und schließlich in eine moderne Plastik verwandelt.

Das Sujet ist dem griechischen Kulturkreis entnommen und zeigt Proserpina, Persepolis oder irgendeine andere jener Bacchantinnen, die alljährlich die Willkommenszeremonien vor dem Altar der Isis anläßlich der Ankunft einer Schiffsladung athenischer Jünglinge auf der Insel des Minos vollführen, die im Anschluß daran zur Besänftigung der dordonischen Zyklopen geopfert werden sollen.

Mark Twain, *Adam, Tod und Teufel*

In der Schlußsequenz, die als *Showdown* bezeichnet wird, verschmelzen beide Welten zu einer Gesamtheit, wobei es dem Betrachter überlassen bleibt, zu entscheiden, ob diese Verschmelzung positiv oder eher negativ zu bewerten ist. Gleichzeitig wird versucht, eine Verbindung zwischen Kunst, Natur, Technik und Wissenschaft herzustellen. Dies geschieht durch Nachbildung oder Andeutung realer Objekte.

> Das wäre eine Verschmelzung der beiden Ichs, eine Synthese, bei der die Vorteile der beiden Persönlichkeiten gleichmäßig zum Tragen kämen.
>
> Carl Amery, *Geist-Transfer*

Der Inhalt des Films ist für eine Spielzeit von etwa fünf Minuten sehr umfangreich und nicht ganz einfach zu verstehen. Durch den Ton zu *Occursus cum novo* wird versucht, die Struktur deutlich werden zu lassen. Die Musik ist daher bewußt trivial angelegt. Der „harte" Handlungsstrang wird von Paukenschlägen begleitet, die sich zunehmend bis zum Ende hin steigern und in einer schrillen Dissonanz beim *aufsteigenden Wecker* enden. Die Dissonanz wiederum wird aufgelöst in ein sentimentales Adagio mit tiefen Glockenschlägen zum Ausklang des Nachspanns. Den „weichen" Szenen sind in ähnlich brutal-trivialer Art Musiksequenzen unterlegt, die typische Stilelemente vergangener Musikepochen nachvollziehen, sei es das atonale, eher Melancholie ausdrückende Cello-Duo der Windmühlensequenz, das an die elektronische Musik der fünfziger Jahre erinnernde Sprechgeräusch der Katenoidensequenz, die tänzerische Xylophon-Dur-Melodie bei der Baumsequenz oder die schwere Orgelmusik bei der Tempelszene.

> Denn es gibt ja kein Mittel zu verhindern, daß das geschieht, was jeder sich ausdenkt. Die Vorstellung genügt, um das mögliche zum Dasein zu bringen.
>
> Kurd Lasswitz, *Die Weltprojekte*

Die folgenden Seiten beschreiben die einzelnen Szenen von *Occursus cum novo* in Wort und Bild. Die mit ▸ gekennzeichneten Randnoten in diesem Abschnitt verweisen auf Abbildungen.

Vorspann: Frei im Raum schwebt eine Metallplatte, auf die der Schatten einer Mädchensilhouette fällt. Aus der Platte hervor wächst das Logogramm der Universität Karlsruhe und verschwindet wieder. Aus dem Hintergrund fliegt ein Schriftzug, *Occursus com novo*, hinter die Platte, wobei sich seine Farbe ändert. Der Schriftzug durchbricht die Platte und bleibt dann einen Moment stehen. Ein Paukenschlag ertönt, der Schriftzug wackelt in ironischer Anspielung auf die bekannten, pathetischen Logos und fliegt in den Vordergrund, aus dem Sichtbereich des Betrachters.

▸ 1.40

▸ 1.9

Hart I: Als Drahtmodell sind drei Schachfiguren, ein Springer und zwei Bauern zu sehen. Sie stehen auf einigen schwarzen und weißen Bodenflächen, die ein noch unvollständiges Schachbrett andeuten.

▸ 1.23

Von oben fällt ein Gitter oder ein Gerüst über die Szene, fängt sie gewissermaßen ein, worauf aus dem Boden kleinere Gerüste auftauchen und die einzelnen Drahtfiguren einschließen.

Sobald die Gitter zur Ruhe gekommen sind, treffen Strahlen ein, die auf die Drahtmodelle ungewöhnlich wirken: Wird eine Figur getroffen, vervollständigt sie sich an dieser Stelle, sie wird solide; trifft ein Strahl eine bereits solide Stelle, glüht diese nur auf und kühlt wieder ab.

Mühlen: Der Betrachter steht nachts am Fuß einer sechsflügeligen Windmühle, die von drei verschiedenfarbigen Lichtquellen bestrahlt ▸ **1.24**

Der Djebel bot sich mir überhaupt weit mehr als ein optisches Gebilde dar als wie eine überwältigende Baulichkeit aus festem Material. Mit den Worten „optisches Gebilde" will ich etwas bezeichnen, was eher aus Licht, Lichtflächen, Schlagschatten, Strahlen, Strahlenbrechungen, Spektralphänomenen, Farbenreihen und -rückungen besteht als aus etwas anderem.

Franz Werfel, *Der Djebel*

wird. In einer Überblendung wird eine weitere Mühle sichtbar, beide ▸ **1.10** Mühlen stehen auf einer hügeligen Landschaft und werden nur noch von zwei weißen Lichtquellen beschienen. Eine weitere Überblendung zeigt beide Mühlen, jetzt bei Tag (hier wird bereits ein Zeitfaktor angedeutet), auf einer Inselgruppe. Deutlich spiegeln sich die Mühlen im ▸ **1.38** Wasser.

Hart II: Immer noch werden die drei Schachfiguren von Strahlen getroffen, das Strahlengewitter hat sich noch verstärkt. Das Schachbrett ▸ **1.17** ist inzwischen vollständig, weitere Figuren sind hinzugekommen – offenbar auf eher konventionelle Weise, ein König, der wohl gerade von einer unsichtbaren Hand auf das Brett gestellt wurde, torkelt noch um seine Achse.

Die Gitter verschwinden. In einer weiten Kamerafahrt wird zunächst ein größerer Teil des Schachbretts sichtbar – es schwebt nicht mehr in der Luft, sondern steht vielmehr auf einem Tisch, der unbemerkt erschienen ist. Ein Springer hüpft vom Brett, beim Aufprall auf den Tisch wird eine Dame hochgeschleudert. Dann nähert sich der Betrachter den beiden zu Beginn sichtbaren Schachbauern, die sich währenddessen in Glas und Chrom verwandeln. Ein schwarzer Springer schüttelt den ▸ **1.16**

Großartig. Hast du die Schlaglichter auf dem Schiffsrumpf gesehen? Die Umgebungsreflexion, die diffuse Reflexion und die spiegelnde Reflexion waren wirklich perfekt abgestimmt. Und das Schiff hat sich in den Augen der Sivatheria gespiegelt.

Bernhard Richter, *Wieviel Sterne stehen*

Kopf. Gleichzeitig taucht aus dem Boden eine Dame auf, die im Gegensatz zu den bisher in den üblichen Farben schwarz und weiß gehaltenen Figuren rot ist; sie landet nach einem Salto hinter den beiden Bauern.

In einer Totalen wird sichtbar, daß sich die Umgebung weiter verändert hat. Die Figuren sind bunter als zuvor. Auf dem Tisch befindet sich eine ▸ **1.26**

Plastik von **Vantongerloo**[1], davor liegt ein Kugelschreiber. Neben
dem Schachbrett steht ein Wecker, vor dem eine Streichholzschachtel
liegt. Aus fliegenden Ziegeln baut sich dahinter eine Mauer auf, ein

> Wie alle Mauern war auch sie doppeldeutig, janusköpfig. Was drinnen und was
> draußen war, hing davon ab, auf welcher Seite der Mauer man sich befand.
>
> Ursula K. LeGuin, *Planet der Habenichtse*

Bild **Mondrians**[2] schwebt davor. Der Springer, der zuvor vom Brett
gesprungen ist, hüpft nun über den Tisch. Eine Tapetenrolle wird über
die unverputzte Mauer gelegt.

Katenoiden: Vor einer unregelmäßigen, spiegelnden Wand hängen
drei Objekte, mathematische Gebilde, die als *Katenoiden* bezeichnet
werden. Eines der Objekte beginnt sich zu bewegen, auf- und zuzu- ▸ 1.27
klappen wie das Maul eines phantastischen Tiers. Bald darauf folgt,
wie in einem Kanon, auch das zweite und das dritte Objekt.

Zum Schluß wächst eine der Katenoiden so stark an, daß sie zuletzt
das ganze Bild ausfüllt.

Hart III: Die Mauer ist vollständig tapeziert. Die Tischdecke verändert ▸ 1.22
die Farbe: Hellblau wird zu dunkelblau und umgekehrt. ▸ 1.37

Einer der Schachläufer beginnt sich zu verändern, der gewöhnliche, ge- ▸ 1.12
drechselte Kopf verwandelt sich in die groteske Parodie eines mensch- ▸ 1.12
lichen Kopfes. ▸ 1.15

Der Kugelschreiber vermehrt sich, in einer Art Zellteilung tritt ein
zweiter aus ihm heraus. Der mutierte Läufer dreht sich zum Betrachter
hin, so daß der Beobachter nun selbst zum Beobachteten wird.

Durch die Luft, vorbei an zahlreichen Schachfiguren in unterschiedlichen Farben, schlängelt sich ein Wurm. Die Kamera folgt ihm, und ▸ 1.34
auch ein mutierter Läufer verfolgt ihn mit seinen Blicken. Schließlich
wickelt sich der Wurm um eine Figur, scheint in sie einzudringen.

> Haben Sie solche Würmer gesehen? In diesem Fall verständigen Sie sofort die Po-
> lizei!
>
> John Brunner, *Schafe blicken auf*

Ein weiterer Wurm wird sichtbar, die Kamera folgt ihm, während er ▸ 1.35
auf einen Turm zurast. Auch dieser Wurm dringt in die Figur ein.

Eine bizarre Szenerie wird sichtbar: Viele Würmer scheinen um einen
verspiegelten, mutierten Läufer zu tanzen. Dieser Ort befindet sich, ▸ 1.41
wie an den Spiegelungen zu erkennen ist, unter dem Schachbrett. ▸ 1.25

---

[1] **Georges Vantongerloo**, *Raumplastik*, 1935
[2] **Piet Mondrian**, *Rhythmus aus schwarzen Linien*, 1935–42

Bäume: Eine Weide ist zu sehen, die hin und wieder von einem Wind- ▶ **1.11**
stoß bewegt wird. Ein großer Ast eines weiteren Baums, auf dem eine
riesige Libelle sitzt, wird – vom Wind bewegt – sichtbar. Außerdem
ist ein Pseudobaum zu sehen, ein verspiegeltes Objekt, das einen (vom
Material abgesehen) gewöhnlichen Stamm hat, dessen Krone jedoch
eine Kugel ist. ▶ **1.32**

Hart IV: In einer Nahaufnahme ist der davonschwebende Wecker zu ▶ **1.20**
sehen.

> Gleichzeitig wird sich der Leser jedoch schwerlich mein Erstaunen vorstellen
> können, eine Insel in der Luft zu erblicken, die von Menschen bewohnt wurde,
> die (wie es scheinen wollte) imstande waren, sie nach Belieben steigen oder sinken
> zu lassen oder sie nach vorn in Bewegung zu setzen.
>
> Jonathan Swift, *Gullivers Reisen*

Wieder tauchen die tanzenden Würmer auf. Doch der Reigen ist vor- ▶ **1.29**
über, die Szene hat etwas Bedrohliches. Einer der Würmer rast auf das
an der Decke schwebende Schachbrett zu und bohrt sich hinein.

Auf der anderen, der „Oberseite" erscheint er wieder. Das Schachbrett
hat sich inzwischen verändert. Waren die Figuren bisher in schreiend
bunten Farben, das Brett konventionell schwarz-weiß gestaltet, so sind
jetzt Figuren und Brett in ruhigem Hell- und Dunkelgrün gehalten.

Wie von einer unsichtbaren Kraft wird der Wurm gepackt und gegen ▶ **1.21**
zwei Figuren geschleudert, wo er zerplatzt, sich in seine Bestandteile
auflöst, die wie Tischtennisbälle auf dem Brett hin- und herhüpfen und
sich dabei ständig verfärben.

Abschließend ist noch einmal der Wecker, genauer eine Nahaufnahme
der Zeiger, für Sekundenbruchteile zu sehen. ▶ **1.20**

Tempel: Drei Tempel bei Nacht. Nacheinander werden in fünf kelchar-
tigen Gefäßen, die in und vor den Tempeln stehen, Feuer entzündet. ▶ **1.30**

Eine steinerne Statue auf einem Sockel wird sichtbar, die sich langsam ▶ **1.31**
in eine bronzene verwandelt. Sie löst sich in Tausende von Kugeln auf, ▶ **1.14**

> Der Geist löset auff / den Cörper / und in dieser Aufflösung zeucht er auß die Seele
> des Cörpers / und verkehrt den Cörper in die Seele / und die Seele wirt verwandelt
> in den Geist / und der Geist soll wieder zugefügt werden dem Cörper.
>
> Salomon Trißmosius, *Splender Solis*

die zur Seite davonschweben, während von der anderen ein zweiter
Kugelschwarm auftaucht, der sich zu einer modernen Plastik im Stil
von Hans Arp zusammensetzt. Zuletzt verwandelt sie sich in Chrom. ▶ **1.31**

> Die Dreißiger träumten von weißem Marmor und windschlüpfrigem Chrom, unsterblichem Kristall und polierter Bronze ...
>
> William Gibson, *Das Gernsback-Kontinuum*

Showdown:

Baum: Der Wind hat sich gelegt. Der Baum, dessen Ast im Vordergrund zu sehen war, ist verschwunden.

Aus der Erde bohrt sich ein riesiger Wurm, der größer ist als der Stamm der Weide. Er ringelt sich um den Baum, dessen Blätter dadurch nach und nach verschwinden. Obwohl der Wurm aus dem Boden gekrochen ist, hat er ihn unversehrt gelassen. Als der Wurm den spiegelnden Pseudobaum streift, erblindet der Spiegel. ▸ 1.33

Mühle: Während die Mühlenszene bisher in schmutzigbraunen Farben gehalten wurde, wird nun eine „natürliche" blaue Farbe verwendet. ▸ 1.39 Das Wasser sprudelt oder kocht, und neben der Mühle taucht der Kopf eines mutierten Läufers auf. Mühle und Kopf sind etwa gleich groß.

Tempel: Die Tempel sind verschwunden. Übrig ist nur noch die Arp-Plastik, halb begraben im Wüstensand. Die Kamera fährt zu einer ▸ 1.36 anderen Stelle der Wüste, die sich in nichts von der übrigen Öde zu unterscheiden scheint, während die Plastik vollends im Treibsand versinkt.

Wecker: Wie aus einem Raketensilo bricht der Wecker aus der Erde ▸ 1.19 hervor, die Deckplatten davonschleudernd. Währenddessen überschreitet der Sekundenzeiger die Zwölf und damit den Zeitpunkt ▸ 1.18 *Fünf vor Zwölf.*

Aus der Fallgeschwindigkeit der Platten im Verhältnis zur Größe des Weckers ist zu schließen, daß er – wie die anderen Objekte aus ▸ 1.19 der *harten Welt* auch – überdimensional groß sein muß.

Katenoide: Eine Katenoide dreht sich, faltet sich zu einem filigranen ▸ 1.28 Gebilde. Wie ein Wundverband wird sie abgewickelt und legt in ihrem Inneren ein Gesicht frei, das der Silhouette aus dem Vorspann entspricht.

Nachspann: Das Wort *Finis* gleitet majestätisch ins Bild und bleibt vor dem Gesicht stehen. ▸ 1.13

1.4.2 Zur Durchführung des Projekts

Am Beginn des *Occursus cum novo*-Projekts stand die Diskussion des Inhalts des Films durch ein Komitee. Ausschlaggebend für das Drehbuch waren die zur Verfügung stehende Rechenzeit und der Zeitrahmen für das Projekt von etwa

> Ich begann mit meinem ganzen Wesen zu fühlen, daß nichts in meiner Gegenwart vorhanden war.
>
> Fjodor Dostojewskij, *Der Traum eines lächerlichen Menschen*

einem halben Jahr. Das Drehbuch von *Occursus cum novo* wurde schließlich vom letztendlichen Autor endgültig festgelegt.

> Als die Welt geschaffen wurde, mußte selbstverständlich zuvor das Projekt sein.
>
> Kurd Lasswitz, *Die Weltprojekte*

Zudem wurde ein Projektplan erstellt, der die Aufteilung des Modellieraufwands, eine Abschätzung des Rechenzeitbedarfs für die Bilderzeugung und als Konsequenz daraus Zeitangaben für die Fertigstellung der einzelnen Szenen enthielt. Diese Vorstellungen konnten nur vage sein, da Erfahrungen mit derartigen Projekten fehlten und sich Rechner- und Personalbestand laufend änderte (allerdings zugunsten des Projekts). Aus diesen Gründen war im nachhinein festzustellen, daß der Projektplan nur näherungsweise eingehalten wurde, durch seine Zeitvorgaben aber den nötigen Druck zur rechtzeitigen Aufnahme der Teilschritte erzeugte.

Aus dem Drehbuch wurde dann ein rudimentäres Arbeitsbuch erstellt. Das Arbeitsbuch von *Occursus cum novo* gibt eine formalisierte Beschreibung der Einzelbilder inklusive der detaillierten Zeitangaben. Die folgenden Seiten zeigen das Original-Arbeitsbuch von *Occursus cum novo*, das eine formale Beschreibung des im vorigen Abschnitt vorgestellten Filmablaufs inklusive der detaillierten Zeitangaben gibt. Es ist in Sequenzen unterteilt, die wiederum aus Teilsequenzen bestehen. Die Teilsequenzen werden durch Folgen von Dateien beschrieben, die in der Spalte `Dateinamen` aufgeführt sind. Jede Datei entspricht einem Einzelbild des Films.

Der ersten Spalte gehen manchmal noch Kennungen voraus. Ue gibt an, daß eine Überblendung vom angegebenen Anfangsbild zum angegebenen Endbild durchzuführen ist. Eine Kennung von der Form n* bedeutet, daß die darauffolgende Teilsequenz zu wiederholen ist. Falls n keine konkrete Zahl ist, so läßt sie sich aus der dritten Spalte errechnen. Die dritte Spalte enthält die Zeitangaben für die Teilsequenzen in Sekunden und Einzelbildanzahlen (EB). Eine Sekunde entspricht 25 Einzelbildern, so daß die Angabe 1"12 eine Folge von $25 + 12 = 37$ Einzelbildern ergibt. Die zweite Spalte schließlich enthält eine Kurzbeschreibung des Inhalts der Teilsequenzen.

Die Datumsangaben in den Köpfen der einzelnen Szenen geben an, wann das Arbeitsbuch für die entsprechende Sequenz zum letzten Mal geändert wurde.

```
+-----------------------------------------------------------------+
! O C C U R S U S   C U M   N O V O             ARBEITSBUCH !
+-----------------------------------------------------------------+
! TITEL                      20.06.87          ! 20"   !
+-+---------------------------+--------------------+---------+
! ! Dateinamen               ! Kommentar          ! s"EB  !
+-+---------------------------+--------------------+---------+
n * T.still.0                  Standbild            1"12
    T.uni.0..24                Logo waechst         1"
n * T.uni.24                   Logo steht           0"13
    T.uni.24..0                Logo schrumpft       1"
    T.flug.0..149              Titel kommt          6"
n * T.flug.149                 Titel steht          3"10
    T.weg.0..89                Titel geht           3"15
Ue  T.weg.89->T.still.0        Titelrest wegblenden 1"
n * T.still.0                  warten               2"
( T.still.0 == T.flug.0 )
    +-------------------------------------------------------------+
    ! H1                      20.06.87          ! 15"   !
    +-+---------------------------+--------------------+---------+
    ! ! Dateinamen               ! Kommentar          ! s"EB  !
    +-+---------------------------+--------------------+---------+
n * h1.wire.0                  wire-Figuren         3"
    h1.gitter.0..149           Gitter kommen        6"
    h1.strahl.0..149           erste Strahlen       6"
    +-------------------------------------------------------------+
    ! MUEHLE                   20.06.87          ! 25"   !
    +-+---------------------------+--------------------+---------+
    ! ! Dateinamen               ! Kommentar          ! s"EB  !
    +-+---------------------------+--------------------+---------+
n * (M.nah.0..24)              Nah                  8"
Ue  (M.nah.0..24++M.halb.0..24) Nah -> Halb         1"
n * (M.halb.0..24)             Halb                 4"
Ue  (..halb..totale..)         Halb -> Totale       1"
n * (M.totale.0..24)           Wasser               11"
    +-------------------------------------------------------------+
    ! H2                      20.06.87          ! 20"   !
    +-+---------------------------+--------------------+---------+
    ! ! Dateinamen               ! Kommentar          ! s"EB  !
    +-+---------------------------+--------------------+---------+
    h2.strahl.0..124           Letzte Strahlen      5"
n * h2.gitter.0                3 Gitter             "13
n * h2.gitter.1                2 Gitter             1"
```

```
n * h2.gitter.2              1 Gitter                    "12
n * h2.gitter.3              0 Gitter                   1"
    h2.halb.0..74           Kamerafahrt Halbtotale   3"
    h2.eff.0..124           weitere Effekte           5"
    h2.totale.0..99         Totale                    4"
```

! Kanon	15.07.87	! 21" !
! ! Dateinamen	! Kommentar	! s"EB !

```
    kanon.000..034          Eine Katenoide in        1"10
    kanon.033..002          Bewegung                 1"07
    kanon.067..322          Alle in Bewegung        10"06
    kanon.131..290          Wiederholung             6"10
    kanon.III.483..524      Eine Kat. wird gross     1"17
```

! H3	29.07.87	! 20" !
! ! Dateinamen	! Kommentar	! s"EB !

```
    h3.totale.0..24         Totale                   1"
    h3.meta.0..137          Kopfmetamorphose         5"13
    h3.wecker.0..36         11h15'25"                1"12
    h3.wurm.0..124          Wurm faehrt in Figur     5"
    h3.fahrt.0..124         Fahrt in Figur           5"
    h3.reigen.0..49         tanzende Wuermer         2"
```

! Baum	29.07.87	! 19" !
! ! Dateinamen	! Kommentar	! s"EB !

```
n * weide.wind.0            windstill                1"08
4 * (weide.wind.0..55)      Weide im Wind            8"24
n * weide.wind.0            windstill                2"
3 * (weide.wind.0..55)      Weide im Wind            6"18
```

! H4	13.07.87	! 12" !
! ! Dateinamen	! Kommentar	! s"EB !

```
    h4.wek.0..24            Wecker 11h15'47"         1"
    h4.tanz.0..48           Wurm von unten           2"
    h4.made.0..24           Wurm durchbohrt Brett    1"
    h4.bill.0..175          Wurmkugeln kullern       7"
    h4.ker.0..24            Wecker 11h15'58"         1"
```

```
+----------------------------------------------------+
! TEMPEL                  27.07.87           ! 35"   !
+-+--------------------------+-----------------+--------+
! ! Dateinamen              ! Kommentar       ! s"EB  !
+-+--------------------------+-----------------+--------+
     T.flamme.0..385          Flammen            15"11
Ue   T.bl.flamme.386..422     Ue flamme->stein   1"12
n *  T.statue.stein           Standbild          1"13
Ue   T.bl.statue
     T.statue.stein ->
        T.staute.bronze       Materialverwandlung 1"18
n *  T.statue.bronze          Standbild           "13
Ue   T.bl.meta
     T.statue.bronze ->
        T.meta.statue         Nah                1"
     T.meta.0..149            Metamorphose       6"
                              Statue -> Arp
Ue   T.bl.arp
     T.meta.arp -> T.arp.bronze  Halbtotale Arp  1"18
n *  T.arp.bronze             Arp bronze         1"
Ue   T.bl.chrom
     T.arp.bronze -> t.arp.chrom Arp verspiegelt 2"
n *  T.arp.chrom              Standbild          2"15
+----------------------------------------------------+
! Sd.Baum                  29.07.87          ! 16"   !
+-+--------------------------+-----------------+--------+
! ! Dateinamen              ! Kommentar       ! s"EB  !
+-+--------------------------+-----------------+--------+
n *  weide.wurm.2             Standbild mit Laub 2"
     weide.wurm.3..315        Wurm frisst Blaetter 12"13
n *  weide.wurm.315           Standbild kahl     1"12
+----------------------------------------------------+
! Sd.Muehle                13.07.87          ! 7"    !
+-+--------------------------+-----------------+--------+
! ! Dateinamen              ! Kommentar       ! s"EB  !
+-+--------------------------+-----------------+--------+
n *  (S.0..24)                Muehle             3"
     S.taucher.0..24)         Kopf taucht auf    1"
n *  (S.kopf.0..24)           Kopf ist da        3"
```

```
+----------------------------------------------------------------+
! SD.TEMPEL                 27.07.97          !   6"   !
+-+-----------------------+-------------------+--------+
! ! Dateinamen            ! Kommentar         !  s"EB  !
+-+-----------------------+-------------------+--------+
n * sd.tempel.0             Standbild            2"
    sd.tempel.0..99         Fahrt zu WeckerPos   4"
+----------------------------------------------------------------+
! SD.WECKER                 14.07.87          !  14"   !
+-+-----------------------+-------------------+--------+
! ! Dateinamen            ! Kommentar         !  s"EB  !
+-+-----------------------+-------------------+--------+
n * sd.wecker.0             Standbild            2"
    sd.wecker.0..299        Wecker bricht aus
                            der Erde
+----------------------------------------------------------------+
! Fin                       18.07.87          !  12"   !
+-+-----------------------+-------------------+--------+
! ! Dateinamen            ! Kommentar         !  s"EB  !
+-+-----------------------+-------------------+--------+
    fin.I.000..124          Kamerafahrt 1        5"
    fin.II.125..299         Wilde Bewegung       7"
                            und Kamerafahrt
                            auf das Gesicht
+----------------------------------------------------------------+
! nachspann                 03.08.87          !  43"   !
+-+-----------------------+-------------------+--------+
! ! Dateinamen            ! Kommentar         !  s"EB  !
+-+-----------------------+-------------------+--------+
    n.ende.0..99            Finis kommt          4"
n * n.ende.99               Standbild            1"
Ue  n.ende.99 -> n.spann.0  1. Texttafel         2"
n * n.spann.0               Standbild            9"
Ue  n.spann.0 -> n.spann.1  2. Texttafel         2"
n * n.spann.1               Standbild            9"
Ue  n.spann.1 -> n.spann.2  3. Texttafel         2"
n * n.spann.2               Standbild            9"
Ue  n.spann.2 -> n.ende.99  Finis                2"
n * n.ende.99               Standbild            3"
+----------------------------------------------------------------+
! ENDE                                                          !
+----------------------------------------------------------------+
```

Die Modellierung und Berechnung erfolgte weitgehend auf Arbeitsplatzrechnern. Typische Leistungsmerkmale der verwendeten Arbeitsplatzrechner waren ein 32-Bit-Mikroprozessor (MC68020), 4 MByte Hauptspeicher, eine Winchesterplatte mit etwa 60 MByte Speicherkapazität, ein hochauflösender Monitor (1024×1280), Tastatur und Maus.

An der Modellierung der dreidimensionalen Szenen wirkten etwa ein halbes Dutzend Teilnehmer mit, wobei auf einen Fundus von schon vorhandenen Modellen zurückgegriffen werden konnte. Die Integration der einzelnen Modelle und Sequenzen sowie der wesentliche Anteil beim Modellieren, insbesondere der Bewegungsabläufe, wurden von einer Person durchgeführt.

```
continue
parameter := part 1
time: delta 0
scene: liste stop/run
intensity: 70/100
part 3 go
start
```
Herbert W. Franke, Das rosarote Universum

Große Teile von *Occursus cum novo* wurden textuell in der Eingabesprache des schon früher entwickelten Bilderzeugungsprogramms VERA modelliert. Unterstützung boten Werkzeuge der verwendeten UNIX-Programmierumgebung. Für komplexere Modelle und Bewegungsabläufe wurden während des Projekts Simulationsprogramme entwickelt. Hervorzuheben sind hier die Programme WAXI zur Baumgenerierung und METAMORPHOSIS zur Animation von Partikelsystemen. Neben diesen über das Projekt hinaus einsetzbaren Programmen gab es noch eine ganze Reihe „Wegwerfprogramme" zur Modellierung von Szenendaten und Bewegungen in speziellen Fällen. Die verwendete Programmiersprache war Pascal. Als geometrisch-interaktives Modellierungswerkzeug stand ein eigenentwickeltes Konturrekonstruktionsprogramm namens REPROS zur Verfügung. Dieses konstruiert aus einer Folge von Konturlinien in aufeinanderfolgenden Ebenen eine dazugehörige dreidimensionale Oberfläche. Die Eingabe der Konturlinien erfolgte über Datentablett.

Die Berechnung der Bilder geschah mit dem oben erwähnten Bilderzeugungsprogramm VERA. VERA arbeitet nach dem Strahlverfolgungsverfahren. Die dem-

(...) nichts weiter als eine Ansammlung elektronisch erzeugter Polyeder, Pyramiden, Kugeln, Zylinder und bestimmter durch Polynome beschriebener Oberflächen, angelehnt an die Konzepte der Fractalen Geometrie, von Bildsyntheseprogrammen interpretiert, gepuffert, algorithmisiert und durch Anti-Aliasing und Pixel-Phasing in den Stand der Wahrnehmbarkeit erhoben.
Bernhard Richter, Wieviel Sterne stehen

entsprechend recht zeitaufwendige Berechnung von *Occursus cum novo* (es wurden etwa zweieinhalb Jahre CPU-Zeit verbraucht) wurde auf einer Vielzahl von

Rechnern durchgeführt. Die meiste Rechenleistung kam dabei aus dem Netzwerk der oben beschriebenen Arbeitsplatzrechner, auf dem die Berechnung unter automatischer Steuerung durch die im Projekt entwickelte Netqueue-Software ablief. Die berechneten Bilder wurden auf Magnetband in digitaler Form zwischengespeichert und dann extern durch Einzelbildaufzeichnung auf eine 1-Zoll-MAZ-Maschine überspielt. Hierzu wurde die kommerziell erhältliche Animationssoftware von *Wavefront Technologies* eingesetzt.

Die Vertonung des Films geschah nachträglich. Anhand der Zeitangaben des Drehbuchs wurde mittels eines Synthesizers ein Tonband erstellt, das dann auf das Videoband überspielt wurde.

1.5 Übersicht

Eines der ersten Bücher über Computeranimation stammt von Magnenat-Thalmann, Thalmann (1985). Dort wird anhand verschiedener existierender Beispiele in die Computeranimation eingeführt, unter anderem anhand des von den Autoren entwickelten MIRA-Systems. Bei Pueyo und Tost (1988) findet man eine gute Klassifizierung von Animationssystemen sowie eine große Menge weiterführender Literaturangaben auch zu Spezialthemen. Andere einführende Veröffentlichungen stammen von Andree (1986), Smith (1983) und Csuri (1977). Weiterführende Literatur findet man in den Tagungsbänden der einschlägigen Tagungen. Dazu gehören die *ACM-SIGGRAPH-Konferenz*, die *Computer Graphics International*, die *Computer Animation Conference* und die *Eurographics*. Zu diesen Konferenzen sind die Tagungsbände in Buchform erhältlich. Dort werden auch Tutorials zum Thema Computeranimation durchgeführt, zu denen teilweise Unterlagen erhältlich sind. Beispielsweise führt der Artikel von Higgins und Kochanek (1987) in die Methoden der 2D-Computer-Animation ein. Das Buch von Solf (1976) beschreibt die Technik des klassischen Films. Das Glossar von Roncarelli (1989) erläutert englischsprachige Fachbegriffe der Computeranimation.

Einen Überblick zur Visualisierung wissenschaftlicher Daten bietet die NSF-Initiative zur Visualisierung von Daten im wissenschaftlichen Rechnen (B.H. McCormick, T.A. DeFanti, M.D. Brown, 1987). Einen wesentlichen Anteil bei der Visualisierung haben statistische Daten. Methoden zur Visualisierung statistischer Daten werden im Band 82 (1987) des *Journal of the American Statistical Association (JASA)* vorgestellt. Umfassende Methoden zur Aufbereitung von Information wurden schon früher unabhängig vom Einsatz von Rechnern entwickelt. Das Buch von Bertin (1974) enthält eine umfassende, wohlklassifizierte Sammlung von Darstellungsverfahren. Das spezielle Gebiet der Visualisierung von Algorithmen und Datenstrukturen ist Gegenstand des Buches von Brown (1988). Anforderungen an die Schnittstelle zwischen Simulation und Animation werden von Claussen (1989) analysiert. Der Entwicklung von interaktivem digitalem Video als semi-interaktive Computeranimationstechnik ist das Juli-Heft 1989 der Zeitschrift *Communications of the ACM* gewidmet. Schachter (1983) beschreibt den Aufbau von Echtzeitsichtsimulationssystemen im Zusammenhang mit Flugsimulatoren.

Beispiele für den künstlerischen Einsatz von Computergraphik finden sich bei Franke (1985) und Leopoldseder (1987, 1988). Franke (1978) diskutiert das Zusammenwirken und die Diskrepanz von Kunst und Technik. Hofmann, Reichenberger (1989) untersuchen den Realismusbegriff in der Computeranimation. Der Sammelband von Lansdown, Earnshaw (1989) enthält verschiedene Beiträge über die Verwendung von Computeranimation in der Kunst. Willim (1989) gibt eine Übersicht zum Stand der Technik bei professionellen Anbietern.

Das Buch von Couchot (1988) beleuchtet mehr den philosophischen, historischen und gesellschaftspolitischen Aspekt. Historisch interessant ist das Werk von Leonardo da Vinci (Nachdruck 1989), in dem schon in der Renaissance-Zeit die Methoden der heutigen Bilderzeugung beschrieben werden. Mazzola, Krömker, Hofmann (1987) setzen Methoden der modernen Computergraphik zur Analyse eines alten Kunstwerks ein.

Als bildgebende Technik, die die volle dreidimensionale Wiedergabe ermöglicht, wurde die Holographie erwähnt. Einführungen in die Technik der rechnergenerierten Hologramme geben Dallas (1980), Schreier (1984) und Hariharan (1984).

1.6 *Occursus cum novo* – **Bilder**

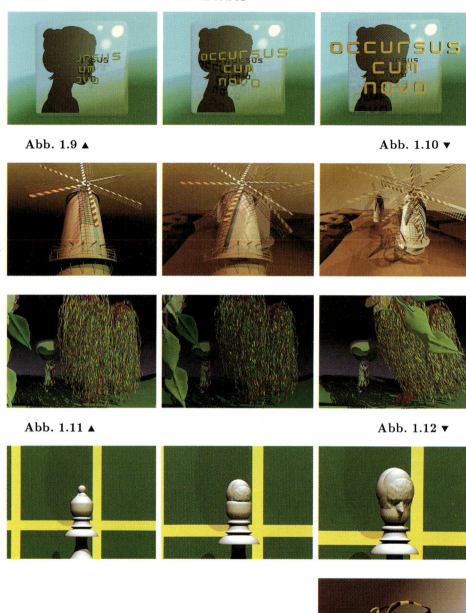

Abb. 1.9 ▲   Abb. 1.10 ▼

Abb. 1.11 ▲   Abb. 1.12 ▼

Abb. 1.13

Abb. 1.14

Abb. 1.15 ▲   Abb. 1.16 ▼

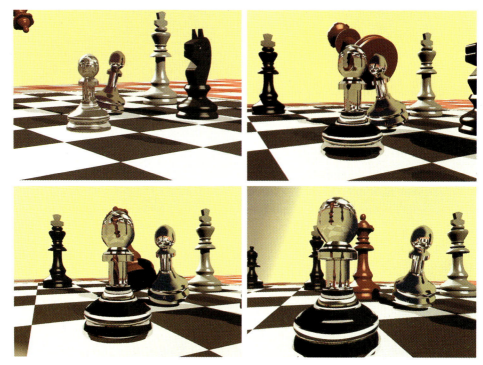

Abb. 1.17 ▲   Abb. 1.18 ▼

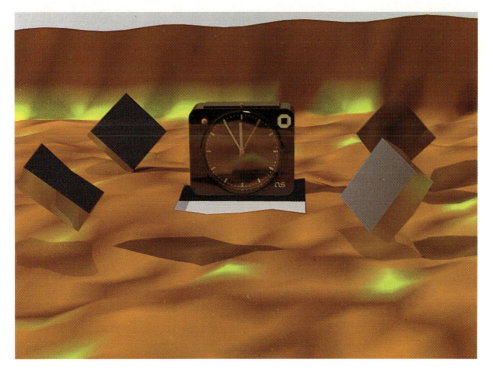

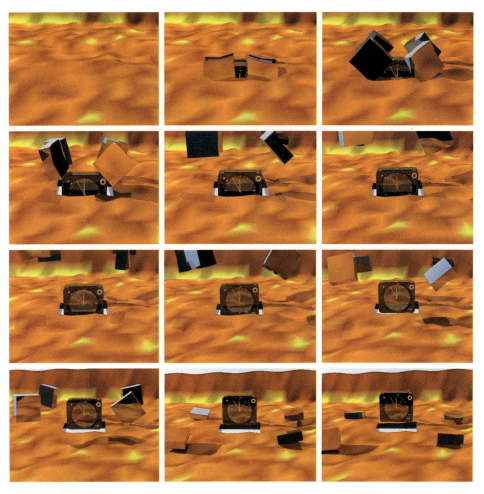

Abb. 1.19 ▲   Abb. 1.20 ▼

Abb. 1.21 ▲   Abb. 1.22 ▼

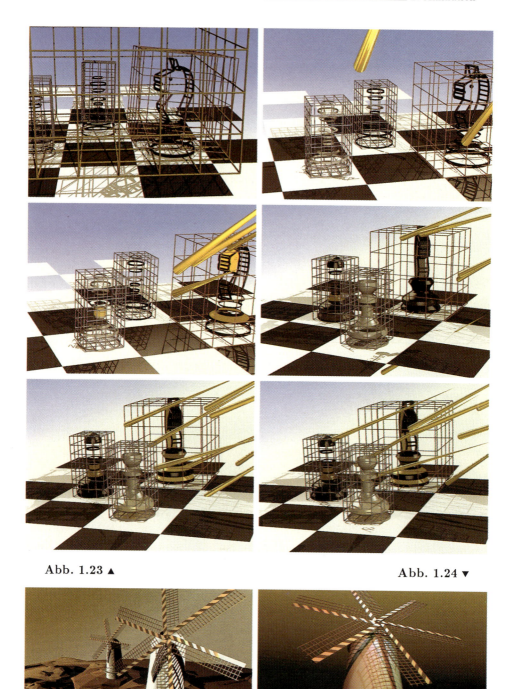

Abb. 1.23 ▲

Abb. 1.24 ▼

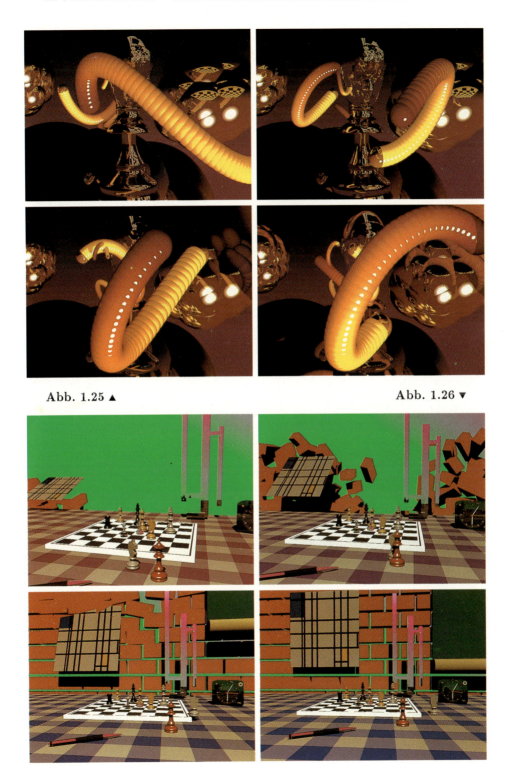

Abb. 1.25 ▲   Abb. 1.26 ▼

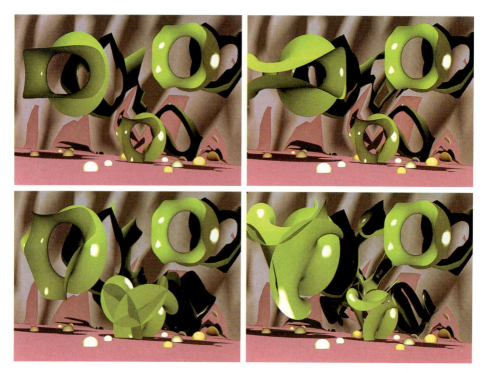

Abb. 1.27 ▲   Abb. 1.28 ▼

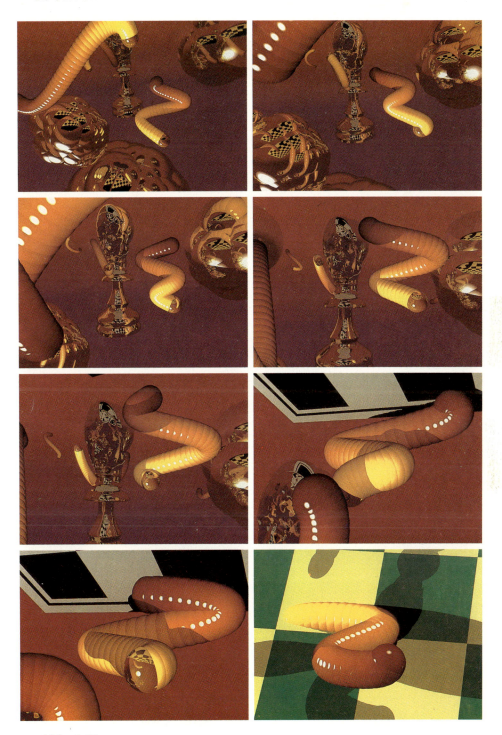

Abb. 1.29

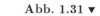

Abb. 1.30 ▲   Abb. 1.31 ▼

Abb. 1.32 ▲   Abb. 1.33 ▼

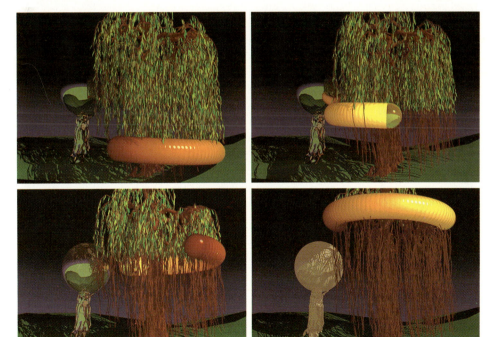

Abb. 1.34 ▲

Abb. 1.35 ▼

Abb. 1.36 ▲   Abb. 1.37 ▼

Abb. 1.38 ▲   Abb. 1.39 ▼

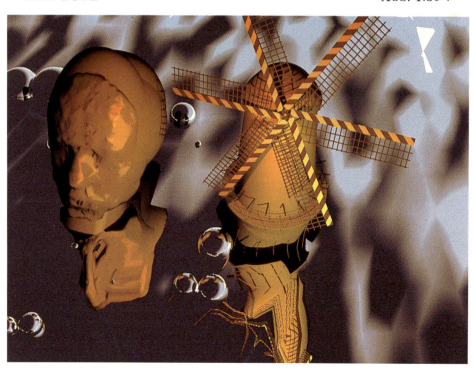

Abb. 1.40 ▲   Abb. 1.41 ▼

2. Bilderzeugungsschnittstelle

Fotorealistische Computeranimationssysteme besitzen einen Bilderzeugungsmodul, der die Bildsynthese automatisch aus einer Szenenbeschreibung durchführt. In diesem Kapitel wird ein Beispiel für einen Szenenbeschreibungsmechanismus, die VERA-Bilderzeugungsschnittstelle, vorgestellt. Die VERA-Schnittstelle umfaßt die typischen Funktionen zur Spezifikation fotorealistischer Szenen. Außer dreidimensionalen geometrischen Objekten sind das Funktionen zur Beschreibung des optischen Verhaltens der Materialien, aus denen die Objekte bestehen sollen, die Lichtquellen und die Projektion. Die verwendeten Materialien können diffuses und spiegelndes Reflexionsverhalten haben und auch transparent sein. Zum Verständnis der Parameter der Materialbeschreibungen wird neben Bildbeispielen die formelmäßige Formulierung des Beleuchtungsmodells angegeben, das der optischen Simulation bei der Bilderzeugung zugrunde liegt. Die Möglichkeiten dessen, was im VERA-Szenenbeschreibungsformat ausgedrückt werden kann, wird durch die in diesem Buch gezeigten rechnergenerierten Bilder demonstriert, die praktisch alle in diesem Format beschrieben wurden.

2.1 Die VERA-Bilderzeugungsschnittstelle

Die Szenenschnittstelle eines Bilderzeugungsmoduls enthält alle Anweisungen, die der Bilderzeugungsmodul zur Generierung von Bildern oder Bildsequenzen braucht. Sie übernimmt damit auch Schnittstellenfunktion zwischen dem Gestaltungsmodul bzw. Animationsmodul einerseits und dem Bilderzeugungsmodul andererseits.

Schnittstellen der graphischen Datenverarbeitung bestehen üblicherweise aus einer Menge von Einzelanweisungen. Eine Anweisung wiederum besitzt eine Kennung sowie verschiedene Parameter zur genaueren Spezifikation. In der VERA-Schnittstelle beispielsweise wird eine Kugel durch ihren Mittelpunkt und ihren Radius beschrieben. Eine Schnittstelle kann abhängig von ihrer Anwendungsumgebung in verschiedener Form repräsentiert werden:

- *Dateiformat:* Bei der Realisierung als Dateiformat wird davon ausgegangen, daß das Bilderzeugungssystem die Szene von einer Datei einliest, um daraus ein Bild zu generieren. Außerdem können Szenen in dieser Form archiviert, mit anderen Einrichtungen ausgetauscht oder als Teil einer anderen Szene verwendet werden. Die Beschreibung erfolgt als lesbarer Text, z.B. in ASCII-Codierung. Eine Szenendatei setzt sich dabei aus einzelnen Sätzen zusammen. Jeder Satz hat eine Kennung und eine Folge von Parametern, die durch Trennzeichen getrennt sind. Bei der VERA-Schnittstelle wird eine Kugel mit Mittelpunkt $(0,0,0)$ und Radius 1.7 beispielsweise durch

$$\textbf{Kg } 0\ 0\ 0\ 1.7$$

angegeben. Diese Beschreibung ist durch eine kompakte Form mit wenig Redundanz gekennzeichnet, die aus Geschwindigkeits- und Speicherplatzgründen erforderlich ist. Dennoch ist sie für den Anwender so leicht verständlich, daß er ohne weiteres Bildbeschreibungen in diesem Format spezifizieren kann.

- *Programmbibliothek:* Die Realisierung der Bilderzeugungsschnittstelle als Programmbibliothek ist beispielsweise bei Echtzeitanimationssystemen sinnvoll. Die Prozeduren der Programmbibliothek sprechen dabei direkt die Funktionen der Graphikhardware an. Die Animation liegt als Programm vor, das solche Aufrufe enthält. Beim Ablauf des Programms wird die Animation auf dem Bildschirm dargestellt.

Auch beim Gestaltungs- bzw. Animationsmodul ist die Realisierung der Bilderzeugungsschnittstelle als Programmbibliothek sinnvoll. Komplexe Modelle oder Bewegungsabläufe werden häufig in gebräuchlichen Programmiersprachen wie Pascal, Fortran oder C beschrieben. Damit stehen dem Modellierer deren vielfältige Ausdrucksmöglichkeiten voll zur Verfügung. Die Programme haben aber letztendlich eine Szenenbeschreibung im Schnittstellenformat des Bilderzeugungsmoduls abzuliefern. Dieses geschieht über eine Bibliothek vordefinierter Prozeduren, die eindeutig den Anweisungen der Szenenschnittstelle entsprechen.

Die Kugelanweisung würde in einer Pascal-Programmbibliothek für die VERA-Schnittstelle durch die

$$\textbf{procedure Kg } (x,y,z,r: real)$$

repräsentiert werden.

Alternativ zur Programmbibliothek sind auch Erweiterungen existierender Programmiersprachen um zusätzliche Anweisungen möglich. Das ist sinnvoll, wenn sich dadurch einfachere Ausdrucksmöglichkeiten ergeben.

Die Beschreibung der VERA-Schnittstelle geschieht im folgenden durch ein Dateiformat. Eine VERA-Datei setzt sich aus Anweisungen in der oben beschriebenen Art zusammen. Es gibt vordefinierte Schlüsselwörter, zum Beispiel als Kennung der Anweisungen. Die Abb. 2.1 bis 2.4 zeigen die Schlüsselwörter. Diese geben zugleich auch einen Einblick in den Funktionsumfang der VERA-Schnittstelle.

Bedeutung	Bezeichner	Parameter
Außenfarbe	Afb	*Farbbezeichner*
Anfangspunkt	An	*Abstand Höhe*
Anti-Alias	Anti-Alias	
Augenlicht	Augenlicht	*Stärke Spektrum [Richtungspunkt Winkel]*
AugenSpot	AugenSpot	*Stärke Spektrum [Richtungspunkt Koeffizient]*
Brechdämpfung	Bdm	*Spektrum*
Bezeichner	Bez	*Farbbezeichner*
Brechkraft	Bkr	*Faktor*
Bildname	Bn	*Bezeichner*
Diffusreflexion	Drf	*Spektrum*
Eigenleuchten diffus	Edi	*Spektrum*
Elipsoid	El	*Mittelpunkt Vektor*
Erde	Erde	*Spektrum*
Datei ergänzen	Ergaenze	*Dateiname*
Eigenleuchten winkelabhängig	Ewi	*Spektrum*
Farbe	Fb	*Farbbezeichner*
Geradenstück	Ge	*Abstand Höhe*
Helligkeitsfaktor	HellFaktor	*Faktor*
Himmel	Himmel	*Spektrum*
Horizont	Horizont	*Spektrum*
Innenfarbe	Ifb	*Farbbezeichner*
Innenpunkt	Ip	*Punkt*
Kamera	Kamera	*Augenpunkt Bildmittelpunkt oberer_Randpunkt*
Kugel	Kg	*Mittelpunkt Radius*
Krümmungsanfang	KrA	
Krümmungsende	KrE	
Lichtquelle	Li	*Ortspunkt Stärke Spektrum [Richtungspunkt Winkel]*
Ambientlicht	Licht	*Spektrum*
Datei lesen	Lies	*Dateiname*

Abb. 2.1: Die Schlüsselwörter der VERA-Schnittstelle

Bedeutung	Bezeichner	Parameter
Matrix	Mx	3×4-*Matrix*
Punkt	P	*Achsenpunkt*
Dreieck	P3	*Punkt Punkt Punkt*
Viereck	P4	*Punkt Punkt Punkt Punkt*
Patch	Pa	*Punkt Punkt Punkt Vektor Vektor Vektor*
Pixelseitenverhältnis	PixelForm	*Faktor*
Projektionsebene	Projektion	*Augenpunkt links_unten rechts_unten links_oben*
Richtungsvektor	R	*Achsenrichtung*
Bildformat	Raster	*Bildbreite Bildhöhe*
Raytrace-Tiefe	RayTrTiefe	*Anzahl*
Rotationskörper	Rk	*Fußpunkt*
Rotation	Rt	*Rotationswinkel Rotationswinkel Rotationswinkel*
Schnitt außen sichtbar	Sas	
Schnitt außen unsichtbar	Sau	
Protokollsteuerung	Schalter	*{(+ | - | sonstige Zeichen)}*
Schatten	Schatten	
Schnitt Ende	Sen	
Schnitt innen sichtbar	Sis	
Schnitt innen unsichtbar	Siu	
Skalierung	Sk	*Faktor [Faktor Faktor]*
Spiegeldämpfung	Spd	*Spektrum*
Spiegelkeule	Spk	*Kosinus*
Spotlichtquelle	Spot	*Ortspunkt Stärke Spektrum [Richtungspunkt Koeffizient]*
Szenendefinition	Szene	*Szenenbezeichner*
Translation	Tr	*Vektor*
Unterszenenaufruf	Usz	*Szenenbezeichner*
Winkelabhängige Reflexion	Wrf	*Spektrum*
Zenitrichtung	Zenit	*Vektor*

Abb. 2.2: Die Schlüsselwörter der VERA-Schnittstelle (Fortsetzung)

Bedeutung	Bezeichner	Parameter
Außentextur	ATxr	*Abbildungsangabe*
Innentextur	ITxr	*Abbildungsangabe*
Matte	Matte	*Planarmuster*
Muster	Muster	*Mustermatrix*
Periode	Periode	*Richtungsangabe*
Oberflächentextur	Planar	*Oberflächenmuster*
		| Oberflächenstruktur
		| Oberflächenskalar
Skalar	Skalar	*Skalarmatrix*
Körpertextur	Solid	*Körpermuster | Körperstruktur*
		| Körperskalar
Struktur	Struktur	*Strukturmatrix*
Texturabbildung	Txr	*Abbildungsangabe*
Texturspezifikation	Textur	*Bezeichner Definition*

Abb. 2.3: Die Schlüsselwörter der VERA-Schnittstelle zur Textur

Bedeutung	Bezeichner	Parameter
Variablendeklaration	Var	*Variablenbezeichner*
Variablendefinition	Frames	*Integer Tabelle*
Variablenverwendung	(*Variablenbezeichner*)	

Abb. 2.4: Die Schlüsselwörter des Variablenkonzepts zur Bewegtbildspezifikation

Eine VERA-Szenendatei besteht aus den Teilen *Ansicht* (mit verschiedenen Optionen und Steueranweisungen), *Beleuchtung, Geometrie* und *Materialdefinition*. Im Ansichtsteil werden Angaben über die Bildgröße und Projektion gemacht. Der Beleuchtungsteil definiert Lichtquellen. Der Geometrieteil legt die Objekte der Szene fest. Er gliedert sich in eine Definiton der Hauptszene und die Definition von Unterszenen. Die Hauptszene enthält neben Materialangaben einzelne Objekte sowie Aufrufe von Unterszenen, die anschließend definiert werden. Durch die Unterszenentechnik können komplexe Szenen aus einfacheren Szenen hierarchisch aufgebaut werden, was zu kompakteren Szenenbeschreibungen führt. Die Materialdefinition beschreibt die Wirkung des Lichts auf Objekte als deren Farbe, Spiegelungs- und Brechungsverhalten. Abb. 2.5 demonstriert einige Möglichkeiten der Materialien.

Abb. 2.6 zeigt das Beispiel einer Szenenbeschreibung im VERA-Format. Zur Erläuterung wurden Zeilennummern eingeführt, sie sind nicht Bestandteil der Sprache. Die in (* und *) eingeschlossenen Textstücke sind Kommentare.

Die Szenenspezifikation beginnt mit den *Ansichts- und Bildeigenschaften*, also der Bildgröße (Zeile 9), der Kamera (Zeilen 12–15), den Lichtquellen und der Hintergrundfarbe. Danach folgt die Geometriedefinition des gezeigten Objekts, einer Mühle. Die Mühle (Zeilen 33–36) setzt sich aus zwei Unterszenen zusammen, dem Turm (Zeile 33) und dem Flügelrad (Zeile 34). Diese Objekte

Abb. 2.5: VERA-Material

werden gedreht und im Raum verschoben. Um das Flügelrad zu bewegen, muß lediglich die Rotationsangabe in Zeile 35 geändert werden.

Das Flügelrad selbst ist ab Zeile 40 definiert. Es besteht wiederum aus Unterszenen, sechs jeweils um sechzig Grad gegeneinander gedrehten Flügeln und einem Rotationskörper, der Radachse, in verschiedenen Farben (Zeilen 41 und 48). Flügel und Turm sind in externen Dateien definiert, die wieder aus Szenendefinitionen, Unterszenenaufrufen, Primitivobjekten und Materialbeschreibungen bestehen können. Sie werden in den Zeilen 54 und 55 eingelesen.

Ab Zeile 60 folgen die Materialdefinitionen. `Drf` bedeutet Diffusreflexion, die folgenden Zahlen sind RGB-Werte. Entsprechend kann `Spd` (Spiegeldämpfung, also wieviel Licht reflektiert wird), `Bdm` (Brechdämpfung) und ähnliches angegeben werden.

Die Reihenfolge der einzelnen Teile ist beliebig. Aus Gründen der Übersichtlichkeit und Edierbarkeit der Datei erscheint diese Reihenfolge jedoch günstig. Häufig stehen allerdings Materialdefinitionen direkt beim Materialaufruf, also vor dem entsprechenden Objekt, wenn dieses Material nur an einer Stelle verwendet wird. Außerdem existieren gewöhnlich weitere Dateien, die einzelne Objekte oder große Mengen (automatisch erzeugter) Daten enthalten und die zusätzlich eingelesen werden.

Die Beschreibung des VERA-Formats geschieht im folgenden mehrstufig. Zum einen wird die Funktion der Sprachelemente verbal beschrieben und gegebenenfalls an Bildbeispielen erläutert. Dann gibt es eine formale Spezifikation der Syn-

0	**Schalter** ++–++	*35*	**Rt** 0 0 30 (* *Drehung der Flügel* *)
1	(*===============	*36*	**Rt** 70 0 –22 **Tr** 0 –500 2070
2	Mühle	*37*	
3	Vera-Eingabedatei	*38*	(* *Unterszenen* .... *)
4	28. Feb. 1987	*39*	
5	==============*)	*40*	**Szene** Fluegelrad
6		*41*	**Fb** glanzbraun
7	(* *Ansichts- und Bildparameter* ..... *)	*42*	**Usz** Fluegel **Rt** –7 0 0 **Rt** 0 0 000
8		*43*	**Usz** Fluegel **Rt** –7 0 0 **Rt** 0 0 060
9	**Raster** 1024 683 **Pixelform** 1	*44*	**Usz** Fluegel **Rt** –7 0 0 **Rt** 0 0 120
10	**Schatten Anti-Alias**	*45*	**Usz** Fluegel **Rt** –7 0 0 **Rt** 0 0 180
11	**RayTrTiefe** 3 **Hellfaktor** 0	*46*	**Usz** Fluegel **Rt** –7 0 0 **Rt** 0 0 240
12	**Kamera**	*47*	**Usz** Fluegel **Rt** –7 0 0 **Rt** 0 0 300
13	0 –3000 500 (* *Augenpunkt* *)	*48*	**Fb** hbraun
14	0 0 1500 (* *Bildmittelpunkt* *)	*49*	**Rk** 0 0 0 **R** 0 0 –1
15	0 –500 2800 (* *oberer Randpunkt* *)	*50*	**Ge** 13 –7
16	**Li** (* *Lichtquelle* *)	*51*	**Ge** 13 300
17	1300 –3500 1500 (* *Position* *)	*52*	
18	4200000 (* *Stärke* *)	*53*	**Schalter** – (* *Protokoll aus* *)
19	.8 .8 .5 (* *Farbe gelblich* *)	*54*	**Lies** muehle_fluegel.inc
20	**Li**	*55*	**Lies** muehle_turm.inc
21	–200 –2300 2900	*56*	**Schalter** + (* *Protokoll ein* *)
22	3300000	*57*	
23	.8 .6 .4	*58*	(* *Material* .... *)
24	**Himmel** 0 0 .2	*59*	
25	**Horizont** .9 .89 1	*60*	**Bez** hbraun
26	**Erde** .89 .9 1	*61*	**Drf** 1 .8 .5
27	**Zenit** 2.5 1 –2	*62*	**Bez** dbraun
28		*63*	**Drf** .25 .2 .125
29	**BN** Muehle	*64*	**Bez** glanzbraun
30		*65*	**Drf** .333 .27 .16
31	(* *Hauptszene* .... *)	*66*	**Spk** .97 (* *Glanzlicht* *)
32		*67*	**Bez** spiegel
33	**Usz** Turm **Rt** 0 0 –12	*68*	**Spd** .7 .7 .7
34	**Usz** Fluegelrad	*69*	**Spk** .98

Abb. 2.6: VERA-Eingabedatei

tax in einer an die bei Programmiersprachen üblichen Backus-Naur-Form ange-
lehnten Form. Die Syntax der Kugelanweisung ist beispielsweise durch

Kugel := Kg Punkt Real

definiert. Links vom Zuweisungszeichen := steht das zu definierende Objekt,
rechts davon die definierte Syntax. „Punkt" und „Real" sind syntaktische Variablen, für die anderswo eine entsprechende Definition (mit „Punkt" bzw. „Real"
auf der linken Seite) zu finden ist. Diese ist statt der Variablen an dieser Stelle
einzusetzen. Kg ist eine syntaktische Konstante, d.h. sie ist Gegenstand der Sprache und wird nicht ersetzt. Syntaktische Konstanten sind durch die Verwendung des Schreibmaschinenzeichensatzes gekennzeichnet. Andere „Metazeichen"
außer := sind der senkrechte Strich |, der zwischen Alternativen steht, die runden
Klammern ( ), die Alternativen einschließen, die eckigen Klammern [ ], die bedeuten, daß der eingeschlossene Ausdruck auch weggelassen werden kann, sowie
die geschweiften Klammern { }, die eine beliebige Wiederholung des von ihnen
eingeschlossenen Ausdrucks zulassen. Die Metazeichen tauchen im definierten
Ausdruck nicht auf.

2.2 Elementare geometrische Objekte

Die Geometrie der VERA-Schnittstelle ist flächenorientiert. Eine Fläche kann
dabei zwei verschiedene Funktionen erfüllen. Zum einen kann sie ähnlich einem
unendlich dünnen Stück Papier verstanden werden. Als solche besitzt sie zwei
Seiten (die Elementarflächen von VERA sind alle orientierbar, sie sind also beispielsweise keine Möbiusbänder). Beide Seiten können verschiedene Materialeigenschaften haben, etwa verschiedene Farben auf der Vorder- und der Rückseite.
Die andere Funktion von Flächen ist die als Trennfläche zwischen Volumina unterschiedlichen Materials. Typisches Beispiel ist eine massive Glaskugel. Die Kugeloberfläche trennt das Innere, d.h. das Glas, vom Äußeren, z.B. dem Vakuum.
In dieser Funktion ist der Brechungsindex eine typische der Fläche zugeordnete
Materialeigenschaft der VERA-Schnittstelle.

Die Doppelfunktion von Flächen drückt sich bei der VERA-Schnittstellen-
definition in einer manchmal unsauberen Begriffsbildung aus. So wird teilweise
von Körpern geredet, obwohl letztendlich eine Oberfläche gemeint ist. Folgende
Elementarflächen sind in VERA verfügbar:

- Kugeln und achsenparallele Ellipsoide

- Dreiecke, Vierecke und Patches

- Rotationskörper

Abb. 2.7 gibt einen Überblick über diese Elementarobjekte der VERA-
Schnittstelle.

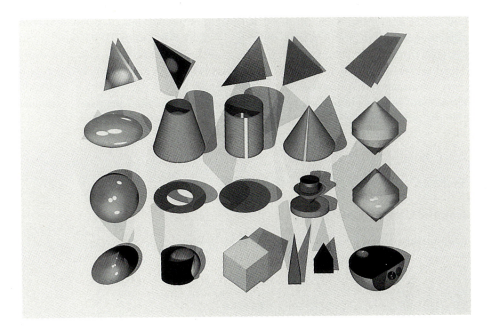

Pa *	Pa	P3 *	P3	P4
El	Kegelstumpf	Zylinder	Kegel	ungekrümmter Rk
Kg	Kreisring	Kreis	Rk	quasigekrümmter Rk
Kg (transformiert)	Durchdringung	Usz	Usz (transformiert)	Schnittkörper

* inhomogen

Abb. 2.7: VERA-Objekte

Die Definition dieser Elementarobjekte geschieht über einfache geometrische Angaben, z.B. Punkte und Vektoren. Die Syntax ist wie folgt:

Punkt := Real Real Real

Vektor := Real Real Real

Normale := Vektor

Real := (Integer [. Cardinal] | . Cardinal) [(E | e) Integer]

Integer := [+ | –] Cardinal

Cardinal := Ziffer {Ziffer}

Punkte werden durch ihre Koordinaten relativ zu einem euklidschen Koordinatensystem beschrieben, d.h. ein dreidimensionaler Punkt durch drei reelle Zahlen. Das Koordinatensystem ist rechtshändig, d.h., wenn Daumen, Zeigefinger und Mittelfinger der rechten Hand so ausgerichtet werden, daß sie senkrecht aufeinander stehen, dann zeigen sie in x-, y- und z-Richtung des Koordinatensystems. Analog zu Punkten werden die manchmal benötigten Vektoren durch Tupel reeller Zahlen definiert. Als Zahlenwerte sind alle Real-Zahlen in den üblichen Formaten (beispielsweise die in Pascal und Fortran verwendeten) zulässig, also ein optionales Vorzeichen gefolgt von einer Dezimalzahl (die einen optionalen Dezimalpunkt enthalten kann), gefolgt von einem optionalen Exponenten.

2.2.1 Kugel und Ellipsoid

Syntax:

Kugel := Kg Punkt Real

achsenparalleles Ellipsoid := El Punkt Vektor

Beispiele:
```
Kg 0 0 7  7
El -2E12 1.2E+7 -12.33E+1 812 666.66 712
```

Beschreibung:
Die Kugel(oberfläche) wird definiert durch den Bezeichner Kg, gefolgt von Mittelpunkt und Radius. Das Ellipsoid ist achsenparallel. Es besitzt die Kennung El, gefolgt von Mittelpunkt und den Längen der Halbachsen in der Reihenfolge x, y, z. Der Radius einer Kugel darf nicht negativ sein. Dasselbe gilt für die Halbachsen des achsenparallelen Ellipsoids.

Ellipsoide in allgemeiner Lage sind nicht als Elementarobjekt vorgesehen. Sie können jedoch durch *Unterszenendefinition* erhalten werden (Abschnitt 2.3). Dazu wird eine Unterszene, die ausschließlich eine Einheitskugel enthält, geeignet transformiert:
```
Usz Einheitskugel
    Sk Vektor
    Rt Real Real Real
    Tr Vektor
```
Durch Verzerrung in die drei Hauptrichtungen (Sk) werden die Hauptachsenlängen festgelegt. Die darauffolgende Rotation Rt und Translation Tr erlaubt die beliebige Bewegung des Ellipsoids im Raum. Ein Beispiel ist
```
Usz Einheitskugel Sk 1 2 3 Rt 0 20 -45 Tr -12 -13 -14
    (* Einheitskugel: Szene Einheitskugel Kg 0 0 0 1 *)
```
Wie oben beschrieben, haben VERA-Flächen sowohl als unendlich dünne Flächen als auch als Trennflächen zwei Seiten. Um Materialangaben für beide Seiten machen zu können, wird für alle VERA-Objekte eine Innen- und Außenseite definiert. Bei Kugeln und Ellipsoiden ist das Innere diejenige Seite, die vom Mittelpunkt aus zu sehen ist.

2.2.2 Dreieck, Viereck, Patch

Syntax:

Dreieck :=
   P3 [Material] Punkt
      [Material] Punkt
      [Material] Punkt

Viereck := P4 Punkt Punkt Punkt Punkt

Innenpunkt := Ip Punkt

Patch :=
   Pa [Material] Punkt
      [Material] Punkt
      [Material] Punkt
      Normale
      Normale
      Normale

Beispiele:

```
Ip 0 0 0
P3 1.2 2.3 0   2.5 2.7 0.2   1.4 3.7 0.5


IP 0 0 9


P3 Fb dblau -0.7 2.3 0.4
   Fb orange 0.7 2.5 0.6
   Fb dgruen 0.5 3.8 0


Fb glasinnen
P3 Afb glasaussen 1 0 0
   Ifb wasserinnen Afb wasseraussen -1 0 0
   Fb milch 0 1 0


P4 -1 -1.5 0 -1 1.5 0 1 1.5 0 1 -1.5 0


Pa -2  2.2 0      -2.8 3.8 0      -1.6 3 0.4
    0 -0.2 0.7    -0.1 0.2 0.6     0.2 0 0.7


Pa          -4.3 2.2 0.1
   Fb hgruen -3.2 2.5 0.3
   Fb hblau  -4   3.7 0.5
   -0.1 -0.1 0.8   0.15 -0.08 0.76   0 0.3 0.6
```

Beschreibung:

Dreiecke und Vierecke werden durch ihre Eckpunkte beschrieben. Bei der Definition eines *Dreiecks* folgen auf den Bezeichner P3 die drei Eckpunkte. Beim *Viereck* (P4) sind die Eckpunkte im Uhrzeiger- oder Gegenuhrzeigersinn anzugeben, jedoch nicht über Kreuz. Die Eckpunkte müssen ein konvexes Viereck definieren. Die vier Eckpunkte sollten auf einer Ebene liegen, da das Viereck beim Bilderzeugungsprozeß in zwei Dreiecke zerlegt wird. Bei nicht ebenen Vierecken kann andernfalls die Wahl dieser Dreiecke nicht beeinflußt werden.

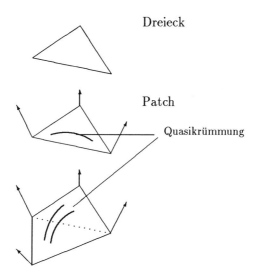

Abb. 2.8: Die Normaleninterpolation

Die Definition von Materialien für eine Fläche erfordert, eine Innen- und eine Außenseite festzulegen. Bei Dreiecken und Vierecken ist die Innenseite durch Angabe eines *Innenpunktes* (Ip, gefolgt von den Punktkoordinaten) festgelegt. Die *Innenseite* eines Dreiecks oder Vierecks ist die Seite, die dem durch die Polygonfläche definierten Halbraum zugewandt ist, in dem der Innenpunkt liegt. Der Innenpunkt sollte deshalb nicht in der Polygonebene liegen. Wird kein Innenpunkt angegeben, wird der Ursprung als Innenpunkt angenommen.

Polygone werden häufig dazu verwendet, beliebig gekrümmte Flächen, sogenannte Freiformflächen, approximativ darzustellen. In der fotorealistischen Darstellung können durch diese Approximation unschöne Artefakte auftreten, was daran liegt, daß die nicht stetig differenzierbaren Intensitätsübergänge an den Dreieckskanten vom menschlichen Auge verstärkt wahrgenommen werden. Diese Erscheinung wird als *Machbandeffekt* bezeichnet. Der naheliegende Ausweg, die Approximation bis herab zu Pixelgröße zu verfeinern, ist durch den dadurch steigenden Rechenaufwand oft nicht möglich. Eine einfachere Vorgehensweise ist, über die Intensitätswerte zu interpolieren. Dies wird beispielsweise beim *Gouraud-Shading* gemacht, wobei dieses Verfahren jedoch oft nicht in der Lage ist, diesen Effekt völlig zu beheben, da die Intensitätsübergänge zwar stetig, aber nicht unbedingt stetig differenzierbar werden. Eine bessere Alternative ist die *Normaleninterpolation*. Das hängt mit der Wichtigkeit der Oberflächennormale bei verschiedenen physikalischen Gesetzen zusammen, man denke etwa an das Reflexions- oder Brechungsgesetz.

Bei der Normaleninterpolation werden aus an den Eckpunkten des Dreiecks vorgegebenen Normalenvektoren die im Inneren benötigten Normalenvektoren linear interpoliert (Abb. 2.8). Die Normalen müssen nicht normiert sein, ihr Einfluß auf die inneren Normalen entspricht gemäß der linearen Interpolation ihrer Länge. Werden Dreiecke zur Interpolation einer gekrümmten Fläche verwendet, so können die vorgegebenen Normalenvektoren als die zur zu approximierenden Fläche gehörenden Normalenvektoren an diesen Punkten gewählt werden. Das bedeutet, daß die Normalenvektoren im Inneren der Dreiecksfläche nicht mehr unbedingt senkrecht auf der Dreiecksfläche stehen, sondern das erwartete Verhalten der Normalenvektoren auf der zu interpolierenden Fläche annähern. Die entstehenden Flächen wirken im Innern selbst bei einer geringen Anzahl approximierender Dreiecke glatt. Allerdings ist es natürlich nicht möglich, die Kontur der Approximation auf diese Art zu verbessern.

In VERA ist die Normaleninterpolation als sogenanntes *Patch* realisiert. Nach dem Bezeichner Pa folgen die drei Eckpunkte und anschließend (in der gleichen Reihenfolge) die zugehörigen Normalen. Die Ecknormalen an gemeinsamen Eckpunkten zweier Patches sollten übereinstimmen (Abb. 2.8 und 2.9). Die Außenseite eines Patches ist die Seite, auf die die Mehrzahl (im Normalfall alle) seiner Eckpunktnormalen zeigt.

Analog zur Normaleninterpolation ist bei der VERA-Schnittstelle auch eine Interpolation von Materialien möglich. Zu deren Erklärung muß der Beschreibung der VERA-Materialien in Abschnitt 2.5 etwas vorgegriffen werden. Ein Material wird durch die Angabe gewisser physikalischer Parameter definiert, die unter einem gemeinsamen Bezeichner zusammengefaßt werden. Soll nun einem geometrischen Objekt ein Material zugeordnet werden, geschieht das durch Angabe dieses Bezeichners vor der Objektdefinition. Dem Materialnamen geht dabei noch ein Schlüsselwort Fb (Farbe), Afb (Außenfarbe) oder Ifb (Innenfarbe) voraus. Eine derartige Materialangabe gilt für alle folgenden Objekte, bis eine erneute Angabe erfolgt. Die Wirkung einer solchen Angabe ist, daß das Objekt einheitlich dieses Material erhält. Beim Dreieck und beim Patch gibt es nun eine weitere Möglichkeit. Bei den sogenannten *inhomogenen Dreiecken (inhomogenen Patches)* können auch bei den einzelnen Eckpunkten Materialangaben stehen. Die Angabe von Materialien an den Eckpunkten bewirkt, daß deren Paramater linear ins Innere des Dreiecks interpoliert werden. Dadurch können Farbverläufe auf Oberflächen modelliert werden. Eine weit verbreitete Anwendung dieser Möglichkeit ist die Visualisierung von skalaren Werten durch Farbcodierung. Die Werte können beispielsweise eine Temperaturverteilung auf der Oberfläche beschreiben.

Anders als bei den globalen Materialangaben gelten die Angaben an den Eckpunkten nur für den folgenden Eckpunkt. Fehlt vor einem Eckpunkt die Materialangabe, so gilt die vorausgehende globale Materialangabe.

2.2.3 Rotationskörper

Syntax:

Rotationskörper := Rk Rotationsachse Silhouette

Rotationsachse := Punkt (R Vektor | P Punkt)

Silhouette := {(An Real Real | Ge Real Real | KrA | KrE)}

Beispiele (vgl. Abb. 2.10):

```
Ifb blau Afb rosa
(* Kreis *)
Rk -5 0 4 R 0 0 1
   Ge 3 0
(* Zylindermantel *)
Rk 3 4 2 R 0 0 1
   An 5 0
   Ge 5 3
(* Zylinder *)
Rk -5 0 0 R 1 1 1
   Ge 3 0
   Ge 3 2
   Ge 0 2
(* Kegelstumpfmantel *)
Rk -5 0 10 R 0 0 1
   An 2 0
   Ge 3 2
```

```
(* Kegelstumpf *)
Rk 0 0 0 P 0 0 1
   Ge 7 0
   Ifb gelb
   Ge 4 6
   Ge 0 6
(* Kegel *)
Rk -5 0 14 R 0 0 1
   Ge 3 0
   Ge 0 6
(* Spindel *)
Rk 0 0 0 R 0 0 1
   Ge 2 3
   Ge 2 5
   Ge 0 8
(* Spindel,
quasigekruemmt *)
Rk 0 0 8 R 0 0 1
   KrA
   Ge 2 3
   Ge 2 5
   Ge 0 8
```

```
(* Doppelzylinder *)
Rk 0 0 0 R 0 0 1
   Ge 4 0 Ge 4 2
   An 0 4
   Ge 4 4 Ge 4 2
(* Pickelhaube *)
Rk 0 0 0 r 0 0.1 1
   Ge 20 0
   KrA
   Ge 18 2
   Ge 15 12
   Ge 5 13
   Ge 0.1 14
   KrE KrA
   Ge 1 18
   Ge 0 22
```

Beschreibung:

Ein Rotationskörper besteht aus einer Folge zweidimensionaler Geradenstücke, die um eine Achse rotiert werden. Die Rotationskörperdefinition beginnt mit dem Kommando Rk. Sie hat zwei Teile.

Im ersten Teil wird die *Rotationsachse* im Raum festgelegt. Die räumliche Rotationsachse ist definiert durch einen *Fußpunkt* sowie eine *Richtungsangabe*. Für die Festlegung der Richtungsangabe gibt es zwei Möglichkeiten. Die erste, erkennbar an einem vorangestellten R, gibt einen Richtungsvektor an. Die zweite (mit vorangestelltem P) gibt einen weiteren, vom Fußpunkt verschiedenen Punkt auf der gewünschten Rotationsachse an.

Der zweite Teil enthält die Definiton der *Silhouette*. Die Silhouette ist durch eine Folge von zweidimensionalen *Strecken* festgelegt. Eine Strecke wiederum ist

Abb. 2.9: Ein Hase, bestehend aus Dreiecken (links) bzw. Patches (rechts)

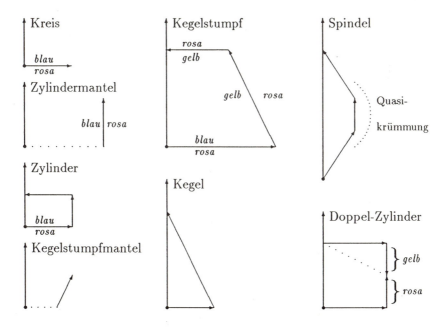

Abb. 2.10: Einige Möglichkeiten des Rotationskörperkonzepts

durch *Anfangspunkt* (Kennung `An`) und *Geradenstückendpunkt* (Kennung `Ge`) definiert. Die Koordinatenangaben dieser Punkte sind relativ zur Rotationsachse. Die erste Koordinate legt den Abstand des Punktes von der Rotationsachse fest, die zweite Koordinate ist die Höhe des Punktes über dem Fußpunkt der Rotationsachse.

Die Strecken einer Silhouette müssen keinen zusammenhängenden Streckenzug bilden. Da der zusammenhängende Streckenzug aber wohl der Regelfall ist (man denke etwa an eine bauchige Vase), kann für den Fall, daß Endpunkt und Anfangspunkt zweier aufeinanderfolgender Strecken übereinstimmen, die Anfangspunktdefinition weggelassen werden. Beginnt die Silhouettendefinition mit einem `Ge`-Punkt, dann wird der Achsenfußpunkt als Anfangspunkt verwendet.

Die Innenseite eines Rotationskörpers ist die jeweils links von der (gerichteten) Silhouettenstrecke liegende Seite. Abb. 2.11 zeigt die sich daraus ergebenden Möglichkeiten zur Festlegung von Innen- und Außenseite. Die beiden Teilbilder links zeigen den Normalfall; hier liegt die Silhouette rechts von der Achse. Wie zu erkennen ist, liegt die Innenseite nicht unbedingt im Inneren eines solchen „Körpers“. Entsprechendes gilt, wenn die Silhouette links von der Achse liegt, wie das dritte Teilbild zeigt.

Abb. 2.11: Die Innenseite von Rotationskörpern

Ähnlich wie bei Patches können auch Rotationskörper durch Normaleninterpolation geglättet werden. Wie bei Patches wirkt der Übergang im Inneren zwar glatt, die Silhouette bleibt jedoch eckig. Spezifiziert wird ein quasigekrümmtes Stück eines Rotationskörpers durch Einfügen von `KrA` (Krümmungsanfang) und `KrE` (Krümmungsende) in die Silhouettendefinition. Für die dadurch eingeschlossenen Streckenzüge wird eine lineare Interpolation der Normalen durchgeführt. Stimmen Anfangs- und Endpunkt eines solchen Streckenzugs überein, wird auch hier entsprechend geglättet. Das Ende eines Rotationskörpers impliziert auch das Krümmungsende.

2.3 Unterszenen

Syntax:

Unterszenendefinition :=
    `Szene` Bezeichner {(Objekt | Material | Unterszenenverwendung)}

Unterszenenverwendung := `Usz` Bezeichner [Transformation]

Transformation := {(Translation | Rotation | Skalierung |
  Transformationsmatrix)}

Translation := Tr Vektor

Rotation := Rt Real Real Real

Skalierung := Sk (Real | Vektor)

Transformationsmatrix := Mx Zeile Zeile Zeile

Zeile := Real Real Real Real

Beispiele:
```
(* Hauptszene *)
Fb gold
  Usz Brett (* Rahmen goldfarben, Felder schwarz-weiss *)
Fb rot
  Usz Bauer
  Usz Bauer Tr 17 4 0
  Usz Bauer Sk 0.1 Tr 17 4 0 Rt 12 15 -60 Tr -12 -5 9.5
  Usz Bauer Rt 0 0 45 Rt -90 10 0 Sk 1 1 2.4
Ifb glasinnen Afb glasaussen
  Usz Bauer Rt 0 45 0 Sk 1 1 1.333 Rt 0 -45 0


(* Unterszenen Schach *)
Szene Brett
  P4 0 0 0 0 34 0 34 34 0 34 0 0 (* aufrufende Farbe *)
  Fb schwarz P4 1 1 0.01 (* Hoehe groesser 0! *)
                1 5 0.01
                5 5 0.01
                5 1 0.01
  Fb weiss P4 ...
Szene Bauer
  Rk 0 0 0 r 0 0 1
    Ge ...
  Usz Fuss
Szene Laeufer
  ...
Szene Fuss
  ...
```

Beschreibung:
Einzelne Objekte können zu Unterszenen zusammengefaßt werden. Das hat den
Vorteil, daß komplexe Objekte mehrfach verwendbar sind, und zwar nicht nur
an verschiedenen Positionen oder mit verschiedenen Materialien, sondern auch
mit unterschiedlicher Größe und mit unterschiedlicher Orientierung im Raum.

Bei Unterszenen wird zwischen der *Definition* und der *Verwendung* unterschieden. Um eine Szene zu definieren, wird nach dem Bezeichner `Szene` der Szenenname (eine von den Standardbezeichnern und den Real-Zahlen verschiedene Zeichenfolge, die keine Leerzeichen enthält) angegeben. Alle folgenden Objekte (einschließlich der Unterszenenaufrufe) definieren die Szene. Die Koordinaten beziehen sich auf ein lokales Koordinatensystem der Unterszene. Beginnt eine Szene mit Objekten ohne eine vorausgehende Materialdefinition, so erhalten diese Objekte die Materialklasse, die vor dem Unterszenenaufruf gültig war. So kann dieselbe Szene verschiedene Materialien erhalten.

Um eine Unterszene zu verwenden, wird nach dem Bezeichner `Usz` ihr Name angegeben, darauf können beliebig viele Transformationsangaben folgen. Transformationsangaben können sein:

- *Translation:* Eine Verschiebung der Unterszene im Raum (`Tr` gefolgt von einem Translationsvektor).

- *Rotation:* Nach `Rt` folgen drei Winkel, die die Rotation um die x-, die y- und die z-Achse, und zwar in dieser Reihenfolge, angeben. Ist eine andere Reihenfolge erforderlich, können mehrere Rotationsangaben verwendet werden. Die Drehung ist dabei so definiert, daß, falls der Daumen in Richtung der Drehachse zeigt, die gekrümmten vier Finger den Drehsinn der positiven Drehung angeben.

- *Skalierung:* `Sk` und ein Faktor vergrößert bzw. verkleinert das Objekt um den entsprechenden Faktor. Werden drei Faktoren angegeben, wird entlang der drei Achsen entsprechend skaliert. Durch Angabe negativer Faktoren kann ein Objekt gespiegelt werden.

- *Transformationsmatrix:* Eine 3×4-Matrix. Die Koordinaten (x, y, z) eines Punktes **p** werden durch die gegebene Matrix

$$
M = \begin{pmatrix} a_{11} & a_{12} & a_{13} & a_{14} \\ a_{21} & a_{22} & a_{23} & a_{24} \\ a_{31} & a_{32} & a_{33} & a_{34} \end{pmatrix}
$$

in die Koordinaten (x', y', z') eines neuen Punktes **p'** überführt:

$$
x' = a_{11} \cdot x + a_{12} \cdot y + a_{13} \cdot z + a_{14},
$$

$$
y' = a_{21} \cdot x + a_{22} \cdot y + a_{23} \cdot z + a_{24},
$$

$$
z' = a_{31} \cdot x + a_{32} \cdot y + a_{33} \cdot z + a_{34},
$$

oder, in Matrizenschreibweise,

$$
\mathbf{p}' = A\mathbf{p} + a,
$$

mit

$$
A = \begin{pmatrix} a_{11} & a_{12} & a_{13} \\ a_{21} & a_{22} & a_{23} \\ a_{31} & a_{32} & a_{33} \end{pmatrix}, \quad a = \begin{pmatrix} a_{14} \\ a_{24} \\ a_{34} \end{pmatrix}.
$$

Durch spezielle Wahl der Koeffizienten der Matrix M erhält man verschiedene Klassen geläufiger Abbildungen, wie Translationen, Rotationen, Skalierungen und Scherungen. So ist eine Translation um den Vektor $\vec{t} = (t_x, t_y, t_z)$ durch

$$T(\vec{t}) = \begin{pmatrix} 1 & 0 & 0 & t_x \\ 0 & 1 & 0 & t_y \\ 0 & 0 & 1 & t_z \end{pmatrix},$$

eine Rotation um die ξ-Achse mit dem Winkel ϱ durch R_ξ mit

$$R_x(\varrho) = \begin{pmatrix} 1 & 0 & 0 & 0 \\ 0 & \cos(\varrho) & -\sin(\varrho) & 0 \\ 0 & \sin(\varrho) & \cos(\varrho) & 0 \end{pmatrix}, \quad R_y(\varrho) = \begin{pmatrix} \cos(\varrho) & 0 & \sin(\varrho) & 0 \\ 0 & 1 & 0 & 0 \\ -\sin(\varrho) & 0 & \cos(\varrho) & 0 \end{pmatrix}$$

$$\text{und } R_z(\varrho) = \begin{pmatrix} \cos(\varrho) & -\sin(\varrho) & 0 & 0 \\ \sin(\varrho) & \cos(\varrho) & 0 & 0 \\ 0 & 0 & 1 & 0 \end{pmatrix},$$

eine Skalierung entlang der ξ-Achse um den Faktor s_ξ durch

$$S(s_x, s_y, s_z) = \begin{pmatrix} s_x & 0 & 0 & 0 \\ 0 & s_y & 0 & 0 \\ 0 & 0 & s_z & 0 \end{pmatrix}$$

und eine Scherung mit konstanter ξ-Koordinate durch Ψ_ξ mit

$$\Psi_x(x_y, x_z) = \begin{pmatrix} 1 & 0 & 0 & 0 \\ x_y & 1 & 0 & 0 \\ x_z & 0 & 1 & 0 \end{pmatrix}, \quad \Psi_y(y_x, y_z) = \begin{pmatrix} 1 & y_x & 0 & 0 \\ 0 & 1 & 0 & 0 \\ 0 & y_z & 1 & 0 \end{pmatrix}$$

$$\text{und } \Psi_z(z_x, z_y) = \begin{pmatrix} 1 & 0 & z_x & 0 \\ 0 & 1 & z_y & 0 \\ 0 & 0 & 1 & 0 \end{pmatrix}$$

gegeben.

Ohne Transformationsangaben wird das Koordinatensystem der verwendeten Szene mit dem der Szene, in der sie verwendet wird, identifiziert. Das bedeutet, daß die Koordinaten unverändert bleiben. Der linke Baum in Abb. 2.12 wird auf diese Weise in die gezeigte Szene eingefügt. Ist eine Transformationsangabe vorhanden, wird diese Operation auf die Koordinaten der Unterszene angewendet und die neuen Werte als Koordinaten im Koordinatensystem der verwendenden Szene interpretiert. Die Operation Sk 1 1 1.25 in Abb. 2.12 bewirkt etwa, daß die z-Koordinaten der Unterszene Baum mit 1.25 multipliziert werden, die anderen Koordinaten bleiben zunächst unverändert. Die darauffolgende Translation Tr 12 0 0 addiert 12 zu den x-Koordinaten. Die so modifizierten Koordinaten beziehen sich nun auf das Koordinatensystem der die Unterszene verwendenden Szene. Das Resultat ist der rechte Baum in Abb. 2.12.

2.4 Schnittkörper

Syntax:

Schnittkörper := {(Sas | Sau | Sis | Siu) {(Objekt | Material)}} Sen

Beispiele:

```
Sas
  Fb rot
  Rk 0 0 0 R 0 0 1 Ge 10 0 (* rote Scheibe *)
  Ifb gelb
  Kg -5 0 0 3 (* von oben gesehen gelbe Vertiefung in
                 der Scheibe, von unten rote Halbkugel *)
Sau
  Kg 5 0 0 3 (* Loch in der Scheibe *)
Sen
  Kg 5 0 0 1 (* kleine Kugel schwebt im Loch *)
Fb lila
Sis (* Dreizylinderdurchdringungskoerper (Waelzkant) *)
  Rk  0 0 -1 P 0 0 1 An 1 0 Ge 1 2
  Rk  0 -1 0 P 0 1 0 An 1 0 Ge 1 2
  Rk  -1 0 0 P 1 0 0 An 1 0 Ge 1 2
Sen

Sis (* "Dachrinne" *)
  Rk 0 0 0 R 1 0 0
    An -100 10
    Ge  100 10
Siu
  Ip 0 0 -1
  P3 -1 0 0 1 0 0 0 1 0
Sen
```

Beschreibung:

Komplexere Szenen können mit den bisher beschriebenen Mitteln als Menge von Elementarobjekten dargestellt werden. Eine Folge von Anweisungen von Elementarobjekten wird dabei als Vereinigung dieser Elementarobjekte interpretiert. Ein Schnittkörper besteht ebenfalls aus einer Menge von Elementarobjekten. Diese Elementarobjekte werden jedoch nicht vereinigt, sondern geschnitten. Allerdings wird dabei nicht einfach der Durchschnitt der beteiligten Flächen berechnet, sondern auf die Funktion von Flächen als Berandung von Körpern zurückgegriffen. Dazu wird ausgenutzt, daß allen Elementarobjekten eine Innen- und eine Außenseite zugewiesen wurde. Abb. 2.13 faßt zur Erinnerung die Methoden der Innenseitendefiniton bei den einzelnen Objekten nochmals zusammen. Den einzelnen Objekten einer Schnittkörperdefinition geht eines von mehreren möglichen

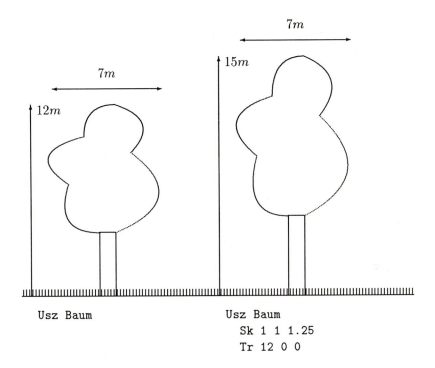

Abb. 2.12: Die Anwendung von Transformationen auf eine Unterszene

Objekt	Bezeichner	Innenseite festgelegt durch
Kugel	Kg	Mittelpunkt
Ellipsoid	El	Mittelpunkt
Dreieck	P3	IP (oder Nullpunkt)
Viereck	P4	IP (oder Nullpunkt)
Patch	Pa	Eckpunktnormalen
Rotationskörper	Rk	links (in Pfeilrichtung)
(Geradenstück)	An, Ge	siehe Abb. 2.11

Abb. 2.13: Innenseite der Grundobjekte

zusätzlichen Schlüsselwörtern voraus. Diese sind Sas, Sis, Sau und Siu. Der erste Buchstabe steht für „Schnittkörper". Der zweite Buchstabe entscheidet, ob die Schnittmenge mit dem „Inneren" (i) oder mit dem „Äußeren" (a) der Fläche gebildet werden soll, der dritte Buchstabe entscheidet, ob die Beiträge der Flächen dieses Objekts zum Ergebnis sichtbar (s) oder unsichtbar (u) sein sollen. Das Ende einer Schnittkörperdefinition wird durch Sen gekennzeichnet.

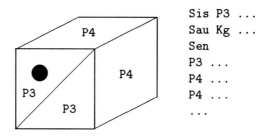

```
Sis P3 ...
Sau Kg ...
Sen
P3 ...
P4 ...
P4 ...
   ...
```

Abb. 2.14: Quader mit Bohrung

Durch eine Schnittkörperdefinition wird ein Objekt beschrieben, das sich aus Teilen der in der Schnittkörperdefinition auftretenden Elementarobjekte zusammensetzt. Zur Erklärung der Schnittkörperberechnung sei p ein Punkt auf irgendeinem der gegebenen Elementarobjekte. Seine Zugehörigkeit zum Schnittkörper hängt von der Kennung s für sichtbar und u für unsichtbar in der Anweisung seines Elementarobjekts ab. Ist der Körper unsichtbar, gehört p nicht zum Ergebnis. Andernfalls wird seine Lage bezüglich der anderen Elementarobjekte bestimmt, die jeweils den Raum in zwei Halbräume, nämlich „Innen" und „Außen" unterteilen. Liegt er bezüglich eines dieser Objekte nicht in dem Halbraum, der durch i für die Innenseite oder a für die Außenseite in der Anweisung Sas, Sau, Sis, Siu festgelegt ist, dann gehört er nicht zum resultierenden Schnittkörper. Abb. 2.14 zeigt die Anwendung der Operationen bei der Aufgabe, ein Loch in einen Quader zu bohren.

Das Schnittkörperkonzept überträgt in gewissem Umfang das bei körperorientierten Modellierungssystemen verbreitete Konzept der Verknüpfung von Körpern durch Mengenoperationen in die oberflächenorientierte Darstellung der VERA-Schnittstelle (Abb. 3.57). Am ähnlichsten sind sich die beiden Konzepte bei der Kugel. Abb. 2.15 zeigt die Schnitte zweier Kugeln (in zweidimensionaler Darstellung). Bei anderen Objekten kann das Ergebnis weniger anschaulich werden, Abb. 2.16 demonstriert die vielfältigen Möglichkeiten. Wichtig ist, sich die Innenseite der verwendeten Objekte stets zu vergegenwärtigen.

Unterszenen und Vierecke sind als Schnittobjekte nicht zugelassen. Bei Rotationskörpern ist zu beachten, daß sie intern in elementare Rotationskörper, also solche, die aus genau einem Geradenstück bestehen (Kegelstumpfmäntel), zerlegt werden. Diese Teilstücke werden alle miteinander in der angegebenen Weise geschnitten. Ein Torus mit einem durch Strecken angenäherten kreisförmigen Querschnitt kann daher nicht mit zwei Dreiecken in der Form

α	β		α	β	
Sis α	Sis β		Siu α	Sas β	
Sis α	Siu β		Siu α	Sau β	
Sis α	Sas β		Sas α	Sas β	
Sis α	Sau β		Sas α	Sau β	
Siu α	Siu β		Sau α	Sau β	

Abb. 2.15: Schnitt zweier Kugeln

Abb. 2.16: Modellierte Schnittkörper

```
Sas   (* falsch! *)
  Rk 0  0  0  r 0  0  1
    An 6 0
    Ge 5 1
    Ge 4 0
    Ge 5 -1
    Ge 6 0
    P3 0  0  0   10  0 -5   10   0 5
    P3 0  0  0    0 10 -5    0  10 5
  Sen
```

auf einen Vierteltorus eingeschränkt werden, da die Teilrotationskörper miteinander geschnitten werden. Deren Schnittmenge ist aber offensichtlich leer. Ein Schnitt mit einem Rotationskörper ist daher gegebenfalls in mehrere Schnittkörperdefinitionen aufzulösen, in denen jeweils nur ein Segment verwendet wird.

2.5 Beleuchtung und Material

Die Physik bietet verschiedene Modelle zur Erklärung der durch Licht hervorgerufenen Effekte an. Unterschieden werden die *Strahlenoptik* oder auch *geometrische Optik*, die *Wellenoptik* und die *Quantenoptik*. Jeder dieser Bereiche hat seine Gültigkeit innerhalb gewisser Größenordnungen und für gewisse Phänomene. Die für die fotorealistische Computergraphik wichtigen Gesetze lassen sich aus der Strahlenoptik und zu einem gewissen Teil aus der Wellenoptik gewinnen. Dabei stellt die Strahlenoptik einen guten Kompromiß aus simulierbaren Effekten und dem dazu benötigten Rechenaufwand dar. Sie nimmt an, daß das Licht aus feinen, eng begrenzten Lichtstrahlen besteht, die mit den Objekten der Umwelt in Interaktion treten. Die Strahlenoptik eignet sich auch vom Berechnungsaufwand am besten zum Erstellen von Bildern, was ja letztlich das Ziel ist. Auch das VERA-*Beleuchtungsmodell* folgt der Strahlenoptik.

2.5.1 VERA-Beleuchtungsmodell

Beim VERA-Beleuchtungsmodell setzt sich der von einem Beobachter, d.h. der Kamera, wahrgenommene optische Eindruck aus der Intensität zusammen, die das Objekt selbst abstrahlt, aus der Intensität, die auf Reflexion der auf die Objektoberfläche auffallenden Lichtintensität zurückzuführen ist sowie der Intensität, die aus dem Inneren eines transparenten Objekts die Oberfläche durchdringt. Ersteres wird als *Eigenleuchten* (E) bezeichnet. Das auf einer Oberfläche reflektierte Licht kann verschiedenen Ursprung haben. Im VERA-Modell gibt es die Grundhelligkeit des Raums, die dem Tageslicht bei bedecktem Himmel entspricht und den *ambienten Reflexionsanteil* (A) liefert, das Licht, das von Lichtquellen abgestrahlt wird, sowie das gespiegelte Licht, das von anderen Objekten einfällt (S). Die VERA-Lichtquellen sind punktförmig. Das von ihnen einfallende

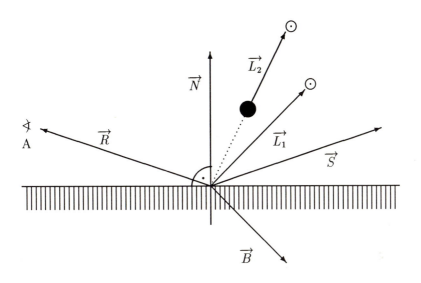

Abb. 2.17: Das Verhalten von Licht an einer Oberfläche

Licht kann auf drei verschiedene Arten reflektiert werden, *diffus* (*D*), *winkelab-hängig* (*W*) oder als *Glanzlicht* (*G*). Das aus dem Inneren eines transparenten Objekts stammende Brechungslicht (*B*) hat seinen Ursprung ebenfalls bei anderen Objekten. Unter der Annahme von *n* Lichtquellen berechnet sich die von einer Oberfläche in Beobachtungsrichtung $\overrightarrow{R}$ abgestrahlte Intensität durch

$$I(\overrightarrow{R}) = \sum_{i=1}^{n}(D_i + W_i + G_i) + A + E + S + B.$$

Die detaillierte Betrachtung der Bestandteile erfordert die Beschäftigung mit der Situation des Lichteinfalls und des Lichtausfalls am betrachteten Punkt der Oberfläche. Diese wird durch verschiedene Vektoren beschrieben, die die Blickrichtung, Lichteinfallsrichtung und Orientierung der Objektoberfläche festlegen (Abb. 2.17). Im einzelnen sind das zunächst der *Oberflächennormalenvektor* $\overrightarrow{N}$ und die *Blickrichtung* $\overrightarrow{R}$. Im **VERA**-Beleuchtungsmodell gibt es *punktförmige Lichtquellen*, die die *Lichteinfallsrichtungen* $\overrightarrow{L_i}$ festlegen. Bei der Modellierung der Reflexion kommt dem Reflexionsgesetz eine wesentliche Bedeutung zu. Hierfür wird noch der Vektor $\overrightarrow{S}$ benötigt, das ist der *Reflexionsvektor* zu $\overrightarrow{R}$, d.h. der Winkel zwischen $\overrightarrow{S}$ und $\overrightarrow{N}$ ist derselbe wie zwischen $\overrightarrow{R}$ und $\overrightarrow{N}$, und die drei Vektoren liegen in einer gemeinsamen Ebene. Damit erhält man:

- *Eigenleuchten:* Beim Eigenleuchten wird zwischen diffusem und winkelabhängigem Anteil unterschieden. Beim winkelabhängigen Anteil hängt die abgestrahlte Intensität vom Kosinus des Winkels zwischen Abstrahlrichtung $\overrightarrow{R}$ und Oberflächennormale $\overrightarrow{N}$ ab, beim diffusen Anteil ist sie konstant. Der Kosinus berechnet sich als das Skalarprodukt $\overrightarrow{R^\circ} * \overrightarrow{N^\circ}$ der beiden vorher normierten Vektoren (die Normierung ist durch die Anfügung $^\circ$ gekennzeichnet). Der winkelabhängige Anteil geht mit einem Gewicht E_w, der diffuse Anteil mit einem Gewicht E_d in das Gesamteigenleuchten ein:

$$E = \overrightarrow{R^\circ} * \overrightarrow{N^\circ} \cdot E_w + E_d.$$

E_d und E_w sind zwei von mehreren Parametern des Beleuchtungsmodells, die über die VERA-Sprache im Rahmen der Materialdefinition spezifiziert werden können (Abb. 2.18).

- *Grundhelligkeit:* Im VERA-Beleuchtungsmodell ist eine Grundhelligkeit $\aleph$ des umgebenden Raums vorgesehen, die etwa mit Tageslicht bei bedecktem Himmel verglichen werden kann. Daraus errechnet sich die *ambiente Reflexion* zu

$$A = (\overrightarrow{R^\circ} * \overrightarrow{N^\circ} \cdot R_w + R_d) \cdot \aleph.$$

R_d und R_w bezeichnen die Anteile der diffusen und der winkelabhängigen Reflexion an der Oberfläche. R_w, R_d und die Grundhelligkeit $\aleph$ sind weitere über die VERA-Schnittstelle beeinflußbare Parameter.

- *Lichtquellen:* Licht, das von einer Lichtquelle der Farbe L_i und der Intensität ℓ_i an einem Punkt der Oberfläche einfällt, kann diffus, winkelabhängig und als Glanzlicht reflektiert werden. Der *diffuse Anteil D_i* wird berechnet zu

$$D_i = \delta_i \cdot \left(\overrightarrow{L_i^\circ} * \overrightarrow{N^\circ} \cdot R_d \cdot L_i \cdot \ell_i \cdot \frac{1}{|\overrightarrow{L_i}|^2} \right).$$

Diese Formel ist in der Physik als Lambert-*Gesetz* bekannt. Das Lambert-Gesetz sagt aus, daß die diffus reflektierte Intensität proportional zum Kosinus $\overrightarrow{L_i^\circ} * \overrightarrow{N^\circ}$ des Lichteinfallswinkels ist. Der Faktor

$$\frac{1}{|\overrightarrow{L_i}|^2},$$

das heißt, der Kehrwert der quadrierten Länge des Vektors zur Lichtquelle, modelliert die Intensitätsabschwächung in Abhängigkeit vom Abstand der Lichtquelle. Das Kronecker-Symbol δ_i für die Verdeckung wird zu 0, wenn die Lichtquelle von einem anderen Objekt verdeckt wird, oder wenn $\overrightarrow{L_i^\circ} * \overrightarrow{N^\circ} < 0$ gilt, das heißt, wenn das Objekt sich selbst verdeckt.

Der *winkelabhängige Reflexionsanteil W_i* ist

$$W_i = \delta_i \cdot \left(\frac{1 + \overrightarrow{L_i^\circ} * \overrightarrow{R^\circ}}{2} \cdot R_w \cdot L_i \cdot \ell_i \cdot \frac{1}{|\overrightarrow{L_i}|^2} \right).$$

Intensitätsanteile	
R	Reflexionslichtanteil
G	Glanzlichtanteil
A	Ambientlichtanteil
E	Eigenleuchtenanteil
S	Spiegelstrahlanteil
B	Brechstrahlanteil

Vektoren	
$\vec{R}$	Blickrichtung
$\vec{N}$	Oberflächennormale
$\vec{L_i}$	Lichteinfallsrichtung i
$\vec{S}$	Spiegelrichtung
$\vec{B}$	Brechungsrichtung

Materialeigenschaften		
R_d	Reflexion diffus	Drf
R_w	Reflexion winkelabhängig	Wrf
E_d	Eigenleuchten diffus	Edi
E_w	Eigenleuchten winkelabhängig	Ewi
D_s	Spiegeldämpfung	Spd
D_b	Brechdämpfung	Bdm
s	Spiegelkeule	Spk
n	Brechkraft	Bkr

Licht		
$\aleph$	Ambientlicht	Licht
L_i	Farbe der Lichtquelle i	Li, Spot, Augenlicht, Augenspot
ℓ_i	Intensität der Lichtquelle i	Li, Spot, Augenlicht, Augenspot
n	Anzahl der Lichtquellen	Li, Spot, Augenlicht, Augenspot
δ_i	0, falls verdeckt, 1 sonst	Schatten

Abb. 2.18: Die Parameter des VERA-Beleuchtungsmodells

Dieser ist dann am größten, wenn der Ausdruck $\vec{L_i^\circ} * \vec{R^\circ}$ maximal ist. Der Ausdruck entspricht aber dem Kosinus des Winkels zwischen den beiden Richtungen. Das Maximum wird also erreicht, wenn das Licht aus der Beobachtungsrichtung einfällt.

Zusätzlich zur winkelabhängigen Reflexion werden *Glanzlichter* modelliert, die bei sehr glatten Oberflächen auftreten:

$$G_i = \begin{cases} \delta_i \cdot (\Gamma \cdot L_i \cdot \ell_i) & \text{falls } \vec{L_i^\circ} * \vec{S} \geq s \\ 0 & \text{sonst} \end{cases}$$

$$\text{wobei } \Gamma = \left(\frac{(\vec{L_i^\circ} * \vec{S^\circ} - s) \cdot (\vec{L_i^\circ} * \vec{S^\circ} + s - 2)}{|\vec{L_i}| \cdot (1 - s)^2} \right)^2.$$

Die Größe s steuert die Öffnungsweite des Glanzlichtes und ist über die VERA-Schnittstelle zu beeinflussen.

- *Spiegelnde Reflexion:* Außer von Lichtquellen wird von spiegelnden Oberflächen auch das von anderen Objekten einfallende Licht reflektiert. Für den Beobachter ist dabei nur das einfallende Licht interessant, das aus Reflexionsrichtung kommt. Sei $I'(\vec{S})$ diese Intensität. Dann gilt für die *Spiegelintensität*

$$S = D_s \cdot I'(\vec{S}).$$

Die Spiegeldämpfung D_s ist ein über die VERA-Schnittstelle beeinflußbarer Parameter.

- *Brechung:* Analog interessiert bei transparenten Objekten nur das aus Brechungsrichtung $\vec{B}$ bezüglich der Blickrichtung einfallende Licht

$$B = D_b \cdot I'(\vec{B}).$$

D_b ist die Brechdämpfung und kann über die VERA-Schnittstelle festgelegt werden. Die Stärke der Brechung wird nach dem Brechungsgesetz der Physik aus dem Brechungsindex n der Materialien auf beiden Seiten der Trennfläche berechnet. Der Brechungsindex, der im VERA-Modell als Brechkraft bezeichnet wird, ist ebenfalls über die VERA-Schnittstelle beeinflußbar.

Tritt bei der Brechung Totalreflexion auf, das heißt, ist $\vec{R^\circ} * \vec{N^\circ}$ größer als der Grenzwinkel der Totalreflexion, dann wird die Formel für die spiegelnde Reflexion angewendet.

Die bisherige Diskussion bezog sich auf einfarbiges Licht. Im VERA-Modell werden Farben additiv in ihre Rot-, Grün- und Blaukomponente zerlegt dargestellt, d.h., die Summe aus allen Farben ergibt weiß, rot und grün erscheint gelb usw. (Abb. 2.19). Die bisher beschriebenen Formeln werden für jeden der drei

schwarz	0	0	0	grau	0.5	0.5	0.5
rot	1	0	0	hellgrau	0.7	0.7	0.7
grün	0	1	0	orange	1	0.6	0
blau	0	0	1	himmelblau	0.9	0.9	1
gelb	1	1	0	braun	0.7	0.3	0.1
magenta	1	0	1	dunkelgrün	0	0.2	0
cyan	0	1	1	blaugrün	0	0.8	0.4
weiß	1	1	1	gelbgrün	0.8	1	0

Abb. 2.19: Die additive Darstellung von Farben durch RGB-Werte

Kanäle getrennt angewendet. Analog sind die Parameter für jeden der Kanäle separat spezifizierbar. Der Wertebereich der Komponenten ist daher wie bei der bisher verwendeten einfachen Intensität das reelle Intervall zwischen 0 und 1.

Zur Wiedergabe auf graphischen Ausgabegeräten wird dieser Wertebereich üblicherweise in 256 Stufen quantisiert, die durch ganze Zahlen zwischen 0 und 255 dargestellt werden. Das erlaubt immer noch 256^3, also über sechzehn Millionen Farbnuancen.

2.5.2 Material

Syntax:

Material := (Fb | Ifb | Afb) Bezeichner

Materialdefinition := Bez Bezeichner {Materialeigenschaft}

Materialeigenschaft := (
   (Drf | Wrf | Edi | Ewi | Spd | Bdm) Spektrum) |
   (Spk | Bkr) Real)

Spektrum := Real Real Real

Beispiele: (vgl. Abb. 2.5)
```
Ifb wasser_aussen Afb glas_innen
   Kg 0 0 0 0.8
Ifb glas_innen Afb wasser_aussen
   n Kg 0 0 0 1 Kg 0 0 2 1
Afb glas_aussen
   n Usz glas
Fb spiegel
   Usz Ball Sk 1.2


Bez blauglut    Edi .6 .6 1
Bez blauschein  Ewi .6 .6 1
```

```
Bez blauton
    Wrf .6 .6 1
Bez mattblau
    Drf .6 .6 1
Bez blauglanz
    Drf .6 .6 1
    Spk .95
Bez blauhochglanz
    Drf .5 .5 .7
    Spd .3 .3 .4
    Spk .95
Bez transparent
    Bdm .6 .6 1
Bez spiegel
    Spd .9 .9 .9
    Spk .97
    Drf 0 0 .001
Bez silber
    Spd .7 .7 .7
    Spk .96
    Ewi .2 .2 .2
    Drf .1 .1 .1
Bez gold
    Spd 1 .8 .2
    Spk .96
    Drf .1 .1 0
Bez ganz_schwarz
Bez glas_innen
    Bdm 0.9 0.9 0.9
```

```
Bez milchglas_inn
    Bdm .9 .9 .9
    Drf .1 .1 .1
Bez wasser_aussen
    Bdm .8 .8 .8
    Bkr 1.33
    Spd .2 .2 .2
    Spk .94
    Drf 0 0 .001
Bez glas_aussen
    Bdm .8 .8 .8
    Bkr 1.6
    Spd .2 .2 .2
    Spk .94
    Drf 0 0 .001
Bez milchglas_aus
    Bdm .6 .6 .6
    Bkr 1.6
    Drf .2 .2 .2
    Spd .15 .15 .15
    Spk .94
    Edi .1 .1 .1
Bez smaragd_i
    Bdm .8 1 .8
Bez smaragd_a
    Bdm .4 1 .3
    Bkr 2.4
    Spd .1 .25 .1
    Spk .98
```

Beschreibung:

Beim Umgang mit Materialien ist zwischen der *Definition* und der *Verwendung* eines Materials zu unterscheiden.

Um ein Material zu definieren, wird das Schlüsselwort Bez, gefolgt von einem Bezeichner verwendet. Der Bezeichner stellt die Beziehung zwischen Materialdefinition und Materialverwendung her. Anschließend können beliebig viele Materialeigenschaften angegeben werden. Diese Materialeigenschaften korrespondieren mit den Parametern des vorigen Abschnitts. Die durch das VERA-Format beeinflußbaren optischen Größen sind:

- Diffus reflektiertes Licht:

    o Diffusreflexion (Drf) und

    o winkelabhängige Reflexion (Wrf)

- Eigenleuchten:

  o diffus (`Edi`) und

  o winkelabhängig (`Ewi`)

- Spiegelung:

  o Spiegeldämpfung (`Spd`) für den Anteil des reflektierten Lichts,

  o Spiegelkeule (`Spk`) für das Glanzlicht (der Wert ist der Kosinus des Winkels zur Lichtquelle, innerhalb dessen ein Glanzlicht entsteht; 0.93 entspricht einem großen, 0.98 einem kleinen Glanzlicht, 1 ergibt kein Glanzlicht).

- Transmission:

  o Brechdämpfung (`Bdm`) für den Anteil des transmittierten Lichts,

  o Brechkraft (`Bkr`) für die Ablenkung des Lichtstrahls.

Wird eine Materialeigenschaft nicht angegeben, so wird als Spektrum *Schwarz*, also 0 0 0, angenommen, als Brechkraft und Spiegelkeule 1.

Auf diese Art definierte Materialien können nun verwendet werden, indem sie über den Bezeichner den Objekten zugeordnet werden. Das geschieht in der Regel dadurch, daß irgendwo vor der Objektdefinition das Kommando `Fb` (Farbe), gefolgt von einem Materialbezeichner, eingefügt wird. Durch `Fb silber` beispielsweise erhalten alle nachfolgenden Objekte die Materialeigenschaft *silber*, bis das Material durch das nächste `Fb`-Kommando wieder geändert wird.

Jedes Elementarobjekt hat eine Innen- und eine Außenseite. Statt `Fb` kann, um nur das Innenmaterial (also das Material, das der Innenseite zugeordnet ist) zu ändern, das Kommando `Ifb` verwendet werden; `Afb` ändert nur das Außenmaterial. Bei Dreiecken und Patches können vor jedem Punkt Materialangaben gemacht werden, diese gelten jedoch nur lokal für jeden einzelnen Punkt und haben keinen Einfluß auf nachfolgende Objekte.

Die Brechkraft entspricht dem aus der Physik bekannten Brechungskoeffizienten. Abb. 2.20 zeigt einige typische Zahlenwerte, Abb. 2.21 die Wirkung unterschiedlicher Brechungskoeffizienten. Die Wirkung der Brechkraft beim VERA-Beleuchtungsmodell kann durch Beschreibung des Verhaltens eines Lichtstrahls erklärt werden, der eine Grenzfläche überquert. Der Index des aktuellen Materials sei dabei ein Attribut des Strahls. Beim Auftreffen auf die Grenzfläche ändert sich dieses Attribut auf den Brechungsindex des Materials, das auf der Seite der Grenzfläche spezifiziert ist, von der der Strahl auftrifft. Beispielsweise ist der Brechungsindex des Innenmaterials einer Glaskugel 1.0, falls sich die Kugel in Luft oder Vakuum befindet, der Brechungsindex des Außenmaterials beträgt 1.6. Innerhalb der Glaskugel verläuft der Strahl in einem Material mit dem Brechungsindex 1.6, verläßt der Strahl die Kugel, so kehrt er in ein Material mit dem Brechungsindex 1.0 zurück. Dies geht solange gut, wie Objekte sich nicht durchdringen. Für ein hantelförmiges Objekt beispielsweise, das durch zwei sich durchdringende Glaskugeln definiert ist, erfolgt eine Brechung innerhalb dieses

Luft	1.00028
Wasser	1.33
Glas	1.5–1.7
Quarzglas	1.46
Kronglas	1.52–1.62
Flintglas	1.61–1.76
Benzol	1.50
Steinsalz	1.54
Schwefelkohlenstoff	1.63
Diamant	2.4

Abb. 2.20: Brechungsindizes (bei der Wellenlänge $\lambda = 589\text{nm}$)

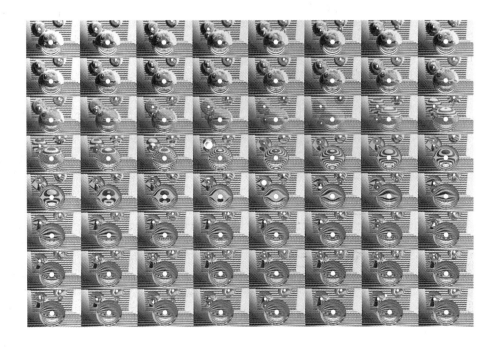

Abb. 2.21: Brechungsindizes, variiert von Gasblasen in Flüssigkeit bis Diamant

Objekts an einer „unsichtbaren" Grenzfläche, so daß beim Austritt des Strahls aus dem Körper eine Brechung „vergessen" wird. Diese Problematik entsteht jedoch nur, wenn sich Objekte durchdringen, da in diesem Fall der angegebene Brechungsindex nicht für die ganze Oberfläche des Objekts Gültigkeit hat. Daraus folgt, daß bei gläsernen Objekten darauf geachtet werden muß, daß sie durchdringungsfrei definiert werden, während die Durchdringung für alle übrigen Objekte ohne Belang ist.

2.5.3 Beleuchtung

Syntax:

Ambientlicht := Licht Spektrum

Punktlichtquelle := (Augenlicht | Li Punkt) Real Spektrum

beschränkte Punktlichtquelle := (
    Augenlicht | Li Punkt) Real Spektrum Punkt Real

Spotlichtquelle := (Augenspot | Spot Punkt) Real Spektrum Punkt Real

Beispiele:

```
Li  -30 270 600  (* Position *)
    500000        (* Lichtstaerke *)
    .6 .6 1       (* blaeuliches Licht *)
Li  1000 -1000 1000   3300000   1 1 1   0 0 0    30

Augenlicht  3300000   1 1 1   0 0 0    30
  (* Augenpunkt 1000 -1000 1000 *)

Spot -300 -1000 1000  (* Position *)
    2000000           (* Lichtstaerke *)
    1 1 1             (* weisses Licht *)
    0 -70 80          (* beleuchteter Punkt *)
    0.7               (* Abschwaechungskoeffizient *)

Augenspot   12000    .95 1 .7  -40 -60 0  1.15
  (* Augenpunkt -40 -60 160 *)
```

Beschreibung:
Um Objekte ohne Eigenleuchten im Bild sichtbar werden zu lassen, ist eine Beleuchtung erforderlich. Die vom VERA-Beleuchtungsmodell zur Verfügung gestellten Beleuchtungsarten drücken sich in der VERA-Schnittstellenbeschreibung wie folgt aus.

Diffuses Raumlicht (Ambientlicht) wird durch Licht eingeschaltet und gilt global für das ganze Bild (Abb. 2.22). Das Spektrum gibt den Mindestfarbwert eines Objekts an.

(

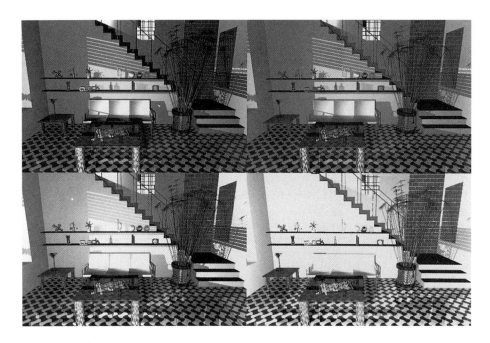

Abb. 2.22: Eine Szene mit verschiedenem Ambientlichtanteil: 0, 30, 60 und 90 Prozent

Die Definitionen gewöhnlicher *Punktlichtquellen* bestehen aus dem Bezeichner Li, gefolgt von der Position, der Lichtstärke und der Farbe der Lichtquelle. Bezüglich der sinnvollen Wahl der Lichtstärke gilt bei dem verwendeten Beleuchtungsmodell, daß die Stärke, dividiert durch das Quadrat der Entfernung vom zu beleuchtenden Objekt, 1.0 sein sollte. Bei mehreren Lichtquellen, die dieselbe Stelle beleuchten, gilt das entsprechend für die Summe der Einzelbeiträge. Die Stärke einer solchen Lichtquelle an der Position (10, 3, 0), die ein Objekt im Nullpunkt beleuchtet, sollte also $10 \cdot 10 + 3 \cdot 3 + 0 \cdot 0 = 109$ betragen, an der Position (10000, 0, 10) sollte etwa $10000^2 + 10^2 \approx 10^8$ angegeben werden. Optional kann die Wirkung der Lichtquelle durch Angabe der Hauptbeleuchtungsrichtung (durch einen Punkt) und des Öffnungswinkels (in Grad) auf einen Kegel eingeschränkt werden. Der Öffnungswinkel ist der Winkel zwischen der Hauptbeleuchtungsrichtung und der maximalen Richtung, innerhalb derer die Lichtquelle Licht aussendet.

Spotlichtquellen bestehen aus dem Bezeichner Spot, gefolgt von der Position, der Stärke, der Farbe der Lichtquelle, dem Punkt, der die Hauptbeleuchtungsrichtung festlegt und dem Koeffizienten, der angibt, wie sehr die Lichtstärke mit zunehmender Abweichung von der Hauptbeleuchtungsrichtung abgeschwächt wird.

Soll die Lichtquelle im Augenpunkt (siehe Abschnitt über Ansichts- und Bildeigenschaften) sitzen, wird der Bezeichner Li bzw. Spot durch Augenlicht bzw. Augenspot ersetzt; die Angabe des Ortspunktes entfällt (Abb. 2.23).

2.5.4 Himmel-Erde-Modell

Syntax:

Himmel-Erde-Modell := (`Himmel` | `Horizont` | `Erde`) Spektrum

Zenit := `Zenit` Vektor

Beispiele:
einfarbiger Himmel (himmelblau)

    `Himmel   0.8   0.8   1`

blauer Himmel, grüne Erde

    `Himmel   0.2   0.2   1.0`
    `Erde     0.1   0.6   0.3`
    `Zenit    0.1   0     1`

„Dämmerung": dunkelblauer Himmel,
orangefarbener Horizont,
dunkelgraue Erde

    `Himmel     0     0     0.4`
    `Horizont   1.0   0.6   0.3`
    `Erde       0.1   0.1   0.1`
    `Zenit     -0.3   0.2   1.2`

kontinuierlicher Übergang
zwischen Himmel und Erde

    `Himmel     0.3   0.2   0.07`
    `Horizont   0.8   0.6   0.45`
    `Erde       0.8   0.6   0.45`
    `Zenit      0     0    -1`

▸ Horizontlinie

Beschreibung:

Das Himmel-Erde-Modell hat kein Gegenstück im oben beschriebenen Beleuchtungsmodell. Es wurde zur einfachen Definition einer Szenenumgebung eingeführt. Beim VERA-Beleuchtungsmodell würde diese schwarz erscheinen. Andernfalls müßte ein Bildhintergrund explizit etwa durch ein Polygon modelliert werden. Das wird durch das Himmel-Erde-Modell überflüssig.

Das Himmel-Erde-Modell bestimmt die Farbe der Weltumgebung und damit jedes Strahls, der kein Objekt trifft. Durch `Himmel` wird die Farbe der gesamten Umgebung angegeben. Durch zusätzliche Angabe eines Farbwertes für die `Erde` und eines nach „oben" zeigenden `Zenit`vektors wird zwischen oben und unten unterschieden (wobei oben natürlich auch links, hinten, unten usw. sein kann). Technisch geschieht das dadurch, daß die Blickrichtung $\overrightarrow{R}$ vom Beobachtungspunkt dann in den Himmel weist, wenn $\overrightarrow{R}$ einen Anteil in Richtung des Zenitvektors $\overrightarrow{Z}$ hat, d.h. wenn das Skalarprodukt $\overrightarrow{R} * \overrightarrow{Z}$ nichtnegativ oder, äquivalent, der Kosinus des Höhenwinkels nichtnegativ ist. Andernfalls zeigt die Blickrichtung auf die Erde.

beschränkte Punktlichtquelle   Spotlichtquelle

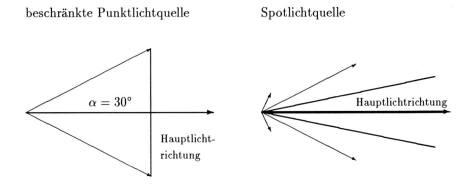

Abb. 2.23: Licht (beschränkte Lichtquelle und Spotlichtquelle)

Wird zusätzlich ein `Horizont` angegeben, dann wird die Farbe in einem Bereich über dem Horizont so interpoliert, daß ein gleichmäßiger Übergang zwischen Horizont und Himmel entsteht. Der Übergangsbereich zwischen Himmel und Horizont liegt da, wo der Kosinus des Höhenwinkels kleiner als 0.4 wird. Bei einem großen Öffnungswinkel der Kamera wird der Übergang also nur einen kleinen Bereich des Bildes ausmachen, bei kleinem Öffnungswinkel wird er eventuell das ganze Bild abdecken.

2.5.5 Modellieren von Material und Beleuchtung

Ein wichtiger Aspekt jedes Materials ist die Farbe. Hierfür werden RGB-Farbwerte benötigt. Ausgehend von einer Tabelle von gleichmäßig im RGB-Farbraum verteilten Farben, wie z.B. die in Abb. 2.19, können neue Farben nach systematischen Regeln abgeleitet werden. Das kann durch einfaches Interpolieren zwischen benachbarten Farben geschehen, eine Vorgehensweise, die sich allerdings nur zum Auswählen eines Basisfarbtons eignet. Der Basisfarbton kann dann Modifikationen unterworfen werden, wie sie in Abb. 2.26 zusammengestellt sind. Die entsprechende Funktion, z.B. $\sqrt{k}$ zur Trübung, ist auf alle drei Komponenten des RGB-Tupels k anzuwenden. Aus *braun* werden so Varianten wie *hellbraun*, *dunkelbraun*, *pastellbraun* usw. generiert. Ferner ist es möglich, die Funktionen zu kombinieren: *dunkel(dunkel(rot))* mit *rot* $= (1, 0, 0)$ ergibt den Wert $(0.25, 0, 0)$; einige Kombinationen wie *hell(weiß)*, *satt(rot)* oder *hell(dunkel(purpur))* sind natürlich nicht oder nur bedingt sinnvoll.

Oft wird der Entwurf von Farbtönen im HLS-Modell einfacher als im RGB-Modell empfunden. Das HLS-Modell besitzt ebenfalls drei Komponenten: den Farbton (engl. **H**ue), die Helligkeit (engl. **L**ightness) und die Sättigung (engl. **S**aturation). Der Farbton gibt die Grundfarbe (blau, gelb usw.) an. Die Helligkeit modifiziert die Grundfarben in ihrer Gesamthelligkeit (gelb oder oliv, rot oder rotbraun usw.). Die Sättigung der Farbe beschreibt den Weißanteil (grasgrün oder blaßgrün). Das HLS-Modell wird geometrisch als Doppelkegel dargestellt. Die Basis gibt den Farbkreis an, wobei Blau einem Winkel von 0° entspricht. Die Sättigung wird als Entfernung von der Mitte angegeben, 0 entspricht der Grauskala, 1 der maximal gesättigten Farbe. Die Höhe im Doppelkegel gibt die Helligkeit an, 0 ist die (schwarze) Kegelspitze unten, 1 ist die (weiße) Kegelspitze oben. Zur Umrechnung zwischen HLS-Modell und RGB-Modell gibt es für beide Richtungen Algorithmen (Abb. 2.24, 2.25).

Durch die Vielzahl an Parametern ist der Entwurf von Materialien erheblich schwieriger als der von Farben. Hilfreich dabei kann die folgende Gliederung in acht häufig verwendete Materialklassen (also Kombinationen von Materialeigenschaften) sein. Aus diesen ergeben sich die in Abb. 2.27 dargestellten Standardmaterialkombinationen:

1. Standardmaterial (für Oberflächenmodellierung)

2. reine Farbe (meist als Testfarbe)

3. poliertes Material mit Glanzlichtern

4. hochglanzpoliertes Material mit Glanzlichtern und leichten Reflexionen

5. spiegelnde Oberflächen

6. metallische Oberflächen

7. mattes Metall

8. lichtdurchlässiges Material, wobei zu unterscheiden ist zwischen

   (a) Innenseite eines Objekts mit Transparenz
   (b) Außenseite mit Transparenz, Brechung, Spiegeleffekten, Glanzlichtern

Abb. 2.28 zeigt einige Beispiele. Nicht berücksichtigt sind hierbei

• seltene Kombinationen (wie Milch- oder Rauchglas)

• Materialklassen, bei denen die RGB-Komponenten nicht auf alle Materialeigenschaften gleichmäßig verteilt sind (also zum Beispiel ein Material, das nur gelbes Licht diffus reflektiert, aber das gesamte Spektrum spiegelt)

• Sonderanwendungen wie „Überweiß" (das dazu verwendet werden kann, Objekte, die weit von einer Lichtquelle entfernt sind, aufzuhellen, ohne die nahe an der Quelle positionierten Objekte überzubelichten) oder „Überblau" (zum Beispiel ein Material mit den Komponenten 0.6, 0.6, 2, das von Weiß bis Schwarz reicht, etwa auf der lichtzu- und der lichtabgewandten Seite eines Zylinders, dazwischen aber nicht grau, sondern blau ist).

ALGORITHMUS HLS nach RGB

EINGABE: H in [0,360], L, S in [0,1]

AUSGABE: R, G, B in [0,1]

UNTERALGORITHMUS Value(n1,n2,hue);
BEGIN
  IF hue > 360 **THEN** hue := hue−360;
  IF hue < 0 **THEN** hue := hue + 360;
  IF hue < 60 **THEN** Value := n1 + (n2−n1)·hue/60
  ELSE
  IF hue < 180 **THEN** Value := n2
  ELSE
  IF hue < 240 **THEN** Value := n1 + (n2−n1)·(240 − hue)/60
  ELSE Value := n1
END;

HAUPTALGORITHMUS:
BEGIN
  IF $L <= 0.5$ **THEN** m2 := $L \cdot (1 + S)$
  ELSE m2 := $L + S - L \cdot S$;
  m1 := $2 \cdot L-$ m2;
  IF $S = 0$ **THEN** $R := G := B := L$
  ELSE
  BEGIN
    R := Value(m1,m2,H+120);
    G := Value(m1,m2,H);
    B := Value(m1,m2,H−120)
  END
END.

Abb. 2.24: Wandlung HLS nach RGB

ALGORITHMUS RGB nach HLS

EINGABE: R, G, B in [0,1]

AUSGABE: H in [0,360), L, S in [0,1]

BEGIN
  max := $\max(R, G, B)$;
  min := $\min(R, G, B)$;

  (* lightness: *)
  L := (max+min)/2;

  (* saturation: *)
IF max = min **THEN**
BEGIN
  S:=0; H:=0
END
ELSE
BEGIN
  IF L <= 0.5 **THEN** S := (max−min)/(max+min)
  ELSE S := (max−min)/(2−max−min);

  (* hue: *)
  rc := (max−R)/(max−min);
  gc := (max−G)/(max−min);
  bc := (max−B)/(max−min);
  IF R=max **THEN** H := bc−gc
  ELSE
  IF g=max **THEN** H:= 2+rc−bc
  ELSE
  IF b=max **THEN** H:= 4+gc−rc;
  H := $H \cdot 60$;
  IF $H < 0$ **THEN** $H := H + 360$
  END
END.

Abb. 2.25: Wandlung RGB nach HLS

Komponente	mittel	hell	dunkel	trüb	satt	pastell	nacht
k	$\dfrac{2k+1}{4}$	$\dfrac{k+1}{2}$	$\dfrac{k}{2}$	$\sqrt{k}$	k^2	$\dfrac{k+5}{6}$	$\dfrac{k}{6}$

Beispiel						
braun				rotbraun		
braun	0.5	0.25	0.12	rotbraun	0.7	0.3	0.1
mittelbraun	0.5	0.38	0.31	mittelrotbraun	0.6	0.4	0.3
hellbraun	0.75	0.63	0.56	hellrotbraun	0.85	0.65	0.5
dunkelbraun	0.25	0.13	0.06	dunkelrotbraun	0.35	0.15	0.05
trübbraun	0.7	0.5	0.35	trübrotbraun	0.84	0.55	0.32
sattbraun	0.25	0.06	0.01	sattrotbraun	0.49	0.09	0.01
pastellbraun	0.92	0.88	0.85	pastellrotbraun	0.95	0.88	0.85
nachtbraun	0.08	0.04	0.02	nachtrotbraun	0.12	0.05	0.02

Abb. 2.26: Farbmodifikationsfunktionen zur Berechnung der neuen RGB-Werte aus der RGB-Komponenten k

Schließlich ist bei der Definition von Materialien noch zu beachten, daß diese Materialeigenschaften nur in einer geeigneten Umgebung und bei geeigneter Beleuchtung zu den gewünschten Resultaten führen. Dabei ist insbesondere darauf zu achten, daß die einzelnen Komponenten, die additiv in die Beleuchtung eingehen, zusammen nicht so hoch sind, daß eine „Überbelichtung" eintritt. Ein Objekt, das die Eigenschaften `Drf 1 1 0`, also gelbe Diffusreflexion, und `Spd 0.5 0.5 0`, also fünfzigprozentige gelbe Spiegelung, hat, wird eindeutig überbelichtet, wenn an einer Stelle zum einen die Stärke der weißen Lichtquellen, die die Stelle beleuchten, dividiert durch das Quadrat ihrer Entfernung, größer oder gleich 1 ist, und zum anderen ein Objekt gespiegelt wird, das sehr hell (heller als „mittelgrau", 0.5, 0.5, 0.5) ist. In diesem Fall wird die Blau-Komponente erhöht, d.h., es wird versucht, die benötigte Intensität auf Kosten der Farbsättigung darzustellen. Diese Kombination von Materialeigenschaften kann jedoch durchaus sinnvoll verwendet werden, wenn das Objekt nur schwach beleuchtet ist und sich nur dunkle Objekte darin spiegeln. Es ist sogar möglich, ein Objekt z.B. zweihundertprozentig zu verspiegeln, so daß es doppelt so viel Licht abstrahlt wie einfällt.

Beim Umgang mit Material und Beleuchtung ist es erforderlich, sich sehr wohl im klaren zu sein, welche Eigenschaften das zur Realisierung benutzte System hat. Die fotorealistische Computergraphik simuliert das Phänomen des Lichts, das wir in unserer Umgebung erfahren. Bei dieser Simulation wurden Modelle erdacht, die dieses Phänomen beschreiben. Natürlich hat ein Modell gewisse Grenzen, hinter denen es ad absurdum geführt werden kann, indem Schabernack mit seinen Möglichkeiten getrieben wird. Es können dadurch Effekte hervorgebracht werden, die als Form neuer Ausdrucksmöglichkeiten hervortre-

Standard	Drf $R\,G\,B$	
Farbe (rein)	Edi $R\,G\,B$	
Glanz	Drf $R\,G\,B$ Spk 0.98	0 0 0.001 für $R + G + B = 0$, da die Spiegelkeule nur berechnet wird, falls Diffusreflexion vorhanden ist stark abhängig von Materialkrümmung und Position der Lichtquellen, aber als Richtwert geeignet
Hochglanz	Drf $(R\,G\,B) \cdot 80\%$ Spd $((R\,G\,B) \cdot 55\% + 45\%) \cdot 25\%$ Spk 0.98	0 0 0.001 für $R + G + B = 0$ also 11 bis 25%; die Summe der Komponenten kann etwas über 1 liegen
Spiegel	Spd $R\,G\,B$ Spk 0.98 Drf $(\delta_{R,M}\ \ \delta_{G,M}\ \ \delta_{B,M}) \cdot 0.1\%$	0 0 0.001 für $R + G + B = 0$, $\delta_{a,b} = \begin{cases} 1 & \text{für } a = b \\ 0 & \text{sonst} \end{cases}$ $M = max(R, G, B)$
Metall	Spd $((R\,G\,B) \cdot 60\% + 40\%) \cdot 75\%$ Spk 0.98 Drf wie *Spiegel*	also 30 bis 75%
Mattmetall	Spd wie *Hochglanz-Drf* Spk 0.98 Drf wie *Hochglanz-Spd*	
Glasinnen	Bdm 90%	gleicher Wert für alle Standardanwendungen ausreichend
Glasaußen	Bdm wie *Metall-Spd* Bkr 1.6 Spd wie *Hochglanz* Spk 0.98 Drf wie *Spiegel*	siehe Abb. 2.20

Abb. 2.27: Formeln zur Erzeugung von Standardmaterialkombinationen

Klasse	Bez.	weiß			gelb			orange			schwarz		
Standard	Drf	1	1	1	1	1	0	1	0.5	0	0	0	0
Farbe (rein)	Drf	1	1	1	1	1	0	1	0.5	0	0	0	0
Glanz	Drf	1	1	1	1	1	0	1	0.5	0	0	0	.001
	Spk	0.98			0.98			0.98			0.98		
Hochglanz	Drf	0.8	0.8	0.8	0.8	0.8	0	0.8	0.4	0	0	0	.001
	Spd	0.25	0.25	0.25	0.25	0.25	0.11	0.25	0.18	0.11	0.11	0.11	0.11
	Spk	0.98			0.98			0.98			0.98		
Spiegel	Spd	1	1	1	1	1	0	1	0.5	0	0	0	0
	Spk	0.98			0.98			0.98			0.98		
	Drf	.001	.001	.001	.001	.001	0	.001	0	0	0	0	.001
Metall	Spd	0.75	0.75	0.75	0.75	0.75	0.3	0.75	0.525	0.3	0.3	0.3	0.3
	Spk	0.98			0.98			0.98			0.98		
	Drf	.001	.001	.001	.001	.001	0	.001	0	0	0	0	.001
Mattmetall	Spd	0.8	0.8	0.8	0.8	0.8	0	0.8	0.4	0	0	0	.001
	Spk	0.98			0.98			0.98			0.98		
	Drf	0.25	0.25	0.25	0.25	0.25	0.11	0.25	0.18	0.11	0.11	0.11	0.11
Glasinnen	Bdm	0.9	0.9	0.9	0.9	0.9	0.9	0.9	0.9	0.9	0.9	0.9	0.9
Glasaußen	Bdm	0.75	0.75	0.75	0.75	0.75	0.3	0.75	0.525	0.3	0.3	0.3	0.3
	Bkr	1.6			1.6			1.6			1.6		
	Spd	0.25	0.25	0.25	0.25	0.25	0.11	0.25	0.18	0.11	0.11	0.11	0.11
	Spk	0.98			0.98			0.98			0.98		
	Drf	.001	.001	.001	.001	.001	0	.001	0	0	0	0	.001

Abb. 2.28: Beispiele für über die Formeln erzeugte Standardmaterialkombinationen

ten können. Um sich diese neuen Ausdruckmöglichkeiten besser vorstellen zu können, sei hier als Beispiel das Bild „Dunkelquelle" gezeigt (Abb. 2.29). Dabei wird verwendet, daß auch negative Intensitätsangaben von Lichtquellen vom VERA-Bilderzeugungssystem verarbeitet werden. Die Wirkung ist, daß kein Licht einfällt, sondern Licht abgezogen wird („Dunkelquelle"). Im Prinzip wird hier das Beleuchtungsmodell überstrapaziert. In der Szene zu Abb. 2.29 hat eine der drei Lichtquellen eine negative Helligkeit. Dies bewirkt, daß überall dort, wo kein Schatten hinfällt, Helligkeit reduziert wird. Es werden im Endeffekt Schatten geworfen, in deren Kernschatten mehr Helligkeit vorhanden ist als außerhalb. Diese Möglichkeiten bietet die Natur uns nicht. Daher ist ein solches Bild auch nicht ohne weiteres mit herkömmlicher Fotografie zu erzeugen.

2.6 Bibliothekskonzept

Syntax:

Einlesen := Lies Dateiname

Ergänzen := Ergaenze Dateiname

Beispiele:

```
Lies baum.inc
Lies obst.mat
Ergaenze schachfig.szn
Ergaenze /usr/local/vera/lib/spielfig.szn
```

Abb. 2.29: Dunkelquelle

Beschreibung:
Sollen große, automatisch erzeugte Geometriedateien oder Materialbibliotheks-
dateien verwendet werden, müssen diese nicht in die Geometriedatei selbst eingefügt werden. Das Lies-Kommando bewirkt, daß an seiner Aufrufstelle die ge-
nannte Datei eingelesen wird.

Das Ergaenze-Kommando wirkt ähnlich, mit dem Unterschied, daß eine
Szene oder ein Material aus der Datei nur bei Bedarf, also wenn die entsprechende Unterszene bzw. die Farbe bereits verwendet wurde, übernommen wird.

2.7 Textur

Um komplexere Materialeigenschaften zu gestalten und damit die Realitätsnähe
der Bilder zu steigern, werden *Texturen* verwendet. Eine Textur ist die Feinstruktur eines Materials, sei es einer Oberfläche oder eines Volumens. Durch
das Texturkonzept ist es möglich, Objekten nicht nur homogene, also sozusagen
„einfarbige" Materialeigenschaften zuzuordnen wie Papier, Lack, Chrom, Wasser
usw., sondern unregelmäßige *Muster*, beispielsweise Schachbrett, Holzmaserung,
Marmor oder Fotos, und *Struktur*, also Oberflächenrauhigkeit wie Stuck oder
Borke.

Texturierte Oberflächen oder Volumina können in einfacher Weise durch die
Texturabbildung (engl. *texture mapping*) erzeugt werden. Es kann zwischen zwei
Arten unterschieden werden, eine Textur auf die Objekte abzubilden:

- Eine *Körpertextur* wird durch eine dreidimensionale Matrix, etwa aus RGB-Werten bestehend, vorgegeben. Die Elemente werden als kleine Raumwürfel (oder eigentlich, da Verzerrungen möglich sind: Parallelepipede) interpretiert, die den Raum unterteilen, in dem sich ein geometrisches Objekt befindet. Ein Punkt des Objekts erhält den RGB-Wert des Raumwürfels, in dem er liegt. Das Ergebnis wirkt, als würde das Objekt aus einem massiven Block herausgeschnitten oder geschnitzt. Ein naheliegendes Beispiel ist Holz. Hier genügt prinzipiell ein Querschnitt durch die Jahresringe, die dann entlang des Stamms verlängert werden. Marmor ist ein anderes Beispiel für eine sinnvolle Anwendungsmöglichkeit der Körpertextur.

- Die *Oberflächentextur* wird durch das „Umwickeln" der Objekte mit einer ebenen Texturfläche erreicht. Die Texturfläche ist als zweidimensionale Matrix, also etwa ein Rasterbild aus RGB-Werten, vorgegeben. Bei dem Beispiel Holz würde hier eine digitalisierte Holzoberfläche auf einen Quader abgebildet, um ein furniertes Brett zu erhalten. Andere Beispiel sind Schachbrett- oder andere regelmäßige Muster oder ein digitalisiertes Foto, das als Hintergrund verwendet wird.

In Abb. 2.30 werden die verschiedenen Texturarten eingesetzt. Abb. 2.31 zeigt die Abbildung von Oberflächentexturen auf verschiedene Objekte. Die hier verwendeten Texturmatrizen umfassen 512 × 512 Pixel; das Seitenverhältnis der Quellbilder und damit der Pixel beträgt 2:3.

Generell können in den Texturmatrizen alle Parameter der Beleuchtungsformel vorgegeben werden, die Materialeigenschaften beschreiben. Weitere interessante Möglichkeiten ergeben sich durch die Veränderung geometrischer Größen. Insbesondere durch Normalenvektorabweichungen, das heißt Differenzwerte, die zu den entsprechenden Komponenten der Objektnormalenvektoren zu addieren sind, lassen sich komplexe Oberflächenstrukturen mit relativ geringem Aufwand modellieren.

Der Umgang mit Textur erfordert die *Spezifikation der Texturdaten*, die im folgenden Abschnitt beschrieben wird. Daran schließt sich die *Verwendung von Texturmatrizen bei der Materialspezifikation* an. Schließlich folgt die *Abbildung der Materialien* auf die geometrischen Objekte.

2.7.1 Spezifikation der Texturmatrizen

Syntax:

Texturspezifikation := Textur Bezeichner
    (Planar (Oberflächenmuster | Oberflächenstruktur | Oberflächenskalar) |
    Solid (Körpermuster | Körperstruktur | Körperskalar))

Oberflächenmuster := Muster
    (Texturmatrix Texturmatrix Texturmatrix | Liestextur Musterdateiname)

Abb. 2.30: Verschiedene Texturarten: die Mauer entsteht durch Körpertextur, den Flaschen ist dagegen Oberflächentextur zugeordnet

Abb. 2.31: Oberflächentextur auf verschiedenen Objekten

Oberflächenstruktur := Struktur
 (Texturmatrix Texturmatrix | Liestextur Strukturdateiname)

Oberflächenskalar := Skalar (Texturmatrix | Liestextur Skalardateiname)

Körpermuster := Muster
 nz {(Texturmatrix Texturmatrix Texturmatrix |
 Liestextur Musterdateiname)}^{nz}

Körperstruktur := Struktur
 nz {(Texturmatrix Texturmatrix | Liestextur Strukturdateiname)}^{nz}

Körperskalar := Skalar nz {Texturmatrix}^{nz}

Texturmatrix := $(ny$ {Texturzeile}^{ny} | Liestextur Skalardateiname)

Texturzeile := nx {Real}^{nx}

nx := Cardinal

ny := Cardinal

nz := Cardinal

Beispiele:
```
Textur mona Planar Muster Liestextur mona_lisa.pix
Textur schach Planar Muster Liestextur txr2x2.t2d (* oder *)
Textur schach Planar Muster
    2  2  0.0 1.0   2  1.0 0.0 (* R *)
    2  2  0.0 1.0   2  1.0 0.0 (* G *)
    2  2  0.0 1.0   2  1.0 0.0 (* B *)
Textur schachskalar Skalar Muster
    2  2   0.0 1.0   2  1.0 0.0
Textur jahresringe Planar Muster Liestextur holz.t3d
Textur wuerfel Solid Muster 2
    Liestextur wuer_0110.t3d Liestextur wuer_1001.t3d
(* oder *)
Textur wuerfel Solid Muster 2
    2  2  0 1   2  1 0 (* R *)
    2  2  0 1   2  1 0 (* G *)
    2  2  1 0   2  0 1 (* B *)
    2  2  1 0   2  0 1 (* R *)
    2  2  1 0   2  0 1 (* G *)
    2  2  0 1   2  1 0 (* B *)
Textur bimsstein Solid Muster 100
    Liestextur bims.000.t3d
    Liestextur bims.001.t3d
    ...
```

```
Liestextur bims.099.t3d
Textur scherenschnitt Planar Muster silhouette.msk
```

Beschreibung:

Wie zuvor erläutert, werden Texturen klassifiziert in *Oberflächentexturen* (`Planar`) und *Körpertexturen* (`Solid`). Eine Oberflächentextur wird durch eine zweidimensionale Matrix (hier der Dimension $nx \times ny$) festgelegt, Körpertexturen durch eine dreidimensionale Matrix (hier mit Dimension $nx \times ny \times nz$). Beide Klassen sind nochmals unterteilt, und zwar in *Muster*, *Skalare* und *Strukturen*. Durch Mustermatrizen sind alle die Größen des VERA-Beleuchtungsmodells beeinflußbar, die vom Typ Spektrum sind, also beispielsweise die Rot-, Grün- und Blaukomponenten der diffusen Reflexion. Skalarmatrizen legen analog skalare Parameter der Beleuchtungsformel fest, also die Spiegelkeule und die Brechkraft. Neu sind die Strukturmatrizen. In den beiden Komponenten der Einträge der Strukturmatrizen sind die Abweichungen von Normalenvektoren als Kosinus des Abweichwinkels in x-Richtung und in y-Richtung codiert.

Es ist zweckmäßig, bei umfangreicheren Texturmatrizen vom Bibliothekskonzept Gebrauch zu machen, wie das auch in den Beispielen oben getan wird. Für Texturen gibt es hierfür die spezielle Anweisung `Liestextur`. Um den Speicheraufwand zu reduzieren, enthalten die Texturdateien die Matrizen dabei nicht in lesbaren Ziffern (ASCII), sondern in binärer Form zeichenweise codiert. Die Einträge der Texturmatrizen sind hierbei ganzzahlige Werte zwischen 0 und 255. Durch gleichmäßiges Skalieren auf das reelle Intervall $[0, 1]$ beziehungsweise $[-1, 1]$ ergeben sich die für die RGB-Werte beziehungsweise die Kosinuswerte benötigten reellen Zahlen zwischen 0 und 1 beziehungsweise zwischen -1 und 1.

Durch das Einlesen größerer Texturmatrizen bleiben die Szenendateien übersichtlich und die Texturdateien können in völlig anderen Szenen einfach wiederverwendet werden. Die syntaktische Struktur der mehrdimensionalen Matrizen erlaubt auch deren Zusammensetzen aus mehreren einfacheren Matrizen, so beispielsweise das Zusammensetzen einer dreidimensionalen Matrix durch eine Folge zweidimensionaler Matrizen.

Einer Texturmatrix wird durch das Schlüsselwort `Textur` ein Bezeichner zugeordnet, der es erlaubt, die entsprechende Matrix in einfacher Weise bei der Definition von Materialien, unter Umständen auch mehrmals, zu verwenden.

2.7.2 Zuordnung von Texturmatrizen zu Materialparametern

Syntax:

Materialeigenschaft := (
    (`Drf` | `Wrf` | `Edi` | `Ewi` | `Spd` | `Bdm`)
    (Spektrum | Musterbezeichner [3D-Transformation])) |
    `Str` Strukturbezeichner [2D-Transformation] |
    (`Spk` | `Bkr`) (Real | Skalarbezeichner [1D-Transformation]))

Musterbezeichner := Bezeichner

Skalarbezeichner := Bezeichner

Strukturbezeichner := Bezeichner

3D-Transformation :=
{(3D-Translation | 3D-Rotation | 3D-Skalierung | 3D-Transformationsmatrix)}

2D-Transformation :=
{(2D-Translation | 2D-Rotation | 2D-Skalierung | 2D-Transformationsmatrix)}

1D-Transformation := { (1D-Translation | 1D-Skalierung)}

3D-Translation := Tr 3D-Vektor

3D-Rotation := Rt Real Real Real

3D-Skalierung := Sk (Real | 3D-Vektor)

3D-Transformationsmatrix := Mx 3D-Zeile 3D-Zeile 3D-Zeile

3D-Zeile := Real Real Real Real

3D-Vektor := Real Real Real

2D-Translation := Tr 2D-Vektor

2D-Rotation := Rt Real

2D-Skalierung := Sk (Real | 2D-Vektor)

2D-Transformationsmatrix := Mx 2D-Zeile 2D-Zeile

2D-Zeile := Real Real Real

2D-Vektor := Real Real

1D-Translation := Tr Real

1D-Skalierung := Sk Real

Beispiele:

```
Bez schachbrett (* schwarz-weisses Karo *)
  Drf schach
  Spd schach Sk -0.2 Tr 0.3 0.3 0.3
    (* weisse Felder spiegeln 10%, schwarze 30% *)
  Spk schachskalar Sk 0.05 Tr 0.93
Bez bavaria (* blau-weisses Karo *)
  Drf schach Sk 1 1 0 Tr 0 0 1
Bez holzklotz
```

```
  Drf solid jahresringe Sk 1.2 1.3 1.4
  (* Textur wird aufgehellt *)
Bez marsmensch
  Drf mona Mx 0 1 0 0  1 0 0 0  0 0 1 0
  (* Rot- und Gruenanteil vertauscht *)
Bez dia
  Bdm foto
Bez negativ
  Bdm foto  Sk -1 Tr 1 1 1
Bez grauwertbild
  Edi foto Mx 0.30 0.59 0.11 0  0.30 0.59 0.11 0  0.30 0.59 0.11 0
Bez tapete
  Drf .7 .7 .7
  Str stuck
Bez kopf
  Bdm planar maske
    (* mona, undurchlaessig im Kopfbereich, sonst durchlaessig *)
  Drf planar mona_2        (* Bild mit schwarzem Hintergrund *)
```

Beschreibung:

Das Format zur Definition von Materialeigenschaften wird für Texturen ge-
genüber Abschnitt 2.5.2 erweitert. Zusätzlich zu der bisherigen Möglichkeit, die
Parameterwerte eines Materials direkt anzugeben, kann nun auch der Bezeichner
einer Texturmatrix eingesetzt werden. Die Unterscheidung in *Musterbezeichner*,
Skalarbezeichner und *Strukturbezeichner* soll deutlich machen, welche Art von
Texturmatrix an der entsprechenden Stelle erforderlich ist. Die Werte der Texturmatrizen können durch eine lineare Transformation, ausgedrückt durch eine
Matrix (`Mx`) oder durch Skalierung (`Sk`), Rotation (`Rt`) oder Translation (`Tr`)
verändert werden. Damit ist es möglich, abhängig vom Verwendungsort der Textur in der Szene eine Aufhellung, Abdunklung, Kontrastverbesserung etc. zu
erreichen (vgl. Kapitel 6).

2.7.3 Zuordnung der Textur zu einem Objekt

Syntax:

Texturabbildung := {(`Txr` | `Itxr` | `Atxr`)
  [`Planar` Oberflächenabbildung | `Solid` Körperabbildung]}

Oberflächenabbildung := 2-D-Transformation
  [Periode {(`links` | `rechts` | `hinten` | `vorne`) [Wiederholung]}]

Körperabbildung := 3-D-Transformation
  [Periode {(`links` | `rechts` | `hinten` | `vorne` | `unten` | `oben`) [Wiederholung]}]

Wiederholung := Cardinal

Beispiele:

```
(* Schachbrett *)
  Fb schachbrett (* siehe 2.7.2 *)
  Txr Planar Periode
    (* keine Einschraenkung, da das Polygon begrenzt ist *)
    P4 -2 -2 0 -2 2 0 2 2 0 2 -2 0

(* 10 x 10 - Schachbrett mit Rand *)
  Fb weiss (* fuer den Rand *)
  Fb schachbrett (* siehe 2.7.2 *)
  Txr Planar Sk 0.16 Tr 0.42 0.42
    Periode links 2 rechts 2 hinten 2 vorne 2
    P4 -4.2 4.2 0 -4.2 -4.2 0 4.2 4.2 0 4.2 -4.2 0

(* Rautenmuster *)
  Fb bavaria
  Txr Planar Rt -30 Sk 3 2
    Usz Tisch

(* Holzbueste *)
  Fb holzklotz
  Txr  Sk 23.8 Tr -4 -3 0
    Usz Kopf Rt 0 0 30
```

Beschreibung:

Der Mechanismus der Zuordnung von Materialien zu einem Objekt ist der gleiche wie bisher. Das bedeutet, daß eine Materialangabe durch Fb, Ifb, Afb für alle folgenden Objekte gilt, bis eine Umdefinition stattfindet. Allerdings kann es nun passieren, daß die Zuordnung von Material nicht für das ganze Objekt dieselbe ist. Wie die Verteilung der Materialien aussieht, hängt von den Abbildungsangaben ab, die den Objekten, das heißt Kugeln, Ellipsoiden, Dreiecken, Vierecken, Patches, Rotationskörpern, Unterszenen und Schnittkörpern, vorausgehen. Statt des ganzen Objekts wird jeder Punkt des Objekts, für den die Farbe zu berechnen ist, für sich betrachtet. Alle in der aktuellen Szenendefinition (d.h. seit der letzten Szene-Anweisung) vorausgehenden Material- und Abbildungsangaben werden rückwärtsgehend ausgewertet, wobei der zuletzt berechnete Wert zur Farbberechnung am betrachteten Punkt verwendet wird. Trifft keine zu, wird an der Aufrufstelle analog verfahren. Da nun Texturmatrizen nicht das ganze Objekt zu überdecken brauchen, können beispielsweise auf einfache Weise Etiketten, auch teilweise überlappend und verzerrt, auf eine Flasche geklebt werden. Fehlt eine Angabe zur Abbildung, so wird das unten eingeführte Normalkoordinatensystem verwendet. Die Gültigkeit von Material- und Abbildungsanweisungen endet mit der Szenendefinition.

Die Abbildung von Texturmatrizen kann für beide Seiten eines Objektes gemeinsam (**Txr**) oder auf Innen- und Außenseite jeweils getrennt angegeben werden. Ferner ist zwischen Oberflächenabbildungen (**Planar**) und Körperabbildungen (**Solid**) zu unterscheiden. Die Oberflächenabbildungsangabe bezieht sich auf alle Oberflächentexturmatrizen im aktuellen Material, die Körperabbildungsangabe auf die Körperbestandteile. Das bedeutet also, daß alle Oberflächenmatrizen beziehungsweise alle Körpermatrizen auf dieselbe Weise abgebildet werden.

Zur Durchführung der Texturabbildung wird angenommen, daß jedem Objekt implizit zwei *innere Normalkoordinatensysteme* zugeordnet sind: eines für Oberflächentexturen und eines für Körpertexturen. Die inneren Normalkoordinatensysteme für die einzelnen Objekte sehen wie folgt aus:

- *Kugel, Ellipsoid:* Das Oberflächennormalkoordinatensystem für Kugel und Ellipsoid wird so gewählt, daß die gesamte Oberfläche einem Einheitsquadrat $[0,1) \times [0,1)$ entspricht. Den Breiten- und Längenkreisen entsprechen waagrechte und senkrechte Strecken in diesem Koordinatensystem. Der Halbkreis einer Kugel **Kg** **m** r vom Südpol $\mathbf{m} - (0,0,r)$ zum Nordpol $\mathbf{m} + (0,0,r)$ über den Äquatorpunkt $\mathbf{m} + (r,0,0)$ entspricht dem Intervall $[0,1)$ der y-Achse. Der Äquator von $\mathbf{m} + (r,0,0)$ von West nach Ost zurück zu diesem Punkt entspricht der Strecke zwischen den Punkten $(0,0.5)$ und $(1,0.5)$ im inneren Koordinatensystem. Beim Ellipsoid gilt analog dasselbe. Das Körpernormalkoordinatensystem ergibt sich aus dem minimalen achsenparallelen Hüllquader des Objekts. Dessen Eckpunkt mit den kleinsten Koordinatenwerten $(x_{min}, y_{min}, z_{min})$ (linke untere Ecke) entspricht dem Ursprung $(0,0,0)$ des Körpernormalkoordinatensystems, die Ecke $(x_{max}, y_{min}, z_{min})$ erhält die Normalkoordinaten $(1,0,0)$, die Ecke $(x_{min}, y_{max}, z_{min})$ die Normalkoordinate $(0,1,0)$ und schließlich $(x_{min}, y_{min}, z_{max})$ die Koordinate $(0,0,1)$.

- *Dreieck, Viereck, Patch:* Beim Dreieck, Patch und Viereck erhält der erste Punkt der geometrischen Spezifikation die inneren Normalkoordinaten $(0,0)$, der zweite Punkt der Geometriedefinition die Normalkoordinaten $(1,0)$ und der dritte Punkt die inneren Koordinaten $(0,1)$. Die inneren Koordinaten aller anderen Dreiecks- bzw. Viereckspunkte sind durch lineare Fortsetzung dieser Grundkoordinaten über die vom Polygon induzierte Ebene zu erhalten. Für das Körpernormalkoordinatensystem gilt dasselbe wie bei der Kugel.

- *Rotationskörper:* Das Intervall $[0,1)$ der y-Achse des Oberflächennormalkoordinatensystems eines Rotationskörpers, dessen Rotationsachse auf der z-Achse liegt, ergibt sich durch Schneiden des Mantels mit der Hälfte der x-z-Ebene mit negativen x-Koordinaten. Wird diese Ebene um die z-Achse gedreht, so entstehen Parallelen zur y-Achse im Normalkoordinatensystem. Die Kreise, die durch Schnitt des Rotationskörpers mit Ebenen parallel zu x-y-Ebene induziert werden, entsprechen Parallelen zur x-Achse des Normalkoordinatensystems. Ein Umlauf im Gegenuhrzeigersinn, beginnend beim senkrechten Schnitt, entspricht dem Intervall $[0,1)$ auf der x-Achse. Rotationskörper mit beliebig liegender Rotationsachse werden zunächst so verschoben, daß der Fußpunkt der Rotationsachse im Ursprung liegt. Durch eine Drehung um die x-Achse im Uhrzeigersinn wird dann die Rotationsachse in x-z-Ebene bewegt und schließlich durch eine Drehung um die y-Achse im Uhrzeigersinn auf die z-Achse überführt. Das in dieser Lage definierte Koordinatensystem, zurücktransformiert in die ursprüngliche Lage, ist das Oberflächenkoordinatensystem des Rotationskörpers in beliebiger Lage.

Das Körpernormalkoordinatensystem für Rotationskörper mit der z-Achse als Rotationsachse erhält man wie bei den anderen bisher besprochenen Objekten über den achsenparallelen Hüllkörper. Bei beliebig liegender Rotationsachse wird die oben geschilderte Transformation durchgeführt und das in dieser Lage definierte Körpernormalkoordinatensystem, entsprechend zurücktransformiert, dem Rotationskörper zugeordnet.

- *Unterszenen und Schnittkörper:* Jedes elementare Einzelobjekt einer Unterszene oder eines Schnittkörpers besitzt sein eigenes Oberflächennormalkoordinatensystem, so wie oben definiert. Zur Definition des Körpernormalkoordinatensystems wird bei Unterszenen und Schnittkörpern der minimale achsenparallele Hüllquader über alle Objekte der Unterszene verwendet. Bei Schnittkörpern ist zu beachten, daß der so definierte Hüllquader größer sein kann als der Hüllquader der tatsächlich sichtbaren Teile des Schnittkörpers.

Auf der anderen Seite besitzt auch jede Texturmatrix ein implizites Normalkoordinatensystem. Die x-Kante wird gleichmäßig auf den Bereich $[0, 1)$ der x-Achse des Texturkoordinatensystems, die y-Kante auf das Intervall $[0, 1)$ der y-Achse, und, bei Körpertexturen, die z-Kante auf das Intervall $[0, 1)$ der z-Achse abgebildet.

Die Abbildung von Texturen wird nun durch Angabe der Lage beider Koordinatensysteme gegeneinander festgelegt. Ohne Transformationsangabe liegen beide Koordinatensysteme deckungsgleich übereinander. Punkten der Oberfläche werden die über ihnen liegenden Texturwerte zugeordnet. Die Transformationen spezifizieren, wie das innere Koordinatensystem des Objekts gegenüber dem der Textur zu transformieren ist, im Oberflächenfall also, welche Texturkoordinate (u_t, v_t) auf eine gegebene Oberflächenkoordinate (u_o, v_o) abgebildet wird. Die Abbildung `Sk 2 1 Tr 0.1 0` sorgt dafür, daß dem Oberflächenpunkt $(0.3, 0.5)$ der Texturwert zugeordnet wird, der im Texturkoordinatensystem an der Stelle $(0.1, 0.5)$ liegt. Im Körperfall wird analog verfahren.

Folgt auf eine Abbildungsspezifikation noch die Angabe `Periode`, so bedeutet das, daß die Textur in alle oder die angegebenen Richtungen – `links`, `rechts`, `vorne`, `hinten`, bei Körpertextur auch `unten` und `oben` – periodisch fortgesetzt abgebildet wird. Die Richtungsangabe entspricht der Anschauung eines auf der x-y-Ebene stehenden, in positive y-Richtung auf die Textur blickenden Beobachters. Eine periodische Abbildung ist so in alle sechs Richtungen unabhängig möglich. Beispielsweise kann ein rechteckiges Texturetikett (keine Periode) oder ein streifenförmiges Etikett mit sich wiederholender Aufschrift (Periode in zwei Richtungen) auf eine Flasche geklebt werden. Die Anzahl der Wiederholungen kann angegeben werden. Fehlt eine Wiederholungsangabe, wird in die entsprechende Richtung unbeschränkt angesetzt.

Oberflächentexturabbildungen und Körpertexturabbildungen, die einer Unterszenenanwendung vorausgehen, werden bei Unterszenen unterschiedlich gehandhabt. Bei Oberflächentexturen ist das innere Oberflächenkoordinatensystem jedes einzelnen Objekts in der Unterszene dasjenige, das für die Abbildung verwendet wird. Bei Körpertexturen hingegen wird das innere Körperkoordinatensystem über die ganze Unterszene verwendet. Treten allerdings in der Unterszene wieder Körpertexturanweisungen auf, dann gelten für die nachfolgenden Objekte deren eigene innere Körpertexturkoordinatensysteme.

2.7.4 Erweitertes Himmel-Erde-Modell

Syntax:

Himmel-Erde-Modell := (Himmel | Erde | Horizont)
(Spektrum |
Planar Oberflächenmusterbezeichner Oberflächenabbildung |
Solid Körpermusterbezeichner Körperabbildung)

Himmel-Erde-Kugel := Sphaere Punkt Radius

Matte := Matte (Spektrum |
Oberflächenmusterbezeichner [Oberflächenabbildung])

Oberflächenmusterbezeichner := Bezeichner

Körpermusterbezeichner := Bezeichner

Zenit := Zenit Vektor

Beispiele:
```
Himmel Planar wolken
Horizont Planar berge Sk 0.1 Periode links rechts
Erde .5 .3 .1
Sphaere 0 0 0 10000
Himmel Solid holzklotz

Matte hintergrund (* z.B. digitalisiertes Foto *)

Matte wolken Sk 1.5 Tr -0.25 -0.25

Matte schachbrett Sk 10 15 Periode links rechts vorne 10 hinten 10
```

Beschreibung:

`Himmel`, `Horizont` und `Erde` werden erweitert. Statt eines RGB-Wertes sind auch Muster zugelassen. Die Abbildung des Musters geschieht gemäß dem Oberflächen- beziehungsweise Körpernormalkoordinatensystem einer um die Szene angenommenen Himmel-Erde-Kugel mit unendlich großem Radius mit Mittelpunkt im Ursprung. Anders ausgedrückt bedeutet das, daß die auf einen Punkt der Szene wirkende Umweltfarbe nur von der Einfallsrichtung abhängig ist. Jeder Einfallsrichtung entspricht ein eindeutiger Punkt auf der Himmel-Erde-Kugel bezüglich ihres inneren Koordinatensystems.

Alternativ zur vorgegebenen Himmel-Erde-Kugel kann diese auch explizit angegeben werden (`Sphaere`). Die dann auf einem Szenenpunkt wirkende Umweltfarbe ist diejenige, die sich am Schnittpunkt des Strahls vom Szenenpunkt in Einfallsrichtung mit der Kugel ergibt.

Die Festlegung des inneren Koordinatensystems geschieht wie bei Rotationskörpern, wobei die Zenitrichtung als Richtung der Rotationsachse und der Kugelmittelpunkt als Basispunkt genommen wird. Der Zenitvektor zeigt in Richtung des Nordpols. Auf der nördlichen Halbkugel gilt die Farbdefinition des Himmels und des Horizonts, auf der südlichen die der Erde. Der Äquator bildet die Horizontlinie. Im Horizontbereich werden die Farben des Horizonts und die des Himmels linear überblendet.

Die `Matte` ist ein Spezialfall der Oberflächentextur auf der Projektionsebene. Falls keine Transformation angegeben wird, wird das Einheitsquadrat der Textur genau auf den direkt sichtbaren Bildbereich abgebildet.

2.8 Ansichts- und Bildeigenschaften

Syntax:

Bildname := `Bn` Bezeichner

Auflösung := `Raster` Real Real

Pixelseitenverhältnis := `Pixelform` Real

Schatten := `Schatten`

Anti-Alias := `Anti-Alias`

maximale Raytrace-Tiefe := `RayTrTiefe` Real

Belichtungsautomatik := `Hellfaktor` Real

Protokollsteuerung := `Schalter` Bezeichner

Projektion := (
    `Projektion` Punkt Punkt Punkt Punkt |
    `Kamera` Punkt Punkt Punkt)

Beispiele:

```
Test                          Endversion


Schalter ++-++                Schalter +---+
   (*-------------*)             (*-------------*)
     Bn MonaLisa                   Bn MonaLisa
   (*-------------*)             (*-------------*)
Raster 100 100                Raster 1024 683
PixelForm 1.5                 PixelForm 1
RayTrTiefe 2                  RayTrTiefe 6
Hellfaktor 1                  Hellfaktor 0
(* Schatten (**)                 Schatten (**)
                             Anti-Alias
                             Kamera 0 -120 0 0 0 0 0 50
AugenLicht 100 1 1 1          Li 1000 -1000 100 2010000 1 1 1
...                          ...
Schalter -                    Schalter -
   Lies mona.inc                 Lies mona.inc
Schalter +                    Schalter +
...                          ...
```

Beschreibung:
Üblicherweise enthält der Anfang einer Geometriebeschreibungsdatei Angaben
über das Bildformat, die Position des Augenpunktes usw.:

- Der *Bildname* (spezifiziert nach dem Schlüsselwort Bn) wird als Zusatzinformation in die erzeugte Bilddatei geschrieben, so daß Bilddateien auch später
  noch identifiziert werden können; ist keine Hauptszene vorhanden, kann eine
  der Szenen (deren Name dann der Bildname ist) zur Hauptszene gemacht
  werden.

- Ergebnis des Bildgenerierungsprozesses ist ein Rasterbild. Die *Auflösung* des
  Bildes, also die Anzahl der Spalten und Zeilen, wird durch Raster festgelegt;
  wird kein Wert angegeben, wird als Bildformat 256 × 256 angenommen.

- Das *Pixelseitenverhältnis*, also das Verhältnis der Breite eines Pixels zu seiner
  Höhe, kann bei verschiedenen Monitoren unterschiedlich sein und ist deshalb
  durch Pixelform zu bestimmen; ohne Angaben werden quadratische Pixel
  angenommen.

- Der Wunsch der *Schattenberechnung* (Schatten) muß explizit angegeben werden, da diese rechenzeitaufwendig ist und etwa bei Testbildern darauf verzichtet werden kann. Der Aufwand für die Schattenberechnung steigt mit der
  Anzahl der Lichtquellen, die sich nicht im Augenpunkt befinden (Lichtquellen

im Augenpunkt werfen Schatten, die nur in Spiegeln oder über Brechungen, also ab Rekursionstiefe 2, siehe Raytrace-Tiefe, sichtbar sind).

- Die *Alias-Behandlung* (Anti-Aliasing) sorgt für die Unterdrückung der für Rastergraphik typischen treppenförmigen Kanten. Der Aufwand durch Alias-Berechnungen steigt schlimmstenfalls um den Faktor 16, bei gewöhnlichen Bildern etwa um den Faktor 2. Der zusätzliche Aufwand ist bei kleinen Bildformaten relativ größer, da besonders Objektkanten aliaskritisch sind, deren Länge linear steigt, während die Bildfläche quadratisch zunimmt. Wegen dieses Zusatzaufwands muß der Wunsch einer Alias-Behandlung explizit durch `Anti-Alias` angegeben werden.

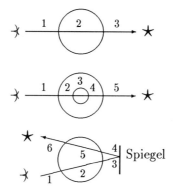

Abb. 2.32: Raytrace-Tiefe

- Die maximale Anzahl der durchzuführenden Iterationen von Spiegelungen und Brechungen muß angegeben werden, da bei vielfacher Spiegelung und vielen spiegelnden und transparenten Objekten die Rechenzeit stark ansteigt. Diese Anzahl wird als *Raytrace-Tiefe* bezeichnet und durch den Parameter `RayTrTiefe` gesteuert. Die Bezeichnung rührt vom Strahlenmodell des Lichtes her. Eine dreifache Spiegelung des Lichts bewirkt, daß ein Lichtstrahl drei weitere Strahlen, nämlich Spiegelstrahl, Spiegel-Spiegelstrahl und Spiegel-Spiegel-Spiegelstrahl induziert. Häufig genügt eine maximale Raytrace-Tiefe 3; um durch eine Glashohlkugel zu sehen, ist allerdings bereits eine Raytrace-Tiefe 5 erforderlich:

1. Strahl vom Auge zur Kugeloberfläche
2. Strahl durch die Wand
3. Strahl durch den Hohlraum
4. Strahl durch die Rückwand
5. Strahl von der hinteren Oberfläche zu einem Objekt

(vgl. Abb. 2.32 und 2.33).

- Die eingebaute *Belichtungsautomatik* ermittelt die ungefähre Entfernung aller Objekte von den Lichtquellen und ändert die Stärke der Lichtquellen und die RGB-Werte der Materialien. In die Berechnung geht der `Hellfaktor` mit ein; Hellfaktor 0 schaltet die Belichtungsautomatik aus, positive Faktoren ein. Der Faktor 1 übernimmt die von der Automatik ermittelten Werte, durch Faktoren unter oder über 1 wird das Bild entsprechend dunkler oder heller. Die Belichtungsautomatik sollte wegen ihrer Ungenauigkeit nur für Testbilder verwendet werden, ansonsten ist es günstiger, die Stärke der Lichtquellen explizit anzugeben. Für Animationen sollte die Belichtungsautomatik nicht verwendet werden, da dies zu sprunghaften Beleuchtungsänderungen führen kann.

• Für die *Protokollsteuerung* steht eine `Schalter`-Leiste zur Verfügung. Die Angabe eines Pluszeichens schaltet den Schalter ein, ein Minuszeichen schaltet ihn aus, andere Angaben haben keine Wirkung. Die Voreinstellung ist `Schalter ----+`. Die Bedeutung der einzelnen Schalter:

1. Eingabeprotokoll
2. Szenenprotokoll
3. Vorverarbeitungsstatistik
4. (nicht mehr verwendet)
5. Bilderzeugung

Nützlich ist die Verwendung der Form `Schalter -` bzw. `Schalter +`, um beim Einlesen großer zusätzlicher Dateien (siehe `Lies`) das Eingabeprotokoll aus- und wieder einzuschalten.

• Es gibt zwei Möglichkeiten, *Augenpunkt* und *Projektionsebene* festzulegen (Abb. 2.34):

  ○ Direkte Angabe des Augenpunktes und der Projektionsebene (*E*) durch `Projektion` gefolgt von *Augenpunkt, linkem unteren, rechtem unteren* und *linkem oberen* Eckpunkt der Projektionsebene.

  ○ `Kamera` gefolgt von *Augenpunkt, Bildmittelpunkt* („point of interest") und *oberem Randpunkt*, um die „Brennweite" der Kamera und ihre Orientierung im Raum festzulegen.

Die Strecke vom Bildmittelpunkt zum oberen Randpunkt sollte möglichst senkrecht zur Strecke vom Bildmittelpunkt zum Augenpunkt stehen; gegebenenfalls wird der obere Randpunkt automatisch korrigiert. Entsprechendes gilt für die Projektionsebene. Wird keine Angabe zur Projektion gemacht, ermittelt das Bilderzeugungsprogramm Augenpunkt und Projektionsebene selbst (Autoprojektion); dabei liegt der Augenpunkt auf der positiven z-Achse („Vogelperspektive"), die Werte werden so gewählt, daß sichergestellt ist, daß alle Objekte im Bild zu sehen sind.

In der VERA-Sprache ist die explizite Definition einer Kamerabewegung nicht vorgesehen. Für eine Animation ist eine Folge von VERA-Szenen zu spezifizieren, in denen sich die Kameraparameter entsprechend ändern. Dabei sollte besonders beachtet werden, daß es nicht genügt, bei einer Animation nur den Augenpunkt zu verändern, um beispielsweise einen bewegten Beobachter zu simulieren. Bei einer Kamerafahrt müssen alle drei Punkte geändert werden (Abb. 2.35).

2.9 Variablen

Syntax:

Variablendeklaration := Var Bezeichner {Bezeichner}

Variablendefinition := Frames Integer Tabellenzeile {Tabellenzeile}

Tabellenzeile := Zeichenkette {Zeichenkette}

Variablenverwendung := (Bezeichner)

Beispiele:
In der Geometriedatei (kugel.geo):
```
Lies kugel.ani
...
Kg 7 5.5 (kgrad) (kgrad) (* Hoehe des Mittelpunkts = Radius *)
Usz Tisch (trafo) (* Tisch bewegt sich *)
...
Szene Fledermaus (zusatzobj) (* erscheint in der 2. Sekunde *)
...
Bez tischfarbe
   Drf (diffus)
   Spd .3 .3 .1
   Edi (kgrad) (kgrad) (kgrad)
```
In der Animationsdatei (kugel.ani):
```
(* Variablen:                                                   *)
(*   kgrad - waechst von 0 auf 1, zugleich Hoehe und Edi an! *)
(*   trafo - Transformationsangaben der Usz Tisch            *)
(*   diffus - Drf der Tischfb                                *)
(*   zusatzobj - liest bei Bedarf Zusatzdatei ein            *)
(* Dauer der Sequenz: 2 Sek.                                 *)
Var
   kgrad trafo                      diffus      zusatzobj
Frames 50
  (* 1. Frame *)
   0.00  "Tr 100 20 0 Rt 77.3 55.3 12.2" ".66 .80 .21" ""
  (* 2. Frame *)
   0.02  "Tr  78 20 0 Rt 67.1 43.1 18.3" ".64 .75 .21" ""
  (* 3. Frame *)
   0.05  "Tr  66 20 0 Rt 61.0 38.8 23.3" ".60 .67 .20" ""
...
```

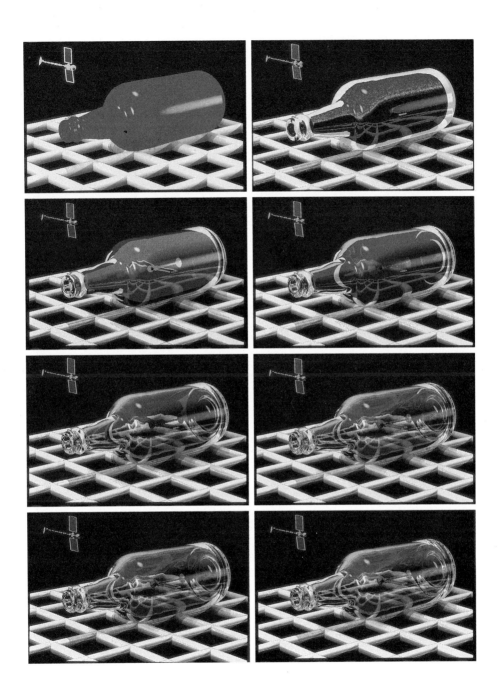

Abb. 2.33: Steigerung der Raytrace-Tiefe von 1 bis 8

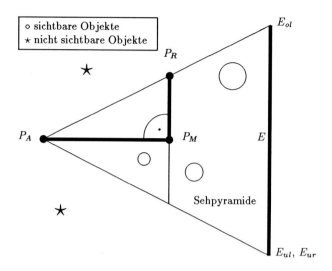

Abb. 2.34: Projektion (Seitenansicht)

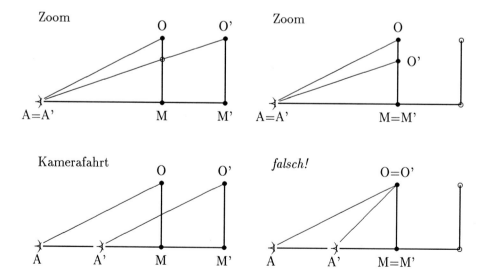

Abb. 2.35: Kamerafahrt und Zoom in Animationen

```
(* ab hier (25. Frame): Fledermaus erscheint *)
   0.51  "Tr  35 20 0 Rt 30.0 18.1 67.3" ".22 .18 .12"
                                          "Lies fl_000.inc"
...
(* 50. Frame *)
   1.00  "Tr   0 20 0 Rt  0.0  0.0 90.0" ".00 .00 .00"
                                          "Lies fl_024.inc"
```

Beschreibung:

Die Anweisungen der VERA-Eingabesprache erlauben nur die Beschreibung unbewegter Szenen. Bildfolgen mit zeitlichen Veränderungen werden durch eine Folge statischer Szenen spezifiziert, eine für jedes Bild der Animationssequenz. Da sich in Sequenzen häufig nur wenige Werte ändern, ist die Verwendung einer vollständigen VERA-Szenenbeschreibung für jede Szene unnötig aufwendig. Die VERA-Eingabesprache bietet hierfür eine Möglichkeit der Abkürzung an, die *Variablen.*

Die Verwendung einer Variablen wird durch Klammerung gekennzeichnet. An der Stelle der Variablen werden die Parameter textuell ersetzt. So kann beispielsweise die z-Koordinate einer fallenden Kugel durch eine Variable (hoehe) beschrieben werden, die in jedem Einzelbild einen anderen Wert enthält. Ist der Name einer Datei, die eingelesen werden soll, variabel (z.B. Lies wasser.(inc).inc, wobei (inc) eine Variable ist, die durch eine Ziffernfolge ersetzt werden soll), können durch Ändern dieser Variablen verschiedene Dateien in jedem Bild eingelesen werden, was große Änderungen, wie sie beispielsweise in Partikelsystemen erforderlich sind, zuläßt.

Um eine Animation zu spezifizieren, wird zunächst eine VERA-Szenenbeschreibung unter Verwendung von Variablen vorbereitet. Diese Geometriedatei ist der Rahmen für die durchzuführende Animation. Für jede Einzelszene der Animation wird eine Variablendefinition durchgeführt. Technisch geschieht dies durch eine Animationsdatei, die dem Bilderzeugungsprogramm zusätzlich zur Verfügung gestellt wird und die in tabellarischer Form die Variablenwerte enthält. Es ist sinnvoll, eine gesonderte Datei zu verwenden, die mit Lies eingelesen wird, insbesondere wenn die Bewegungsspezifikation durch ein Programm berechnet wird, das die Tabelle ausgibt. Die Verwendung von Programmen in höheren Programmiersprachen hat den Vorteil, daß damit Bewegungen hoher Komplexität, wie sie in einer realitätsnahen Computeranimation gefordert werden, relativ einfach durch deren mächtige Ausdrucksmittel beschrieben werden können.

Durch Var wird eine Reihe von Variablen spezifiziert. Nach Frames folgt die Anzahl der Einzelbilder und die Tabelle. Das Produkt aus der Anzahl der Einzelbilder und der Anzahl der Variablen muß mit der Anzahl der Tabelleneinträge übereinstimmen. Jede Zeile der Tabelle entspricht einem Frame, jede Spalte einer Variablen. Eine Tabellenzeile kann mehrere Textzeilen umfassen. Ein Tabelleneintrag kann aus einer beliebigen Zeichenfolge bestehen; soll er Leerzeichen

enthalten, ist er in Anführungszeichen einzuschließen. Anführungszeichen innerhalb der Zeichenkette werden durch doppelte Anführungszeichen dargestellt.

2.10 Beispiele

Abb. 2.5 und 2.7, die sämtliche in **VERA** implementierten Objekte und einige
charakteristische Materialklassen zeigen, werden mit folgenden Geometriedateien
erzeugt. Abb. 2.5 besteht aus 16 Einzelbildern und wurde als „Animation" mit
dem Parameter (mat) berechnet.

2.10.1 Objekte

Schalter ++++++
(* .... *)
Bn veratst.objekte
(* .... *)

(* *Optionen* ***)
Raster 1024 683
PixelForm 1 (* *1* *)
  Schatten (**)
  Anti-Alias (**)
HellFaktor 0 (* *0* *)
  RayTrTiefe 2 (* *4* *)
Himmel 0 .5 0
  Horizont .5 1 0
  Erde 0 .5 1
  Zenit 0 0 1
Li –200 –100 600 230000 1 1 1
Li 100 –600 200 200000 1 1 1
Li 200 600 100 200000 1 1 1
Augenlicht 15000 1 1 1
Kamera 0 –0.2 200
          0 –0.2 0
          0 4.4 0

(* *Hauptszene* ***)
AFb dblau **Ifb** orange

Pa –4.3 2.2 0.1
  Fb hgruen –3.2 2.5 0.3
  Fb hblau –4 3.7 0.5
  –0.1 –0.1 0.8
  0.15 –0.08 0.76
  0 0.3 0.6

Pa –2 2.2 0 –2.8 3.8 0 –1.6 3 0.4
 0 –0.2 0.7 –0.1 0.2 0.6 0.2 0 0.7

IP 0 0 9

P3 Fb dblau –0.7 2.3 0.4
 Fb orange 0.7 2.5 0.6
 Fb dgruen 0.5 3.8 0

Ip 0 0 0

P3 1.2 2.3 0 2.5 2.7 0.2 1.4 3.7 0.5

P4 3.1 2.8 0.6 3.9 2.2 0.6 4.8 3.7 0.6 4.2 3.75 0.6

Fb hblau
El –4 1 0.8 0.9 0.5 0.3
Kg –4 –1 0.6 0.75
Usz Kugel **Sk** 0.9 0.5 0.3 **Rt** 0 33 30 **Tr** –4 –3 0.7

Afb dgruen **Ifb** orange
Rk –2 0.5 1 r 0 2 1.5 **An** 0.8 0 **Ge** 0.4 1.5
Rk 0 0.5 1 r 0 2 1.5 **An** 0.6 0 **Ge** 0.6 1.5
Rk 2 0.5 1 r 0 2 1.5 **An** 0.8 0 **Ge** 0 1.5
Rk –2 –1 1 r 0 2 1.5 **An** 0.4 0 **Ge** 0.8 0
Rk 0 –1 1 r 0 2 1.5 **Ge** 0.8 0
Rk 2 –1.4 0.6 r 0 2 1
 Ge 0.6 0
 Ge 0.6 0.2
 Ge 0 0.2
 Ge 0.5 0.7
 Ge 0 0.7
 An 0.3 1
 Afb rot **Ge** 0.3 0.7
Fb gelb
Rk 4 0.2 0.4 r 0 3 1 **Ge** 0.7 0.7 **Ge** 0.7 1 **Ge** 0 1.7
Rk 4 –1.8 0.4 r 0 3 1 **KrA Ge** 0.7 0.7 **Ge** 0.7 1 **Ge** 0 1.7 **KrE**

Fb gelb **Kg** –1.9 –3 0.4 0.5
Fb dblau **Rk** –2.1 –3.4 0.4 r 0 2 1 **An** 0.5 0 **Ge** 0.5 0.8

Usz Wuerfel **Rt** 0 0 45 **Rt** –45 0 0 **Sk** 0.5 **Tr** 0 –3 1.5

Usz Pyra **Sk** 0.3 0.3 1 **Rt** –45 0 0 **Tr** 2.4 –3.1 0.3

Fb dgruen **Usz** Pyra **Sk** 0.2 0.2 2 **Rt** –45 0 0 **Tr** 1.5 –3.5 0.2

Usz Schnitt **Sk** 0.85 **Rt** –55 0 0 **Tr** 4 –3 0.8

Fb weiss
P4 –7 –5 0 –7 5 0 7 5 0 7 –5 0

(* *Unterszenen* ***)
Szene Kugel
  Kg 0 0 0 1

Szene Wuerfel
  Fb hgruen
  Schalter –
    Lies wuer.inc (* *enthaelt 6 P4, x,y,z in {–1..1}* *)
  Schalter +

Szene Pyra
  P3 –1 –1 0 1 –1 0 0 0 1
  P3 –1 1 0 1 1 0 0 0 1
  P3 –1 –1 0 –1 1 0 0 0 1
  P3 1 –1 0 1 1 0 0 0 1

Szene Schnitt
SIS
  Afb hblau **Ifb** gelb
  Kg 0 0 0 1
  AFb dblau
  Rk 0 0 0 r 0 0 –1 **Ge** 1 0
SAS
  Fb hblau
  Kg –0.5 0.5 0.1 0.25
SIU
  P3 0 –0.8 0 0.8 0 0 0.8 0 1
SEN
Fb rot **Kg** 0.5 –0.5 –0.2 0.15

(* *Material* **)
Bez weiss
Drf .8 .8 .8 **Edi** .2 .2 .2   **Bez** dblau
Drf 0 0 .4 **Spk** .98   **Bez** hblau
Drf .6 .6 1 **Spk** .98   **Bez** hgruen
Drf .3 1 0 **Spk** .97   **Bez** dgruen
Drf 0 .5 .1 **Spk** .983   **Bez** orange
Drf 1 .7 0 **Spk** .986   **Bez** gelb

Drf 1 1 0 **Spk** .97   **Bez** rot
Drf 1 .3 0 **Spk** .97

Datei `wuer.inc`:
P4 –1 –1 –1 –1 1 –1 –1 1 1 –1 –1 1
P4 1 –1 –1 1 1 –1 1 1 1 1 -1 1
P4 –1 –1 –1 1 –1 –1 1 –1 1 -1 -1 –1 1
P4 –1 1 –1 1 1 –1 1 1 1 –1 1 1
P4 –1 –1 –1 1 –1 –1 1 1 –1 –1 1 –1
P4 –1 –1 1 1 –1 1 1 1 1 –1 1 1

2.10.2 Material

Schalter +++++
(* .... *)
Bn veratst.material
(* .... *)

(* *Optionen* **)
Raster 128 85
  PixelForm 1 (* *1* *)
  Schatten (**)
  Anti-Alias (**)
HellFaktor 0 (* *0* *)
  RayTrTiefe 4 (* *4* *)
Himmel 1 1 1
  Horizont 0 0 0
  Erde 0 0 0
  Zenit 1 –1 1
Kamera 0 0 5 0 0 0 0 1 0
Li 50 50 100 10000 1 1 1
Li –100 –100 50 10000 1 1 1
Li 100 –100 150 16000 1 1 1
Li –100 50 150 15000 1 1 1

(* *Hauptszene* **)
Usz Boden
Usz Boden **Tr** –1.5 0 0 **Rt** 0 70 0 **Tr** –1.5 0 0
Usz Boden **Tr** –1.5 0 0 **Rt** 0 70 0 **Tr** –1.5 0 0 **Rt** 0 0 90
Usz Boden **Tr** –1.5 0 0 **Rt** 0 70 0 **Tr** –1.5 0 0 **Rt** 0 0 180
Usz Boden **Tr** –1.5 0 0 **Rt** 0 70 0 **Tr** –1.5 0 0 **Rt** 0 0 –90
(mat)
Kg –0.3 0.3 0.6 0.6

Rk 0.8 0.1 0.2 **r** 0 0 1 **An** 0.2 0 **Ge** 0.2 0.4 **Ge** 0 0.4
Rk 0.3 –0.6 0.4 **r** 1 1 0 **Ge** 0.2 0 **Ge** 0.2 0.4 **Ge** 0 0.4
Rk 0.6 0.65 0.2 **r** 0 0 1 **Ge** 0.2 0 **Ge** 0 0.4
Rk –0.2 –0.7 0.2 **r** 0 0 1 **An** 0 0.3 **Ge** 0.1 0 **Ge** 0.2 0 **Ge** 0 0.4

(* *Unterszenen* **)
Szene Boden
  Fb w **Usz** B **Sk** 0.1 **Tr** 0 0 –0.001
  Fb s **Usz** B **Sk** 0.2 **Tr** 0 0 –0.002
  Fb w **Usz** B **Sk** 0.3 **Tr** 0 0 –0.003
  Fb s **Usz** B **Sk** 0.4 **Tr** 0 0 –0.004
  Fb w **Usz** B **Sk** 0.5 **Tr** 0 0 –0.005
  Fb s **Usz** B **Sk** 0.6 **Tr** 0 0 –0.006
  Fb w **Usz** B **Sk** 0.7 **Tr** 0 0 –0.007
  Fb s **Usz** B **Sk** 0.8 **Tr** 0 0 –0.008
  Fb w **Usz** B **Sk** 0.9 **Tr** 0 0 –0.009
  Fb s **Usz** B **Sk** 1.0 **Tr** 0 0 –0.010
  Fb w **Usz** B **Sk** 1.1 **Tr** 0 0 –0.011
  Fb s **Usz** B **Sk** 1.2 **Tr** 0 0 –0.012
  Fb w **Usz** B **Sk** 1.3 **Tr** 0 0 –0.013
  Fb s **Usz** B **Sk** 1.4 **Tr** 0 0 –0.014
  Fb w **Usz** B **Sk** 1.5 **Tr** 0 0 –0.015

Szene B
  P4 –1 –1 0 –1 1 0 1 1 0 1 –1 0

(* *Material* **)
Bez w **Drf** 1 1 1
Bez s **Drf** .5 .5 .5
Bez mat000 **Edi** .6 .6 1
Bez mat001 **Ewi** .6 .6 1
Bez mat002 **Wrf** .6 .6 1
Bez mat003 **Drf** .6 .6 1
Bez mat004 **Drf** .6 .6 1 **Spk** .95
Bez mat005 **Drf** .5 .5 .7 **Spk** .95 **Spd** .3 .3 .4
Bez mat006 **Spd** .6 .6 1
Bez mat007 **Bdm** .6 .6 1
Bez mat008 **Spd** .9 .9 .9 **Spk** .97 **Drf** 0 0 .001
Bez mat009 **Spd** .7 .7 .7 **Spk** .96 **Ewi** .2 .2 .2 **Drf** .1 .1 .1
Bez mat010 **Spd** 1 .8 .2 **Spk** .96 **Drf** .1 .1 0
Bez mat011
Bez imat012 **Bdm** 1 1 1
Bez amat012 **Bdm** .8 .8 .8 **Bkr** 1.33 **Spd** .2 .2 .2 **Spk** .94 **Drf** 0 0 .001
Bez imat013 **Bdm** .9 .9 .9 **Drf** .1 .1 .1
Bez amat013 **Bdm** .6 .6 .6 **Bkr** 1.6 **Drf** .2 .2 .2

Spd .15 .15 .15 **Spk** .94 **Edi** .1 .1 .1
Bez imat014 **Bdm** .8 1 .8
Bez amat014 **Bdm** .4 1 .3 **Bkr** 2.4 **Spd** .1 .25 .1 **Spk** .98
Bez imat015 **Drf** 1 1 1
Bez amat015 **Bdm** .8 .8 .8 **Bkr** 1.45 **Spd** .1 .1 .1 **Spk** .96 **Drf** .1 0 0

(* *Variablen* ***)
Var mat
Frames 16
  "**Fb** mat000"
  "**Fb** mat001"
  "**Fb** mat002"
  "**Fb** mat003"
  "**Fb** mat004"
  "**Fb** mat005"
  "**Fb** mat006"
  "**Fb** mat007"
  "**Fb** mat008"
  "**Fb** mat009"
  "**Fb** mat010"
  "**Fb** mat011"
  "**Ifb** imat012 **Afb** amat012"
  "**Ifb** imat013 **Afb** amat013"
  "**Ifb** imat014 **Afb** amat014"
  "**Ifb** imat015 **Afb** amat015"

2.11 Übersicht

Die in diesem Kapitel vorgestellte Szenenbeschreibungssprache VERA enthält nur die nötigsten Sprachkonzepte zur Beschreibung fotorealistischer Szenen. Ähnliche Schnittstellen sind PHIGS+ (van Dam, 1988) und *Renderman* (1988). PHIGS+ ist eine Weiterentwicklung von PHIGS, das wiederum seine Wurzeln in GKS (Enderle, Kanszy, Pfaff, 1984) hat. Diese Schnittstellen sind als interaktive Schnittstellen ausgelegt, bieten also auch nicht unmittelbar die Möglichkeit, Kamerabewegungen oder Objektbewegungen zu spezifizieren. Dieses ist bei Renderman möglich. Renderman wurde von der Computeranimationsfirma *Pixar* speziell zur Spezifikation von Animationen entwickelt und wird auf deren Systemen eingesetzt.

Beispiele für Modellierungssprachen, die die Möglichkeiten heutiger Programmiersprachen wie Pascal (Jensen, Wirth, 1985) oder C (Kernighan, Ritchie, 1978) einschließen, sind MIRA von Magnenat-Thalmann und Thalmann (1985) und deren Weiterentwicklungen. MIRA ist eine Pascal-Erweiterung um für die Computeranimation geeignete Datentypen und Operationen.

Auch das verwendete Rechnersystem, und dabei insbesondere das Betriebssystem, kann Auswirkungen auf die Szenenbeschreibungssprache haben. Ein Trend auch in der Computeranimation geht zu UNIX, das in einer Vielzahl von Büchern beschrieben wird, so etwa in dem von Bourne (1984). Eine Szenenbeschreibungssprache speziell für die UNIX-Umgebung ist Unigraphics von Sequin, Strauss (1983).

In der graphischen Datenverarbeitung wurden verschiedene Beleuchtungsmodelle entwickelt, die sich im Grad des simulierten Realismus und, damit verbunden, dem benötigten Rechenaufwand unterscheiden. Die bekanntesten sind die von Gouraud (1971), Phong (1975), Blinn und Newell (1976) und Whitted (1980). Das in Kapitel 2.5.1 vorgestellte Modell ist diesen ähnlich. Es ist im VERA-Bilderzeugungsprogramm enthalten und stammt von Alfred Schmitt, Karlsruhe. Nishita, Okamura und Nakamae (1985) verwenden Leuchtstäbe statt punktförmiger Lichtquellen. Die Modelle von Cook und Torrance (1982) und Bahar, Chakrabati (1987) arbeiten mit dem Wellenmodell des Lichtes und modellieren damit die Natur am genauesten. Das Strahlungsmodell von Cohen und Greenberg (1985), Cohen, Greenberg und Immel (1986) modelliert diffuse Interreflexionen, ebenso Nishita, Nakamae (1985, 1986), und Kajiya (1985). Die Modelle von Blinn (1982), Kajiya (1985), Max (1986), Klassen (1987), Rushmeier, Torrance (1987), Nishita, Miyawaki, Nakamae (1987) und Willis (1987) simulieren das Lichtverhalten in Atmosphäre, Nebel, Staub und Wolken. Das Problem der korrekten Ausleuchtung und der Materialauswahl wird von Cook (1984) und Warn (1983) angesprochen. Verbesserte Modelle für das Lichtverhalten an Objektoberflächen stammen von Cabral, Max, Springer (1987) und Krüger (1988). Kajiya(1986) gibt ein universelles Beleuchtungsmodell an, aus dem sich viele andere durch Spezialisierung ergeben.

Das Modellieren mit Textur kam Mitte der siebziger Jahre auf (Blinn, Newell, 1976). Die Möglichkeit, Strukturen durch Normalenvektorabweichungen zu definieren, das sogenannte *Bump Mapping*, geht auf Blinn (1978) zurück und wurde von Max (1986) verbessert. Heckbert (1986) gibt eine Übersicht zu Texturabbildungstechniken. Techniken der dreidimensionalen Textur werden von Peachey (1985) und Wyvill et al. (1987) verwendet.

Eine Möglichkeit der Texturdefinition ist die Digitalisierung natürlicher Texturen etwa mittels einer Videokamera. Insbesondere auch im Zusammenhang mit der Mustererkennung wurden aber auch Modelle zur Beschreibung von Textur entwickelt, die sich zur Berechnung von Texturen einsetzen lassen (Fu, Lu, 1978, Schachter, Ahuja, 1979, Feibush, Levoy, Cook, 1980, Fu, 1980, Monne, Schmitt, Massaloux, 1981).

3. Modellierung

Ziel des Modellierens ist das Erstellen von Szenen und Szenenfolgen, die durch Anweisungen der Bilderzeugungsschnittstelle an den Bilderzeugungsprozeß übergeben werden. Im folgenden werden leistungsfähige Techniken des geometrischen Modellierens vorgestellt, die in interaktiven und simulativen Modellierungswerkzeugen für Computeranimationen verwendet werden. Dabei liegt das Gewicht auf Algorithmen, die aus sparsamen Benutzereingaben komplexe geometrische Strukturen entstehen lassen. Für Benutzereingaben werden die gängigen Geräte zur Interaktion und Datenerfassung verwendet. Dieses Kapitel beginnt mit einer kurzen Übersicht zu ihrer Funktionsweise. Die dann vorgestellten Modellierungsverfahren umfassen die Konstruktion von Körpern aus vorgegebenen Stützstellen, den Entwurf glatter und fraktaler Kurven und Flächen, die Modellierung von verzweigten Strukturen und von Bewegung.

Modellierungsverfahren, wie sie hier vorgestellt werden, erweitern die Möglichkeiten von Szenenbeschreibungssprachen wie der VERA-Schnittstelle: die Vielzahl der vorkommenden geometrischen Beschreibungen werden von praktisch keiner Szenenbeschreibungssprache von Bilderzeugungssystemen direkt akzeptiert. Vielmehr ist eine (meistens geometrische) Umwandlung der komplexen Modelle in die einfacheren Elementarobjekte der Szenenbeschreibungssprache notwendig. Als typisches Beispiel wird ein Umwandlungsverfahren von gekrümmten Freiformflächen in VERA-Patches vorgestellt.

Schließlich ist das Vorhandensein leistungsfähiger Modellierungswerkzeuge allein noch keine Garantie für eine gelungene Computeranimation. In einem weiteren Abschnitt werden einige Regeln zusammengefaßt, die sich schon beim traditionellen Zeichentrickfilm als sinnvoll erwiesen haben.

3.1 Interaktion und Datenerfassung

Das Modellieren von Computeranimationen erfordert die Interaktion mit dem Rechner, sei es zur Datenerfassung, sei es zur Weiterverarbeitung der Daten. Dieses geschieht heute an einem interaktiven Arbeitsplatz. Ein interaktiver Arbeitsplatz besitzt eine Darstellungsfläche, meistens in Form eines Monitors, sowie verschiedene Eingabegeräte, wie Tastatur und Maus zur Kommandoeingabe und Digitalisierer, Scanner, Videokamera zur Datenerfassung. Im folgenden wird die Funktionsweise dieser Hardware skizziert.

Graphikbildschirme

Heute eingesetzte Graphikbildschirme sind auf der vom Fernsehen her bekannten *Braunschen Röhre* aufgebaut (Abb. 3.1). Diese besteht aus einer pyramidenförmigen, luftleeren Glasröhre, an der an der Spitze die Kathoden, auf der breiten Ba-

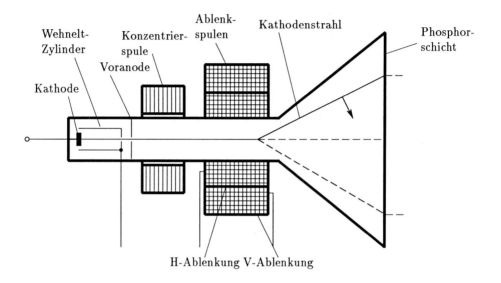

Abb. 3.1: Die Braunsche Röhre

sisseite eine Phosphorbeschichtung angebracht sind. Ferner gibt es eine Anode, die den von der Kathode emittierten Elektronenstrahl beschleunigt, sowie horizontale und vertikale Strahlablenkungseinrichtungen. Der Strahl wird mit deren Hilfe zeilenweise über die Darstellungsfläche bewegt, wobei auf der Zeile die Intensität des Strahls entsprechend der darzustellenden Bildinformation verändert wird. Diese Bildinformation einer Zeile liegt als Folge von Punktintensitätswerten vor. Das dargestellte Bild besteht also aus einer Matrix von Bildpunkten (Pixeln). Die Anzahl Zeilen und Spalten (Punkte auf einer Zeile) eines solchen *Rasterbildes* wird als Auflösung des Bildes bezeichnet. Eine typische Auflösung ist 576×780 für Video, die von der 625-Zeilen-PAL-Darstellung abgeleitet ist. Bildschirme von Graphikarbeitsplatzrechnern haben eine typische Auflösung von 1024×1280 und mehr.

Um eine Bewegtbilddarstellung zu erreichen, muß das Bild hinreichend oft wiedergegeben werden. Bei Graphikbildschirmen sind das 60 Bilder/Sekunde und mehr. Beim Fernsehen wird die *Halbbildtechnik* (engl. *interlace*) eingesetzt, bei der nur 50 Halbbilder/Sekunde dargestellt werden. Das eine Halbbild besteht aus den ungeraden Zeilen, das andere aus den geraden Zeilen, wodurch eine überlappte Darstellung entsteht (Abb. 3.2). Das schnelle Darstellen dieser Bilder

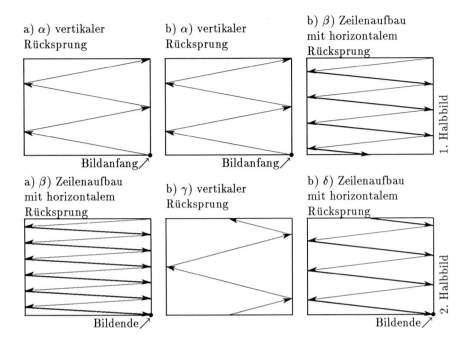

Abb. 3.2: (a) Non-interlaced- und (b) interlaced-Bildaufbau

nacheinander erweckt den Eindruck eines kontinuierlichen, flackerfreien Bildes, die einzelnen Halbbilder sind visuell nicht mehr voneinander unterscheidbar.

Die bisher beschriebene Anordnung erlaubt nur die Darstellung einfarbiger, d. h. schwarzweißer Bilder. Bei *Farbmonitoren* und beim Farbfernsehen werden Phosphore in drei verschiedenen Farben, Rot, Grün, Blau, verwendet. Daraus läßt sich additiv ein weites Spektrum an Farbtönen erzeugen. Es gibt drei Kathoden, wobei jede für eine andere Farbe zuständig ist. Die Kathoden können verschieden angeordnet sein, nämlich dreiecksförmig (engl. *delta gun*) oder linear (engl. *inline*). Um die Beeinflussung andersfarbiger Phosphorstellen zu vermeiden, ist vor der Phosphorschicht eine Maske angebracht. Es werden Loch- und Schlitzmasken unterschieden.

Durch diesen technischen Aufbau ergeben sich die Signale, mit denen ein Bildschirm zu versorgen ist. Das *Synchronisationssignal* (*Sync*) steuert die Bewegung der Kathodenstrahlen über das Bild. Das Displaysignal steuert die Strahlintensitäten. Prinzipiell werden also vier Signale, *Sync, R, G,* und *B* benötigt. In der Praxis kann es vorkommen, daß mehrere dieser Signale in ein Signal kombiniert werden.

Techniken, die nicht auf der Darstellungstechnik der Braunschen Röhre basieren, wie LCD- und LED-Displays, sind in der Computeranimation bisher bedeutungslos.

Bildwiederholspeicher

Die Wiedergabe von Bildern auf einem Graphikbildschirm geschieht über einen *Bildwiederholspeicher* (engl. *frame buffer*, Abb. 3.3). Im Bildwiederholspeicher ist die Farbinformation der Bildpunkte gespeichert. Seine Größe entspricht also der Anzahl der darzustellenden Punkte pro Bild. Bei sogenannten Vollfarbbildern ist für jeden Bildpunkt die Rot-, Grün- und Blau-Komponente gespeichert. Die Anzahl möglicher Farben hängt von der zur Verfügung stehenden Bitanzahl ab. Ein typischer Wert sind 8 Bit, also ein Byte pro Farbkomponente, wodurch sich für eine Farbe 256 Möglichkeiten ergeben und die Mischung der drei Farben auf über 16 Millionen darstellbare Farbtöne führt.

Der Bildaufbau auf dem Monitor erfolgt durch einen *Videogenerator*. Der Videogenerator liest den Bildwiederholspeicher zyklisch mit der Bildwiederholfrequenz und generiert aus den gelesenen Werten die Rot-, Grün- und Blau-Kanäle des Display-Signals. Ferner erzeugt er das *Sync*-Signal zur Strahlablenkung.

Das Einschreiben von Information von Rechnerseite in den Bildspeicher kann verschieden organisiert sein. So kann der Bildspeicher Teil des Hauptspeichers des Rechners sein und so durch den Prozessor unmittelbar beschrieben werden. Häufig wird der Bildspeicher von speziellen Graphikprozessoren beschrieben, die den Schreibauftrag vom Hauptprozessor des Rechners übermittelt bekommen. Ein typischer Befehl an einen Graphikprozessor ist beispielsweise, eine Linie zu zeichnen. Der Graphikprozessor berechnet die Bildpunkte, die die Linie im Bild repräsentieren, und schreibt die entsprechenden Punkte in den Bildwiederholspeicher. Zur Rasterbildmanipulation stehen Operationen wie das Verschieben von Bildausschnitten zur Verfügung.

Ursprünglich aus Kostengründen, aber immer noch wegen der Möglichkeit der schnellen Bildmanipulation verwendet, wurde das Konzept der Farbtabellen (engl. *color table*, *look-up table*) eingeführt (Abb. 3.4). Die auf dem Bildschirm darzustellenden Farben werden in einer Tabelle abgelegt. Eine typische Tabellengröße ist 256, ein typisches Spektrum, aus dem die Farben stammen können, ist wie zuvor 24 Bit. Eine derartige Farbtabelle umfaßt also 768 Bytes. Im Bildspeicher selbst werden nun Verweise, d.h. Indizes, in die Farbtabelle gespeichert. Dadurch reduziert sich bei der obigen Farbtabelle der Speicherbedarf auf 1 Byte pro Bildpunkt. Das Umsetzen der Farbtabelle bei gleichem Bildspeicherinhalt verändert das dargestellte Bild.

Die Maus

Die *Maus* wird als Zeigegerät bei der Interaktion verwendet. Die Bewegung dieses etwa handgroßen Kästchens auf dem Tisch wird an den Rechner übertragen und in die Bewegung eines Zeigers auf dem Bildschirm umgesetzt. Damit kann eine Position auf dem Bildschirm schnell angefahren und ausgewählt werden. Ferner lassen sich so Freihandzeichnungen auf dem Bildschirm ausführen, so daß die Maus ein auch bei Painting-Systemen eingesetztes Eingabegerät ist. An der

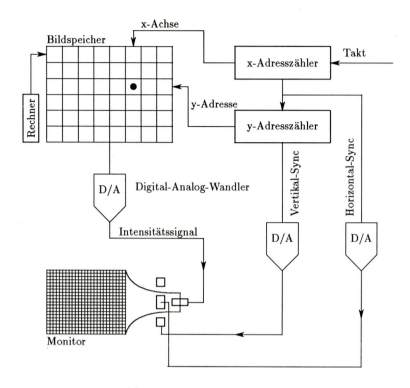

Abb. 3.3: Bildwiederholspeicher

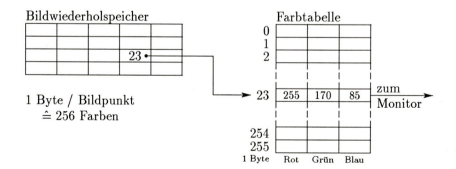

Abb. 3.4: Ein Farbgraphiksystem mit Farbtabelle, 256 aus sechzehn Millionen Farben

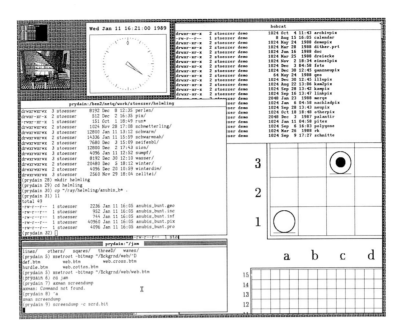

Abb. 3.5: Bildschirm-Hardcopy einer Workstation mit Fenstern und Ikon

Maus sind eine oder mehrere Tasten angebracht, über die noch weitere Eingaben möglich sind. So kann z.B. eine Auswahl von mehreren möglichen auf dem
Bildschirm angebotenen Alternativen oder Koordinateneingaben bestätigt werden. Die Maus wird häufig zusammen mit einem großformatigen, hochauflösenden Rasterbildschirm eingesetzt. Auf diesem Bildschirm stehen dann mehrere
sogenannte *Fenster* zur Verfügung (Abb. 3.5), in denen verschiedene Aktionen
ablaufen können. Die Auswahl des aktuellen Fensters sowie die Manipulation von
Fensterinhalten geschieht mittels der Maus.

Im Zusammenhang mit der Maus sind noch andere Interaktionstechniken
gebräuchlich. Bei der *Menütechnik* werden dem   Anwender verschiedene Auswahlmöglichkeiten, etwa für Kommandos, auf dem Bildschirm angeboten. Unter
diesen geschieht die Auswahl durch Anpicken. Das Anpicken von Menüpunkten
kann bewirken, daß an dieser Stelle eine weitere Menüleiste aufklappt. Derartige aufklappbare Menüs werden als *Pop-up-Menüs* bezeichnet. Objekte, mit denen Interaktion stattfindet, werden häufig durch graphische Symbole, sogenannte
Ikone (engl. *icons*), auf dem Bildschirm dargestellt. Ikone sind ebenfalls pickbar,
mit der Wirkung, daß sich an ihrer Stelle ein Fenster öffnet, mit dem die Interaktion weitergeführt wird. Genauso können Fenster zu Objekten, die momentan
nicht mehr benötigt werden, ikonifiziert, d.h. in Ikone umgewandelt werden.

Bei der technischen Realisierung werden *mechanische* und *optische Mäuse* unterschieden. Bei der mechanischen Maus erfolgt die Übertragung der Richtungs-
information über eine Rollkugel und zwei innen in unterschiedlicher Richtung
angebrachte Räder. Die optische Maus wird auf einer ebenen Unterlage bewegt,

auf der sich ein horizontal/vertikales Linienmuster befindet. In der Maus befinden sich Leuchtdioden und Fotozellen. Die Fotozellen empfangen das vom Linienmuster reflektierte Licht der Leuchtdioden, wodurch die Bewegung rückgerechnet werden kann.

Das Digitalisier-Tablett

Zur Datenerfassung und graphischen Interaktion stehen eine Vielzahl von Geräten zur Verfügung, die im Normalfall Eingaben in zwei Dimensionen erlauben. Ein typischer Vertreter solcher Geräte ist das *Digitalisier-Tablett* (Abb. 3.6). Es besteht aus einer Zeichenfläche und aus einem Stift, die beide mit dem Rech-

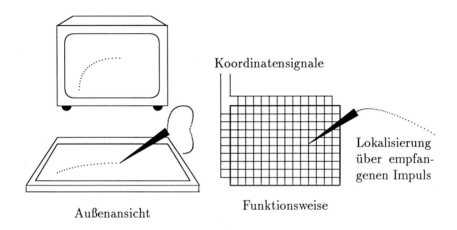

Koordinatensignale

Lokalisierung über empfangenen Impuls

Außenansicht

Funktionsweise

Abb. 3.6: Digitalisier-Tablett

ner verbunden sind. Zeichenbewegungen, die mit dem Stift auf der Zeichenfläche ausgeführt werden, werden in den Rechner übernommen und dort weiterverarbeitet, zum Beispiel auf dem Bildschirm dargestellt oder abgespeichert. Hierfür gibt es eine Vielzahl verschiedener technischer Realisierungen, etwa elektromagnetisch, induktiv, akustisch.

Das Digitalisier-Tablett eignet sich einerseits zum Freihandzeichnen, andererseits aber auch zum Abtasten von Zeichnungen und Plänen. Für hohe Präzision beim Abtasten gibt es spezielle Ausfertigungen. Dies sind meist aufrecht stehende, mehrere Quadratmeter große Zeichenbretter. Auf diesen ist ein frei beweglicher *Puck*, bestehend aus einer Lupe mit Fadenkreuz und einer taschenrechnerähnlichen Tastatur, angebracht. Eine zu digitalisierende Vorlage wird auf dem Zeichenbrett befestigt und der Puck nacheinander mittels des Fadenkreuzes auf die abzutastenden Punkte positioniert. Über die Tastatur kann dann die Übernahme des Punktes ausgelöst werden und dieser noch mit Zusatzinformation, z.B. einer Punktnummer, versehen werden.

Scanner

Bilder und andere Papiervorlagen können mit *Scannern* erfaßt werden. Scanner tasten die Vorlage optisch rasterpunktweise ab und übergeben die angelieferten Intensitätswerte an den Rechner. Die Vorlage wird also in ein Rasterbild umgesetzt. Dabei kann die Vorlage auf eine Fläche (Flachbettscanner) oder auf eine rotierende Trommel aufgespannt werden (Trommelscanner). Preiswerte Systeme basieren dabei oft auf der Technologie von Tischkopierern, die bereits viele mechanische und funktionale Teile enthalten, die zum Abtasten notwendig sind. Zusätzlich sind Steuerelektronik, Rechnerinterface und Ansteuersoftware erforderlich.

Videokameras

Ebenfalls zur Aufnahme von Bildern, aber auch einer räumlichen Szene direkt geeignet sind *Videokameras*. Bei Videokameras werden Röhrenkameras und Halbleiterkameras unterschieden. Die Halbleiterkamera (CCD-Kamera) verfügt über flächenhaft angeordnete Halbleitersensoren (Charge Coupled Devices = CCD) für die einzelnen Bildpunkte. Typische Auflösungen liegen in der Größe des Videoformats (576 × 780). Die Videokamera liefert ein Videosignal, das analog-digital gewandelt wird. Die Digitalform ist ein Rasterbild, das im Bildwiederholspeicher abgelegt wird.

Videokameras werden außer zur Digitalisierung einzelner Bilder zur Bewegtbilderfassung eingesetzt. Insbesondere können mit ihrer Hilfe auch dreidimensionale Bewegungsabläufe digitalisiert werden. Aus zwei oder mehr Abbildungen eines Motivs aus verschiedenen Blickrichtungen ist dessen dreidimensionales Aussehen durch geeignete Algorithmen zumindest teilweise rekonstruierbar. Beispielsweise lassen sich so die Bewegungen eines Menschen dreidimensional zur Weiterbearbeitung in den Rechner übernehmen. Das geschieht so, daß an für die Bewegung signifikanten Punkten der zu erfassenden Person, also etwa den Gelenken, deutlich sichtbare Markierungen angebracht werden. Die Bewegung dieser Markierungen im Raum werden aus der Videoaufnahme berechnet und als Stützstellen für den Bewegungsablauf eines sich entsprechend bewegenden rechnergenerierten Modells verwendet, das dann noch in den Kontext einer dreidimensionalen Szene integriert werden kann.

Spezialgeräte

Für die dreidimensionale Erfassung kleinerer Objekte bieten sich *Laserscanner* an, die die Entfernung von Punkten auf der Oberfläche des zu erfassenden Objekts messen. *Computertomographen* auf Röntgen- oder Kernspinbasis bieten die Möglichkeit, zusätzlich zum Äußeren eines Objekts auch noch dessen innere Struktur zu erfassen. Diese Geräte sind in der Medizin verbreitet, können aber auch für andere Anwendungen eingesetzt werden. Ein mit Tastsensoren versehener Handschuh, *Datenhandschuh* genannt, kann zum Abtasten von Objekten mit der Hand verwendet werden. Er läßt sich aber auch zur Manipulation virtueller rechnerinterner Modelle einsetzen, wenn anstelle der Sensoren Vibrationselemente angebracht sind. Die Stärke der Vibration mag dann etwa den Grad des Eindringens der Finger in das virtuelle Objekt ausdrücken.

3.2 Interpolation von Körpern aus Schnittkonturen

Sämtliche Objekte, die durch die VERA-Schnittstellensprache beschrieben werden können, bestehen aus den vier geometrischen Grundobjekten Ellipsoid, Rotationskörper, Dreieck und VERA-Patch. Mit diesem Elementarbaukasten können Szenen aus einfachen Gegenständen wie Würfeln oder rechteckigen Häusern einfach spezifiziert werden. Um aber komplexe Körper – beispielsweise einen menschlichen Torso – aus einigen tausend Dreiecken zusammenzufügen, ist der Zeitaufwand zu hoch und das geometrische Vorstellungsvermögen überfordert. Ideal wäre es, wenn der manuelle Modellierungsvorgang, etwa das Formen eines Modells in Ton, direkt mit dem Rechner ausführbar wäre. Dem sind durch die Zweidimensionalität vieler Ein- und Ausgabegeräte interaktiver graphischer Systeme Grenzen gesetzt. Ein Ausweg besteht darin, ein komplexes räumliches Modell durch seine Konturen auf einer Folge von parallelen Schnittebenen zu beschreiben. Abb. 3.7 zeigt eine Folge solcher Konturen. Solche Konturen können auf einfache Weise interaktiv mittels eines Datentabletts eingegeben und manipuliert werden. Es bleibt dann dem Rechner überlassen, daraus das entsprechende räumliche Objekt zu konstruieren, d.h. etwa in Form einer Menge von Dreiecken oder VERA-Patches darzustellen. Abb. 3.8 zeigt eine solche Interpolation zu den Konturen von Abb. 3.7. Es ist also folgende Aufgabe zu lösen:

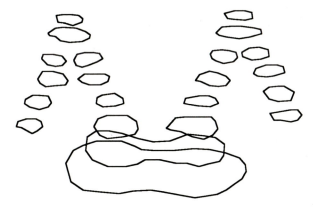

Abb. 3.7: Eine Folge ebener Schnitte aus mehreren Konturen

Abb. 3.8: Die Interpolation zur vorigen Abbildung

Interpolation von ebenen Konturen

Eingabe: Disjunkte einfache Polygone in zwei zueinander parallelen Ebenen im Raum. Die Polygone sind durch eine im Uhrzeigersinn angeordnete Folge konsekutiver Eckpunkte gegeben.

Ausgabe: Solide Polyeder, deren Schnitt mit den Ebenen die gegebenen Polygone sind. Die Polyeder werden als Menge von disjunkten Tetraedern, die ihr Volumen beschreiben, oder als eine Menge von Dreiecken, die ihre Oberfläche beschreiben, dargestellt.

In dieser Problemformulierung wurde die Eingabe auf zwei Schnittebenen beschränkt. Bei mehreren Schnittebenen wird die Interpolation zwischen je zwei Ebenen ausgeführt und die Ergebnisse dann zusammengesetzt. Ein Polyeder heißt *solid*, wenn sein Rand nur topologisch zweidimensionale Punkte enthält. Ein Punkt heißt topologisch zweidimensional, wenn er eine offene Umgebung besitzt, die topologisch einer offenen Kreisscheibe in der euklidschen Ebene äquivalent ist.

Im folgenden wird ein Algorithmus zur Lösung dieser Aufgabe angegeben. Dieser arbeitet auch dann, wenn sich die Anzahl der Konturen von einer Schnittebene zur nächsten ändert. Der Kern dieses Verfahrens ist eine Triangulierung eines achsenparallelen Hüllquaders, in dem sich die Konturen befinden, durch Tetraeder. Die resultierende Triangulierung enthält auch Tetraeder, die nicht zum zu konstruierenden Objekt gehören und die deshalb in einem anschließenden Schritt eliminiert werden müssen. Schließlich sind die Dreiecke der Tetraeder zu ermitteln, die zur Objektoberfläche gehören.

Die Triangulierung wird so ausgeführt, daß die entstehenden Polyeder der *Delaunay*-Bedingung genügen. Die Delaunay-Bedingung führt zu ausgeglichenen kompakten Polyedern. Das hat den Vorteil, daß auch Verzweigungen zuverlässig erkannt und interpoliert werden können. Ferner ist die kompakte Form der Tetraeder von Vorteil bei der Bilderzeugung.

Delaunay-Triangulierung

Eine *Triangulierung* einer endlichen ebenen Punktmenge ist die Zerlegung der konvexen Hülle dieser Punkte in disjunkte Dreiecke, indem gewisse gegebene Punkte durch Strecken verbunden werden. Die Triangulierung einer endlichen ebenen Punktmenge heißt *Delaunay-Triangulierung*, wenn der Umkreis jedes ihrer Dreiecke keine weiteren Punkte enthält (Abb. 3.9). Entsprechend dazu ist die *Triangulierung einer räumlichen Punktmenge* eine Zerlegung der konvexen Hülle der gegebenen Punkte in disjunkte Tetraeder, die durch Einfügen von Kanten zwischen gegebenen Punkten induziert werden. In einer dreidimensio-

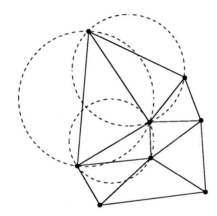

Abb. 3.9: Eine ebene Delaunay-Triangulierung

nalen Delaunay-Triangulierung durch Tetraeder enthalten die Umkugeln der Tetraeder keine weiteren Punkte mehr. Dreiecke und Tetraeder, deren Umkreis bzw. Umkugel keine weiteren der gegebenen Punkte enthalten, heißen *Delaunay-Dreiecke* bzw. *Delaunay-Tetraeder*. Eine *Delaunay-Kante* ist eine Verbindungsstrecke zweier Punkte, zu der es eine Kreisscheibe durch die beiden Endpunkte gibt, die keine weiteren Punkte enthält.

Die zweidimensionale Delaunay-Triangulierung kann durch sukzessives Hinzunehmen von Punkten durchgeführt werden. Angenommen, eine bereits konstruierte Triangulierung wird um einen weiteren Punkt x erweitert. Dazu ist zunächst das Dreieck herauszufinden, in das x hineinfällt. x wird mit den Eckpunkten des gefundenen Dreiecks verbunden, wodurch eine neue Triangulierung entsteht, vgl. Abb. 3.10. Es kann gezeigt werden, daß die dadurch eingeführten neuen Kanten Delaunay-Kanten sind. Allerdings kann es passieren, daß Kanten des alten Dreiecks diese Eigenschaft nicht mehr haben. Diese Kanten werden durch *Umklappen* eliminiert, so wie das in Abb. 3.11 gezeigt wird. Die neue Kante

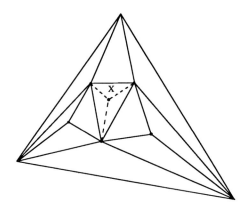

Abb. 3.10: Die Hinzunahme eines neuen Punktes

hat die Delaunay-Eigenschaft, während die dem Punkt **x** jetzt neu gegenüberliegenden Punkte die Delaunay-Eigenschaft möglicherweise verloren haben. Diese
können durch erneutes Anwenden der Vertausche-Operation in Ordnung gebracht
werden. Spätestens wenn alle Punkte mit **x** verbunden sind, ist eine vollständige
Delaunay-Triangulierung erreicht.

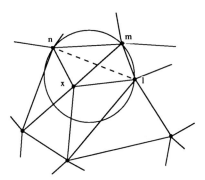

Abb. 3.11: Die Vertausche-Operation von Kanten

Der hier beschriebene Einfügealgorithmus kann im schlechtesten Fall ein recht
ungünstiges Zeitverhalten aufweisen, wenn für jeden einzufügenden Punkt jede
Kante zu einem der schon vorhandenen Punkte zu testen ist. Der resultierende
Zeitaufwand ist dann quadratisch zur Anzahl der zu triangulierenden Punkte. Es
zeigt sich aber, daß dieser Fall praktisch nie auftritt, und damit nur sehr wenige
Kanten umzuklappen sind, um die Delaunay-Bedingung wieder herzustellen.

Der Einfüge-Algorithmus hat den weiteren Vorteil, daß in dem hier betrachteten Fall das Dreieck, in das der nächste einzufügende Punkt fällt, effizient bestimmt werden kann. Dazu geschieht die Einfügung längs der Polygonzüge der Silhouetten. Die Polygonzüge werden Kante für Kante abgearbeitet und dabei nacheinander die Dreiecke bestimmt, die durch die Kante geschnitten werden. Das letzte Dreieck ist dasjenige, in das der Endpunkt der Kante fällt. Diese Vorgehensweise ist in der Praxis sehr effizient und erspart die Implementierung einer Datenstruktur zur effizienten Punktlokalisierung. Die seltene Lokalisierung des ersten Punktes jeder weiteren Kontur fällt bezüglich des Rechenzeitaufwands kaum ins Gewicht und wird heuristisch durchgeführt.

Bisher wurde die Delaunay-Triangulierung für eine ebene Punktmenge beschrieben. Führt man diese für die Eckpunkte der gegebenen Konturen einer Ebene durch, dann kann es passieren, daß Kanten dieser Konturen nicht Kanten der Delaunay-Triangulierung sind (das tritt dann ein, wenn sie keine Delaunay-Kanten sind), eine Eigenschaft, die jedoch im folgenden benötigt wird. Abb. 3.12 zeigt Beispiele, die diese Eigenschaft nicht haben. Diese Schwierigkeit kann durch

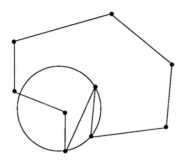

Abb. 3.12: Beispiel von Kanten, die nicht Delaunay-Kanten sind

Unterteilen solcher Kanten in hinreichend kurze Teilkanten behoben werden. Die neuen Unterteilungspunkte werden in die Delaunay-Triangulierung eingefügt, eine Operation, die beim Einfüge-Algorithmus unmittelbar durchzuführen ist.

Ferner wird im folgenden vorausgesetzt, daß es nicht mehr als vier Punkte gibt, die auf einer gemeinsamen Kugel liegen. Mehr als vier kosphärische Punkte können durch leichtes Verschieben vermieden werden. Dieses Verschieben ist so geringfügig, daß es im endgültigen Modell nicht sichtbar ist. Polygone, die diese Eigenschaften haben, werden als *in allgemeiner Lage* bezeichnet.

Räumliche Delaunay-Triangulierung zweier Schichten

Für das hier zu lösende Interpolationsproblem wird die räumliche Triangulierung der Punkte der beiden Ebenen benötigt. Prinzipiell ist ein ähnlicher Einfügealgorithmus wie für die Ebene auch im Dreidimensionalen möglich. In der hier vorliegenden speziellen Form gibt es jedoch eine einfachere Möglichkeit. Dazu ist folgende Beobachtung nützlich. Gegeben seien Polygone in allgemeiner Lage in zwei Ebenen E_i, $i \in \{1,2\}$. Seien DT_i die Delaunay-Triangulierungen der Ebenen E_i, $i \in \{1,2\}$, und DT die räumliche Delaunay-Triangulierung. Dann gilt $DT \cap E_i = DT_i$, $i \in \{1,2\}$, und die Tetraeder von DT sind genau von der folgenden Form:

Typ T_i: definiert durch ein Dreieck in DT_i und dem nächsten Nachbarn seines Umkreismittelpunktes in E_i, $i \in \{1,2\}$,

Typ T_{12}: definiert durch zwei Kanten e_i in DT_i, deren projizierte Voronoikanten (s.u.) sich schneiden.

Abb. 3.13 zeigt diese drei Klassen von Tetraedern.

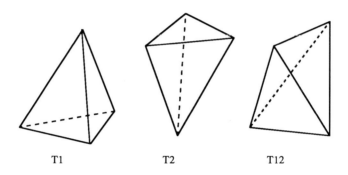

T1   T2   T12

Abb. 3.13: Die Tetraederklassen T_1, T_2, T_{12}

Die dreidimensionale Triangulierung kann nun durch Verwendung dieser Eigenschaft durchgeführt werden, indem einfach alle Tetraeder dieser Typen ermittelt werden. Die Tetraeder vom Typ T_1 erhält man dadurch, daß in der zweidimensionalen Delaunay-Triangulierung der unteren Schnittfläche alle Dreiecke mit einem Eckpunkt in der Triangulierung der oberen Fläche verbunden werden, und zwar mit dem Punkt, welcher dem Umkreismittelpunkt des Dreiecks am nächsten liegt. Umgekehrt ergeben sich die Tetraeder vom Typ T_2, indem jedes Dreieck der zweidimensionalen Delaunay-Triangulierung der oberen Fläche mit dem nächstgelegenen Punkt der unteren Fläche verbunden wird. Die Tetraeder vom Typ T_{12} sind etwas aufwendiger zu bestimmen. Sie verwenden das zu einer Delaunay-Triangulierung gehörende Voronoi-Diagramm. Das Voronoi-Diagramm entsteht wie die Delaunay-Triangulierung durch Verbinden von Punkten in der Ebene. Die zu verbindenden Punkte sind die Umkreismittelpunkte der Dreiecke der Delaunay-Triangulierung. Zwei Punkte werden genau dann verbunden, wenn ihre Dreiecke eine gemeinsame Kante haben. Die so entstehenden sogenannten *Voronoi-Kanten* halbieren die Dreieckskanten und stehen darauf senkrecht. Für die außenliegenden Dreieckskanten, an denen nur ein Dreieck anstößt,

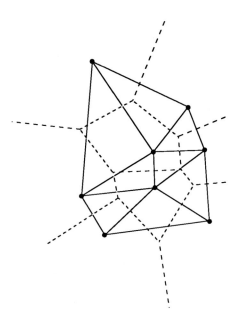

Abb. 3.14: Eine Delaunay-Triangulierung und das entsprechende Voronoi-Diagramm

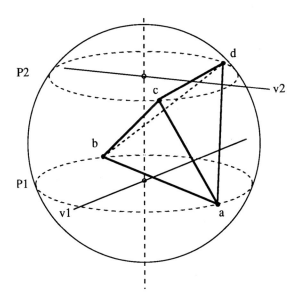

Abb. 3.15: Schneidende Voronoikanten und das entsprechende T_{12}-Tetraeder

werden noch entsprechende ins Unendliche gehende Voronoi-Kanten eingefügt (Abb. 3.14).

Die Gebiete der durch das Voronoi-Diagramm bewirkten Zerlegung der Ebene haben interessante Eigenschaften. So entspricht jedem Eckpunkt der Delaunay-Triangulierung genau ein Gebiet des Voronoi-Diagramms. Das Gebiet eines Eckpunkts enthält alle Punkte der Ebene, die dichter bei ihm als bei allen anderen Eckpunkten der Delaunay-Triangulierung liegen.

Durch die einfache Beziehung zwischen Voronoi-Diagramm und Delaunay-Triangulierung ist die Bestimmung des Voronoidiagramms aus der zweidimensionalen Delaunay-Triangulierung einfach möglich. Um die Tetraeder vom Typ T_{12} zu bekommen, müssen die Schnittpunkte der Kanten der beiden zweidimensionalen Voronoi-Diagramme gesucht werden. Jeder dieser Schnittpunkte ergibt ein solches Tetraeder, vgl. Abb. 3.15.

Insgesamt hat der Triangulierungsalgorithmus also den in Abb. 3.16 dargestellten Aufbau.

ALGORITHMUS $2\frac{1}{2}$D-Delaunay-Triangulierung

BEGIN
  Berechne die 2D-Delaunay-Triangulierung DT_1
  der unteren Schnittfläche;

  Berechne die 2D-Delaunay-Triangulierung DT_2
  der oberen Schnittfläche;

  Suche für jedes Dreieck t in DT_1 den nächstgelegenen
  Punkt in DT_2 und verbinde t damit zu
  einem Tetraeder vom Typ T_1;

  Suche für jedes Dreieck t in DT_2 den nächstgelegenen
  Punkt in DT_1 und verbinde t damit zu
  einem Tetraeder vom Typ T_2;

  Projiziere jede Voronoi-Kante aus DT_2 senkrecht auf DT_1
  und suche alle ihre Schnittpunkte mit Voronoi-Kanten aus DT_1;

  Konstruiere für jeden Schnittpunkt zweier Voronoi-Kanten
  ein Tetraeder vom Typ T_{12}, das von den dualen
  Delaunay-Kanten der beteiligten Voronoi-Kanten induziert wird
END

Abb. 3.16: Algorithmus Delaunay

Elimination überzähliger Tetraeder

Die dreidimensionale Delaunay-Triangulierung der Punkte zweier aufeinanderfolgender Schnittflächen liefert die konvexe Hülle der gesuchten Körperscheibe.
Im nun folgenden Eliminationsschritt müssen die überzähligen Tetraeder entfernt
werden, vgl. Abb. 3.17.

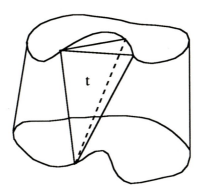

Abb. 3.17: Elimination von Tetraedern mit Kanten außerhalb der Konturen

Da die Punkte einer Kontur im Uhrzeigersinn geordnet sind, ist es einfach,
festzustellen, ob eine Kante innerhalb, außerhalb oder auf einer Kontur liegt.
Die Kante $\overline{p_i p_j}$ liegt auf der Kontur, wenn $\overline{p_i p_j} = \overline{p_i p_{i+1}}$ oder $\overline{p_i p_j} = \overline{p_i p_{i-1}}$.
Sie liegt außerhalb der Kontur, wenn die Kanten $\overline{p_i p_{i-1}}$, $\overline{p_i p_j}$ und $\overline{p_i p_{i+1}}$ im
Uhrzeigersinn aufeinanderfolgen. Sonst liegt $\overline{p_i p_j}$ innerhalb der Kontur (Abb.
3.18).

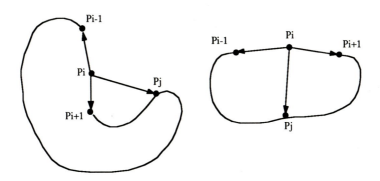

Abb. 3.18: Klassifikation von Kanten bezüglich einer Kontur

Die Menge der Tetraeder, die übrigbleiben, nachdem alle Tetraeder entfernt sind, die mindestens eine Kante außerhalb der Polygone haben, wird als *einfache Delaunay-Interpolation* bezeichnet. Diese löst das Interpolationsproblem noch nicht zufriedenstellend. Grund dafür sind die eventuell noch vorhandenen nichtsoliden Verbindungen. Unter *nichtsoliden Verbindungen* versteht man eine Menge von adjazenten Tetraedern, die mit mindestens einer Ebene E_1 oder E_2 nur eine Kante oder einen Punkt gemeinsam haben (Abb. 3.19). Eine *solide Delaunay-Interpolation* erhält man durch Entfernen der nichtsolide verbundenen Tetraeder. Sei t ein Tetraeder vom Typ T_{12} mit den Kanten e_1 in E_1 und e_2 in E_2, t gehöre zu einer Kette von adjazenten Tetraedern vom Typ T_{12}, welche alle die Kante e_1 gemeinsam haben. Wenn die Kette an mindestens einem Ende durch ein Tetraeder vom Typ T_1 abgeschlossen ist, so ist t solide mit E_1 verbunden. Endet die Kette jedoch an beiden Enden mit einem Tetraeder des Typs T_{12}, so besitzt die ganze Kette in E_1 nur die Kante e_1, sie ist also nicht solide an E_1 befestigt und muß entfernt werden. Das gleiche gilt für die Kette der adjazenten Tetraeder, welche die Kante e_2 gemeinsam haben. Endet sie nicht auf mindestens einer der beiden Seiten mit einem Tetraeder vom Typ T_2, ist ihre Verbindung mit der Ebene E_2 nicht solide und die Tetraeder müssen entfernt werden.

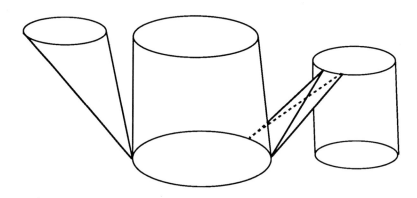

Abb. 3.19: Nichtsolide Verbindungen

Nachdem alle solche eindimensionalen Verbindungen entfernt worden sind, ist es einfach, diejenigen Teilpolyeder der Triangulierung zu finden, die nur einen Punkt in E_1 oder E_2 besitzen: eine Menge adjazenter Tetraeder des Typs T_i, von denen keines zu einem nicht eliminierten Tetraeder des Typs T_{12} adjazent ist, hat in der Ebene E_j, $i \neq j$ nur einen Punkt und muß deshalb entfernt werden (Abb. 3.19). Abb. 3.20 faßt den Vorgang noch einmal zusammen.

In soliden Delaunay-Interpolationen können noch Mehrfachpunkte auftreten. Ein Beispiel wird in Abb. 3.21 gezeigt. Eine *solide Delaunay-Interpolation ohne Mehrfachpunkte* erhält man durch Einschieben einer Zwischenebene, wie es in Abb. 3.22 gezeigt wird.

ALGORITHMUS Solide

BEGIN
  REPEAT
    FOR alle Tetraeder t vom Typ T_{12} **DO**
      IF t nicht solide mit E_1 und E_2 verbunden
      THEN eliminiere t
  UNTIL keine neuen Tetraeder mehr entfernt wurden;

  FOR alle Tetraeder t vom Typ T_1 (T_2) **DO**
    IF t nicht solide an E_2 (E_1) befestigt ist
    THEN eliminiere t
END

Abb. 3.20: Algorithmus *Solide*

Implementierung

Eine Implementierung des Verfahrens hat gezeigt, daß auf einem Arbeitsplatzrechner mit eingebautem Floating-Point-Accelerator die CPU-Zeit zwischen 0.1
und 0.2 Sekunden pro Punkt beträgt. Bei der Implementierung von geometrischen Algorithmen dieser Art muß besonders beachtet werden, daß reelle Zahlen durch Rechner-Gleitpunktzahlen angenähert werden. Numerische Probleme
treten besonders bei der zweidimensionalen Triangulierung und bei der Schnittpunktsuche in der dreidimensionalen Triangulierung auf. Solche Schwierigkeiten
können vermieden werden, wenn bei der Berechnung möglichst nur auf die Ori-
ginaleingabedaten und nicht auf Zwischenergebnisse, wie etwa Schnittpunkte,
zurückgegriffen wird. Dieses ist bei dem vorgestellten Algorithmus ohne großen
zusätzlichen Aufwand möglich. Die zentralen durchzuführenden Operationen sind
nämlich

- Kreistest:

$$\begin{vmatrix} x_a & y_a & x_a^2 + y_a^2 & 1 \\ x_b & y_b & x_b^2 + y_b^2 & 1 \\ x_c & y_c & x_c^2 + y_c^2 & 1 \\ x_d & y_d & x_d^2 + y_d^2 & 1 \end{vmatrix} > 0$$

$\Leftrightarrow$ Punkt $\mathbf{d}$ liegt im Kreis durch die Punkte $\mathbf{a}, \mathbf{b}, \mathbf{c}$.

- Dreiecksorientierung:

$$\begin{vmatrix} x_a & y_a & 1 \\ x_b & y_b & 1 \\ x_c & y_c & 1 \end{vmatrix} > 0$$

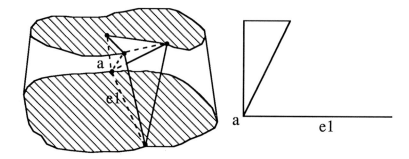

Abb. 3.21: Mehrfachpunkte

$\Leftrightarrow$ das Dreieck $\mathbf{a}, \mathbf{b}, \mathbf{c}$ ist im Gegenuhrzeigersinn orientiert.

- Kreistest mit Voronoi-Punkten, die sich berechnen durch:

$$x_v = \frac{\begin{vmatrix} x_a - x_c & y_a - y_b & y_c - y_b \\ y_a - y_c & x_b - x_a & x_b - x_c \\ x_a + x_b & 0 & x_b - x_a \end{vmatrix}}{\begin{vmatrix} y_a - y_b & y_c - y_b \\ x_b - x_a & x_b - x_c \end{vmatrix}},$$

$$y_v = \frac{\begin{vmatrix} x_a - x_c & y_a - y_b & y_c - y_b \\ y_a - y_c & x_b - x_a & x_b - x_c \\ y_a + y_b & 0 & y_b - y_a \end{vmatrix}}{\begin{vmatrix} y_a - y_b & y_c - y_b \\ x_b - x_a & x_b - x_c \end{vmatrix}}.$$

Die Voronoi-Punkte werden nach ihrer Berechnung abgespeichert, da sie möglicherweise mehrmals verwendet werden. Der Kreistest mit ihnen geschieht durch Einsetzen der berechneten Koordinaten. Ist das Testergebnis kritisch, also der Wert der Determinante nahe bei 0, so wird auf die Formel zurückgegriffen, die sich durch Einsetzen des Ausdrucks für die Koordinaten der Voronoi-Punkte in den Ausdruck für den Kreistest ergibt. Dieser Ausdruck kann nun für die gegebene Situation detailliert analysiert und so das korrekte Testergebnis ermittelt werden. Damit ist der Kreistest für Voronoi-Punkte auf Größen der Eingabe zurückgeführt.

3.3 Freiformkurven und -flächen

Der Interpolationsalgorithmus des vorigen Abschnitts liefert bei hinreichend komplexen Konturen Oberflächen von großer Vielfalt und nahezu beliebiger

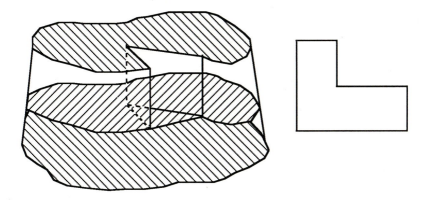

Abb. 3.22: Elimination von Mehrfachpunkten durch Einschieben einer Zwischenschicht

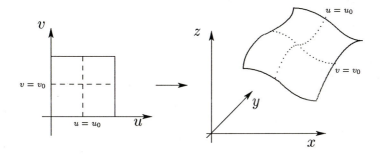

Abb. 3.23: Parameterdarstellung von Patches

Form. Im Bereich des CAD hat sich der Begriff *Freiformflächen* für solche nicht durch einfache geometrische Objekte wie Polygone oder Quadriken beschreibbare Flächen eingebürgert. Besonderes Interesse besteht dabei an glatten Flächen, also solchen, bei denen keine Kanten wie bei der Interpolation mit Dreiecken auftreten, sondern die mathematisch gesehen von höherer Ordnung differenzierbar sind und etwa bei glatt geschliffenen Kieseln oder Teilen von Autokarosserien vorkommen.

Weit verbreitet ist die Darstellung von Freiformflächen in *Parameterform*. In dieser Darstellung ist eine Fläche im dreidimensionalen Raum definiert durch eine Funktion $\mathbf{x} : I\!R^2 \to I\!R^3$, $\mathbf{x} = \mathbf{x}(u, v)$. Hier sind u und v die Parameter, die einem auf ein Intervall der Ebene eingeschränkten Parameterbereich entstammen, vgl. Abb. 3.23.

3.3.1 Bézierflächen und -kurven

Der am häufigsten verwendete Funktionstyp zur Beschreibung von Frei-formflächen sind die *Polynome,* d.h. Funktionen der Form

$$\mathbf{x}(u,v) = \sum_{i=0}^{m} \sum_{j=0}^{n} \mathbf{a}_{i,j} u^i v^j, \ \mathbf{a}_{i,j} \in I\!\!R^3 \text{ konstant.}$$

Das Modellieren mit Polynomen geschieht häufig dadurch, daß eine Menge von Punkten vorgegeben wird, die dann nach einer gegebenen Vorschrift durch eine polynomielle Fläche interpoliert oder approximiert wird. Durch Änderung der Punkte kann die Form der entsprechenden Fläche gesteuert werden.

Eine approximativ arbeitende Technik ist die *Béziertechnik.* Bei der Béziertechnik wird die Darstellung der Polynome so abgeändert, daß sich ein anschaulicher Zusammenhang zwischen den Koeffizienten der Darstellung und der resultierenden Fläche ergibt. Das geschieht durch Ersetzen der Polynomba-sisfunktionen x^i durch die sogenannten *Bernsteinpolynome*

$$B_i^n(x) := \binom{n}{i} x^i (1-x)^{n-i}.$$

Eine Fläche hat dann die Darstellungsform

$$\mathbf{x}(u,v) = \sum_{i=0}^{m} \sum_{j=0}^{n} \mathbf{b}_{i,j} \cdot B_i^m(u) \cdot B_j^n(v), \ u,v \in [0,1],$$

und wird als *Bézierflächenstück* bezeichnet.

Zeichnet man die Punkte $\mathbf{b}_{i,j}$ in ein dreidimensionales Koordinatensystem ein und verbindet sie entsprechend der Indizierung durch ein Gitternetz, wie es in Abb. 3.24 gemacht wurde, so bemerkt man, daß sich die Fläche $\mathbf{x}(u,v)$ diesem Netz recht gut annähert. Das Gitternetz wird als *Kontrollnetz* der Bézierfläche bezeichnet. In interaktiven CAD-Systemen, wie sie auch in der Computeranimation nützlich sind, wird dieses Kontrollnetz manipuliert, d.h. etwa Punkte verschoben, wodurch sich die Fläche entsprechend anpaßt.

Das Approximationsverhalten von Bézierflächen an ihr Kontrollnetz läßt sich exakt fassen. Bézierflächen sind in der *konvexen Hülle* ihres Kontrollnetzes ent-halten. Dabei ist die konvexe Hülle die kleinste konvexe Menge, die das Kontroll-netz umfaßt. Eine Menge heißt *konvex,* wenn die Verbindungsstrecke von je zwei ihrer Punkte ganz in ihr enthalten ist. Diese Eigenschaft läßt sich unmittelbar aus dem anschaulichen *Algorithmus von de Casteljau* zur Konstruktion von Flächen-punkten ableiten. Für Bézierkurvenstücke, die analog zu Bézierflächensegmenten durch

$$\mathbf{x}(t) := \sum_{i=0}^{n} \mathbf{b}_i B_i^n(t), \ t \in [0,1]$$

definiert sind, ist seine Funktionsweise in Abb. 3.25 dargestellt. Aus dem Po-lygonzug $\mathbf{b}_i$, $i = 0, \ldots, n$, soll $\mathbf{x}(t)$ berechnet werden. Die Knoten werden im

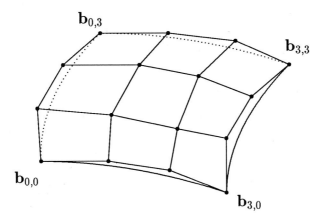

Abb. 3.24: Approximation des Kontrollnetzes durch die Fläche

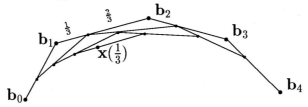

Abb. 3.25: Der Algorithmus von de Casteljau

Verhältnis $t : (1 - t)$ unterteilt und die resultierenden Punkte $\mathbf{b}_i^1$, $i = 1, \ldots, n$, erneut durch einen Kantenzug verbunden. Mit diesem wird entsprechend verfahren und die Vorgehensweise soweit iteriert, bis nur noch ein Punkt, $\mathbf{b}_n^n$, gefunden wird. Dieser ist der gesuchte Kurvenpunkt, d.h. $\mathbf{x}(t) = \mathbf{b}_n^n$. Da sich die neuen Punkte $\mathbf{b}_i^{j+1}$ stets durch Konvexkombination

$$\mathbf{b}_i^{j+1} = t \cdot \mathbf{b}_{i-1}^j + (1 - t) \cdot \mathbf{b}_i^j$$

zweier alter Punkte $\mathbf{b}_{i-1}^j$ und $\mathbf{b}_i^j$ ergeben, liegt $\mathbf{x}(t)$ in der konvexen Hülle der $\mathbf{b}_i$.

Zur Berechnung eines Punktes $\mathbf{x}(u,v)$ auf einer Bézierfläche, die durch ein Kontrollnetz $\mathbf{b}_{i,j}$, $i = 0, \ldots, m$, $j = 0, \ldots, n$, gegeben ist, wird der Algorithmus von de Casteljau zunächst für jedes j auf die Kontrollkantenfolge $\mathbf{b}_{i,j}$, $i = 0, \ldots, m$, mit Parameter u angewandt. Daraus resultieren $n + 1$ Punkte $\mathbf{b}_{m,j}^m$, $j = 0, \ldots, n$. Diese $n + 1$ Punkte definieren einen Kontrollkantenzug, auf den der Algorithmus von de Casteljau mit Parameter v angewandt wird. Für den errechneten Punkt $\mathbf{b}_{m,n}^{m,n}$ gilt dann $\mathbf{x}(u,v) = \mathbf{b}_{m,n}^{m,n}$, d.h. es ist der gesuchte Flächenpunkt zum Parameterwert (u,v). Abb. 3.26 zeigt diese Vorgehensweise. Die Berechnungsreihenfolge ist umkehrbar, d.h. es kann auch mit festem i und dem Parameter v begonnen werden.

Die Berechnung von Kurvenpunkten mit dem Algorithmus von de Casteljau erfordert quadratisch viele Rechenschritte in der Anzahl der Kontrollpunkte. Mit

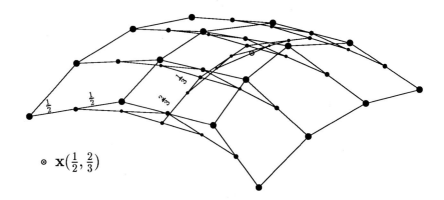

$\circledcirc \quad \mathbf{x}\!\left(\tfrac{1}{2}, \tfrac{2}{3}\right)$

Abb. 3.26: Der Algorithmus von de Casteljau für Flächen

dem aus der numerischen Mathematik bekannten Hornerschema zur Auswertung von Polynomen ist die Berechnung eines Kurvenpunktes auch in linear vielen Rechenschritten möglich. Ein Vorteil des Algorithmus von de Casteljau ist, daß die berechneten Zwischenpunkte neue Kontrollnetze für die beiden durch den berechneten Punkt definierten Kurvensegmente der ursprünglichen Kurve liefern. Dadurch wird die gegebene Kurve in zwei Béziersegmente zerlegt, deren Kontrollkantenzüge zur Verfügung stehen, die besser approximieren und die getrennt weiterbearbeitet werden können.

Ein weiterer Zusammenhang zwischen Kontrollkantenzug und Kurve ist die Eigenschaft der *beschränkten Schwankung* (engl. *variation diminishing property*). Diese sagt aus, daß die Kurve von einer beliebigen Geraden nicht öfter geschnitten wird als ihr Kontrollpolygonzug. Das bedeutet, daß man schon dem Kontrollpolygonzug die Welligkeit der Kurve ansieht. Dieses ist beispielsweise bei der Interpolation von Stützstellen durch Polynomkurven nicht der Fall. Dort geht es darum, durch $n+1$ Punkte eine Polynomkurve vom Grad n zu legen. Es zeigt sich, daß für größere n, d.h $n \geq 5$, solche Kurven stark schwanken (Abb. 3.27). Da die Lösung dieser Interpolationsaufgabe eindeutig ist, scheidet diese Art der Kurvenmodellierung üblicherweise aus.

Dieses unerwünschte Schwankungsverhalten von Funktionen ist ein Grund dafür, daß komplexere Flächen üblicherweise nicht mehr durch eine einzige mathematische Formel beschreibbar sind. Vielmehr setzen sie sich aus Teilflächen, sogenannten Patches, zusammen. Außer ihrer Eignung zum interaktiven Modellieren über das Kontrollnetz besitzen Bézierflächen auch ein einfaches Kriterium zum *Zusammensetzen von Patches* zu komplexen, glatten Flächen. Dieses Kriterium verwendet das Kontrollnetz. Für Kurven formuliert sagt es aus, daß am Übergang eine Konfiguration entsteht, wie sie bei de Casteljau für $t = \tfrac{1}{2}$ auftritt, vgl. Abb. 3.28. Je weiter diese Konfiguration in der Umgebung des Übergangs durchgehalten werden kann, von desto größerer Ableitungsstetigkeit ist der Übergang (C^1 = stetig differenzierbar, C^2 = zweimal stetig differenzierbar, C^3 = drei-

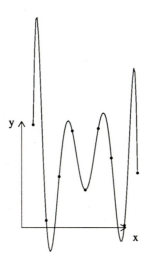

Abb. 3.27: Interpolation mit Polynomen

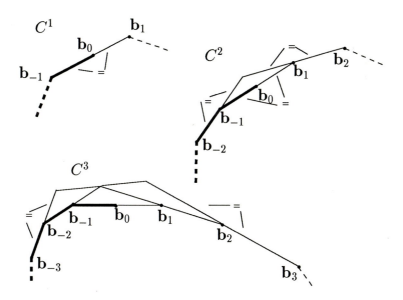

Abb. 3.28: Glatte Übergänge von Kurvenstücken

mal stetig differenzierbar). Ein stetiger Übergang ist immer garantiert, wenn die Kontrollzüge beider Teilkurven verbunden sind, da Anfangs- und Endpunkt einer Bézierkurve mit dem ersten bzw. letzten Kontrollpunkt übereinstimmen. Dieses Übergangskriterium ist wieder unmittelbar auf Bézierflächen zu übertragen.

3.3.2 B-Spline-Kurven und -Flächen

Kurven und Flächen, die sich so durch Zusammensetzen ergeben, sind i.a. nicht mehr durch Polynome beschreibbar. Aus Polynomen mit hinreichend hoher Differenzierbarkeit an den Übergängen zusammengesetzte Funktionen werden als (Polynom-) Splines bezeichnet. Ersetzt man die Bernsteinpolynome in der Definition von Bézierkurven und -flächen durch sogenannte *Basissplinefunktionen* N_i^j, so erhält man die sogenannten B-Spline-Kurven und -Flächen. Die B-Splines werden über einem Knotenvektor $\overrightarrow{T} = (t_0, \ldots, t_k)$, $t_i \in I\!\!R$, definiert, wobei $t_0 \le t_1 \le \ldots \le t_k$ die Trennstellen der Teilpolynome des Splines sind. Daraus erhält man rekursiv

$$N_i^0(s) := \begin{cases} 1, & \text{falls } s \in [t_i, t_{i+1}), \\ 0, & \text{sonst,} \end{cases}$$

$$N_i^j(s) := \frac{s - t_i}{t_{i+j} - t_i} N_i^{j-1}(s) + \frac{t_{i+j+1} - s}{t_{i+j+1} - t_{i+1}} N_{i+1}^{j-1}(s).$$

Der Grad einer *B-Spline-Kurve* und die Anzahl der Kontrollpunkte sind unabhängig. Zur Definition einer Kurve vom Grad n mit $q + 1$ Kontrollpunkten $\mathbf{d}_0, \mathbf{d}_1, \ldots, \mathbf{d}_q$ werden die B-Splines N_i^n über einem Knotenvektor mit $k = n+q+1$ benötigt. Dabei wird $t_0 = \ldots = t_n$ und $t_{q+1} = \ldots = t_{n+q+1}$ gesetzt. Dann heißt

$$\mathbf{x}(t) = \sum_{i=0}^{q} \mathbf{d}_i \cdot N_i^n(t), \ t \in [t_0, t_{n+q+1}]$$

B-Spline-Kurve zum Knotenvektor $\overrightarrow{T}$ und den Kontrollpunkten $\mathbf{d}_i$. Eine typische Wahl von $\overrightarrow{T}$ ist $t_i = 0$, $i = 0, \ldots, n$, $t_{n+i} = i$, $i = 0, \ldots, k - 2n$, $t_{k-n+i} = k - 2n$, $i = 0, \ldots, n$.

Eine *B-Spline-Fläche* vom Grad (m, n) mit einem Kontrollnetz, das aus $(p + 1) \cdot (q + 1)$ Punkten $\mathbf{d}_{i,j}$ besteht, ist definiert durch

$$\mathbf{x}(u, v) = \sum_{i=0}^{p} \sum_{j=0}^{q} \mathbf{d}_{i,j} \cdot N_i^m(u) \cdot N_j^n(v), \ u \in [t_0, t_{m+p+1}], \ v \in [t_0, t_{n+q+1}].$$

Diese liefern Patches von größerer Vielfalt und Flexibilität als die Béziermethode, wodurch sich die Anzahl der zum Modellieren benötigten Patches reduzieren kann. Schon mit einem Patch sind hochkomplexe Flächen, beispielsweise auch mit abknickenden Kanten (mittels Mehrfachkontrollpunkten), zu definieren.

Die B-Spline-Theorie verläuft analog zur Bézier-Theorie, die meisten Eigenschaften der letzteren gelten auch beim B-Spline-Ansatz. Das liegt daran, daß sich bei geeignet definiertem Knotenvektor die Bernsteinpolynome als B-Spline-Funktionen ergeben, so daß die Béziertechnik ein Spezialfall der B-Spline-Technik ist. Ein wesentlicher Vorteil der B-Splines besteht in ihrer lokalen Kontrollierbarkeit. Anders als bei der Bézier-Technik deformiert sich bei der Veränderung eines Kontrollpunktes nicht unbedingt die ganze Kurve oder Fläche. Je größer der Unterschied zwischen Grad n der B-Splines und der Größe k des Knotenvektors ist, desto höher ist die Lokalität, d.h., desto mehr bleibt die Deformation auf die Umgebung des Kontrollpunktes beschränkt.

B-Spline-Kurven können mit dem *Algorithmus von de Boor* berechnet werden. Dieser läuft sehr ähnlich zum Algorithmus von de Casteljau ab. Seien $m+1$ Kontrollpunkte $\mathbf{d}_0^0 = \mathbf{d}_0, \mathbf{d}_1^0 = \mathbf{d}_1, \ldots, \mathbf{d}_m^0 = \mathbf{d}_m$, die zugehörigen Knotenpunkte t_i und ein Spline-Grad n gegeben. Gesucht ist der Kurvenpunkt an der Stelle t im Parameterbereich. Sei $[t_i, t_{i+1}]$ das Knotenintervall, in das t fällt. Der de-Boor-Algorithmus berechnet nacheinander Punktfolgen $\mathbf{d}_{i-n+j}^j, \mathbf{d}_{i-n+j+1}^j, \ldots, \mathbf{d}_i^j$, $j = 1, \ldots, n$, nach der Vorschrift

$$\mathbf{d}_{l+1}^{j+1} := (1 - t_{l+1}^{j+1})\mathbf{d}_l^j + t_{l+1}^{j+1}\mathbf{d}_{l+1}^j,$$

mit

$$t_{l+1}^{j+1} := \frac{t - t_{l+1}}{t_{l+n+1-j} - t_{l+1}}, \ l = i - n + j, \ldots, i - 1, \ j = 0, \ldots n - 1.$$

Die letzte Folge besteht nur noch aus dem Punkt $\mathbf{d}_i^n$, der der gesuchte Kurvenpunkt mit Parameter t ist.

Die Bézier- als auch die B-Spline-Technik kann in einfacher Weise auf gebrochen rationale Funktionen verallgemeinert werden. Außer den Kontrollpunkten $\mathbf{d}_i$ erlaubt die rationale Version die zusätzliche Vorgabe eines positiven Gewichts w_i an jedem Kontrollpunkt. Die entsprechende rationale B-Spline-Kurve ist dann definiert durch

$$\mathbf{x}(t) = \frac{\sum_{i=0}^q \mathbf{d}_i \cdot N_i^n(t)}{\sum_{i=0}^q w_i \cdot N_i^n(t)}, \ t \in [t_0, t_{n+q+1}].$$

Anschaulich ergibt sich diese Kurve als Projektion einer B-Spline-Kurve in einem um eine Dimension höheren Raum zu Kontrollpunkten, deren erste Komponenten $\mathbf{d}_i$ und deren letzte Komponente w_i sind. Damit erklärt sich auch die Wirkung der Gewichte: die Erhöhung eines Gewichts zieht die Kurve dichter an den entsprechenden Kontrollpunkt.

3.3.3 Approximation von Flächen durch Dreiecke

Bilderzeugungssysteme können häufig parametrische Flächen nicht direkt verarbeiten. VERA ist ein solches Beispiel. Der Ausweg besteht darin, Flächen durch ein Polygonnetz zu approximieren, das dann dargestellt wird. Zur verbesserten Darstellung gibt es die schon bei der Besprechung der VERA-Patches erwähnte Normaleninterpolation, die es erlaubt, schon recht grobe Approximationen glatt erscheinen zu lassen. Diese verwendet die Flächennormalenvektoren

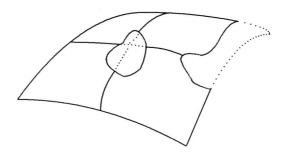

Abb. 3.29: Eine Fläche mit Löchern

an den Polygoneckpunkten. Bei einer Fläche $\mathbf{x}(u,v)$ in Parameterdarstellung ergibt sich der Normalenvektor $\overrightarrow{N}(u,v)$ an der Stelle (u,v) aus den partiellen Anleitungen $\mathbf{x}_u(u,v)$, $\mathbf{x}_v(u,v)$ als das Kreuzprodukt $\overrightarrow{N}(u,v) = \mathbf{x}_u(u,v) \times \mathbf{x}_v(u,v)$. Bei der Berechnung der Intensität eines Pixels wird vom entsprechenden Polygonpunkt nicht der Polygonnormalenvektor genommen, sondern ein gewichtetes Mittel der Normalenvektoren der Polygonecken. Für dreieckige Polygone ist ein solcher Normalenvektor einfach mittels baryzentrischer Koordinaten darstellbar. Die *baryzentrischen Koordinaten* r, s, t ergeben sich aus der Darstellung der Punkte $\mathbf{p}$ eines Dreiecks $\mathbf{p}_1$, $\mathbf{p}_2$, $\mathbf{p}_3$ in der Form $\mathbf{p} = r \cdot \mathbf{p}_1 + s \cdot \mathbf{p}_2 + t \cdot \mathbf{p}_3$, $r + s + t = 1$. Der gemittelte Normalenvektor $\overrightarrow{N}$ an Punkt $\mathbf{p}$ ist dann einfach aus den vorgegebenen Normalenvektoren $\overrightarrow{N_1}$, $\overrightarrow{N_2}$, $\overrightarrow{N_3}$ an den Eckpunkten in der Form $\overrightarrow{N} = r \cdot \overrightarrow{N_1} + s \cdot \overrightarrow{N_2} + t \cdot \overrightarrow{N_3}$ darstellbar. Nicht geglättet werden Randkurven und Silhouetten, so daß die Normaleninterpolation nur beschränkt hilfreich ist.

Im folgenden wird ein *Unterteilungsverfahren* skizziert, das gekrümmte Flächen adaptiv in Dreiecke zerlegt. Ausgangspunkt ist die in der Praxis typische Situation, daß sich eine Fläche aus mehreren Flächenstücken zusammensetzt. Im Parameterbereich sind ferner sich nicht schneidende, nicht geschachtelte Kurven gegeben, die die Fläche einschränken und Löcher definieren, vgl. Abb. 3.29. Die Kurven setzen sich aus Kurvenstücken in Parameterdarstellung zusammen.

Zunächst werden die Kurven durch Polygonzüge approximiert, wobei die Eckpunkte entsprechend der Krümmung der Kurve auf der Fläche gewählt werden sollten. Seien $\mathbf{x}(t_0)$, $\mathbf{x}(t_1)$ zwei Punkte der Kurve $\mathbf{x}(t)$, die schon als Ecken zur Polygonapproximation hinzugenommen wurden. Der *chordale Abstand* ist definiert durch

$$d\left(\frac{\mathbf{x}(t_0) + \mathbf{x}(t_1)}{2}, \mathbf{x}\left(\frac{t_0 + t_1}{2}\right)\right),$$

$d(.,.)$ der Euklidische Abstand. Ist dieser Ausdruck groß, so wird $\mathbf{x}((t_0 + t_1)/2)$ als weiterer Eckpunkt zur Polygonapproximation hinzugenommen.

Nun liegt für jede Teilfläche im Parameterbereich eine Menge von Polygonzügen vor. Der Parameterbereich wird jetzt sukzessive in Quadranten zerlegt, bis die durch einen Quadranten definierte Fläche hinreichend einfach ist. „Ein-

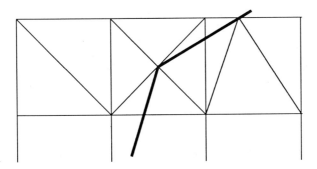

Abb. 3.30: Die Triangulierung eines Quadranten

fach" bedeutet zunächst, daß die Krümmung der Fläche über dem Quadranten hinreichend klein ist. Als Krümmungsmaß kann der Kosinus $(\overrightarrow{N_i} * \overrightarrow{N_j})$ des Winkels zwischen den normierten Normalenvektoren $\overrightarrow{N_i}$, $\overrightarrow{N_j}$ an den Ecken $\mathbf{p}_i$, $\mathbf{p}_j$ des Quadranten gewählt werden. Zumindest bei großen Quadranten sollte aber auch die chordale Abstandsbedingung zwischen den Eckpunkten berücksichtigt werden.

Der chordale Abstand und die Normalenvektorabweichung sind Maße, die bei beliebigen Freiformflächen anzuwenden sind. Bei Bézierkurven oder -flächen kann eine Unterteilung mit dem Algorithmus von de Casteljau ausgeführt werden, indem man den Unterteilungspunkt bzw. die Unterteilungskurve berechnet. Die dabei anfallenden Zwischenpunkte definieren die Kontrollpunkte der beiden Teile. Als Abbruchkriterium kann nun die Dicke der konvexen Hülle der Kontrollpunkte genommen werden.

Einfach bedeutet ferner, daß in einem Quadranten nur noch höchstens ein Polygonzugpunkt liegt. Solche Quadranten lassen sich leicht triangulieren, so wie das in Abb. 3.30 gezeigt ist. Allerdings muß dabei auch beachtet werden, daß Nachbarquadranten eventuell weiter oder weniger weit zerteilt sind. Um eine stetige Oberfläche zu erhalten, muß jeder Eckpunkt eines Dreiecks wieder mit einem Eckpunkt eines Dreiecks zusammenfallen. Dazu sind bei der Triangulierung die Stellen auf dem Rand des Quadranten, die gleichzeitig Eckpunkte eines kleineren Nachbarquadranten sind, zu berücksichtigen (siehe Abb. 3.31).

3.3.4 Kurveninterpolation durch Splines

Eine wesentliche Methode zum Modellieren von Bewegung ist die *Keyframe-Technik*. Bei der Keyframe-Technik werden Stützstellenwerte zu wichtigen Zeitpunkten vorgegeben, aus denen dann die Werte an den Zwischenzeitpunkten interpoliert werden. Für diese Interpolation werden häufig *Splines* eingesetzt. Gegeben sei eine Folge (t_0, x_0), (t_1, x_1), ..., (t_n, x_n), $t_i \leq t_{i+1}$, $t_i, x_i \in I\!R$, von Paaren, die einem Zeitpunkt t_i einen reellen Wert x_i zuordnen. Bei der Interpolation mit Splines vom Grad d ist eine Funktion $x : [t_0, t_n] \rightarrow I\!R$ gesucht, die

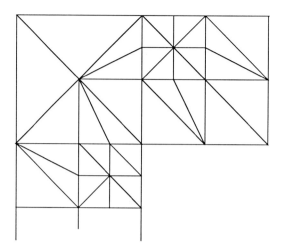

Abb. 3.31: Triangulierung eines Segments

in jedem Teilintervall $[t_i, t_{i+1}]$ $(0 \leq i < n)$ ein Polynom vom Grad d ist, über dem gesamten Bereich $[t_0, t_n]$ $(d-1)$-mal stetig differenzierbar ist und die an den Stützstellen die vorgegebenen Werte annimmt, d.h. $x(t_i) = x_i$, $i = 0, \ldots, n$.

Ein Spline setzt sich also aus mehreren Polynomen zusammen. Die Interpolation der Stützstellen mit nur einem Polynom scheidet, wie bereits oben erwähnt, normalerweise wegen der Welligkeit der resultierenden Kurve aus.

Ein interpolierender Spline ist nicht eindeutig bestimmt: zu den $n \cdot (d+1)$ Koeffizienten der Polynome des Splines gibt es nur $(n-1) \cdot d + (n+1)$ (lineare) Gleichungen, die sich aus den vorgegebenen Stützstellen und den Differenzierbarkeitsbedingungen ergeben, so daß noch $d-1$ Freiheitsgrade verbleiben.

Bei den oft verwendeten interpolierenden *kubischen Splines* werden Polynome vom Grad 3 verwendet, um die $n+1$ Stützstellen (t_i, x_i) zu interpolieren. Es bleiben also zwei Freiheitsgrade. Sie werden üblicherweise durch Vorgabe von Werten für die Ableitung in den Intervallgrenzen beseitigt. Bei den *offenen kubischen Splines* werden zusätzliche Ableitungen x_0', x_n' vorgegeben, d.h. für die gesuchte Funktion hat auch noch $x'(t_0) = x_0'$, $x'(t_n) = x_n'$ zu gelten. Bei den *periodischen kubischen Splines* werden keine zusätzlichen Werte vorgegeben. Man fordert aber für die gesuchte Funktion, daß $x(t_0) = x(t_n)$, $x'(t_0) = x'(t_n)$, $x''(t_0) = x''(t_n)$. Periodische Splines sind die Grundlage für geschlossene Spline-Kurven.

Bei der Berechnung von kubischen Splines sind die Koeffizienten der einzelnen Polynome zu berechnen. Sei

$$x_i(t) := a_i + b_i(t - t_i) + c_i(t - t_i)^2 + d_i(t - t_i)^3, \ t \in [t_i, t_{i+1}],$$

das i-te Polynom des Splines $x(t)$, $i = 0, \ldots, n-1$. Dann lassen sich die Koeffizienten a_i, b_i, c_i, d_i folgendermaßen berechnen:

1. $\Delta_i := t_i - t_{i-1}$, $i = 1, \ldots, n$

2. $a_i := x_i$, $i = 0, \ldots, n-1$

3. die Koeffizienten c_i (mit einer zusätzlichen Hilfsvariablen c_n) erhält man für offene Splines durch Lösung des linearen Gleichungssystems

$$\mathbf{A}\begin{pmatrix} c_0 \\ c_1 \\ c_2 \\ \dots \\ c_{n-1} \\ c_n \end{pmatrix} = \begin{pmatrix} 3\frac{x_1-x_0}{\Delta_1} - 3x_0' \\ 3\frac{x_2-x_1}{\Delta_2} - 3\frac{x_1-x_0}{\Delta_1} \\ 3\frac{x_3-x_2}{\Delta_3} - 3\frac{x_2-x_1}{\Delta_2} \\ \dots \\ 3\frac{x_n-x_{n-1}}{\Delta_n} - 3\frac{x_{n-1}-x_{n-2}}{\Delta_{n-1}} \\ 3x_n' - 3\frac{x_n-x_{n-1}}{\Delta_n} \end{pmatrix},$$

$$\mathbf{A} = \begin{pmatrix} 2\Delta_1 & \Delta_1 & 0 & & & \\ \Delta_1 & 2(\Delta_1+\Delta_2) & \Delta_2 & & & \\ 0 & \Delta_2 & 2(\Delta_2+\Delta_3) & \Delta_3 & & \\ & \ddots & & \ddots & & \ddots \\ & & \Delta_{n-1} & 2(\Delta_{n-1}+\Delta_n) & \Delta_n \\ & & 0 & \Delta_n & 2\Delta_n \end{pmatrix}.$$

Bei periodischen Splines ist das folgende System zu lösen:

$$\mathbf{A}\begin{pmatrix} c_0 \\ c_1 \\ c_2 \\ \dots \\ c_{n-1} \end{pmatrix} = \begin{pmatrix} 3\frac{x_1-x_0}{\Delta_1} - 3\frac{x_n-x_{n-1}}{\Delta_n} \\ 3\frac{x_2-x_1}{\Delta_2} - 3\frac{x_1-x_0}{\Delta_1} \\ 3\frac{x_3-x_2}{\Delta_3} - 3\frac{x_2-x_1}{\Delta_2} \\ \dots \\ 3\frac{x_{n-1}-x_{n-2}}{\Delta_{n-1}} - 3\frac{x_{n-2}-x_{n-3}}{\Delta_{n-2}} \\ 3\frac{x_n-x_{n-1}}{\Delta_n} - 3\frac{x_{n-1}-x_{n-2}}{\Delta_{n-1}} \end{pmatrix},$$

$$\mathbf{A} = \begin{pmatrix} 2(\Delta_n+\Delta_1) & \Delta_1 & 0 & & & \Delta_n \\ \Delta_1 & 2(\Delta_1+\Delta_2) & \Delta_2 & & & \\ 0 & \Delta_2 & 2(\Delta_2+\Delta_3) & \Delta_3 & & \\ & \ddots & & \ddots & & \ddots \\ & & \Delta_{n-2} & 2(\Delta_{n-2}+\Delta_{n-1}) & \Delta_{n-1} \\ \Delta_n & & 0 & \Delta_{n-1} & 2(\Delta_{n-1}+\Delta_n) \end{pmatrix}$$

4. $b_i := \frac{x_{i+1}-x_i}{\Delta_{i+1}} - \frac{\Delta_{i+1}}{3}(c_{i+1}+2c_i)$, $i=0,\dots,n-1$

5. $d_i := \frac{c_{i+1}-c_i}{3\Delta_{i+1}}$, $i=0,\dots,n-1$.

In beiden Fällen ist die Matrix des Gleichungssystems für die c_i tridiagonal und diagonaldominant. Sie ist damit gut konditioniert, so daß sich das Gleichungssystem mit dem Gaußschen Algorithmus ohne Pivot-Suche lösen läßt.

Bei der Interpolation von Kurven in der Ebene oder im Raum sind zu den einzelnen Zeitpunkten t_i die Koordinaten $\mathbf{x}_i$ von Punkten in der Ebene oder im Raum vorgegeben. Die Interpolation erfolgt in diesem Fall für die einzelnen Koordinaten getrennt durch das oben beschriebene Verfahren. Periodische Splines liefern geschlossene glatte Kurven, wenn der erste und der letzte Punkt identisch gewählt werden.

3.3.5 Glatte Interpolation von Flächen

Der Interpolationsalgorithmus für Konturen aus Abschnitt 3.2 liefert zunächst nur eine stetige Fläche mit Kanten und Dreiecken als Segmente. Auch solche Flächen können nachträglich durch Polynome glatt interpoliert werden. Das geschieht durch Polynomsegmente höherer Ordnung, die durch die Eckpunkte der gegebenen kantigen Fläche gehen. Die Vorgehensweise ist dabei häufig so, daß zunächst glatte polynomielle Interpolationskurven durch die Eckpunkte bestimmt werden, wozu die oben beschriebenen Splines verwendet werden können. Diese Interpolationskurven laufen topologisch längs der Kanten der gegebenen Fläche, d.h. sie erzeugen topologisch gesehen dasselbe Netz wie die Kanten. Dabei wird versucht, mit möglichst wenigen Kurven auszukommen, oder, anders gesehen, möglichst viele Punkte mit einer Kurve zu interpolieren, und zwar so, daß die Kurven natürlichen Linien auf der Oberfläche folgen und somit schon die Kurveninterpolation sich natürlich der gesuchten Fläche angleicht. Durch die Kurveninterpolation werden die geraden Dreieckskanten durch gekrümmte Kurven ersetzt. Die drei Randkurven eines solchen gekrümmten Dreiecks sind dann in das Innere zu interpolieren.

Beim nun folgenden *Verfahren von Barnhill, Birkhoff, Gordon (BBG-Verfahren)* geschieht das durch sogenannte Mischfunktionen (engl. *blending functions*). Seien

$$k_1 : \qquad\qquad \mathbf{f}(0, v), \ v \in [0, 1],$$
$$k_2 : \qquad\qquad \mathbf{f}(u, 0), \ u \in [0, 1],$$
$$k_3 : \quad \mathbf{f}(u, 1-u) = \mathbf{f}(1-v, v), \ u, v \in [0, 1], u + v = 1,$$

die drei gegebenen Randkurven. Zunächst werden „gegenüberliegende" Punkte auf den Kurven k_1 und k_3 mittels *Mischfunktionen* ins Innere interpoliert:

$$\mathbf{P}_1\mathbf{f}(u, v) := \frac{1-u-v}{1-v}\mathbf{f}(0, v) + \frac{u}{1-v}\mathbf{f}(1-v, v), \ u, v \in [0, 1], u, v \geq 0, \ 0 \leq u + v \leq 1.$$

Hierbei sind $\frac{1-u-v}{1-v}$ und $\frac{u}{1-v}$ die Mischfunktionen. Die so entstehende Fläche $\mathbf{P}_1\mathbf{f}$ interpoliert offensichtlich k_1 und k_3, nicht aber unbedingt die Kurve k_2. Analog gilt für Interpolation

$$\mathbf{P}_2\mathbf{f}(u, v) := \frac{1-u-v}{1-u}\mathbf{f}(u, 0) + \frac{v}{1-u}\mathbf{f}(u, 1-u), \ u, v \in [0, 1], u, v \geq 0, \ 0 \leq u + v \leq 1,$$

von k_2 und k_3, daß diese beiden Kurven zwar interpoliert werden, die dritte aber nicht, sowie für die Interpolation

$$\mathbf{P}_3\mathbf{f}(u, v) := \frac{u}{u+v}\mathbf{f}(u+v, 0) + \frac{v}{u+v}\mathbf{f}(0, u+v), \ u, v \in [0, 1], u, v \geq 0, \ 0 \leq u + v \leq 1,$$

daß k_1 und k_2 interpoliert werden und k_3 nicht.

Die jeweils nicht interpolierte Randkurve ist in den obigen Mischinterpolationen eine Strecke. Addiert man nun die drei Interpolanten $\mathbf{P}_1\mathbf{f}$, $\mathbf{P}_2\mathbf{f}$, $\mathbf{P}_3\mathbf{f}$, subtrahiert von der entstehenden Fläche das Dreieck durch die Eckpunkte und dividiert das Ergebnis durch 2, also

$$\mathbf{f}(u,v) = \frac{1}{2}(\mathbf{P}_1\mathbf{f}(u,v) + \mathbf{P}_2\mathbf{f}(u,v) + \mathbf{P}_3\mathbf{f}(u,v) - u\cdot\mathbf{f}(1,0) - v\cdot\mathbf{f}(0,1) - (1-u-v)\mathbf{f}(0,0)),$$

$$u,v \in [0,1],\ u,v \geq 0,\ 0 \leq u+v \leq 1,$$

so erhält man eine Fläche, die alle drei Randkurven interpoliert. Das kann einfach eingesehen werden, indem man beobachtet, was bei dieser Verknüpfung mit den Randkurven geschieht.

Diese Interpolation garantiert nur stetige Übergänge zwischen den einzelnen Dreiecksteilflächen, d.h. die Gesamtfläche kann immer noch Kanten haben. Die stetig differenzierbare Interpolation erfordert noch die Vorgabe von Richtungsableitungen längs der Randkurven, $\mathbf{f}_v(u,0)$, $\mathbf{f}_u(0,v)$, $\mathbf{f}_v(u,1-u)$ und $\mathbf{f}_u(1-v,v)$. Die ersten beiden Funktionen entsprechen den Tangenten quer zu den Randkurven k_1 und k_2, die beiden anderen Funktionen sind aus den Tangenten quer zu k_3 erhältlich.

Die Tangenten quer zu einer Kurve k_i sind durch Interpolation der entsprechenden Tangenten in den beiden Endpunkten von k_i zu erhalten. Diese Tangenten wiederum müssen in der Tangentialebene der entsprechenden Punkte liegen. Ist die Tangentialebene bekannt, dann lassen sich die Tangenten für die interpolierenden Kurven durch eine Stützstelle etwa dadurch vorgeben, daß die von der eingehenden und der ausgehenden Kante der Kurve aufgespannte Ebene mit der Tangentialebene geschnitten wird. Die Tangentialebene wiederum ist durch den Normalenvektor an der Stützstelle festgelegt. Der Normalenvektor an einer Stützstelle ergibt sich aus den adjazenten Dreiecken. Dafür sind verschiedene Heuristiken denkbar, beispielsweise die gewichtete Summe der Normalenvektoren der adjazenten Dreiecke, gewichtet mit dem Dreieckswinkel am betrachteten Punkt. Bei anderen Verfahren gehen auch die Längen der Dreieckskanten in die Gewichte ein.

Die linearen Mischfunktionen von zuvor werden nun durch kubische Mischfunktionen ersetzt, die aus den *Hermite-Basispolynomen*

$$H_0(s) := 2s^3 - 3s^2 + 1,\ \overline{H}_0(s) := s^3 - 2s^2 + s,$$

$$H_1(s) := -2s^3 + 3s^2,\ \overline{H}_1(s) := s^3 - s^2$$

gebildet werden. Die Hermite-Polynome eignen sich als Mischfunktionen, da sie und ihre Ableitungen für die Extremwerte des Intervalls $[0,1]$ in passender Weise gleich 0 oder gleich 1 werden:

$$H_0(0) = 1,\ H_0(1) = 0,\ H_0'(0) = 0, H_0'(1) = 0,$$

$$H_1(0) = 0,\ H_1(1) = 1,\ H_1'(0) = 0, H_1'(1) = 0,$$

$$\overline{H}_0(0) = 0,\ \overline{H}_0(1) = 0,\ \overline{H}_0{}'(0) = 1, \overline{H}_0{}'(1) = 0,$$

$$\overline{H}_1(0) = 0,\ \overline{H}_1(1) = 0,\ \overline{H}_1{}'(0) = 0, \overline{H}_1{}'(1) = 1.$$

Damit interpoliert die Fläche

$$\mathbf{f}(u,v) = \frac{1}{2}(\mathbf{Q}_1\mathbf{f}(u,v) + \mathbf{Q}_2\mathbf{f}(u,v) + \mathbf{Q}_3\mathbf{f}(u,v) - \mathbf{Q}_1\mathbf{Q}_2\mathbf{Q}_3\mathbf{f}(u,v)),$$

$$u,v \in [0,1],\ u,v \geq 0,\ 0 \leq u+v \leq 1,$$

mit

$$
\begin{aligned}
\mathbf{Q}_1\mathbf{f}(u,v) &:= H_0(\frac{u}{1-v})\mathbf{f}(0,v) + H_1(\frac{u}{1-v})\mathbf{f}(1-v,v)\\
&\quad -\overline{H}_0(\frac{u}{1-v})(1-v)\mathbf{f}_u(0,v) + \overline{H}_1(\frac{u}{1-v})(1-v)\mathbf{f}_u(1-v,v),\\
\mathbf{Q}_2\mathbf{f}(u,v) &:= H_0(\frac{v}{1-u})\mathbf{f}(u,0) + H_1(\frac{v}{1-u})\mathbf{f}(u,1-u)\\
&\quad -\overline{H}_0(\frac{v}{1-u})(1-u)\mathbf{f}_v(u,0) + \overline{H}_1(\frac{v}{1-u})(1-u)\mathbf{f}_v(u,1-u),\\
\mathbf{Q}_3\mathbf{f}(u,v) &:= H_0(\frac{u}{u+v})\mathbf{f}(0,u+v) + H_1(\frac{u}{u+v})\mathbf{f}(u+v,0)\\
&\quad -\overline{H}_0(\frac{u}{u+v})(u+v)(\mathbf{f}_u(0,u+v) - \mathbf{f}_v(0,u+v))\\
&\quad +\overline{H}_1(\frac{u}{u+v})(u+v)(\mathbf{f}_u(u+v,0) - \mathbf{f}_v(u+v,0)),
\end{aligned}
$$

$$u,v \in [0,1],\ u,v \geq 0,\ 0 \leq u+v \leq 1,$$

die vorgegebenen Ränder wie gewünscht. Allerdings werden die vorgegebenen Richtungsableitungen im allgemeinen nicht interpoliert, d.h. die Fläche ist immer noch nicht glatt. Eine Möglichkeit, dieses Ziel zu erreichen, ist die Vorgabe der Ableitungen so, daß die zweiten Ableitungen in den Eckpunkten vertauschbar sind:

$$\mathbf{f}_{uv}(0,0) = \mathbf{f}_{vu}(0,0),\ \mathbf{f}_{uv}(0,1) = \mathbf{f}_{vu}(0,1),\ \mathbf{f}_{uv}(1,0) = \mathbf{f}_{vu}(1,0).$$

3.4 Fraktale

In der Natur treten Erscheinungen auf, die mit glatten Flächen nicht einfach zu modellieren sind. Beispiele dafür sind zerklüftete Gebirge, Felsstrukturen und Wolken. Hier finden *fraktale Flächen* Verwendung. Eine mögliche Definition von *Fraktalen* ist die als eine Punktmenge, die *selbstähnlich* ist und deren Hausdorff-Dimension von der topologischen Dimension verschieden ist.

Die Hausdorff-Dimension einer beschränkten Punktmenge im n-dimensiona-len Raum wird über das Maß endlicher Überdeckungen dieser Punktmenge mit Hyperkugeln definiert. Als Maß einer Kugelüberdeckung wird die Summe der Maße der Kugeln genommen.

Für Kugeln mit Radius r wird eine ganze Familie von Maßen betrachtet, die durch

$$h_d(r) := \gamma(d)r^d,\ \gamma(d) = \frac{\Gamma(\frac{1}{2})^d}{\Gamma(1+\frac{d}{2})},\ 0 \leq d \leq n,$$

definiert sind, wobei auch nicht ganzzahlige d zugelassen sind. $\Gamma(.)$ ist die Gammafunktion, die durch

$$\Gamma(x) = \lim_{n \to \infty} \frac{n^x \cdot n!}{x \cdot (x+1) \cdot \ldots \cdot (x+n)}$$

definiert ist. Speziell für ganzzahliges x ist $\Gamma(x) = (x-1)!$. Das Maß $h_d(F)$ einer beliebigen Punktmenge F erhält man, indem man Überdeckungen von F aus endlich vielen Kugeln betrachtet. Für eine endliche Menge C von Kugeln mit Radius r sei zunächst

$$h_d(C) := |C| \cdot h_d(r).$$

Ferner sei $C_r(F)$ die Menge aller endlichen Überdeckungen von F mit Kugeln vom Radius r. Dann ergibt sich das Maß von F als das minimale Maß

$$h_d(F) := \lim_{r \to 0} \inf_{C \in C_r(F)} h_d(C)$$

beliebig feiner endlicher Überdeckungen, d.h. der Radius der Kugeln wird beliebig klein. Es zeigt sich, daß das Maß $h_d(F)$ in Abhängigkeit von d gleich ∞, eine positive Zahl oder gleich 0 sein kann. Es existiert ein Wert D, so daß das Maß gleich ∞ für $d < D$ und gleich 0 für $d > D$ ist. D wird als *Hausdorff-Dimension* der gegebenen Menge bezeichnet.

Die *topologische Dimension* wird induktiv definiert. Eine Punktmenge im $I\!R^n$ hat die Dimension 0, falls es zu jeder Umgebung eines Punktes in der Menge eine Teilumgebung mit leerem Rand gibt. Eine Punktmenge heißt d-dimensional, wenn sie nicht $(d-1)$-dimensional ist und es zu jeder Umgebung eines ihrer Punkte eine Teilumgebung gibt, deren Rand höchstens $(d-1)$-dimensional ist. Dabei ist d eine ganze Zahl mit $0 \leq d \leq n$. Bezeichnet man die topologische Dimension einer Punktmenge F mit $d_T(F)$ und die Hausdorff-Dimension mit $D(F)$, dann gilt stets $D \geq d_T$. Ist $D > d_T$, dann wird die Punktmenge F *fraktal* genannt.

Einfache fraktale Kurven erhält man durch iteriertes Selbsteinsetzen. Abb. 3.32 zeigt eine sogenannte Kochkurve, bei der ausgehend von einem Kurvenzug mit vier Teilsegmenten zunächst Kurvenzüge mit 16, dann 64 usw. von sich jeweils um den Faktor $\frac{1}{3}$ verkürzenden Strecken ergeben. Die topologische Dimension der im Grenzübergang entstehenden Kurve ist $d_T = 1$, die Hausdorff-Dimension ist $D = 1.2618$. D kann für derart entstehende Kurven allgemein nach der Formel $D = \frac{\log s}{-\log r}$ berechnet werden. Dabei ist s die Anzahl der in einem Schritt ersetzten Segmente, in obigem Beispiel also 4, und r der Skalierungsfaktor, hier $\frac{1}{3}$.

3.4.1 Fraktale Brownsche Bewegung

Die Beobachtung der Natur zeigt, daß sich viele fraktale Erscheinungen als sogenannte *fraktale Brownsche Bewegung* modellieren lassen. Diese ist eine Verallgemeinerung der bekannten Brownschen Bewegung. Die Brownsche Bewegung wie

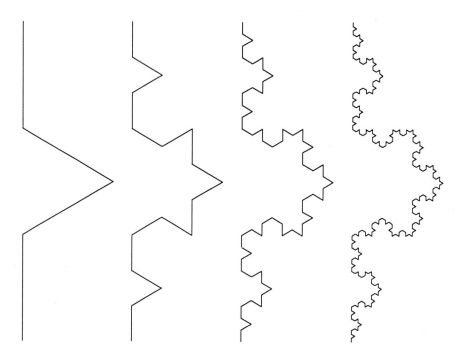

Abb. 3.32: Generierung einer fraktalen Kurve durch iteriertes Einsetzen eines Polygonzugs in sich selbst

die fraktale Brownsche Bewegung ist ein eindimensionaler stochastischer Prozeß, der durch eine Familie zeitindizierter Zufallsvariablen $B(t)$, $t \geq 0$, $t \in \mathbb{R}$, beschrieben wird. Die Brownsche Bewegung ist durch folgende Bedingungen definiert:

- $B(t + \delta t) - B(t)$ genügt einer Gaußschen Normalverteilung mit Erwartungswert 0,

- für zwei disjunkte Intervalle $[t_1, t_2]$, $[t_3, t_4]$ sind $B(t_2) - B(t_1)$ und $B(t_4) - B(t_3)$ unabhängig.

Die Verteilungsfunktion der Gaußschen Normalverteilung mit Erwartungswert μ und Standardabweichung σ ist definiert durch $F(x) = \int_{-\infty}^{x} \frac{1}{\sigma\sqrt{2\pi}} e^{-\frac{(t-\mu)^2}{2\sigma^2}} dt$. Die fraktalen Brownschen Bewegungen unterscheiden sich in der zweiten Forderung, d.h. die Unabhängigkeit der Differenzen wird aufgegeben. Sei $0 < H < 1$. Die fraktale Brownsche Bewegung zu H ist ein stochastischer Prozeß $B_H(t)$, $t \geq 0$, $t \in \mathbb{R}$, der sich aus der gewöhnlichen Brownschen Bewegung wie folgt ergibt:

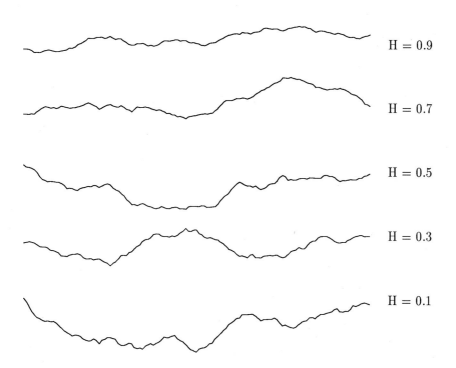

H = 0.9

H = 0.7

H = 0.5

H = 0.3

H = 0.1

Abb. 3.33: Fraktale Brownsche Bewegung für verschiedene Werte von H

- $B_H(0)$ konstant,

- $B_H(t) - B_H(0) = \frac{1}{\Gamma(H+0.5)} \cdot (\int_{-\infty}^{t} ((t-s)^{H-0.5} - (-s)^{H-0.5})\, dB(s)$
  $+ \int_{0}^{t} (t-s)^{H-0.5} dB(s))$ für $t > 0$.

Die fraktalen Brownschen Bewegungen haben folgende Eigenschaften:

- $B_H(t + \delta t) - B_H(t)$ hat die Varianz $|\delta t|^{2H}$,

- für zwei disjunkte Intervalle $[t_1, t_2]$, $[t_3, t_4]$ sind $B_H(t_2) - B_H(t_1)$ und $B_H(t_4) - B_H(t_3)$

  o negativ korreliert für $0 < H < \frac{1}{2}$,

  o unabhängig für $H = \frac{1}{2}$,

  o positiv korreliert für $\frac{1}{2} < H < 1$.

Für $H = \frac{1}{2}$ ergibt sich die gewöhnliche Brownsche Bewegung. Der Korrelations-koeffizient ϱ zweier Zufallsvariablen X_1, X_2 mit Erwartungswerten μ_1, μ_2 und Standardabweichungen σ_1, σ_2 ist definiert zu

$$\varrho = E\left(\left(\frac{X_1 - \mu_1}{\sigma_1} \right) \cdot \left(\frac{X_2 - \mu_2}{\sigma_2} \right) \right).$$

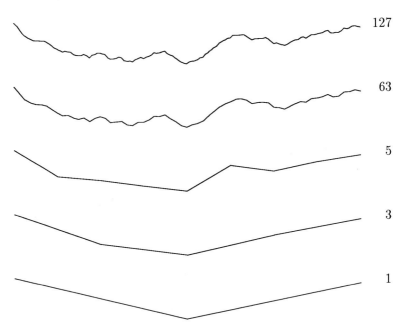

127

63

5

3

1

Abb. 3.34: Generierung einer fraktalen Kurve nach dem Unterteilungsverfahren

Dabei bezeichnet E den Erwartungswert. Es gilt $-1 \leq \varrho \leq 1$. Für $\varrho = 0$ sind X_1 und X_2 unabhängig. Für $\varrho \in \{-1, 1\}$ ist X_1 in der Form $X_1 = a_1 + a_2 \cdot X_2$, $a_1, a_2 \in$ $I\!\!R$, konstant, darstellbar. Abb. 3.33 zeigt fraktale Brownsche Bewegungen für verschiedene Werte von H.

Berechnung von fraktalen Brownschen Bewegungen

Es gibt verschiedene Verfahren zum näherungsweisen Berechnen fraktaler Brownscher Bewegungen, die zum geometrischen Modellieren geeignet sind. Beim *Unterteilungsverfahren* wird eine zu Beginn vorhandene Strecke sukzessive halbiert, wobei die Unterteilungspunkte noch entsprechend der Normalverteilung variiert werden (Abb. 3.34). Abb. 3.35 faßt diesen Algorithmus zusammen.

Die Skalierung S erlaubt, die Größe des Bewegungsausschlags zu steuern. Die Rechenzeit dieses Algorithmus ist proportional zur Anzahl der berechneten Punkte auf der Kurve.

Dieser Algorithmus erfordert Zufallszahlen. Die Generierung von *pseudozufälligen Zahlenfolgen* kann algorithmisch geschehen. Eine typische Klasse von Algorithmen arbeitet iterativ, indem eine Zahlenfolge der Bauart

$$z_{i+1} := (a \cdot z_i + c) \bmod m$$

beginnend mit irgendeinem Startwert $z_0 \in \{0, 1, \ldots, m - 1\}$ ausgewertet wird. Alle Werte sind nichtnegative ganze Zahlen, bei „mod" wird das Ergebnis zwischen 0 und $m - 1$ genommen. Bei geeigneter Wahl von a, c, und m verhält sich

ALGORITHMUS Unterteilung

EINGABE: Ein Intervall $[t_0, t_1]$,
  ein Exponent H, $0 < H < 1$,
  eine Skalierung S.

AUSGABE: Eine fraktale Kurve über dem Intervall $[t_0, t_1]$.

UNTERALGORITHMUS Subdivide($x_0, x_1, t_0, t_1, \sigma$);
BEGIN
  $t_2 := (t_0 + t_1)/2$;
  $x_2 := (x_0 + x_1)/2 + \sigma \cdot GAUSS$;
  drawpoint(t_2, x_2);
  $\sigma := \sigma \cdot 2^{-H}$;
  Subdivide($x_0, x_2, t_0, t_2, \sigma$);
  Subdivide($x_2, x_1, t_2, t_1, \sigma$)
END;

BEGIN
  $x_0 := GAUSS \cdot S$; drawpoint(t_0, x_0);
  $x_1 := GAUSS \cdot S$; drawpoint(t_1, x_1);
  $\sigma := S \cdot 2^{-H}$;
  Subdivide($x_0, x_1, t_0, t_1, \sigma$)
END.

Abb. 3.35: Das Unterteilungsverfahren für fraktale Kurven

die generierte Folge quasi *gleichverteilt*, d.h. jede Zahl kommt mit der gleichen Wahrscheinlichkeit unabhängig in der Folge vor. Eine Voraussetzung hierfür ist eine möglichst lange Periode der Zahlenfolge $\{z_i\}$. Wählt man a, c und m so, daß

- c teilerfremd zu m,

- $a - 1$ ein Vielfaches von p für alle Primteiler p von m,

- $a - 1$ ein Vielfaches von 4 ist, falls m ein Vielfaches von 4 ist,

dann ist die Periodenlänge maximal, d.h. gleich m. Die Wahl von a, c und m nach dieser Vorschrift garantiert noch keine guten Zufallszahlenfolgen. Die Qualität ist deshalb mit geeigneten statistischen Verfahren zu überprüfen. Triviale Beispiele sind die Berechnung von Mittelwert, Varianz und Korrelation sowie Histogrammanalysen auch über Teilen der Folge.

Andere Verteilungen wie die oft benötigte *Exponentialverteilung, Poissonverteilung* oder die *Gaußsche Normalverteilung* lassen sich daraus gewinnen. Zu-

---

ALGORITHMUS Gauß-Verteilung

EINGABE: Zwei Werte $U1, U2$ in $[0,1]$ aus
einer gleichverteilten Zahlenfolge.

AUSGABE: Zwei Werte $X1, X2$ aus zwei unabhängigen Folgen
normalverteilter unabhängiger Pseudozufallszahlen.

BEGIN
  REPEAT
    $V1 := 2 \cdot U1 - 1; \ V2 := 2 \cdot U2 - 1$
    $S := V1 \cdot V1 + V2 \cdot V2;$
  UNTIL $S \leq 1;$

  $X1 := V1 \cdot \mathrm{sqrt}((-2 \ln S)/S); \ X2 := V2 \cdot \mathrm{sqrt}((-2 \ln S)/S)$
END.

Abb. 3.36: Algorithmische Erzeugung normalverteilter Zufallszahlen

fallszahlenfolgen nach der hier benötigten *Gaußschen Normalverteilung* sind wie Abb 3.36 gezeigt zu berechnen.

Die Idee dieser Transformation ist, den zufälligen Punkt $(U1, U2)$ bezüglich seiner Lage zum Einheitskreis zu untersuchen. Liegt er außerhalb, wird ein neuer Zufallspunkt benötigt. Andernfalls wird eine Transformation von $(V1, V2)$ in Polarkoordinaten $V1 = R \cos \Theta$, $V2 = R \sin \Theta$ durchgeführt. Daraus ergibt sich $X1 = R' \cos \Theta$, $X2 = R' \sin \Theta$ mit $R' = \sqrt{-2 \ln S}$. R' und Θ sind unabhängige Zufallsvariablen. Θ ist gleichverteilt in $[0, 2\pi)$. Damit ist die Wahrscheinlichkeit, daß Θ zwischen ϑ und $\vartheta + d\vartheta$ liegt, gleich $(1/2\pi)d\vartheta$. Die Wahrscheinlichkeit für $R' \leq r$ ist gleich der von $-2\ln S \leq r^2$, wobei S gleichverteilt zwischen 0 und 1 ist. Die Wahrscheinlichkeit, daß R' zwischen r und $r + dr$ liegt, ist damit gleich der Ableitung von $1 - e^{-r^2/2}$, also gleich $re^{-r^2/2}dr$. Daraus ergibt sich

$$\int_{\{(r,\vartheta)|r\cos\vartheta \leq x_1, r\sin\vartheta \leq x_2\}} \frac{1}{2\pi} e^{-r^2/2} \, r \, dr \, d\vartheta = \frac{1}{2\pi} \int_{\{(x,y)|x \leq x_1, y \leq x_2\}} e^{-(x^2+y^2)/2} \, dx \, dy$$

$$= \left(\sqrt{\frac{1}{2\pi}} \int_{-\infty}^{x_1} e^{-x^2/2} dx \right) \left(\sqrt{\frac{1}{2\pi}} \int_{-\infty}^{x_2} e^{-y^2/2} dy \right).$$

Das zeigt, daß $X1$ und $X2$ normalverteilt und unabhängig sind.

Ein alternatives Verfahren zur Berechnung von Zufallsfolgen nach der Gaußschen Normalverteilung basiert auf dem zentralen Grenzwertsatz. Dazu sind einfach n Zahlen U_i, $U_i \in [0,1]$, aus einer gleichverteilten Quelle aufzusummieren und die Summe noch geeignet zu transformieren: $X = \frac{2\sqrt{3 \cdot n}}{n} \cdot (\sum_{i=1}^{n} U_i - 1)$. Für das Modellieren erweisen sich schon kleine n, also etwa $n = 3$, als ausreichend.

Eine weitere Möglichkeit der näherungsweisen Berechnung der fraktalen Brownschen Bewegung ist die *spektrale Approximation*. Dabei wird B_H approximiert durch

$$B_{H,n}(t) := \sum_{k=1}^{\frac{n}{2}-1} (A_k \cos 2\pi kt + B_k \sin 2\pi kt), \ n \text{ gerade,}$$

mit

$$E(A_k^2 + B_k^2) \text{ proportional zu } \frac{1}{k^\beta}, \ \beta = 2H + 1.$$

A_k und B_k werden dadurch berechnet, daß zunächst ein Radius r nach der Gauß-Verteilung mit Erwartungswert $\frac{1}{k^{\beta/2}}$ und ein Winkel zwischen 0 und 360 Grad nach der Gleichverteilung bestimmt wird. Aus $E(A_k^2 + B_k^2) = r^2$ ergeben sich A_k und B_k. Zur diskreten Approximation wird $B_{H,n}$ an den Stützstellen $t_j = \frac{j}{n}$, $j = 0, \ldots, n-1$, berechnet.

Gegenüber der naiven Auswertung der Formel, die proportional zum Quadrat der Anzahl der berechneten Punkte, d.h. n^2, Rechenschritte erfordert, kann durch Anwendung eines Algorithmus zur schnellen Berechnung der diskreten Fourier-transformation (FFT = *Fast Fourier Transform*) die Anzahl der Rechenschritte auf proportional zu $n \log n$ reduziert werden. Die *inverse Fouriertransformation* zu einem gegebenen Tupel $(\alpha_0, \alpha_1, \ldots, \alpha_{n-1})$ komplexer Zahlen ist definiert durch

$$\beta_j := \frac{1}{n} \sum_{k=0}^{n-1} \alpha_k e^{-2\pi i \frac{j}{n} k}, \ j = 0, \ldots, n-1.$$

In der Anwendung hier ist

$$\alpha_0 := 0, \ \alpha_k := (A_k + iB_k)/2, \ k = 1, \ldots, \frac{n}{2} - 1,$$

$$\alpha_{n/2} = 0, \ \alpha_{n-k} = (A_k - iB_k)/2, \ k = 1, \ldots, \frac{n}{2} - 1$$

zu setzen. Die Randbedingungen an die Verteilungen A_j, B_j ergeben sich aus der Spektralanalyse der fraktalen Brownschen Bewegung.

Sowohl das Unterteilungsverfahren als auch die spektrale Approximation können verallgemeinert werden, indem andere Randbedingungen an die Parameter gestellt werden. Dadurch ergeben sich interessante Modellierungsaspekte.

Fraktale Flächen

Für natürliche fraktale Flächen und Gebilde noch höherer Dimension erweist sich die multidimensionale Verallgemeinerung der fraktalen Brownschen Bewegung als geeignetes Modell. Diese ist ein multidimensionaler Prozeß, beschrieben durch reelle Zufallsvariablen $B_H : \mathbb{R}^n \to \mathbb{R}$, die folgende Eigenschaften haben:

- die Inkremente $B_H(t_1, t_2, \ldots, t_n) - B_H(s_1, s_2, \ldots, s_n)$ sind normalverteilt mit Erwartungswert 0,

---

ALGORITHMUS Fraktales Dreieckspatch durch Unterteilung

EINGABE: Ein Dreieck in der x-y-Ebene.

AUSGABE: Eine fraktale Dreiecksfläche über dem Eingabedreieck.

BEGIN
  halbiere die Kanten und bestimme die z-Werte an den Mittelpunkten
  durch Addieren einer zufälligen Höhenänderung;

  verbinde die Mittelpunkte miteinander sowie
  mit den Endpunkten ihrer Kanten;

  wende den Algorithmus auf die
  entstehenden Dreiecke rekursiv an
END.

Abb. 3.37: Algorithmische Erzeugung von Dreiecksfraktalen

- die Varianz der Inkremente $B_H(t_1, t_2, \ldots, t_n) - B_H(s_1, s_2, \ldots, s_n)$ hängt nur von der Entfernung $\sqrt{\sum_{i=1}^{n}(t_i - s_i)^2}$ ab, und zwar in der Form

$$E(|B_H(t_1, t_2, \ldots, t_n) - B_H(s_1, s_2, \ldots, s_n)|^2) \text{ proportional zu } (\sum_{i=1}^{n}(t_i - s_i)^2)^H.$$

Zur Approximation der multidimensionalen fraktalen Brownschen Bewegung kann die Unterteilungsmethode und das spektrale Modellieren verallgemeinert werden. Speziell für den zweidimensionalen Fall, die fraktalen Flächen, wird bei den Unterteilungsverfahren zwischen Dreiecks- und Vierecksfraktalen unterschieden. Ein fraktales Dreieckspatch erhält man durch iteriertes Unterteilen eines Startdreiecks (Abb. 3.38) nach dem Algorithmenschema in Abb. 3.37. Bei der Implementierung ist zu beachten, daß die meisten Kanten zu zwei Dreiecken gehören. Für beide Dreiecke muß die Verschiebung an der gemeinsamen Kante gleich gewählt werden, da ansonsten Lücken in der Fläche entstehen. Das bedeutet, daß nur einmal die Verschiebung zufällig gewählt werden darf.

In analoger Weise läßt sich ein Viereckspatch definieren (Abb. 3.39, 3.40). Bezüglich der zufälligen Wahl der z-Werte gilt Analoges zur Vermeidung von Lücken wie bei den Dreieckspatches.

Dreieckspatches und Viereckspatches können Bestandteil eines komplexen Kontrollnetzes sein, das die Form eines zu modellierenden Gebildes in etwa vorgibt. Die Verschiebung kann in diesem Fall beispielsweise in Richtung des Normalenvektors des Startpatches sein. Eine andere Alternative ist die Interpolation des Normalenvektors. An den Übergangsstellen zwischen den Patches ist darauf

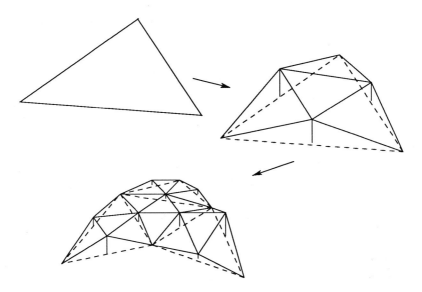

Abb. 3.38: Dreiecksfraktale

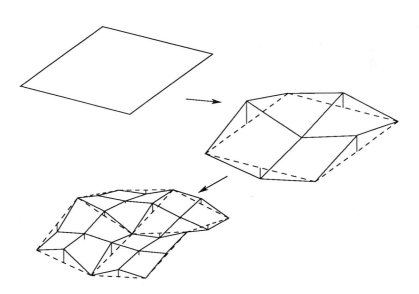

Abb. 3.39: Vierecksfraktale

ALGORITHMUS Fraktales Viereckspatch durch Unterteilung

EINGABE: Ein Viereck in der x-y-Ebene.

AUSGABE: Eine fraktale Vierecksfläche über dem Eingabeviereck.

BEGIN
halbiere die Kanten und bestimme die z-Werte an den Mittelpunkten
durch Addieren einer zufälligen Höhenänderung;

berechne die Mittelpunkte **p**, **q** der mittleren Punkte
der sich paarweise gegenüberliegenden Kanten;

berechne den Mittelpunkt **s** zu **p** und **q**;

verbinde **s** mit den Kantenmittelpunkten und die
Kantenmittelpunkte mit den Eckpunkten ihrer Kanten;

verfahre mit den vier Teilvierecken analog
END.

Abb. 3.40: Algorithmische Erzeugung von Vierecksfraktalen

zu achten, daß Lücken vermieden werden. Das ist wieder durch eine nur von der
gemeinsamen Kante abhängige Wahl der Verschiebung zu erreichen. Ferner kann
es bei dieser Vorgehensweise zu Selbstdurchdringungen kommen, nämlich dort,
wo die Variation stark und die Krümmung hoch ist.

Auf die Verallgemeinerung des spektralen Modellierens für den zweidimensionalen Fall soll hier nicht eingegangen werden. Viereckspatches ergeben sich
direkt aus der diskreten spektralen Approximation der zweidimensionalen fraktalen Brownschen Bewegung.

Abb. 3.41 zeigt ein durch fraktale Gebilde erzeugtes Objekt.

3.4.2 Rekursive Strukturen

Freiformflächen und das Modellieren durch Interpolation finden ihre Grenze bei
umfangreichen, stark verästelten Gebilden wie Bäumen oder Blüten, weil die Anzahl der Parameter zur Beschreibung dieser Erscheinungen unpraktikabel groß
wird. Hier bieten sich Mechanismen an, die aus der Theorie der formalen Sprachen bekannt sind. Formale Sprachen werden durch Grammatiken beschrieben,
die aus einem Satz von Regeln bestehen, die miteinander zu kombinieren sind,
um die Worte der entsprechenden Sprache zu generieren.

Abb. 3.41: Ein fraktaler „Globus"

Grundlage einer Grammatik ist ein Alphabet V. Das Alphabet besteht aus zwei disjunkten Mengen, der Menge V_N der *Variablensymbole* (engl. *nonterminals*) und der Menge V_T der *Endsymbole* (engl. *terminals*). Die Endsymbole sind die Zeichen, die tatsächlich in den Worten der Sprache vorkommen, die Variablensymbole werden zur Formulierung der *Regeln* gebraucht. Die Regeln bestehen aus einer linken und einer rechten Seite. Bei den hier betrachteten Sprachen besteht die linke Seite aus einem Variablensymbol, die rechte Seite aus einer beliebigen endlichen Folge aus Variablensymbolen oder Endsymbolen. Ausgehend von einem Startsymbol, das ebenfalls durch die Grammatik festgelegt ist, können nun durch Ersetzen von Variablensymbolen in Zeichenfolgen durch die rechten Seiten von Regeln neue Zeichenfolgen abgeleitet werden. Die so ableitbaren Zeichenfolgen, die nur aus Endsymbolen bestehen, sind die *Worte* der durch die Grammatik definierten Sprache. Seien beispielsweise $V_N := \{S, X\}$, $V_T := \{a, b, c\}$ und S das Startsymbol. Dann definieren die Regeln $S \rightarrow Xa$, $X \rightarrow aXb$, $X \rightarrow c$ die Sprache, die aus allen Worten der Form $a^n c b^n a$, $n \geq 0$, besteht, d.h. ca, $acba$, $aacbba$, usw. Wesentlich daran ist, daß durch einen endlichen Satz von Regeln unendlich viele Strukturen zu erzeugen sind. Das wird über die rekursive Definition erreicht. In dem obigen Regelsatz ist $X \rightarrow aXb$ eine solche rekursive Definition.

Diese Methode kann nun auf die Definition mehrdimensionaler geometrischer Gebilde übertragen werden. Die Koch-Kurve ist ein derartiges Beispiel. Außer Kurven können aber auch verästelte Gebilde einfach konstruiert werden. Das macht das folgende Beispiel einer zweidimensionalen Verzweigungsstruktur deut-

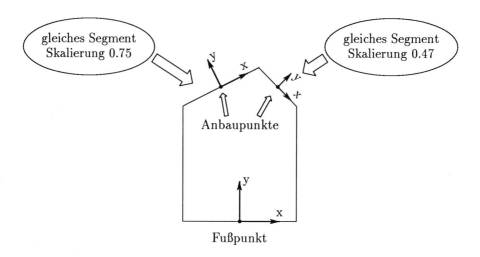

Abb. 3.42: Die Definition eines Segments

lich. Ausgegangen wird von einem Stammsegment A, vgl. Abb. 3.42. A besitzt einen Fußpunkt sowie ein mit diesem Fußpunkt verbundenes Zweibein. Ferner werden Anbaupunkte definiert, die auch mit Zweibeinen versehen werden. An den Anbaupunkten ist spezifiziert, welche Segmente dort anzubauen sind. Im Beispiel ist das wieder das Segment A. Ferner gibt es einen Skalierungsfaktor, der zur Festlegung der Größe des anzubauenden Segments verwendet wird. Aus dieser Spezifikation entwickelt sich die in Abb. 3.43 gezeigte Verzweigungsstruk-

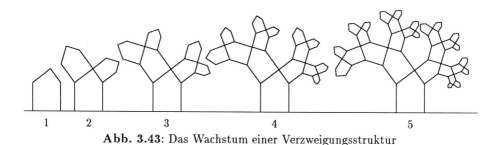

Abb. 3.43: Das Wachstum einer Verzweigungsstruktur

tur, indem die anzubauenden Segmente mit ihren Fußpunkten an die Anbaupunkte angefügt werden. Dabei werden Fußpunktzweibein und Anbauzweibein zur Deckung gebracht.

Diese Vorgehensweise kann nun in vielfacher Weise modifiziert werden, um interessantere Strukturen zu gewinnen. So ist die Geometrie des Segments für das Wachstumsverhalten irrelevant; interessant sind nur die relativen Lagen von Fuß- und Anbaupunkten zueinander. Im linken Teil von Abb. 3.44 ist das Verzweigungssegment geometrisch ein Kreis, im rechten Teil eine Astgabel. Die Lage

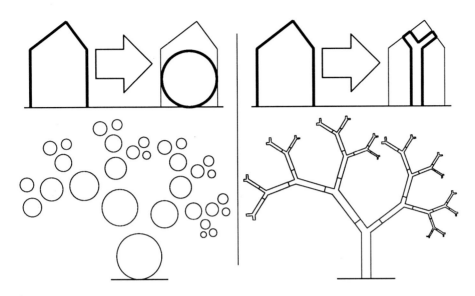

Abb. 3.44: Die Verzweigungsstruktur mit anderer Geometrie

der Fuß- und Anbaupunkte ist die gleiche wie zuvor. Weitere Möglichkeiten ergeben sich durch Einführen von Wahrscheinlichkeitsverteilungen. So wird nicht mehr gefordert, daß die Zweibeine beim Anbau deckungsgleich sein müssen. Diese dürfen im Rahmen einer vorgegebenen Toleranz zufällig etwas abweichen. Die Abb. 3.45 bis 3.47 zeigen das Modellierungsspektrum dieser Vorgehensweise.

Eine andere Steuerungsmöglichkeit ist eine Methode, die hier als *Magnetismus* bezeichnet wird, der die gezielte Beeinflussung des Wachstumsverhaltens von außen erlaubt. Dazu werden magnetische Pole im Raum spezifiziert, die eine abstoßende oder anziehende magnetische Stärke haben. Für Segmente, die als *aus Eisen* bestehend deklariert wurden, wird beim Anbau die auf sie wirkende Kraft der magnetischen Quellen berücksichtigt.

Verzweigungsstrukturen bieten verschiedene Möglichkeiten der Animation. So kann etwa der Wachstumsprozeß der Verzweigungsstruktur und nicht nur das Endergebnis dargestellt werden. Allerdings ist dann darauf zu achten, daß der Wachstumsprozeß in der gewünschten Art erfolgt. Ist nur das Endergebnis gewünscht, ist dessen Strategie uninteressant. Das gilt jedoch nicht unbedingt bei Animationen. Soll sich das fertige Objekt über die Zeit verändern, so ist für die einzelnen Szenen der Animationssequenz eine Veränderung der Wachstumsparameter, z.B. des Magnetismus, nötig. Hierbei ist darauf zu achten, daß die Struktur des wachsenden Objekts sich nicht ungewollt ändert, d.h. beispielsweise Äste und Blätter bei Bäumen sprunghaft verschwinden oder auftreten. Es sollte sich also nur die geometrische Form ändern, und zwar kontinuierlich.

Ein wesentliches Problem beim rekursiven Modellieren ist die *Kollision* von verschiedenen Zweigen mit dem Ergebnis der *Selbstdurchdringung* im Raum. Kollisionen können durch geeigneten Entwurf der Wachstumsregeln verhindert wer-

Abb. 3.45: Regelmäßige Verzweigung mit konstantem Winkel

Abb. 3.46: Simulierte Palmen

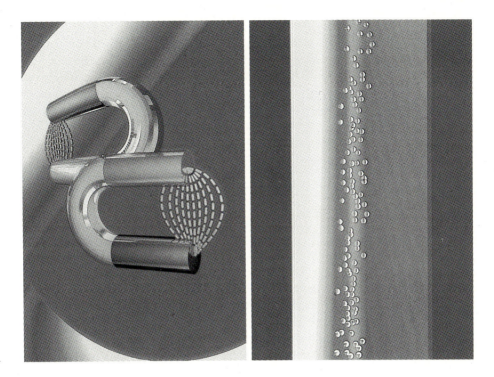

Abb. 3.47: Wachstum unter magnetischem Einfluß (links) und Modellierung von Kohlesäureblasen, bei denen die Geometrie wesentlich vom Aufbaumechanismus abweicht (rechts)

den. Es ist allerdings ein nichttriviales Problem, den Regeln anzusehen, daß eine Kollision nicht auftritt. Eine andere Alternative ist, während des Wachsens Kollisionsuntersuchungen anzustellen und den Wachstumsprozeß gegebenenfalls zu verändern. Dieses setzt zum einen eine wohlüberlegte Wachstumsstrategie voraus, um nicht zu unerwünschten Strukturen zu kommen. Andererseits kann bei sehr verzweigten Strukturen der Kollisionstest recht aufwendig werden, wenn eine Vielzahl von Zweigen gegeneinander zu testen sind. Der Test jedes Zweigs mit jedem Zweig schließt sich aus Aufwandsgründen sehr schnell aus. Eine einfache Möglichkeit, die Anzahl der Tests zu reduzieren, besteht darin, die Struktur in einem durch ein Zellraster unterteilten Raum wachsen zu lassen. Für jede Zelle wird registriert, welche Zweige sich darin aufhalten. Wird ein neuer Zweig hinzugefügt, ist festzustellen, welche Zellen er berührt. Es genügt dann, gegen die bereits in diesen Zellen vorhandenen Zweige den Kollisionstest durchzuführen.

Verzweigungsstrukturen wie die im obigen Beispiel lassen sich einheitlich durch Grammatiken realisieren. Jedem Segmenttyp S_i entspricht eine Produktionsregel

$$B_i \rightarrow S_i A_{i1} A_{i2} \ldots A_{in_i}.$$

B_i ist der Fußpunkt des Segments S_i, die A_{ij} bezeichnen seine Ansetzpunkte und

S_i das Segment selbst. Die Produktionsregeln drücken zunächst den kombinatorischen Zusammenhang zwischen den Segmenten aus, also wie die Segmente nacheinander zusammenzusetzen sind. Die geometrischen Größen werden über Attribute gesteuert, die den Produktionsregeln und den einzelnen in ihnen auftretenden Zeichen zugeordnet sind. Grammatiken mit zusätzlichen Attributen werden auch als *attributierte Grammatiken* bezeichnet und finden in der Informatik etwa im Compilerbau Anwendung. Die Attribute beim geometrischen Modellieren sind jedoch andere. Der Variablen S_i in einer Produktionsregel einer Verzweigungsstruktur werden etwa folgende Attribute zugewiesen:

- ein Verweis auf die geometrische Beschreibung des Segments,

- Schalter sichtbar/unsichtbar,

- Schalter für Magnetismus.

Der Verweis auf die geometrische Beschreibung kann etwa auf eine Szene in der Bilderzeugungsschnittstelle, also beispielsweise der VERA-Schnittstelle sein. In diesem Zusammenhang ist das Unterszenenkonzept, wie es von der VERA-Sprache angeboten wird, nützlich, da ein häufiges Auftreten derselben Unterszenen erwartet werden kann. Man denke etwa an die Blätter eines Baums.

Typische Attribute für die Variable B_i sind der Ort und die Ausrichtung der Basisfläche des Objekts, die durch ein Dreibein festgelegt wird. Die Variablen A_{ij} können folgende Attribute haben:

- Faktoren für die Größenanpassung Vater-Sohn-Objekt,

- das aktuelle Alter dieser Ansetzstelle,

- Anbaupunkt und Anbaudreibein,

- Angabe, welche Produktionsregel abhängig von anderen Attributen verwendet werden soll (sie kann etwa verwendet werden, um nach Astverzweigungen Blätter anzufügen),

- Art der Zufallsverteilung und deren Parameter, die beim Anbau verwendet werden soll.

Bei der Anwendung von Grammatikregeln, also dem Ersetzen von Zeichen der linken Seite durch Zeichen der rechten Seite, ausgehend von einem Startsymbol, werden die Attribute des Zeichens, das ersetzt wird, die Attribute der angewendeten Produktionsregel und die Attribute ihres Zeichens auf der linken Seite dazu verwendet, um den Attributen der ersetzenden Zeichen, d.h der rechten Seite der Produktionsregel, neue Werte zu geben. Das geschieht nach einem für die Grammatikklasse definierten Auswertealgorithmus. Beispiele für sich verändernde Attributgrößen sind das aktuelle Alter und die aktuellen Skalierungsfaktoren. Mit jeder Ersetzung wird ferner die geometrische Repräsentation, d.h. die mit dem

Segment verbundene Unterszene entsprechend der aktuellen Situation transformiert ausgegeben, etwa als Unterszenenaufruf in eine VERA-Datei.

Offen in der bisherigen Beschreibung ist noch, nach welcher Strategie die Produktionsregeln angewendet werden. Bei *Chomsky-Grammatiken* wird in jedem Schritt genau eine Ersetzung durchgeführt, welche das ist, ist nicht weiter festgelegt. Das eröffnet Freiheitsgrade, die im Auswertealgorithmus genutzt werden können. Bei *Lindenmayer-Systemen* werden in einem Schritt alle Zeichen durch Anwendung einer Produktionsregel ersetzt. Die Koch-Kurve in Abb. 3.32 entsteht auf die letztgenannte Art.

3.5 Modellierung von Bewegung

Modellierung von Bewegung, d.h. Animation, bedeutet *Modellieren im vierdimensionalen Raum-Zeit-Universum.* Prinzipiell können dafür die Techniken aus dem Zweidimensionalen und Dreidimensionalen entsprechend verallgemeinert übernommen werden. So kann eine sich im Raum deformierende Freiformfläche als Freiformkörper im Vierdimensionalen betrachtet werden. Die Fläche zu einem speziellen Zeitpunkt t_0 erhält man als Schnitt dieses Körpers mit einer zur Zeitachse senkrechten Hyperebene mit Zeitkoordinate t_0. Üblicherweise wird nicht jedes vierdimensionale Modell eine Folge von sinnvollen Modellen im dreidimensionalen Raum liefern. Beispielsweise liefert eine vierdimensionale Kurve nur dann die Bewegung eines einzelnen Punktes im Raum, wenn sie monoton zur Zeitachse ist. Bei Nichtmonotonie können mehrere Punkte entstehen.

Gebräuchlicher ist das Modellieren von Bewegung durch die Veränderung einer dreidimensionalen Szene. Ein fallender Stein ist ein solches Beispiel. Hierbei wird die Lage des Steins über die Zeit verändert. Abstrakt gesehen wird eine dreidimensionale Szene zu einem festen Zeitpunkt durch einen *Zustandsvektor* beschrieben. Im VERA-Format besteht der Zustandsvektor (für eine Sequenz mit sich nicht ändernder Szenenstruktur) aus den Werten der Variablen für die aktuelle Szene. Animation bedeutet, diesen Zustandsvektor zeitabhängig zu verändern.

Läßt man die Bewegungsunschärfe (Motion-Blur) außer acht, so ist bei der Animation zur Filmerzeugung der Zustandsvektor zu vorgegebenen Zeitpunkten, nämlich an den Einzelbildern des Films, zu bestimmen. Für die Bewegungsdefinition gibt es zahlreiche Methoden, von denen einige im folgenden vorgestellt werden.

Modellieren durch explizite Funktionen

Beim *Modellieren durch explizite Funktionen* wird eine Funktion entworfen, die jedem Zeitpunkt, diskret oder kontinuierlich, einen Zustandsvektor zuordnet. Bei einem aus der Höhe h_{max} senkrecht nach unten fallenden Stein kann das die Funktion $h(t) = h_{max} - \frac{1}{2}gt^2$ sein. Durch Auswerten der Funktion an den Zeitpunkten der Einzelbilder erhält man die Zustände der Szene, an denen die Bilderzeugung dann auszuführen ist.

Modellieren mit Keyframes

Ein häufig angewendetes Verfahren zur Definition von Bewegungsfunktionen ist die Stützstellen- oder Keyframe-Technik. Dabei werden für die Parameter die Werte zu entscheidenden Zeitpunkten vorgegeben. Aus den vorgegebenen Werten werden die Funktionswerte zu anderen Zeitpunkten dann durch Interpolation berechnet. Zur kontinuierlichen, möglichst glatten Interpolation werden üblicherweise Splines niederen Grades, also etwa kubische Splines verwendet (vgl. Abschnitt 3.3).

Modellieren durch implizite Funktionen

Beim *Modellieren durch implizite Funktionen* ergibt sich der Zustandsvektor aus einem Gleichungssystem. Diese Gleichungssysteme können einfache Funktionengleichungen sein oder, weiter verbreitet, Differentialgleichungen. Viele physikalische Gesetze lassen sich in eleganter Weise durch Gleichungen und Differentialgleichungen ausdrücken. Sie sind daher bei Computeranimationen von Geschehnissen der realen Welt von besonderem Interesse.

Üblicherweise sind diese Gleichungen nicht explizit auflösbar (das würde eine Reduktion auf das explizite Modellieren ergeben). Vielmehr wird man sich die interessierenden Zeitpunkte vorgeben und dort eine Lösung berechnen. Auch bei festen Zeitpunkten kann das explizite Lösen unmöglich oder aufwendig sein. Man verwendet hierfür üblicherweise Näherungsverfahren der numerischen Mathematik.

Gleichungssysteme für zeitabhängige Funktionen haben die Form

$$
\begin{aligned}
f_1(t, y_1, y_2, \ldots, y_n) &= 0, \\
f_2(t, y_1, y_2, \ldots, y_n) &= 0, \\
&\ldots \\
f_n(t, y_1, y_2, \ldots, y_n) &= 0,
\end{aligned}
$$

oder kürzer geschrieben

$$
\mathbf{f}(t, \mathbf{y}) = 0,
$$

wobei die fettgedruckten Zeichen mehrdimensionale Größen bezeichnen. Gesucht sind zeitabhängige Funktionen $y_1(t)$, $y_2(t)$,..., $y_n(t)$, die das Gleichungssystem erfüllen. Der fallende Stein läßt sich beispielsweise durch das Gleichungssystem

$$
2gh - 2gh_{max} + v^2 = 0,
$$

$$
v - gt = 0
$$

beschreiben. Dabei steht h für die Höhe, v für die Geschwindigkeit.

Für festes t gilt das *Newton-Verfahren* als Standardmethode zur näherungsweisen Berechnung der Funktionswerte $y_1(t)$, $y_2(t)$, ..., $y_n(t)$. Dieses berechnet eine Folge $\mathbf{y}_0(t)$, $\mathbf{y}_1(t)$, ... von Näherungslösungen durch die Vorschrift

$$
\mathbf{y}_{i+1} := \mathbf{y}_i - (\mathbf{Df}(\mathbf{y}_i))^{-1}\mathbf{f}(\mathbf{y}_i),
$$

mit der $n \times n$-Matrix

$$\mathbf{Df} := \left[\frac{\partial \mathbf{f}}{\partial y_1}, \frac{\partial \mathbf{f}}{\partial y_2}, \ldots, \frac{\partial \mathbf{f}}{\partial y_n} \right].$$

Für das Gleichungssystem des fallenden Steins gilt

$$\mathbf{Df} := \begin{pmatrix} 2g & 2v \\ 0 & 1 \end{pmatrix}.$$

Daraus ergibt sich die Iteration

$$h_{i+1} = h_{max} - v_i t + \frac{v_i^2}{2g},$$

$$v_{i+1} = gt,$$

das heißt trivial, da v_i für festes t konstant ist.

Bei hinreichend nahe an der gesuchten Lösung liegendem Startwert konvergiert dieses Verfahren recht schnell. Die Iteration wird abgebrochen, wenn sich $\mathbf{y}_i$ nur noch wenig ändert. Der letzte berechnete Wert wird als Näherungslösung genommen.

Bei der Bilderzeugung wird dieses System für die Folge der Zeitpunkte t_0, $t_1, \ldots$ der Einzelbilder gelöst. Als Startwert zur Lösung für einen Zeitpunkt t_{i+1} ist das für t_i berechnete Ergebnis eine oft günstige Wahl.

Differentialgleichungen drücken die Beziehungen zwischen den gesuchten Funktionen selbst und ihren Ableitungen aus. Ein Beispiel für ein gewöhnliches Differentialgleichungssystem von zeitabhängigen Funktionen ist

$$\frac{dy_1}{dt} = f_1(t, y_1, y_2, \ldots, y_n),$$

$$\frac{dy_2}{dt} = f_2(t, y_1, y_2, \ldots, y_n),$$

$$\ldots$$

$$\frac{dy_n}{dt} = f_n(t, y_1, y_2, \ldots, y_n).$$

t bezeichnet den Zeitparameter, gesucht sind die Funktionen $y_1(t)$, $y_2(t)$, $\ldots$, $y_n(t)$. Abkürzend wird dafür auch

$$\frac{d\mathbf{y}}{dt} = \mathbf{f}(t, \mathbf{y})$$

geschrieben.

Die Lösungsmenge eines derartigen Systems wird üblicherweise erst durch weitere Restriktionen eindeutig. Dabei werden Anfangswertbedingungen und Randwertbedingungen unterschieden. Bei einem *Anfangswertproblem* lauten die Bedingungen

$$\mathbf{y}(t_0) = \mathbf{y}_0.$$

$\mathbf{y}_0$ ist ein Vektor aus Konstanten, t_0 der Anfangszeitpunkt. Eine Beschreibung des fallenden Steins durch ein Anfangswertproblem kann wie folgt aussehen:

$$\frac{dh}{dt} = -v, \ \frac{dv}{dt} = g, \ h(0) = h_{max}, \ v(0) = 0.$$

Bei einem *Randwertproblem* hat die einschränkende Bedingung die Form

$$\mathbf{r}(\mathbf{y}(t_a), \mathbf{y}(t_e)) = 0,$$

mit $\mathbf{r} : I\!\!R^{2n} \to I\!\!R^n$, t_a die Startzeit, t_e die Endezeit.

In diesem System von Differentialgleichungen kommen nur erste Ableitungen nach der Zeit vor. Differentialgleichungssysteme mit höheren Ableitungen nach der Zeit lassen sich durch Substitution auf ein derartiges Sytem reduzieren:

$$z_1 := \frac{dy}{dt}, \ z_2 := \frac{dz_1}{dt}, \ \dots \ z_n := \frac{dz_{n-1}}{dt}.$$

Die n-te Ableitung von y wird eliminiert, indem sie überall durch z_n ersetzt wird und die obenstehenden weiteren Gleichungen zum gegebenen System hinzugefügt werden.

Anfangswertprobleme können näherungsweise dadurch gelöst werden, daß ausgehend vom Anfangszeitpunkt in kleinen Zeitschritten fortgeschritten wird und unter Verwendung von Lösungen an vorigen Zeitpunkten die Lösung am aktuellen Zeitpunkt berechnet wird. Typische Verfahren dieses Typs sind die *Einschrittverfahren*, die die Form

$$\begin{aligned} \mathbf{y}_{i+1} &:= \mathbf{y}_i + \Delta t \cdot \mathbf{\Phi}(t_i, \mathbf{y}_i, \Delta t, \mathbf{f}), \\ t_{i+1} &:= t_i + \Delta t, \ i = 0, \ 1, \ \dots \end{aligned}$$

haben. Beim *Verfahren von Euler* wird beispielsweise $\mathbf{\Phi}(t, \mathbf{y}, \Delta t, \mathbf{f}) := \mathbf{f}(t, \mathbf{y})$ gesetzt. Brauchbarer als das Euler-Verfahren ist die *Runge-Kutta-Methode*. Für diese ist $\mathbf{\Phi}$ definiert durch

$$\mathbf{\Phi}(t, \mathbf{y}, \Delta t, \mathbf{f}) := \frac{1}{6}(\mathbf{k_1} + 2\mathbf{k_2} + 2\mathbf{k_3} + \mathbf{k_4})$$

mit

$$\begin{aligned} \mathbf{k_1} &:= \Delta t \cdot \mathbf{f}(t_i, \mathbf{y}_i), \\ \mathbf{k_2} &:= \Delta t \cdot \mathbf{f}(t_i + \frac{1}{2}\Delta t, \mathbf{y}_i + \frac{1}{2}\mathbf{k_1}), \\ \mathbf{k_3} &:= \Delta t \cdot \mathbf{f}(t_i + \frac{1}{2}\Delta t, \mathbf{y}_i + \frac{1}{2}\mathbf{k_2}), \\ \mathbf{k_4} &:= \Delta t \cdot \mathbf{f}(t_i + \Delta t, \mathbf{y}_i + \mathbf{k_3}). \end{aligned}$$

Die Schrittweite Δt kann von Schritt zu Schritt verändert werden und sollte der gewünschten Genauigkeit angepaßt werden.

Randwertprobleme werden mit sogenannten *Schießverfahren* gelöst. Die Idee dabei ist, sich für die offenen Anfangswerte eine Belegung so vorzugeben, daß bei der Iteration, etwa mit der Runge-Kutta-Methode, die vorgegebenen Zielwerte, d.h. die Randwerte am Ende, erreicht werden. Sei $\mathbf{s}$ die gesuchte Anfangswertbelegung, also

$$\mathbf{y}(t_a) = \mathbf{s}.$$

Die Aufgabe, geeignete Anfangswerte zu finden, läßt sich nun als Nullstellenproblem des Gleichungssystems

$$\mathbf{r}(\mathbf{y}(t_a), \mathbf{y}(t_e)) = 0, \; \text{d.h.}$$

$$\mathbf{r}(\mathbf{s}, \mathbf{y}(t_e)) = 0,$$

auffassen. Ein solches $\mathbf{s}$ kann mit einem Halbierungsverfahren gesucht werden, oder effizienter mit dem Newtonverfahren. Bei jedem Iterationsschritt ist dabei das aktuelle Anfangswertproblem etwa mittels des Runge-Kutta-Verfahrens zu lösen. Das geschilderte einfache Schießverfahren ist üblicherweise nicht sehr brauchbar. Als leistungsfähige Alternative gibt es *Mehrzielmethoden*, bei denen das betrachtete Zeitintervall in Teilintervalle zerlegt wird, auf denen gleichzeitig iteriert wird.

Modellieren durch Optimieren

Eine wesentliche Aufgabe bei vielen Animationen, seien sie nun physikbasiert oder nicht, ist die Kollisionsvermeidung. Kollisionsbedingungen können durch Ungleichungen

$$
\begin{aligned}
f_1(x_1, x_2, \ldots, x_n) &\geq 0, \\
f_2(x_1, x_2, \ldots, x_n) &\geq 0, \\
&\cdots \\
f_m(x_1, x_2, \ldots, x_n) &\geq 0,
\end{aligned}
$$

beschrieben werden, die den Raum aller möglichen Zustandsvektoren auf die zulässigen Konfigurationen beschränken. Sei beispielsweise eine Menge feststehender Zylinder im Raum gegeben, deren Achsen parallel zur z-Achse sind. Die Durchstoßpunkte der Zylinderachsen durch die x-y-Ebene seien $\mathbf{p}_i$ und die Radien r_i genannt, $i = 1, \ldots, n$. Zwischen diesen Zylindern bewege sich eine Kugel mit Radius r. Der aktuelle Mittelpunkt der Kugel sei $\mathbf{q}$, $\overline{\mathbf{q}}$ bezeichne die senkrechte Projektion von $\mathbf{q}$ auf die x-y-Ebene. Die kollisionsfreien Lagen der Kugel sind dann durch diejenigen Werte von $\overline{\mathbf{q}}$ bestimmt, die das Gleichungssystem

$$d(\overline{\mathbf{q}}, \mathbf{p}_i) \geq r + r_i, \; i = 1, \ldots, n$$

erfüllen.

Ungleichungen werden die Veränderung der Szene nur in speziellen Fällen eindeutig festlegen. Eindeutigkeit kann durch Zusatzforderungen erreicht werden, die Abhängigkeiten zwischen den Freiheitsgraden einführen. Solche Abhängigkeiten sind beispielsweise die Bewegung der Szenenbestandteile in möglichst großem Abstand zueinander beziehungsweise in Kontakt zueinander. Forderungen dieser Art führen Ungleichungen in Gleichungen über.

Eine andere Art der Definition von Restriktionen liegt dem *Modellieren durch Optimieren* zugrunde. Dabei werden zunächst Hauptzustände definiert. Danach wird von Hauptzustand zu Hauptzustand fortgeschritten, indem man eine Optimierungsbedingung

$$\text{minimiere (bzw. } \textit{maximiere} \text{) } g(x_1, x_2, \ldots, x_n),$$

$g : I\!R^n \to I\!R$, einführt, in der der Ausgangszustand kein optimaler Zustand ist, wohl aber der Endzustand. Dieses Optimierungsproblem wird durch Fortschreitung in Richtung des steilsten Gradienten unter Beachtung der Nebenbedingungen gelöst. Die Animation ergibt sich in der Visualisierung dieses Lösungsvorgangs. Dazu ist noch der zeitliche Ablauf der Wiedergabe des Lösungsvorgangs anzugeben, da durch die Gradientenmethode zwar die Folge von Lösungen, aber keine Zeitpunkte definiert werden. Die Lösungen werden üblicherweise durch diskretes Fortschreiten längs des Gradienten näherungsweise bestimmt. Es genügt dann, den Einzellösungen Zeitpunkte zuzuordnen und anschließend zu interpolieren (Keyframe-Methode).

Modellieren durch Übergangsfunktionen

Ein Fortschreiten von Zustand zu Zustand wie beim Modellieren durch Optimieren findet auch beim *Modellieren mit Übergangsfunktionen* statt. Abhängig vom aktuellen Zustand, vom aktuellen Zeitpunkt und dem Zeitpunkt des nächsten Zustands wird durch eine Funktion der nächste Zustandsvektor spezifiziert. Dabei wird üblicherweise eine äquidistante Folge von Zeitpunkten betrachtet, naheliegenderweise etwa die Frames. Ist beim fallenden Stein der Zustandsvektor durch die aktuelle Höhe h und die aktuelle Geschwindigkeit v gegeben, dann läßt sich bei Zeitschrittweite 1 der nächste Zustand durch die Übergangsfunktion

$$
\begin{aligned}
v_n &= v_{n-1} + g, \\
h_n &= h_{n-1} - v_{n-1} - \frac{1}{2}g
\end{aligned}
$$

beschreiben.

Modellieren durch diskrete ereignisorientierte Simulation

Diese Art des synchronen Fortschreitens ist problematisch, wenn sich der Zustandsvektor zeitdiskret zu unregelmäßigen Zeitpunkten, sei es sehr dicht aufeinanderfolgend oder in recht großen Abständen, ändert. Solche Animationen können mit der Methode des *Modellierens durch diskrete ereignisorientierte Simulation* entwickelt werden. Der zeitliche Ablauf einer Animation wird als Folge von Ereignissen aufgefaßt, die zu gewissen Zeitpunkten eintreten. Die Animation bewegt sich also in Sprüngen von einem solchen Ereignis zum nächsten. Die Ereignisse werden dazu in einer Ereignisliste gehalten. Jedem Ereignis ist eine Ereignisroutine zugeordnet. Die Ereignisliste enthält die Ereignisse in der Reihenfolge ihres Auftretens sortiert. Während der Simulation wird stets auf das erste Ereignis der Liste zugegriffen und eine entsprechende Ereignisroutine aufgerufen. Die Ereignisroutine verändert den Zustandsvektor des Systems und fügt eventuell neue Ereignisse in die Ereignisliste ein.

Die ereignisorientierte Simulation ist recht flexibel. So braucht das Eintreten der Ereignisse nicht deterministisch sein. Man denke etwa an eine Warteschlange, bei der Kunden entsprechend zufällig verteilten Ankunftszeitabständen ankommen. Bei der rechnerischen *stochastischen Simulation* werden dann die Ankunftszeitabstände mittels eines Zufallszahlenalgorithmus generiert.

Es ist auch denkbar, daß die Simulation von externen Ereignissen beeinflußt wird, die der Benutzer während der Simulation absetzen kann.

Objektorientiertes Modellieren

Den bisher geschilderten Verfahren lag eine globale Sicht des Modells in Form des alles beschreibenden Zustandsvektors zugrunde. Demgegenüber ist das objektorientierte Modell eher dezentral. Der beim *Modellieren durch objektorientierte Simulation* zentrale Begriff ist der des Objekts. Ein *Objekt* besteht aus seinen Zustand beschreibenden Daten zusammen mit Operationen (sogenannten *Methoden*). Zur Veränderung des Objektzustands treten Objekte mit anderen durch *Nachrichten* in Beziehung, die beim Empfängerobjekt das Ausführen von Methoden bewirken. Objekte gehören *Klassen* an, die den Rahmen für die Datenstrukturen und Methoden ihrer Objekte bilden. Objektorientierte Systeme erlauben ferner *Hierarchien* von Klassen, wobei eine Klasse die Datenstrukturen und Methoden ihrer Elternklasse *erbt*.

Der erste Schritt beim Erstellen eines objektorientierten Modells besteht in der Definition der im Problem auftretenden Objekte und ihrer Eigenschaften. Beim fallenden Stein sind das der Stein und die Gravitation. Das Objekt *Stein* gehört zur Klasse *Gegenstände*, das Objekt *Gravitation* zur Klasse *Beschleunigung*.

Der zweite Schritt legt die Beziehungen zwischen den Objekten fest, d.h. welche Objekte von welchen Objekten Nachrichten erhalten und wohin sie welche senden. Für den fallenden Stein sind die Beziehungen in Abb. 3.48 gezeigt. Zu Beginn werden die Objekte Stein und Gravitation durch die Nachrichten *Erzeuge* generiert und eine Initialisierungsnachricht *Initialisiere* zum Stein geschickt. Der Stein schickt daraufhin eine Nachricht *Bewegen* an die Gravitation, um seine Geschwindigkeit zum ersten Zeitpunkt herauszufinden. Die Gravitation reagiert mit der Nachricht *NeueLage*. Daraufhin bewegt sich der Stein in den neuen Zustand und gibt diesen aus. Dieser wechselseitige Austausch von Nachrichten wird bis zum Erreichen der Endposition weitergeführt.

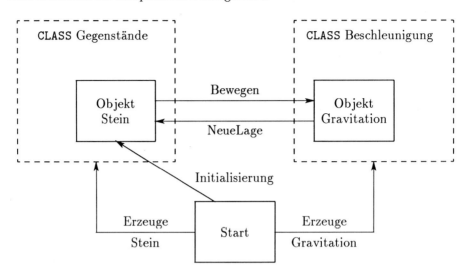

Abb. 3.48: Objekte und ihre wechselseitige Beziehung

Der dritte Schritt ist die Bestimmung der Operationen (Methoden), die auf ein Objekt angewandt oder von dem Objekt in Gang gesetzt werden können. Diese werden durch die Nachrichten ausgelöst.

Abb. 3.49 und 3.50 zeigen eine sprachliche Beschreibung der Klassen *Gegenstände* und *Beschleunigung*. Ausgelöst wird die Berechnung durch die Anweisungen in Abb. 3.51.

Interessanter wird das Beispiel, wenn mehrere Objekte der Klasse *Gegenstände* betrachtet werden, insbesondere, wenn diese noch in Wechselwirkung treten. Ferner können die Gegenstände durch Einführen von Unterklassen spezialisiert werden, beispielsweise wenn noch Gesetze berücksichtigt werden sollen, bei denen die Masse benötigt wird.

Modellieren durch prädikative Beschreibung

Beim *Modellieren durch prädikative Beschreibung* werden Fakten und Eigenschaften eines Problems deklariert, für das eine Lösung gesucht wird. Diese Information wird dann von einem systeminternen, nach logischen Schlußregeln arbeitenden Auswertealgorithmus benutzt, um eine Lösung herzuleiten. Das bedeutet, daß nicht angegeben werden muß, wie die Information auszuwerten ist. Ein prädikatives Programm besteht also aus einer Menge von Fakten und Regeln, mit denen aus bekannten Fakten neue Fakten gewonnen werden. Der Benutzer eines Programms gibt Fragen ein. Das System beantwortet die gestellte Frage durch Auswertung des Programms mit „ja" oder „nein" oder gibt alle Bedingungen an, unter denen die Frage mit „ja" beantwortet werden kann. Das Programmieren

```
CLASS Gegenstände;

VAR v, (* Geschwindigkeit *)
   h, (* Position *)
   a, (* Anfangsposition *)
   b, (* Endposition *)
   deltat: (* Stützstellenabstand *) real;
   Name: string; (* Name des Objekts *)

METHOD Erzeuge(n : string);
BEGIN
   erzeuge ein neues Objekt o dieser Klasse und führe aus:
      o.v := 0; o.h := 0; o.Name := n, o.v := 0
END;


METHOD Initialisiere(Bewegungsgesetz: string; Anfang, Ende, Delta:
real);
BEGIN
   h:= a := Anfang; b := Ende; deltat:=Delta;
   writeln(h:7:2);
   IF e < h THEN
   BEGIN
      (* Schicke mir *)
      sendmessage(Bewegungsgesetz, Bewegen, Name, 0, deltat);
   END ELSE STOP
END;


METHOD NeueLage(Bewegungsgesetz: string; vneu:real);
BEGIN
   h:= h − (vneu+v)·deltat/2;
   v:= vneu;
   writeln(h:7:2);
   IF e < h THEN
   BEGIN
      (* Schicke mir *)
      sendmessage(Bewegungsgesetz, Bewegen, Name, vneu, deltat);
   END ELSE STOP
END;


END CLASS;
```

Abb. 3.49: Die Klasse *Gegenstände*

CLASS Beschleunigung;

VAR g: real, (* Gravitationskonstante *)
Name: string; (* Name des Objekts *)

METHOD Erzeuge(n : string; a: real);
BEGIN
  erzeuge ein neues Objekt o dieser Klasse und führe aus:
    o.Name := n, o.g := a
END;

METHOD Bewegen(Objekt: name; v, deltat: real)
BEGIN
  v:=v+g·deltat;
    (* verändere dich *)
    sendmessage(Objekt, NeueLage, Bewegungsgesetz, v);
END;

END CLASS;

Abb. 3.50: Die Klasse *Beschleunigung*

sendmessage(Gegenstände, Erzeuge, Stein);
sendmessage(Beschleunigung, Erzeuge, Gravitation, 1.6);
sendmessage(Stein, Initialisiere, Gravitation, 0.8, 0.0, 1/24);

Abb. 3.51: Auslösung der Berechnung

reduziert sich damit auf eine logische Spezifikation des Problems, gefolgt von einer Anfrage, die zu beweisen ist.

Im folgenden Beispiel, dessen Syntax sich an der Programmiersprache PRO-LOG orientiert, sind als Fakten Relationen gegeben, die Künstlern ihr Geburts- und Sterbejahr zuordnen:

```
artist(da_vinci, 1452,1519)
artist(raffael,  1483,1520)
artist(brueghel, 1525,1569)
...
artist(cezanne,   1839,1906)
artist(monet,     1840,1926)
artist(renoir,    1841,1919)
artist(kandinsky,1866,1944)
```

```
artist(picasso,  1881,1975)
artist(braque,   1882,1963)
artist(magritte, 1898,1967)
artist(dali,     1904,1989)
```

„artist" wird auch als Prädikat bezeichnet. Eine einfache Frage mit der Antwort durch das System ist dann

```
? - artist(dali,1904,1989).
    YES
```

Interessanter werden Fragen, wenn Variablen verwendet werden. Variablen sind an der Großschreibung zu erkennen. Das erlaubt folgende Anfrage, die durch die Ausgabe der Variablenwerte beantwortet wird, die die Frage erfüllen:

```
? - artist(cezanne,X,Y).
    X=1839, Y=1906
```

Bei der Suche werden X und Y an den entsprechenden passenden Fakten gebunden und dann ausgegeben.

Die Fakten können zusätzlich um ein Regelsystem ergänzt werden. Regeln geben an, wie Fakten zusammenhängen bzw. dienen dazu, neue Prädikate zu definieren. Regeln haben die Form

$$p \text{ gilt, falls } (p_1 \text{ gilt und } p_2 \text{ gilt und } \ldots \text{ und } p_n \text{ gilt}),$$

wofür kürzer

$$p \ :- \ p_1, p_2, \ldots, p_n$$

geschrieben wird. So läßt sich das neue Prädikat „contemporary", das erfüllt ist, wenn zwei Künstler Zeitgenossen sind, so durch ein Regelsystem definieren:

```
contemporary(X,Y):- artist(X,B1,D1), artist(Y,B2,D2),
                    X \= Y, overlap(B1,D1,B2,D2).
overlap(B1,D1,B2,D2):- B2>=B1, B2=<D1.
overlap(B1,D1,B2,D2):- B1>=B2, B1=<D2.
```

Zum Beantworten einer Anfrage wird die Fakten- und Regelmenge nach einer Übereinstimmung der Anfrage mit einem Faktum oder einer linken Seite einer Regel durchsucht. Wird Übereinstimmung mit diesem Regelkopf festgestellt, werden alle Variablen in der Regel wie bei Fakten mit den entsprechenden Werten belegt. Um das durch den Kopf der Regel gegebene Ziel zu beweisen, sind alle Teilziele zu beweisen. Dieses erfolgt wiederum durch Suche nach Übereinstimmungen, wobei die Teilziele von links nach rechts abgearbeitet werden. Typische Fragen und Antworten des Künstlerbeispiels sind dann

```
?- contemporary(raffael,dali).
   NO
```

```
?- contemporary(picasso,braque).
   YES
```

```
frame (0,0.0).
frame (i,X) :- i>0 , X is 0.8 - 1/2 · 1.6·(i/24)·(i/24).

movie (0,[0.0]).
movie (i,[X|Y]) :- j is i-1 , movie(j,Y) , frame (i,X).

?- movie(24,X).
```

Abb. 3.52: Eine prädikative Beschreibung des fallenden Steins

```
?- contemporary(da_vinci,K).
   K=raffael;
   NO
```

Die etwas schwierige Frage nach Zeitgenossen von da Vinci, die zwischen 1450 und 1480 lebten, läßt sich so formulieren:

```
?- contemporary(da_vinci,X),
   artist(X,A,B), overlap(A,B,1450,1480).
   NO
```

Dabei bedeuten die Kommas in der Frage wieder das logische „und". Die Antwort auf diese Frage ist „NO".

Mit der Bezeichnung [X|Y] für eine Liste, die aus dem Anfangselement X und der Liste Y besteht, kann die prädikative Beschreibung des fallenden Steins die in Abb. 3.52 gezeigte Form haben. Nach Ablauf des Programms enthält die Variable X die Liste der Höhenwerte.

3.6 Entwurfsprinzipien

In den vorangegangenen Abschnitten wurden eine Vielzahl von Verfahren zum Modellieren von Objekten und Bewegungen vorgestellt. Diese helfen, einen technisch anspruchsvollen Trickfilm zu erstellen. Offen bleibt allerdings die Frage, wie der Film als Ganzes anzulegen ist, damit er auf den Betrachter ansprechend wirkt.

Die Beantwortung dieser Frage hängt von der Art und Anwendung der Animation ab. Bei der Echtzeitanimation eines Experiments oder einer Simulation ist das Drehbuch normalerweise durch den Ablauf der beobachteten Ereignisse vorgegeben und ist für den Anwender schon dadurch von großem Interesse. Hierbei ist höchstens noch zu beachten, daß die Daten in verständlicher Form aufbereitet werden. Schwieriger wird es, wenn aus der möglicherweise langen Echtzeitanimation eine Kurzfassung zusammengeschnitten werden soll. Dabei sind Fragen der Anordnung und der Länge der einzelnen Sequenzen zu klären. Die vielleicht beste Vorgehensweise hierbei ist, zunächst den erläuternden Text zu entwerfen, zu dem dann der Film als „Untermalung" eingespielt wird. Für längere wortlose Sequenzen kann eine Musikeinspielung vorgesehen werden, wobei sich die Länge der Sequenz am Charakter der Musik orientieren kann. Diese Vorgehensweise erscheint generell bei Filmen mit wissenschaftlichen Inhalten sinnvoll.

Ein anderer Typ ist die künstlerische, unterhaltende Animation. Hierfür gibt es reichhaltige Erfahrungen aus der Zeichentricktechnik. Diese sind in der folgenden Liste von Prinzipien aufgeführt, die als Faustregeln auch bei Computeranimationen beachtet werden können. Dies bedeutet nicht, daß nur Animationen gelungen sind, die sich strikt an diese Regeln halten. In *Occursus cum novo* gibt es verschiedene Verstöße gegen diese Regeln. Eine Übertretung dieser Gesetze ist eine künstlerische Entscheidung, die eine Interpretation zuläßt.

Der Entwickler einer Computeranimation ist in seiner Entscheidung frei, welche Kräfte und Gesetze in die Ausgestaltung einbezogen werden. Es empfiehlt sich jedoch, die grundlegenden Newtonschen Gesetze der Bewegung zu beachten:

- Ein ruhender Körper neigt zur Ruhe. Ein Körper in Bewegung tendiert dazu, diese Bewegung fortzusetzen (Trägheitsgesetz).

- Eine Änderung des Bewegungszustandes kann nur durch das Einwirken einer äußeren Kraft geändert werden. Der Körper bewegt sich in Richtung der Summe der an ihm wirkenden Kräfte.

- Jede Aktion bewirkt eine Reaktion in entgegengesetzte Richtung.

Ein beliebtes Beispiel ist ein Ball, der von einem Schuh getreten wird und gegen eine Wand prallt. Zu Beginn ist der Ball rund und liegt regungslos da. Plötzlich trifft ihn die Schuhspitze. Der Ball verharrt noch einige Augenblicke, während die Schuhspitze tief eindringt und ihn verformt. Schließlich gibt der Ball der Bewegung nach, verformt sich dabei unter der plötzlichen Beschleunigung ins Ovale und gewinnt seine ursprüngliche Form zurück. Beim Aufprall auf die Wand verformt er sich aufs Neue.

Während des Aufpralls wird der Ball zusammengedrückt. Um den Bewegungsablauf glaubwürdiger erscheinen zu lassen, kann man mit Übertreibungen arbeiten. Objektive zeitliche Messungen würden diesen Augenblick fotografisch abbildbar werden lassen. Aber in Wirklichkeit wäre der Aufprall des Balles nur wenige hundertstel Sekunden lang.

In der Animation wird aus dieser winzigen Zeitspanne mindestens ein Bild, also mindestens eines von 24 oder 25 Einzelbildern pro Sekunde. Wie es eine Zeitspanne für den Aufprall gibt, so gibt es auch einen Punkt maximaler Wirkung. Der Ball verformt sich da, wo ihn der Schuh trifft. Ein anderes Beispiel: Ein Stolpernder bleibt zuerst mit den Füßen hängen, während der restliche Körper noch dem Trend zum Weiterlaufen folgt.

Natürlich sind realistische Handlungsabläufe komplexer und müssen ebenso dargestellt werden. Aber die Gesetze in ihrer Funktion bleiben gleich und finden ihre symbolische, übertriebene Interpretation in der Animation. Die Kunst der

Animation beginnt da, wo der Animator das ledigliche Kopieren eines realen
Handlungsablaufes verläßt und die Handlung durch Übertreibung interpretiert.

Darauf aufbauend lassen sich gewisse Grundsätze herleiten, die einer Animation zugrunde gelegt werden können:

- *Übertreibung:* Alle Erfahrung zeigt, daß die Übertreibung in der Animation die
  Charaktere nicht unsinniger, sondern, im Gegenteil, glaubwürdiger erscheinen
  läßt, weil Übertreibung nicht verlangt, die Figuren in einen unüberschaubaren
  Strudel von Hektik zu stürzen, sondern stattdessen jede einzelne Bewegung
  bewußt und liebevoll ins Archetypische zu überhöhen.

- *Timing:* Die Zeitplanung oder die Geschwindigkeit von Aktionen ist ein wich-
  tiges Prinzip, da sie einer Aktion eine Bedeutung gibt. Beispielsweise kann das
  Gewicht oder die Größe eines Objektes daraus hergeleitet werden, oder der
  Szene eine emotionale Bedeutung zuordnen. Eine Szene darf den Zuschauer
  nicht überfordern, wenn alles zu hektisch abläuft, oder langweilen, wenn einer
  Aktion zu viel Zeit gewidmet wird.

- *Staging:* Für Szene und Einzelbild gilt das Prinzip klarer Inszenierung, d.h. die
  überlegte Entscheidung über Abstand oder Bewegung der Kamera, Position
  der Figuren im Bild, Farben, Licht, die optimale Präsentation der Bild- und
  Szenenidee. Eine Idee soll so dargestellt werden, daß sie unmißverständlich
  und vollständig dargestellt wird.

- *Kurvenprinzip:* Bedingt durch anatomische Gegebenheiten – die Aufhängung
  einzelner Glieder in Gelenken – beschreiben Körperteile in Bewegung
  grundsätzlich Kreise und keine Geraden. Diese Beobachtung wird in der Animation übersteigert. Runde Bewegungen machen eine Aktion weicher und
  weniger steif, als wenn sie durch geradlinige Bewegungen modelliert worden
  wäre.

- *Slow in / Slow out:* bezeichnet die Steuerung der Rhythmik eines Bewegungs-
  ablaufs. In der Anordnung der Zwischenphasen auf die Schlüsselphase zu oder
  von ihr weg entsteht ein Effekt des Abbremsens oder Beschleunigens, der dafür
  sorgt, daß die Bewegung nicht mechanisch oder stereotyp abläuft.

- *Antizipation:* bezeichnet die einer Bewegung vorausgehende oder nachfolgende
  Gegenbewegung, also etwa das Ausholen zum Schlag, das Luftholen beim Nie-
  sen etc., die die eigentliche Bewegung einleitet, ankündigt, konterkariert oder
  die entsprechende Erwartung enttäuscht. Diese Gegenbewegung macht die eigentliche Bewegung dramaturgisch pointierter und physiologisch glaubhafter.

- *Squash und Stretch:* Diese beiden Grundbegriffe basieren auf der Beobachtung, daß jeder lebende Körper in Bewegung seine Form mehr oder weniger
  verändert, ohne dabei sein Volumen zu verändern – und zwar in dem Umfang,
  in dem er den an ihm angreifenden Kräften ausgesetzt ist. Dabei verdeutlicht
  ein Squash den Übergang von der Bewegung zum Stand, ein Stretch den
  Übergang vom Stand zur Bewegung.

- *Zweitrangige Bewegungen:* Dies sind Bewegungen, die direkt aus einer anderen Bewegung resultieren. Sie sind wichtig, indem sie das Interesse erhöhen und der Szene eine realistische Komplexität beigeben. Eine solche Bewegung muß immer untergeordnet bleiben. Beispiele sind Bewegungen von Füßen, wenn als Hauptbewegung das Laufen einer Person gezeigt wird.

- *Follow Through / overlapping action:* Der Impuls zu einer Bewegung oder dem Stillstand trifft nicht alle Teile eines Körpers zur gleichen Zeit und mit gleicher Stärke. Dieses Prinzip trägt der Tatsache Rechnung, daß sich einzelne Teile entsprechend ihrer Konsistenz und Konstruktion bewegen. Gegebenenfalls wird eine Bewegung über eine Schlüsselpose hinausgeführt, bevor sie zum Stand (moving hold) zurückkehrt. So wird eine fließendere Bewegung und größere Lebendigkeit erreicht.

- *Straight ahead und pose-to-pose Action Keyframes:* Dieses Prinzip bestimmt die Art des Entwurfes. Wenn sehr viel Einfallsreichtum und Spontaneität gefragt ist, wird jedes Bild nacheinander entworfen und erstellt, wobei während des Entwurfes noch Ideen eingearbeitet werden können. Wenn das Timing eine wichtige Rolle spielt, ist es sinnvoll, planender an den Entwurf heranzugehen. Man geht verfeinernd vor, indem man zunächst einige Schlüsselstellungen entwirft und die dazwischen liegenden Bilder nach und nach ergänzt.

- *Appeal:* Eine Szene, in der Dinge gezeigt werden, die man sehen möchte, ist attraktiver, als eine, die schwer zu verstehen oder technisch unvollkommen ist. Ein Mangel an Appeal liegt schon dann vor, wenn Körperbewegungen völlig gleichseitig und symmetrisch modelliert werden, da der Ablauf dann zu steif und technisch wirkt.

- *Persönlichkeit:* Die eingesetzten Figuren sollten eine unverwechselbare Persönlichkeit besitzen, die während des ganzen Handlungsablaufes beibehalten wird.

Welche dieser Regeln befolgt wird, hängt vom Anwendungsgebiet ab. Sollen beispielsweise fallende Wassertropfen dargestellt werden, sind diese nicht tropfenförmig, sondern (sieht man vom Luftwiderstand ab) kugelig, was natürlich mit der physikalischen, häufig aber nicht mit der subjektiven Realität übereinstimmt. Effekte wie die Übertreibung einer Bewegung sind für animierte Comics optimal, ein Trick-Kater, der beim Laufen stromlinienförmig wird, sieht wirklich „schneller" aus; eine echte Katze verändert sich jedoch auf ganz andere Weise bei der Fortbewegung. Und für Karosseriebauer wäre die Simulation eines Autos, das bei 180 km/h nur noch halb so hoch ist und elliptische Räder bekommt, nicht zweckvoll.

3.7 *Occursus cum novo*

3.7.1 Unterszenentechnik

> Dann nahm ich einen Gorilla, und daraus machte ich, indem ich mit unendlicher Sorgfalt arbeitete und Schwierigkeit nach Schwierigkeit überwand, meinen ersten Menschen. Die ganze Woche lang formte ich Tag und Nacht an ihm ...
>
> H. G. Wells, *Die Insel des Dr. Moreau*

In *Occursus cum novo* wurden zahlreiche Objekte, die früher entstanden waren, verwendet. Das ist mit der Unterszenentechnik und dem Bibliotheksmechanismus der VERA-Schnittstelle einfach möglich. So machen die Schachfiguren aus bereits existierenden Standbildern einen entscheidenden Anteil der Szenen aus der „harten Welt" aus. Aus dem medizinischen Bereich stammen die rekonstruierten Tomographiedaten eines Torsos, der als Statue verwendet wurde, und einer

> Vieles von dem, was ich benötigte, mußte ich mir ja aus dem Sezierraume oder dem Schlachthause beschaffen...
>
> Mary W. Shelley, *Frankenstein oder Der neue Prometheus*

Niere, die – als *objet trouvé* gewissermaßen – die Bausteine einer modernen Plastik im Stil von Hans Arp bildet (Abb. 1.36). Weitere Unterszenen, so der Wecker (dessen Zeiger allerdings noch beweglich gemacht, d.h. in Unterszenen verpackt werden mußten), die Libelle, die Nachbildungen zweier Werke von Künstlern der

> Einer von ihnen wollte tatsächlich die Malerei wiedererwecken, eine Kunst, die wegen des Fortschritts in der Farbphotographie außer Gebrauch gekommen war.
>
> Jules Verne, *Im Jahre 2889*

Stijl-Bewegung[1] stammen aus früheren Arbeiten. Andere Objekte, wie beispielsweise die Buchstaben, die Windmühlen und die Tempel, aber auch „Komparsen" wie das Schachbrett, der Kugelschreiber oder die Wurmeier wurden eigens für den Film entworfen. Das geschah häufig durch *„Wegwerf-Programme"*, die im Prinzip nur aus einer Schleife und einem Ausgabekommando bestanden, um den Eingabeaufwand bei regelmäßigen Objekten zu verringern. Beispiele hierfür sind

- Schachbrettfelder, Tapetenkaros, Tischdecke,

- Gitterstangen, Drahtrahmen für die Silhouette des Springers, Mauerziegel,

- Farben für die abkühlenden Schachfiguren, die Würmer, den Wüstenboden,

---

[1]eine Kunstrichtung, die nach der 1917 von Theo van Doesburg, J.J.P. Oud und Piet Mondrian gegründeten Zeitschrift *De Stijl* benannt ist

• Umwandlung von VERA-Patches in Dreiecke, zufälliges Verbiegen der Normalenvektoren von VERA-Patches.

In *Occursus cum novo* wurde kein Gebrauch vom Texturkonzept gemacht, da dieses damals noch nicht implementiert war.

> Ich will hier gar nicht damit anfangen, von Vera zu reden.
>
> Carl Amery, *Geist-Transfer*

3.7.2 Texte

Die **Titeltexte** in *Occursus cum novo* bestehen aus Textzeilen-Unterszenen, die sich aus Buchstaben-Unterszenen zusammensetzen, wobei ein Buchstabe aus Quader- und Kreisbogen-Unterszenen besteht. Diese Unterszenen enthalten wieder Polygone bzw. VERA-Patches. Die Schrift wurde so entworfen, daß diese Elemente bei fast allen Zeichen ausreichen. Das Zusammensetzen des Kreisbogens aus VERA-Patches, das textuelle Erstellen der Quader- und Kreisbogen-Aufrufe aus einer vorgegebenen Buchstabendefinition und vor allem das Generieren von Unterszenenaufrufen für zeilenweise eingegebene Texte – in Proportionalschrift, was kein allzu großes Problem ist, da mit wenigen Ausnahmen alle Zeichen gleich breit sind (Abb. 1.9) – wurde durch spezielle Programme erreicht.

3.7.3 Periodizität

Eine einfache Möglichkeit, den Entwurfsaufwand deutlich zu verringern, sind *periodisch* sich wiederholende Bewegungen. Verzichtet man zusätzlich auf nichtperi-

> „Es ist vollständig und in alle Ewigkeit verboten, bei Strafe des Todes, deren Vollzugsweise von der Kirchlichen Gerichtsbarkeit des Distriks bestimmt wird, jene Substanz herzustellen, zu beschreiben, zu erörtern, schriftlich zu erwähnen oder in irgendeiner Weise zu benützen, die gemeinhin als Schießpulver bekannt ist, ebenso jegliche andere Substanz, die von den zuständigen Autoritäten der Kirche mit Grund verdächtigt wird, Atome zu enthalten."
>
> Edgar Pangborn, *Davy*

odische Änderungen im Bild, also auch auf Kamerafahrten, kann man außerdem auch Rechenzeit sparen, da die einmal berechnete Sequenz wiederholt werden kann. Hier ist jedoch Vorsicht geboten, da zu häufige Wiederholungen schnell langweilig werden. Andererseits erfordern Kamerafahrten eine wesentlich erweiterte Ausarbeitung der Umgebung, während bei stillstehender Kamera lediglich die direkt oder indirekt über spiegelnde und brechende Objekte sichtbaren Details der Umgebung modelliert werden müssen. Eine Fehlerquelle, auf die beim Entwurf periodischer Szenen zu achten ist, ist die Übereinstimmung des ersten Bildes mit dem letzten, die vermieden werden muß, da die Bewegung an dieser

Stelle sonst ruckartig wird. Ein Beispiel für eine solche periodische Bewegung ist die Mühlenszene. Nicht nur die Drehung der Windmühlenflügel, sondern auch die Wellenbewegung des Wassers ist periodisch (mit einer Periode von je einer Sekunde) (Abb. 1.10, 1.24, 1.38 und 1.39).

3.7.4 Bewegung

Einige Bewegungen lassen sich sehr einfach durch explizite Funktionen definieren. Die Flugbahn und Rotation der Bodenplatten in der **Raketensilo-Szene** (Abb. 1.18 und 1.19) ist beispielsweise durch einige Parabeln bzw. trigonometrische Funktionen gegeben. Die **Metamorphose des Schachläufers** (Abb. 1.12 und 1.15) entsteht durch lineares Vergrößern des mutierten Kopfes, der sich zunächst im Inneren des gewöhnlichen befindet.

In Animationen werden immer wieder spezielle typische Bewegungsabläufe benötigt, für die es sinnvoll ist, eine entsprechend angepaßte, einfach einzusetzende Klasse von Funktionen verfügbar zu haben. Ein typisches Beispiel sind Kamerabewegungen, bei denen die Kamera zuerst beschleunigt, die Fahrt dann einigermaßen gleichmäßig beibehält, und schließlich abbremst. Hier bietet sich die Parabel an. Da die Kamerabewegung ein physikalischer Vorgang ist, entspricht bei konstanter Beschleunigung die Parabel der tatsächlichen Bewegung. Sollen sich die Koordinaten eines Punktes $\mathbf{p}$ (Augenpunkt, Bildmittelpunkt und oberer Randpunkt müssen passend zueinander bewegt werden!) im Zeitintervall $[0,1]$ von (x_1, y_1, z_1) nach $(x_1 + \delta_1, y_1 + \delta_2, z_1 + \delta_3)$ bewegen, so sind die Werte zum Zeitpunkt t

$$\mathbf{p}(t) = \begin{pmatrix} x_1 \\ y_1 \\ z_1 \end{pmatrix} + f(t) \cdot \begin{pmatrix} \delta_1 \\ \delta_2 \\ \delta_3 \end{pmatrix},$$

wobei $f(t) = t^2$ ist.

Soll die Kamera während einer Szene auch wieder zum Stillstand kommen, muß sie zunächst beschleunigt und nach einer Phase mit konstanter Geschwindigkeit abgebremst werden. Vereinfacht ergibt sich mit $t \in [0,1]$ und $0 \leq t_1 \leq t_2 \leq 1$ folgende Formel

$$f(t) = \begin{cases} \alpha_1 t^2 & \text{für } 0 \leq t \leq t_1, \\ \beta_2 t + \gamma_2 & \text{für } t_1 \leq t \leq t_2, \\ \alpha_3 t^2 + \beta_3 t + \gamma_3 & \text{für } t_2 \leq t \leq 1. \end{cases}$$

Nun müssen α, β und γ so bestimmt werden, daß folgende Bedingungen erfüllt sind:

1. f ist differenzierbar (um eine glatte Bewegung zu erhalten),

2. $f(0) = 0$, $f(1) = 1$ (Ausgangs- und Endposition der Bewegung an Schlüsselpositionen),

3. $f'(0) = f'(1) = 0$ (*slow in* und *slow out*).

Einfacher ist es, die Näherungsformel

$$c(t) = \frac{1 - \cos(t \cdot \pi)}{2} \approx f(t)$$

zu verwenden, die die genannten Bedingungen erfüllt. Abb. 3.53 zeigt die Funk-

$$S_5 = \frac{l_3 \cdot \text{Mach}^2}{O_4 \cdot t_2}$$

Joern J. Bambeck, *Die Anderen*

tion $f(t)$ mit $t_1 = t_2 = \frac{1}{2}$ und der Näherungsformel $c(t)$. Mit etwas Übung lassen sich daraus auch andere Funktionen bilden, die ähnliche Eigenschaften aufweisen, z.B. $c(t) \cdot \sqrt{t}$, $c(t) \cdot t^2$, $c(\sqrt{t})$, $c(t^2)$, $c^2(t)$ oder $\sqrt{c(t)}$ (Abb. 3.54).

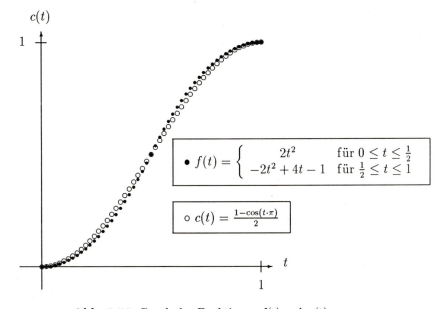

$$\bullet \ f(t) = \begin{cases} 2t^2 & \text{für } 0 \leq t \leq \frac{1}{2} \\ -2t^2 + 4t - 1 & \text{für } \frac{1}{2} \leq t \leq 1 \end{cases}$$

$$\circ \ c(t) = \frac{1 - \cos(t \cdot \pi)}{2}$$

Abb. 3.53: Graph der Funktionen *f(t)* und *c(t)*

Die **Kamerafahrt in der Wüstenszene** (Abb. 1.36) ist z.B. definiert durch

$$\mathbf{a} = \begin{pmatrix} -20 + 19 \cdot c(t) \\ -20 - 6 \cdot \sin(c(t) \cdot \frac{\varphi}{2}) \\ 8 + 1.5 \cdot \sin(c(t) \cdot \frac{\varphi}{2}) \end{pmatrix},$$

$$\mathbf{m} = \begin{pmatrix} -8 + 2 \cdot c(t) \\ 3 \cdot \sin(c(t) \cdot \frac{\varphi}{2}) - 1 + c(t) \\ 2.5 - 1.7 \cdot c(t) \end{pmatrix},$$

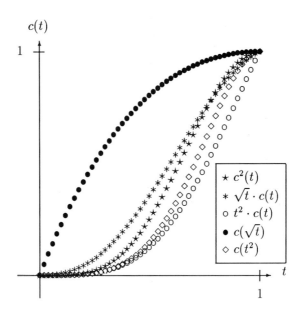

Abb. 3.54: Graph einiger c-Funktionen

$$\mathbf{r} = \begin{pmatrix} -8 + 2 \cdot c(t) \\ 2 \cdot \sin(c(t) \cdot \frac{\varphi}{2}) - 1 + 5 \cdot c(t) \\ 3.5 + 0.7 \cdot c(t) + \sin(c(t) \cdot \frac{\varphi}{2}) \end{pmatrix},$$

wobei $\varphi = 2\pi t$, $\mathbf{a}$ der Augenpunkt, $\mathbf{m}$ der Bildmittelpunkt und $\mathbf{r}$ der obere Randpunkt ist.

3.7.5 Wasser

Zur Simulation von Wasser (Abb. 1.38) wurde zunächst mit einfachen Sinus-Schwingungen gearbeitet. Es zeigte sich aber, daß die Wellen sehr regelmäßig und damit unnatürlich aussahen und eher an die Zeitlupenaufnahme einer schwingenden Lautsprechermembran erinnerten. Ein durch Zufall gesteuertes Modell

> Zufall: Sie haben der anderen Hälfte dessen, was sich abspielte, keine Beachtung geschenkt.
>
> John Brunner, *Morgenwelt*

kommt den verschiedenen Umweltbedingungen wie Wind, Strömung, Grund- und Uferbeschaffenheit am nächsten. Zunächst wird über die ebene Fläche ein Gitter gelegt, in diesem Fall auf die ganzen Zahlen im Bereich −15 bis 15, so daß die relativ geringe Anzahl von neunhundert Quadraten bzw. eintausendachthundert VERA-Patches ausreicht. Jedem der Gitterpunkte werden nun zwei zufällige Winkel α und β zugeordnet, die dann die Lage und Bewegung festlegen. Der Gitterpunkt bewegt sich in x-y-Ebene, also waagrecht, auf einer Kreisbahn (also von einigen Parametern wie dem Kreisradius abgesehen und unter Berücksichtigung des zeitabhängigen Winkels ϑ auf der Bahn $(x + \cos(\alpha + \vartheta), (y + \sin(\alpha + \vartheta)))$

> Du siehst, mein Sohn, daß sich hier Zeit in Raum verwandelt.
>
> Richard Wagner, *Parsifal*

und in z-Richtung, also auf der Höhenachse, auf einer Sinuskurve $(\sin(\beta + \vartheta))$. Wie sich gezeigt hat, führt die Verwendung der echten Oberflächennormalen, die sich aus der Steigung zu den Nachbarpunkten ergeben, zu einer zu glatt scheinenden Bewegung. Günstiger ist es, die Normalenendpunkte unabhängig von der tatsächlichen Oberfläche in einer von einem ebenfalls zufällig bestimmten Anfangswinkel γ abhängigen Bahn kreisen zu lassen. In der Mühlenszene im Showdown bewegen sich die Normalen nicht auf einer Kreisbahn, sondern auf einer Lissajous-Kurve $(\cos(2 \cdot (\gamma + \vartheta)), \sin(3 \cdot (\gamma + \vartheta)))$. Ein wesentlicher Unterschied ist jedoch nicht zu erkennen. Bemerkenswert ist, daß für eine solche Wassersimulation ein nur achtzig Zeilen langes Pascal-Programm genügt.

Derivate des Programms wurden auch verwendet, um die spiegelnde Rückwand bei den Katenoiden, den Boden in der Tempelszene (die Regenpfützen sind hier ungekrümmte Polygone, deren Form durch den Schnitt mit dem Boden entsteht und die aufgrund der geringen Anzahl von VERA-Patches sehr eckig wirkt) und die Sanddünen in der Wüste (mit zufällig eingefärbten Patch-Eckpunkten) zu erzeugen (Abb. 1.18, 1.27 und 1.31).

3.7.6 Würmer

In einigen Szenen ist ein **Wurm** zu sehen, der sich auf unterschiedliche Art bewegt. Die Animation der aus fünfzig verschiedenfarbigen Kugeln bestehenden Würmer wird teilweise über Kurven in Parameterdarstellung (wenn sich die Würmer auf fest vorgegebenen Bahnen bewegen), teilweise durch Partikelsimulation (wenn der Wurm zerplatzt und die einzelnen Kugeln hin- und herhüpfen) erreicht.

Die Kugeln der „tanzenden" Würmer (Abb. 1.25 und 1.41) bewegen sich – ähnlich wie Wagen auf einer Achterbahn – auf einer recht einfachen Kurve:

$$(\sin(2\varphi),\ \sin(\varphi),\ \sin(3\varphi)).$$

Dies ist wieder eine Lissajous-Schwingungsüberlagerung. Der Winkel φ für jede

> Gott würfelt nicht, er addiert Amplituden.
>
> Henning Genz

einzelne Kugel des Wurmkörpers ist dabei abhängig vom Abstand zum Ende des Wurms und von der Zeit. Für jedes Frame entstammen alle Wurmunterszenen einer anderen Include-Datei, so daß mehrere Phasen gleichzeitig zu sehen sind. Für die sich auf eine Schachfigur zuschlängelnden Würmer (Abb. 1.34 und 1.35) wurde eine nur unwesentlich kompliziertere Bahnkurve verwendet, was zeigt, daß schon wenige überlagerte Sinuskurven genügen, um eine scheinbar zufällige oder willkürliche, d.h. in diesem Fall eine dem Willen des Wurms entspringende Bewegung zu simulieren. Die Formel für die Kurve lautet

$$
\begin{aligned}
x &= 22 \cdot h^2, \\
y &= 1.3 \cdot \sin(2.8 \cdot \varphi) - \sin(2\pi \cdot \varphi), \\
z &= 1.2 \cdot \sin(6\varphi) + \sin(11.3 \cdot \varphi) + 3 \cdot h^2,
\end{aligned}
$$

mit $h \in [0,1]$, $\varphi = 2\pi h$ und $h = t/\Delta_{max}$, Δ_{max} die Länge des Zeitintervalls der Bewegung.

3.7.7 Partikelsysteme

Was mag es wohl sein, so hatte ich unzählige Male gefragt, das jenes Etwas in uns hervorruft, welches wir Leben nennen?

Mary W. Shelley, *Frankenstein oder Der neue Prometheus*

Wesentlich größeren Aufwand verursachte die Szene, in der der Wurm zerplatzt (Abb. 1.21). Diese Sequenz ist ein Beispiel, das durch ein Partikelsystem modelliert wurde. Dieses Partikelsystem und die anderen bei *Occursus cum novo* verwendeten bauen auf einem gemeinsamen Programmgerüst METAMORPHOSIS auf. Dieser Rahmen wird für die spezielle Simulation durch geeignet entworfene Prozeduren konfiguriert. Der Rahmen folgt der Methode des Modellierens von Bewegung durch Übergangsfunktionen mit synchronen Zeitpunkten.

Ein Partikelsystem besteht aus einer Menge von Objekten, Partikel genannt. Jedes Partikel hat einen individuellen Entstehungs- und Vernichtungszeitpunkt

Es genügt nicht, nur zu zerstören.

Peter Alexandriewitsch Kropotkin

und während seiner Lebenszeit einen Status, der „ständig" (das heißt zu jedem Abfragezeitpunkt) gemäß den Modellgesetzen fortgeschrieben wird. Ein solches System zerfällt damit im wesentlichen in die Funktionen „Schöpfer", „Erhalter" und „Zerstörer". Der algorithmische Rahmen von METAMORPHOSIS sieht wie in Abb. 3.55 gezeigt aus.

Brahma[2] orientiert sich bei jedem Schleifendurchgang am Zustand der Welt und erschafft bei Bedarf neue Objekte o_i, die er dem Modell hinzufügt. Dies kann in einem gewaltigen Schöpfungsakt zu Beginn der Simulation oder auch nach und nach geschehen.

Vishnu schreibt die Zustände der einzelnen Objekte fort. Die Fortschreibungsfunktion muß nicht unbedingt aus geschlossenen Formeln bestehen, sondern

---

[2]in der hinduistischen Mythologie werden der Götterdreiheit Brahma, Vishnu und Shiva die Funktionen des Schöpfers, Erhalters und Zerstörers zugewiesen

---

ALGORITHMUS Metamorphosis;

  UNTERALGORITHMUS Brahma;
  (* erschafft neue Objekte und fügt sie in die Welt M ein *)

  UNTERALGORITHMUS Vishnu;
  (*
  sorgt für die Erhaltung der Gesetze des Weltmodells und der
  Objekteigenschaften (und gibt an die reale Welt den Zustand
  des Weltmodells in Form einer **VERA**-*Geometrie-Datei aus)*
  *)

  UNTERALGORITHMUS Shiva;
  (*
  entscheidet über die Lebensspanne jedes einzelnen Objekts
  und entfernt es aus M, wenn seine Zeit erfüllt ist
  *)

M: eine Menge elementarer Objekte;

BEGIN
  $M := \emptyset$;
  REPEAT
    Brahma;
    Vishnu;
    Shiva
  UNTIL Ende der Welt
END

Abb. 3.55: Der Algorithmus **METAMORPHOSIS**

kann beliebig komplexe Algorithmen beinhalten und aufwendige Bedingungen berücksichtigen. Damit ist die Wahl der Modellwelt sehr frei: alles, was algorithmisch beschreibbar ist, wird möglich. Denkbar sind hier physikalische Gesetze,

> Hat man einmal angefangen, Gesetze zu machen, so findet man leicht kein Ende.
>
> William Godwin

Überprüfung von Kollisionen der Partikel untereinander oder mit anderen Objekten, und vieles andere mehr, ja, sogar Modellregeln, die unserer Erfahrung oder auch der Physik spotten.

Auch Shiva entscheidet aus dem Weltzustand heraus, welche Objekte er vernichten will und entfernt sie aus dem Modell. Der dabei frei werdende Speicherplatz steht für neue Objekte zur Verfügung.

Beim Entwurf des **zerfallenden Wurms** wurde zunächst über ein Modell nachgedacht, bei dem die Wurmkugeln negativ geladene bewegliche und die Schachfiguren positiv geladene feststehende Teilchen sein könnten. Die „Elektronen" würden sich auf durch verschiedene Anziehungs- und Abstoßungskräfte

> „(...) Aber ich glaube gewiß, daß das Elektron einmal existiert hat, obgleich ich nicht weiß, wie es zusammengesetzt war und wozu es gedient haben mag."
>
> Walter M. Miller jr., *Lobgesang auf Leibowitz*

beeinflußten Bahnen um die „Positronen" bewegen. Eine auf zwei Bewegungsdimensionen beschränkte Anfangsimplementierung zeigte, daß die Kugeln so stark beschleunigt wurden, daß sie schon nach wenigen Frames im Bild nicht mehr zu sehen waren. Das wird auch durch die Einführung eines „Schwerkraftzentrums" nicht kompensiert. Die Simulation mit zahlreichen anderen Parametern wie Objektmasse und Ladung, Schwerkraft und Stoßdämpfung führte zu Rechenzeiten, die sich bei der Vielfalt der Parameter und der nicht geringen Komplexität der Szene als zu hoch zum experimentellen Modellieren erwiesen. Ferner zeigte sich, daß bei einer Beschränkung der Anzahl der Kugeln auf zwei oder auch drei diese wie Raumsonden auf eleganten Bahnen um Himmelskörper kreisen. Bei erhöhter Anzahl stießen sie sich gegenseitig so stark ab, daß sie schon nach wenigen Augenblicken das sichtbare „Universum" verlassen hatten.

In der endgültigen Realisierung wurde ein Billard-Modell verwendet, bei dem die Kugeln u.a. voneinander, von den Schachfiguren und dem Schachbrett abprallen. Die Kugeln gehorchen jetzt folgenden Gesetzmäßigkeiten:

- Kugeln beeinflussen sich nicht gegenseitig, sie können sich sogar durchdringen, was sie zu Beginn, wenn sie noch einen Wurm bilden, ohnehin tun.

- Trifft eine Kugel eine Schachfigur, prallt sie davon ab. Die Schachfiguren sind feststehend, haben also quasi eine unendlich große Masse. Um den Schnittest zu vereinfachen, werden die Figuren durch Hüllzylinder angenähert.

```
(* Kugeln.174.inc V 5.3 *)
(* +--------------------N-------------------+ *)
(* |                                        | *)
(* |    o                *                o | *)
(* |        ooo  o       vo  o  x    oo   o | *)
(* |                             o   o      | *)
(* |          x            o        o ooo   | *)
(* |                 v     o          o o   | *)
(* |     x              x     o             | *)
(* |               o   o     o   oo         | *)
(* |          o                  x          | *)
(* W                   +       o          E | *)
(* |                                        | *)
(* |               o                        | *)
(* |     o   x       x   x                  | *)
(* |                       o      oo        | *)
(* |        x                o   x          | *)
(* |                                        | *)
(* |          o       o    x                | *)
(* |          o       o           o         | *)
(* |                                        | *)
(* +--------------------S-------------------+ *)
Fb Leucht6  Kg   10.89580  13.08672   2.97437 0.7
Fb Leucht15 Kg   14.82541   9.97404   1.60523 0.7
Fb Leucht29 Kg   12.47049  10.33760   1.18552 0.7
Fb Leucht11 Kg   12.26777  10.05274   1.08099 0.7
Fb Leucht43 Kg    0.45567  13.38114   0.96162 0.7
Fb Leucht49 Kg   -0.72398 -15.14680   1.79557 0.7
Fb Leucht42 Kg    1.05231   8.23146   2.60219 0.7
...
```

Abb. 3.56: Partikeldatei `kugeln.174.inc` mit textuellem Preview

- Um allzu häufige Kollisionen zu vermeiden, stoßen sich Kugeln und Figuren gegenseitig ab.

- Die Höhenbewegung der Kugeln ergibt sich aus einer Fallparabel, sie hüpfen (schwach gedämpft) über das Brett.

- Die Kugeln prallen von imaginären Wänden, die das Brett zu umgeben scheinen, ab, so daß sie den sichtbaren Bereich nicht verlassen können.

- Nach dem Zufallsprinzip ändert sich die Farbe der Kugeln.

Abb. 3.56 zeigt ein Einzelbild aus einem textuellen Preview, der zugleich die VERA-Eingabedatei ist, in dem in der Vogelperspektive die Schachfiguren als x, die Kugeln als o, zusammenstoßende Kugeln als * und auf den Boden prallende Kugeln als v dargestellt werden.

Weitere Sequenzen, die als Partikelsystem animiert wurden, sind das Beschießen der Schachfiguren mit Strahlen, die sich aus Steinen zusammensetzende Mauer sowie die Metamorphose einer Statue in eine Kugelwolke und umgekehrt.

In der **Lancer-Szene** (Abb. 1.17 und 1.23) prasselt von einem Ring um den Augenpunkt ein Hagel von Strahlen in die Szene aus Wire-Frame-Objekten. Dabei wird jedes Wire-Frame-Segment im Moment des Treffers durch ein solides Element ersetzt. Diese soliden Elemente glühen erst auf und kühlen dann stetig ab, jede weitere Absorption eines Strahls bringt sie jedoch wiederum zum Glühen. Um zu verhindern, daß alle Strahlen sich nun auf die Wire-Frames stürzen, werden außerdem noch unsichtbare Objekte eingeführt, mit deren Hilfe Strahlen auch in Gebiete ohne Figuren gelenkt werden konnten, was deutlich ansprechender wirkt. Um dieses Verhalten zu modellieren, müssen zwei an sich unabhängige Partikelsysteme interagieren. Das sind einerseits die Strahlen, die in räumlich, zeitlich und quantitativ vorgegebenen Rahmenbedingungen zufällig geboren werden und beim Auftreffen auf ein Objekt sterben. Das andere Partikelsystem besteht aus den Objekten, deren Sichtbarkeit und Farbtemperatur von den absorbierten Strahlen gesteuert wird. Jeder Strahl wählt bei seiner Geburt ein Zielobjekt aus und berechnet Flugrichtung und -dauer, womit umfangreiche Schnittests entfallen, da für jeden Strahl bekannt ist, wann er „ankommt". Die Objekte führen ihrerseits Buch über ihren Status, in den die Strahlen im Moment des Treffens dann eingreifen. Die Zustände aller Partikel werden dabei einzelbildweise weitergeschaltet.

In der **Wall-Szene** (Abb. 1.26) baut sich eine Wand aus Ziegelsteinen auf. Diese Sequenz wurde rückläufig in der Zeit berechnet. Ausgehend von der vollständigen Mauer, erhielt jeder Ziegel einen Startzeitpunkt, eine Beschleunigung und eine Winkelbeschleunigung zugeteilt. Dann wurde Frame-by-Frame das Modell berechnet, die Ausgabedateien jedoch in umgekehrter Reihenfolge numeriert.

In der **Metamorphose**-Szene (Abb. 1.14) löst sich ein menschlicher Torso, von oben beginnend, in eine Wolke von Kugeln auf, die langsam im Wind davontreibt. Währenddessen driftet eine weitere Kugelwolke herbei, aus der sich eine

> „Sie würden mich in einen Hund zurück verwandeln", sagte Towser.
> „Und mich", sagte Fowler, „in einen Menschen."
> Clifford D. Simak, *Als es noch Menschen gab*

moderne Plastik herauskristallisiert. Im Prinzip sind dies zwei Wall-Modelle, jedoch mußten in diesem Fall die Geometriedaten der beiden Statuen gelesen und in Partikel umgesetzt werden. Die Zerlegung bzw. der Aufbau der Statuen erfolgt

> Denn der Mensch, der dort stand und unzusammenhängende Erklärungen in die Luft schrie, war eine greifbare, gestikulierende Gestalt, bis zum Rockkragen hinauf. Und darüber hin nichts – das Nichts!
> H. G. Wells, *Der Unsichtbare*

von oben her, wobei die Kugeln die Säule, auf der die Statuen stehen, durchdringen dürfen. Dazu wurden die Partikel an der Kreisscheibe des Säulenkapitells reflektiert. Ansonsten konnte das vorhergehende Modell verwendet werden.

3.7.8 Bäume

Das zentrale Objekt beider Baumszenen (Abb. 1.11, 1.32 und 1.33) in *Occursus cum novo* ist eine Trauerweide. Sie wurde rekursiv als Verzweigungsstruktur modelliert, ähnlich zu dem Beispiel im Kapitel über rekursive Strukturen. Dazu wurde der Modellierungsrahmen WAXI geschrieben. In WAXI werden Grammatiken durch rekursive Pascal-Prozeduren spezifiziert und ausgewertet.

Die Trauerweide setzt sich aus fünf verschiedenen Elementen zusammen, dem Stamm, den Ästen, der Krone, den Zweigen und den Blättern. Das Stammelement ist ein Liniensegment, das nur aus einem Basispunkt und einem Ansetzpunkt besteht. Seine geometrische Ausprägung, d.h. der Stamm, ist eine aus Konturen rekonstruierte Hülle, die aus etwa 1500 VERA-Patches besteht. Ein Astsegment ist ebenfalls ein Liniensegment, seine geometrische Ausprägung ist ein Zylinder. Äste werden zufällig mit einer Varianz von 10° rotiert am Stamm und an Vorgängersegmenten angesetzt. Das geschieht zwei bis drei Mal. Dabei wirkt auf die Äste ein magnetischer Einfluß von unten. Die Krone besteht aus einem sich dreimal verzweigenden Segment. Dieses wird ebenfalls zwei bis drei Mal aneinandergesetzt, wobei die Segmente waagrecht liegen. Dadurch wächst der Baum in die Breite und die Krone wird füllig. Die dann folgenden Zweige stehen unter einem starken magnetischen Einfluß von unten, wodurch der Baum

> Moriens spricht (...) / in seynem Mercurij von der schöpffung der Metall / würcket die Metall auß ♀ und Sulphur (...) die Natur (gebührt) von anbeginn der natürlichen Metalle (...)
>
> Salomon Trißmosius, *Splender Solis*

nach unten wächst. Ein Zweigsegment besteht aus einem Liniensegment, an dem zwei Blattstiele angebracht sind. Zweigsegmente werden etwa zehn Mal angesetzt, wobei die Richtung leicht variiert. Es ist eine Untergrenze angegeben, die verhindert, daß die Zweige in den Boden wachsen. An den Zweigen werden schließlich die Blätter angesetzt, die alle gleich definiert und aus zwei Dreiecken aufgebaut sind. Insgesamt besteht die Trauerweide aus ca. 30000 Dreiecken und Rotationskörpern, wobei ca. 26000 Dreiecke auf die Blätter entfallen. Die Landschaft besteht aus etwa 500 VERA-Patches und die Blätter des Libellenastes aus ca. 2000 VERA-Patches.

Die Animation des Baums geschah dadurch, daß jede Einzelszene unter einem etwas anderen magnetischen Einfluß generiert wurde. Der Baum steht auf der x-y-Ebene und wächst in z-Richtung. Die x-Achse ist in Intervalle unterteilt, denen jeweils eine Stärke des Magnetismus zugewiesen ist. Diese Stärke wird von Szene zu Szene zyklisch verschoben. Damit wird Wind aus x-Richtung simuliert.

3.7.9 Rekonstruktion

Als besonders aufwendig erwies sich die Modellierung des **Kopfes des Mutanten** (Abb. 1.15) durch Rekonstruktion aus Daten, die von einer Gipsmaske

> Doch standen solche Vortrefflichkeiten in schaurigstem Kontraste zu den wäßrigen Augen, welche nahezu von der selben Farbe schienen wie die schmutzig-weißen Höhlen, darein sie gebettet waren, sowie zu dem runzligen Antlitz und den schwarzen, aller Modellierung entbehrenden Lippen.
>
> Mary W. Shelley, *Frankenstein oder Der neue Prometheus*

eines menschlichen Gesichts stammen. Erste Ansätze zum manuellen Vermessen der Maske scheiterten an der Menge der dazu notwendigen Daten sowie an der Genauigkeit der verfügbaren Meßmethoden. Es wurden zuerst Versuche unternommen, ungefähr 150 fest definierte Punkte auf dem Gesicht mittels eines Roboters abzutasten. Diese Methode ist sehr aufwendig, führt aber nicht zum Ergebnis, da zu wenige Stützpunkte vorliegen.

In einem zweiten Anlauf wurde ein Negativ der Gipsmaske ausgeschäumt und anschließend in Scheiben gleichmäßiger Dicke zersägt. Die Konturen dieser Scheiben wurden mit dem Programm REPROS, das nach dem Algorithmus von Abschnitt 3.2 arbeitet, rekonstruiert, indem die Konturen nachgefahren wurden. Die Scheiben hatten einen Abstand von ca. 8 mm. Dennoch war das Ergebnis nicht zufriedenstellend.

Bei der letztendlich verwendeten Methode wurde die Maske durch stereometrische Aufnahmen vermessen. Dazu wurden mit Hilfe einer Stereokamera zwei Aufnahmen mit definiertem Abstand vorgenommen. Mit Hilfe eines Geländeauswertungsgeräts, wie es in der Fotogrammetrie verwendet wird, wurden daraus Höhendaten ermittelt und in einer Datei zwischengespeichert. Nach der Umwandlung in das VERA-Format, dem Berechnen der Normalenvektoren und Korrekturen an den Rohdaten wurde diese Version im Film verwendet.

3.7.10 Katenoiden

Der **Katenoidenkanon** (Abb. 1.27) entstand durch Animation einer Freiformfläche in Parameterdarstellung. Eine Katenoide ist eine Fläche, die durch Rotation einer Kettenlinie entsteht. Ihre Formeldarstellung ist

$$x(u,v) := (v + \frac{1}{v})\cos u - \frac{2\varepsilon}{\kappa} \cdot v^\kappa \cdot \cos(\kappa \cdot u) - \frac{\varepsilon^2}{2\kappa + 1} \cdot v^{2\kappa + 1} \cdot \cos((2\kappa + 1)u),$$

$$y(u,v) := -(v + \frac{1}{v})\sin u - \frac{2\varepsilon}{\kappa} \cdot v^\kappa \cdot \sin(\kappa \cdot u) - \frac{\varepsilon^2}{2\kappa + 1} \cdot v^{2\kappa + 1} \cdot \sin((2\kappa + 1)u),$$

$$z(u,v) := \log v + \frac{\varepsilon}{\kappa + 1} \cdot v^{\kappa + 1} \cdot \cos((\kappa + 1)u),$$

$$u \in [0, 2\pi], v \in [\frac{1}{3}, 3].$$

Durch geschickte Variation der beiden Parameter κ und ε entstehen verschiedene Katenoiden, die ihre Herkunft als Rotation einer Kettenlinie nicht mehr erkennen lassen. Der Parameter ε öffnet bzw. schließt die Katenoide. Der Parameter κ ist normalerweise eine natürliche Zahl, denn er gibt die Zahl der Ausbuchtungen oder

> Falls er cerebrierte, so tat er es in rein tropeanischem Encephalagoi.
>
> Michael Bishop, *Flammenaugen*

Beulen am Rand der Katenoide an. Ist κ keine natürliche Zahl, so befindet sich die Katenoide in einer Art Übergangsstadium, nämlich der Verwandlung z.B. einer zweibeuligen in eine dreibeulige Katenoide. Im Katenoidenkanon werden drei verschiedene offene Katenoiden mit $\kappa = 2, 3, 4$ an eine wellig spiegelnde Wand geheftet. Die drei Katenoiden durchlaufen nun in einem visuellen Kanon gleichzeitig, aber um zwei Phasen versetzt, folgende sechs Phasen: schließen $\mapsto$ öffnen $\mapsto$ Übergang($\kappa \rightarrow \kappa + 1$) $\mapsto$ schließen $\mapsto$ Übergang($\kappa + 1 \rightarrow \kappa$) $\mapsto$ öffnen. Nur die dritte Katenoide lispelt während der ersten zwei Phasen, anstatt voll mitzusingen. Erst nach der eleganten Metamorphose in eine Katenoide mit fünf Ausbuchtungen mischt auch die kleinste Katenoide voll mit. Mit einem starken Anschwellen der größten Katenoide am Ende des zweiten Durchlaufs endet der Kanon.

Die Katenoide wurde auch in der **Schlußszene** (Abb. 1.28) verwendet.

3.8 Übersicht

Graphische Hardware zur Interaktion und Datenerfassung wird in den meisten Computergraphikbüchern beschrieben (Foley, van Dam, 1982, Encarnaçao, Straßer, 1986, Fellner, 1989). Zur Erfassung dreidimensionaler Daten auf fotografischer Basis können Methoden der Fotogrammetrie (Albertz, Keiling, 1980) eingesetzt werden.

Der hier vorgestellte Algorithmus zur Interpolation aus ebenen Konturen geht auf Boissonnat (1988) zurück. Seine Implementierung sowie ein interaktives Front-End wurden von Bernhard Geiger, Karlsruhe, realisiert. Andere Algorithmen zur Lösung dieses Problems stammen von Fuchs, Kedem, Uselton (1977), Christiansen, Sederberg (1978) und Shantz (1981). Voronoidiagramme und Delaunay-Triangulierungen werden in Büchern über algorithmische Geometrie wie denen von Preparata, Shamos (1985), Mehlhorn (1984) und Edelsbrunner (1987) beschrieben. Der inkrementelle Algorithmus zur Konstruktion von Delaunay-Triangulierungen stammt von Guibas, Stolfi (1985). Dort wird auch eine Divide & Conquer-Version vorgestellt, deren Zeitaufwand nur noch proportional zu $n \log n$ ist, gegenüber n^2 beim Einfügealgorithmus.

Die Interpolation aus ebenen Konturen hat ein weites Anwendungsfeld, insbesondere im Zusammenhang mit der Datenerfassung. Neben der am Anfang geschilderten Eingabe von Konturlinien über ein Datentablett ist die Computertomographie ein wichtiges Anwendungsgebiet. In der Medizin werden Computertomographieschnitte zur Diagnose und bei der Operationsplanung verwendet. Durch die Extraktion von Konturen eines Organs aus den einzelnen Schnittbildern und der darauffolgenden Rekonstruktion durch Interpolation ist eine dreidimensionale Darstellung des Organs erhältlich. Auf diese Weise läßt sich ohne großen Aufwand das schlagende Herz eines Patienten als Trickfilm völlig realistisch darstellen. Auch können Hüftgelenke rekonstruiert und animiert werden oder ein optimal angepaßtes künstliches Gegenstück als Prothese weitgehend automatisch gefertigt werden. Eine andere Anwendung ist das Erfassen von Modellen des Maschinenbaus durch Laserscanner und deren räumliche Rekonstruktion. In der Fotogrammetrie ist es möglich, Höhenliniendarstellungen von Landschaften in polygonale Darstellungen oder in digitale Geländemodelle zu wandeln. In der Mustererkennung können aus einer Bildfolge korrespondierende Punkte der Kontur eines sich bewegenden Objekts bestimmt werden. Ferner kann aus einer Folge teilscharfer Bilder, wie sie bei der Mikroskopie anfallen, eine scharfe Darstellung durch Rekonstruktion und anschließende fotorealistische Bildsynthese errechnet werden. Aus allen diesen Bereichen können so Daten übernommen und in Computeranimationen weiterverarbeitet werden.

Die Delaunay-Heuristik ist auch im Zusammenhang mit anderen Interpolationsproblemen nützlich: der Interpolation von Punkten im Raum, die von einer Oberfläche abgetastet wurden, der Bestimmung von angepaßten Hüllen von Punktmengen wie den α-Shapes bei Edelsbrunner (1987).

Zum geometrischen Modellieren können CAD-Systeme verwendet werden; für die Modellierung im dreidimensionalen Raum etwa Systeme aus Maschinenbau oder Architektur. Es wird zwischen oberflächenbezogenen und volumenbezogenen Modellierungstechniken unterschieden (Spur, Krause, 1986). Unter den letzteren hat die konstruktive Körpergeometrie (constructive solid geometry = CSG) besondere Bedeutung erlangt (Requicha, 1980). Bei dieser Technik werden einfache Grundkörper wie Kugel, Quader, Kegel, Zylinder mittels der Mengenoperationen $\cup$, $\cap$ und $\setminus$ zu komplexeren Gebilden zusammengesetzt (Abb. 3.57). In den

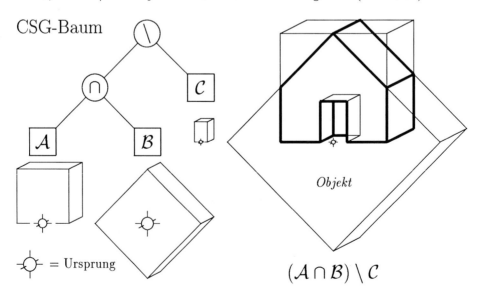

Abb. 3.57: Ein CSG-Baum mit dem Grundelement Quader

Geowissenschaften wird mit digitalen Geländemodellen gearbeitet, das sind Matrizen aus Höhenwerten. In der Computertomographie (Hundt, Schwierz, 1985) geschieht die Datendarstellung in Voxelmodellen (Höhne, 1987). Voxelmodelle sind regulär gerasterte Raumteile, deren Rasterelementen wie bei Rasterbildern ein Wert zugeordnet ist. Eine komprimierte Form von Voxelmodellen sind die Octrees, die Maegher (1982) und Fujimura, Toriya, Yamaguchi, Kunii (1983, 1984) zum geometrischen Modellieren einsetzen. Kugelmodelle mit Anwendungen in der Chemie beschreiben Knowlton (1981) und Max (1984).

Boehm, Farin, Kahmann (1985) und der von Farin (1987) herausgegebene Band geben eine Übersicht über Freiformflächen. Lehrbücher zu diesem Thema stammen von Faux, Pratt (1979), Farin (1988) und Hoschek, Lasser (1989). Aktuelle Entwicklungen sind den Zeitschriften *Computer Aided Geometric Design* (CAGD), *Computer Aided Design* (CAD) und *IEEE Computer Graphics & Appl.* zu entnehmen. Unter anderem sind dort auch Beiträge zum Modellieren mit impliziten Funktionen zu finden, einem bisher gegenüber der Parameterdarstellung vernachlässigtem Gebiet. Die implizite Darstellung einer Kurve in der Ebene hat die Form $f(x, y) = 0$, diejenige einer Fläche im Raum $g(x, y, z) = 0$, $f : \mathbb{R}^2 \to \mathbb{R}$, $g : \mathbb{R}^3 \to \mathbb{R}$. Die Kurve beziehungsweise Fläche wird durch die Menge der Punkte (x, y) beziehungsweise (x, y, z) definiert, die diesen Beziehungen genügen. Ein Beispiel für eine Kurve ist der Kreis $x^2 + y^2 - 9 = 0$, für eine Fläche die Kugel $x^2 + y^2 + z^2 - 9 = 0$. Komplexere Kurven und Flächen müssen auch bei der impliziten Darstellung aus mehreren Patches zusammengesetzt werden, die sich hinreichend glatt zusammenfügen.

In der Computeranimation hat die Deformation von Flächen und Körpern verschiedentlich Interesse gefunden (Barr, 1984, 1986, Sederberg, Parry, 1986, Witkin, Fleischer, Barr, 1987, Terzopoulos, Platt, Barr, Fleischer, 1987, Terzopoulos, Fleischer, 1988). Eine Anwendung hiervon ist das Modellieren von Stoffen, z.B. Kleidern, Teppichen und Vorhängen (Weil, 1986). Ein System zur interaktiven Manipulation von Gitternetzen wird von Allan, Wyvill, Witten (1989) vorgestellt. Durch automatisches Mitprotokollieren der während des interaktiven Entwurfsvorgangs ausgeführten Aktionen kann auf diese Art interaktiv die Animation von Deformationen erstellt werden.

Ein weiteres, auch für die Computeranimation interessantes Anwendungsfeld von Freiformkurven ist der Zeichensatz-Entwurf. Schrift ist ein wesentlicher Gegenstand in vielen Computeranimationen. Beim Entwurf von Schriftzeichen kann auf die Erfahrungen bei den gedruckten Dokumenten aufgebaut werden. Aus den dort existierenden rechnerunterstützten Publikationssystemen können Zeichensätze übernommen und gegebenenfalls in eine dreidimensionale Darstellung gebracht werden. Ein bekanntes Textsatzsystem ist TEX von Knuth (1984), mit dem auch dieses Buch erstellt wurde. Mit dem dazugehörigen Schriftzeichenentwurfssystem METAFONT (Knuth, 1986) können auch eigene Zeichensätze entworfen werden. Die Umsetzung von TEX-Zeichensätzen in die VERA-Sprache wird von Winckler (1988) beschrieben.

Der Algorithmus zur Triangulierung von Freiformflächen wurde von Wolfgang Klemm, Karlsruhe, implementiert. Dieses Problem wird auch von Clay, Moreton

(1988) behandelt. Von Herzen und Barr (1987) geben einen Algorithmus an, der auch die Durchdringung von Flächen berücksichtigt.

Generell stellt sich das Problem des Datenaustausches zwischen Computeranimationssystemen und den Modellierungssystemen unterschiedlichster Anwendungsgebiete. Im Bereich des CAD sind Standardisierungsaktivitäten im Gange, die auch für die Computeranimation relevant sind (Mittelstaedt, Trippner, 1988). Beispiele sind hier das Freiformflächenaustauschformat der deutschen Automobilindustrie (DIN 66301, VDA2.0), IGES (ANSI, 1981) und die Metafilekonzepte von GKS (Enderle, Kanszy, Pfaff, 1984) und PHIGS (ANSI, 1986). Allerdings fehlen dort die für die fotorealistische Computergraphik benötigten optischen Parameter. Beispiele für an diesen Bedürfnissen orientierte Formate sind PHIGS+ (van Dam, 1988) und *Renderman* (Pixar, 1988).

Rekursive Generatoren wurden in der Computergraphik vor allem zur Modellierung von Pflanzen entwickelt (Aono, Kunii, 1984, Smith, 1984, Bloomenthal, 1985, Oppenheimer, 1986, De Reffye et al., 1988). Aus der Biologie stammen die L-Systeme (Lindenmayer, 1968, Prusinkiewicz, Hanan, 1989). Nagl (1979) geht auf Graphgrammatiken zur Beschreibung rekursiver Strukturen ein. Mandelbrot (1982) zeigt eine Vielzahl anderer Erscheinungen auf, die rekursiv zu beschreiben sind. Von ihm wurde der Begriff *Fraktal* geprägt und die Bedeutung der fraktalen Brownschen Bewegung zur Beschreibung von Erscheinungen in der Natur erkannt. Die in Abschnitt 3.4.1 vorgestellten Unterteilungsalgorithmen für Freiformfraktale gehen auf Fournier, Fussel, Carpenter (1982) zurück. Ein von Peitgen, Saupe (1988) herausgegebener Sammelband und die Bücher von Barnsley (1988) und Feder (1988) geben einen umfassenden Überblick über die Modellierung fraktaler Erscheinungen. Fraktale Geländemodelle werden von Marshal, Wilson, Carlson (1980), Norton (1982) und Miller (1986) verwendet. Fraktales Modellieren mit iterierten Funktionensystemen ist Gegenstand der Arbeit von Demko, Hodges, Naylor (1985). Der auch in *Occursus cum novo* verwendete rekursive Generator wurde von Matthias Schmidt, Karlsruhe, implementiert.

Der zur mathematischen Formulierung von Bewegung benötigte mathematische Hintergrund ist einer Vielzahl von Büchern über Analysis, Differentialgleichungen und lineare Algebra zu entnehmen. Die klassischen numerischen Lösungsverfahren sind Gegenstand von Lehrbüchern der Numerischen Mathematik, z.B. Stoer, Bulirsch (1972). Verfahren zum Lösen von Optimierungsproblemen sind in Büchern des Operations Research zu finden. Das Modellieren durch Optimieren in der Computeranimation wird von Breen (1989) vorgestellt. Das Erkennen und Vermeiden von Kollisionen ist ein wichtiges Thema in der Robotik, so daß dort die meisten Algorithmen zu finden sind. Sharir (1989) gibt eine Übersicht aus der Sicht der theoretischen Robotik, Lozano-Perez (1979, 1983) heuristische Lösungen. Moore, Wilhelms (1988) modellieren Kollisionen. Eine Einführung in die Techniken der Simulation, u.a. in die ereignisorientierte Simulation, geben Bratley, Fox, Schrage (1983). Dort und bei Knuth (1980) wird auch die Generierung von Pseudozufallszahlen besprochen. Regelmäßige Übersichten über Simulationssoftware sind in der Zeitschrift *Simulation* zu finden. Beispiele für Modellierungssprachen, die die Möglichkeiten heutiger Programmiersprachen einschließen, sind MIRA von Magnenat-Thalmann und Thalmann (1985) und deren Weiterentwicklungen. MIRA ist eine PASCAL-Erweiterung, in der für die Computeranimation geeignete Datentypen und Operationen hinzugefügt wurden. Das ASAS-System von Reynolds (1982) wurde durch das Actor-Prinzip von Hewitt et al. (1973, 1977), vgl. auch Magnenat-Thalmann, Thalmann (1985), beeinflußt. Das Actor-Prinzip kann dem objektorientierten Modellieren zugeordnet werden. Der objektorientierten Philosophie folgen auch die Vorschläge von Whitted, Grant (1986), Amburn, Grant, Whitted (1986) sowie das Animationssystem „The Clockworks" (Breen, Wozny, 1989). Anwendungs-unabhängige Programmiersprachen bzw. -systeme, die das objektorientierte Programmieren unterstützen, sind C++ (Stroustrup, 1986) und SMALLTALK (Goldberg, 1983). Eine weit verbreitete prädikative Programmiersprache ist PROLOG (Clocksin, Mellish, 1981). Zur Simulation mit PROLOG siehe Cleary, Goh, Unger (1985), Futo, Deutsch, Gergely (1986), zur Verwendung bei CAD-Anwendungen Camacho-Gonzales et al. (1984).

Ein Schwerpunkt der Forschungs- und Entwicklungsaktivitäten in der Computeranimation ist das Modellieren natürlicher Erscheinungen, auch als *physically based modeling* bezeichnet. So wurden Wellenmodelle für Meeresströmung und Brandung (Schachter, 1980, Max, 1981, Fournier, Reeves, 1986, Peachey, 1986, Mastin, Wattenberg, Mareda, 1987), Modelle für Wolken (Dungan, 1979, Gardner, 1984, 1985), Feuer (Reeves, Blau, 1983, Reeves, 1984) und Planeten (Yaeger, Upson, Myers, 1986) für die Bedürfnisse der Computeranimation entwickelt. Miller (1988) modelliert die Bewegung von Schlangen und Würmern. Eine Einführung in die Simulation menschlicher Bewegung geben Badler, Smoliar (1979). Neuere Modelle, die die Gesetze der Dynamik berücksichtigen, stammen von Armstrong, Green (1985), Girard, Maciejeweski (1985), Wilhelms, Moore, Skinner (1988), Isaacs, Cohen (1987) und Hahn (1988). Diesem Thema ist ferner das Juni-Heft 1987 der Zeitschrift *IEEE Computer Graphics & Applications*, das Heft 4(6), 1988 von *The Visual Computer* sowie verschiedene Beiträge in den jüngeren SIGGRAPH-Tagungsbänden und der Tagungsband *State-of-the-art in Computer Animation* (Magnenat-Thalmann, Thalmann, 1989) gewidmet. Ein Film, dessen wesentliche Technik die Simulation von Menschen ist, ist *Rendezvous à Montréal* von Magnenat-Thalmann, Thalmann (1987).

Zur Animation von deformierbaren Körpern werden verschiedene Modelle verwendet. Bei der Simulation von menschlicher Bewegung werden häufig Stab- oder Gelenkmodelle, die Spezialfälle sogenannter Skelettmodelle (Burtnyk, Wein, 1976) sind, verwendet. Gelenkmodelle bestehen aus nichtdeformierbaren Einzelteilen, z.B. Stäben, die durch bewegliche Gelenke gekoppelt sind. Bei der Bewegungsmodellierung von Gelenkmodellen wird nun zwischen kinematischer und dynamischer Modellierung unterschieden. Diese geschieht durch Gesetze, die in Form von Gleichungen und Differentialgleichungen kompakt formulierbar sind. Sie sind in Büchern zur Mechanik zu finden, z.B. in Gummert, Reckling (1986). Grob gesagt besteht der Unterschied darin, daß bei der Dynamik Bewegungen unter der Wirkung von Kräften beschrieben werden, bei der Kinematik jedoch die Bewegung von Körpern in Abhängigkeit von Raum und Zeit ohne Rücksicht auf die wirkenden Kräfte. Ferner wird bei der Animation von Gelenkmodellen zwischen Vorwärts- und Rückwärts-Kinematik/Dynamik unterschieden. Bei der Vorwärtsrechnung wird aus der Veränderung der Winkel an den Gelenken die Bewegung der Gelenkpunkte im Raum berechnet. Bei der Rückwärtsrechnung hingegen wird von der Lage der Gelenkpunkte im Raum auf die Winkelveränderung an den Gelenken zurückgeschlossen. Wissenschaftliche und technische Anwendungen solcher Modelle liegen in der Biomechanik, z.B. bei Belastungssimulationen im Zusammenhang mit Automobilbau, Luft- und Raumfahrt, und in der Orthopädie und der Robotik.

Nicht berücksichtigt beim Stabmodell wird die Veränderung der Hautoberfläche bei der Bewegung, die durch Zusammenziehen und Ausdehnen von Muskeln bewirkt wird. Modelle hierfür wurden insbesondere für den Gesichtsbereich entwickelt (Waters, 1987, Guenther, 1989). Die Modellierung kann durch ein Gitternetz geschehen. Gewisse Gitterpunkte werden entsprechend der physiologischen Gegebenheiten mit Muskeln verbunden. Deren Kontraktion nach geeigneten Regeln verschiebt die Punkte des Gitternetzes und bewirkt dadurch eine entsprechende Veränderung der Oberfläche. Zur Bilderzeugung kann das Gitternetz gegebenenfalls durch Interpolation oder Approximation geglättet werden. Anwendung kann die Animation von Gesichtsausdrücken im Zusammenhang mit Sprachsynthesesystemen haben, die für taube Menschen durch die entsprechende visuelle Umsetzung ebenfalls verständlich werden.

In *Occursus cum novo* wurden viele der komplexen Bewegungen mit dem Partikelsystemrahmen METAMORPHOSIS realisiert. METAMORPHOSIS wurde von Thomas Maus, Karlsruhe, konzipiert und realisiert.

Wie diese Übersicht zeigt, kann zum Erreichen der Realitätsnähe auf die Erfahrung in Naturwissenschaften, Technik und Geisteswissenschaften zurückgegriffen werden, in denen die rechnergestützte Simulation Standardwerkzeug ist. Dort ist auch ein Haupteinsatzbereich für nicht zum Selbstzweck betriebene Computeranimation. Bei dem immensen Datenaufkommen heute durchgeführter Experimente und Simulationen ist die Visualisierung ein entscheidendes Hilfsmittel zum Verständnis und zur Entscheidungsfindung. Die Bedeutung von Visualisierungstechniken wurde nicht erst durch die NSF-Initiative (McCormick, DeFanti, Brown, 1987) erkannt. Schon lange gebräuchlich sind Visualisierungstechniken in der Statistik (vgl. den Überblick im *Journal of the American Statistical Association*, Band 82, 1987, und Bertin, 1974) und im Zusammenhang mit Finite-Elemente-Simulationen (z.B. Movie.BYU von Christiansen, Stephenson, Nay, Ervin, Hales, 1981). Robertson, O'Callaghan (1985) bilden zu visualisierende Datenwerte nicht nur auf geometrischen Größen ab, sondern nutzen auch die Beleuchtungsparameter.

Wie beim klassischen Trickfilm wird darüber hinaus manchmal eine Überrealität gewünscht, die sich durch die Überzeichnung der Bewegungen und Ausdrücken ergibt. Typische Beispiele sind die Zeichentrickfilme von Walt Disney. Lasseter (1987) beschreibt die Anwendung dieser Techniken im Zusammenhang mit Computeranimation.

4. Bilderzeugung

Die Erzeugung von fotorealistischen Bildern und Filmen geschieht durch die Simulation des Lichtverhaltens. In diesem Kapitel werden zunächst verschiedene Simulationsverfahren zur Bilderzeugung vorgestellt. Eines der leistungsfähigsten davon ist das Strahlverfolgungsverfahren. Dessen Umsetzung in effiziente Software wird anhand des Bilderzeugungsprogramms VERA beschrieben, mit dem die Bilder dieses Buchs und der Film *Occursus cum novo* generiert wurden. Trotz ausgefeilter Datenstrukturen ist der Rechenzeitbedarf erheblich. Es wird beschrieben, wie dieses Problem durch den Einsatz von Rechnernetzen und vektoriellen Supercomputern gemindert werden kann.

4.1 Bilderzeugungstechniken

Aufgabe der Bilderzeugung bei der dreidimensionalen Computeranimation ist die Umsetzung räumlicher, dreidimensionaler Daten in ein zweidimensionales Bild. Bei dieser Umsetzung erfolgt eine Projektion von Daten in einen Raum, der eine geringere Dimension hat. Die klassische darstellende Geometrie bietet hierfür eine Vielzahl von Projektionsverfahren und Algorithmen an. Ziel ist die graphische Darstellung von signifikanten Kurven des darzustellenden Objektes, wie der Silhouette oder von Schnittlinien von Flächenstücken. Allerdings können diese Darstellungen sehr unübersichtlich werden, da alle Linien gleichberechtigt auf dem Bild zu sehen sind, also auch die, die eigentlich verdeckt sein müßten. Aus diesem Grund wurden in der graphischen Datenverarbeitung schon früh Algorithmen zur Elimination von verdeckten Linien (engl. *hidden lines*) entwickelt. Hidden-Line-Algorithmen verbessern die graphische Darstellung auf linienorientierten Displays. Abb. 4.1 zeigt im linken Teil eine Darstellung aller Linien, im rechten Teil sind die verdeckten Linien eliminiert.

Ein erheblicher Qualitätssprung wurde durch die Rastergraphik möglich. Die Rastergraphiktechnik ist in der Lage, außer Linien auch Halbtöne und Farben darstellen zu können. Auch Lichteffekte können problemlos wiedergegeben werden. Dadurch ergeben sich die nahezu unbeschränkten Darstellungsmöglichkeiten bei der fotorealistischen Computergraphik.

Die Physik stellt verschiedene Modelle der Lichtausbreitung zur Verfügung. Unter diesen zeichnet sich das Strahlenmodell durch seine Einfachheit aus; es ist aber so mächtig, daß es Bedürfnissen der Computergraphik weitgehend genügt.

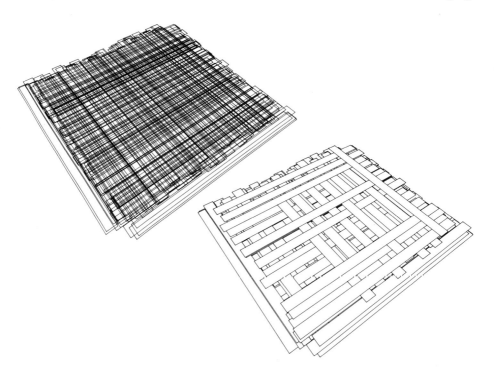

Abb. 4.1: Die Liniendarstellung eines räumlichen Modells ohne und mit Hidden-Line-Elimination

Aufbauend auf diesem Modell wurde in der graphischen Datenverarbeitung das *Strahlverfolgungsverfahren* (engl. *ray tracing, ray casting*) zur Generierung fotorealistischer Bilder entwickelt. Das Strahlverfolgungsverfahren ist in der Lage, auch optische Effekte höherer Ordnung wie iterierte Spiegelung und Brechung sowie Schlagschatten zu simulieren. Zur Erläuterung des Strahlverfolgungsverfahrens dient Abb. 4.2. Für die Bilderzeugung sind zunächst einmal der Augenpunkt und die Bildebene festzulegen. Das Strahlverfolgungsverfahren generiert Rasterbilder, wozu der Bildausschnitt matrixförmig in Bildpunkte zerlegt wird. Nun wird vom Augenpunkt aus ein Sehstrahl durch den Mittelpunkt jedes Pixels gezogen und das erste getroffene Objekt in der Szene bestimmt. Im so gefundenen Trefferpunkt werden dann die Beleuchtungsverhältnisse berechnet, wozu weitere Strahlen zu verfolgen sind. So ist zunächst der Einfluß der Lichtquellen festzustellen. Dazu sind von den Trefferpunkten Strahlen zu den verschiedenen Lichtquellen zu ziehen, um zu testen, ob sich ein blockierendes Objekt der Szene auf diesem Weg befindet. Blockiert ein Objekt diese Strecke, so ist die Lichtquelle verdeckt und trägt nicht zur Beleuchtung an diesem Punkt bei. Auf diese Weise ergeben sich Schlagschatten. Andernfalls wird unter Verwendung eines Beleuchtungsmodells, nach dem die diffus glänzend reflektierte Intensität berechnet werden kann (vgl. Kapitel 2), der Beitrag der Lichtquelle zur Farbe berechnet und zur bisherigen Farbe addiert. Für spiegelnde bzw. transparente Objekte

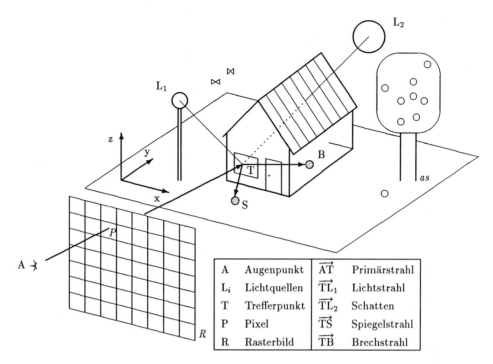

A	Augenpunkt	$\overrightarrow{AT}$	Primärstrahl
L_i	Lichtquellen	$\overrightarrow{TL_1}$	Lichtstrahl
T	Trefferpunkt	$\overrightarrow{TL_2}$	Schatten
P	Pixel	$\overrightarrow{TS}$	Spiegelstrahl
R	Rasterbild	$\overrightarrow{TB}$	Brechstrahl

Abb. 4.2: Das Prinzip des Strahlverfolgungsverfahrens (Raytracing)

werden den Gesetzen der Strahlenoptik folgend die Spiegel- und Brechungsstrahlen bezüglich des aktuellen Strahls berechnet und rekursiv weiterverfolgt. Die von diesen „zurückkommende" Intensität wird zur Intensität des aktuellen Treffers und damit letztendlich zur Farbe des entsprechenden Bildpunktes addiert. Abb. 4.3 faßt das Strahlverfolgungsverfahren zusammen.

Bisher wurde nur von Objekten gesprochen, ohne zu erwähnen, welche Anforderungen an diese gestellt werden. Zur Strahlverfolgung ist es notwendig, den Trefferpunkt zwischen Objekt und Sehstrahl eindeutig bestimmen zu können. Außerdem muß zur Berechnung der Reflexions- und Brechungsstrahlen sowie zum Auswerten des Beleuchtungsmodells die Normale auf der Objektoberfläche an den Trefferpunkten zu berechnen sein. Einfache Beispiele für Objekte, die die obengenannten Bedingungen erfüllen, sind Kugeln und Dreiecke.

Insgesamt ergibt sich durch diese Strahlverfolgung eine baumartige Struktur von Sichtbarkeitsstrahlen. Die Größe dieses Baumes hängt davon ab, über wieviele Stufen die Strahlverfolgung stattfindet. Diese Anzahl kann beispielsweise aus der Intensitätsabnahme des sich ausbreitenden Lichts ermittelt werden. Hierzu wird ein Dämpfungsfaktor verwendet, in den die Länge des Lichtwegs als Parameter eingeht. Eine andere Möglichkeit ist, eine maximale Rekursionstiefe vorzugeben.

Bei einfacher Implementierung des Strahlverfolgungsverfahrens wird jeder Lichtstrahl für jede Lichtquelle gegen jedes Objekt getestet, was bei größeren

ALGORITHMUS Raytracing

EINGABE: Eine dreidimensionale Szene S bestehend aus Objekten, n Punktlichtquellen l_i, $i = 1, ... n$, Oberflächenattributen, einem Augenpunkt **a** und einer Projektionsebene.

AUSGABE: Ein Rasterbild

DATENSTRUKTUREN:

VAR IMAGE: **ARRAY** $[1..n_x, 1..n_y]$ **of** colortype.

UNTERALGORITHMUS
SucheSchnittObjekt($\mathbf{p}, \vec{V}, \mathbf{p'}$): **BOOLEAN**;
(*

liefert den Wert TRUE, falls der von $\mathbf{p}$ *in Richtung* $\vec{V}$
zeigende Strahl ein Objekt schneidet. $\mathbf{p'}$ *ist der dem*
Strahlanfang $\mathbf{p}$ *nächste Schnittpunkt. SucheSchnittObjekt*
ist objektabhängig und ist hier nicht weiter ausgeführt
*)

UNTERALGORITHMUS RayTrace($\mathbf{p}, \vec{V}, I$);

(* $\mathbf{p}$ *ist der Anfangspunkt,* $\vec{V}$ *die Richtung des verfolgten Strahls.*
I *ist die für diesen Strahl zu berechnende Lichtintensität.*
Vergleiche Abbildung 4.4
*)

HAUPTALGORITHMUS:

BEGIN
  FOR $i := 1$ **TO** n_x **DO**
    FOR $j := 1$ **TO** n_y **DO BEGIN**

      bestimme die Richtung $\vec{V}$ des Sehstrahls vom Augenpunkt
      durch den Mittelpunkt von Pixel $[i, j]$;

      RayTrace($\mathbf{a}, \vec{V}$, IMAGE$[i, j]$)
    END
END.

Abb. 4.3: Der Strahlverfolgungsalgorithmus

UNTERALGORITHMUS RayTrace($\mathbf{p}, \vec{V}, I$);

(* $\mathbf{p}$ *ist der Anfangspunkt*, $\vec{V}$ *die Richtung des*
verfolgten Strahls. I ist die für diesen
Strahl zu berechnende Lichtintensität
*)

BEGIN
  gefunden := SucheSchnittObj($\mathbf{p}, \vec{V}, \mathbf{p}$');
  IF gefunden **THEN BEGIN**
    FOR alle Lichtquellen l_i **DO BEGIN**
      bestimme die Richtung $\vec{L_i}$ von $\mathbf{p}$' zu l_i;
      gefunden := SucheSchnittObj($\mathbf{p}', \vec{L_i}, \mathbf{q}$);
      IF NOT gefunden **THEN**
        berechne die neue Intensität I aus dem alten I-Wert
        und der von l_i einfallenden Intensität
        durch Auswerten der Beleuchtungsformel
    END;
    IF das Objekt bei $\mathbf{p}$' spiegelnd **THEN BEGIN**
      bestimme die Reflexionsrichtung $\vec{R}$ zu $\vec{V}$ nach dem
      Reflexionsgesetz;
      RayTrace($\mathbf{p}', \vec{R}, I'$);
      berechne die neue Intensität I aus dem alten I-Wert
      und der Intensität I' (z.B. durch Addition) gemäß
      einer Beleuchtungsformel
    END;
    IF das Objekt bei $\mathbf{p}$' durchsichtig ist **THEN BEGIN**
      berechne die Brechrichtung $\vec{B}$ zu $\vec{V}$ nach dem
      Brechungsgesetz;
      RayTrace($\mathbf{p}', \vec{B}, I'$);
      berechne die neue Intensität I aus dem alten I-Wert
      und der Intensität I' (z.B. durch Addition) gemäß
      der Beleuchtungsformel
    END
  END
END;

Abb. 4.4: Der Unteralgorithmus *RayTrace*

Szenen zu nicht mehr realisierbaren Rechenzeiten führt. Bei einem Bild in Videoauflösung, also 576 × 780 Bildpunkten, und einer Szene aus 1000 Objekten mit zwei Lichtquellen ergeben sich unter der Annahme von 1 ms Rechenzeit pro Trefferberechnung 449280 Sehstrahlen × 1000 Objekte × 2 Lichtquellen × 1 ms/Test = 898560 s = 250 Stunden, also mehr als 10 Tage Rechenzeit. Diese Rechnung läßt die Strahlverfolgung als wenig praktikables Verfahren erscheinen. Durch effiziente Datenstrukturen können jedoch auch für große Szenen auf heutigen Arbeitsplatzrechnern Rechenzeiten im Millisekundenbereich pro Strahl (d.h. bis zum Auffinden des ersten Treffers) erzielt werden. Das bedeutet einige Minuten bis Stunden Rechenzeit pro Bild.

Verzichtet man auf die Simulation von Spiegelung und Brechung, bietet sich das *Tiefenpufferverfahren* oder *z-Buffer-Verfahren* zur Bildberechnung an. Neben dem Intensitätswert merkt man sich für jeden Bildpunkt noch dessen Tiefe, d.h. den bisher nächsten Trefferabstand vom Augenpunkt. Die Szenenobjekte werden nacheinander abgearbeitet, die für sie relevanten Bildpunkte bestimmt und deren Tiefe mit der des Objekts an dieser Stelle verglichen. Ist das Objckt näher am Augenpunkt, wird seine Farbe und Tiefe am entsprechenden Bildpunkt übernommen. Eine übersichtliche Zusammenfassung des Tiefenpuffer-Algorithmus gibt Abb. 4.5.

Das Tiefenpufferverfahren erlaubt den Bildaufbau in Bruchteilen von Sekunden bis Minuten. Ersteres erfordert Hardware-Unterstützung, die für interaktive Graphikrechner praktisch immer optional erhältlich ist. Damit ist die Direktmanipulation (Verschieben, Drehen, Zooming) von beleuchteten Objekten am Bildschirm möglich. Wird das Bild zeilenweise aufgebaut und die Szene entsprechend vorsortiert, genügt es, den Tiefenpuffer auf eine Zeile zu beschränken, ja, in manchen Situationen diesen sogar ganz zu eliminieren. Entsprechend dem zeilenweisen Aufbau des Bildes werden diese speichereffizienten Verfahren auch *Scanline-Verfahren* genannt. Das Tiefenpufferverfahren und die Scanline-Verfahren sind heute Standard in der Computeranimation, vom Mikrorechner bis zur aufwendigen Echtzeitsichtsimulation.

Von den Sekundärlichteffekten berücksichtigt das Strahlverfolgungsverfahren nur Spiegelung und Brechung. Die diffuse Interreflexion des Lichtes bleibt unberücksichtigt. Solche Effekte werden vom *Strahlungsverfahren* (radiosity approach) simuliert und dargestellt (Abb. 4.7). Zur Berechnung der diffusen Interreflexion wird der wechselseitige Strahlungsaustausch zwischen allen Oberflächen A_i, $i = 1, \ldots, n$, einer Szene berechnet. Dieser wird durch die Gleichungen

$$B_i = E_i + \varrho_i \sum_{j=1}^{n} B_i F_{ij}, \ 1 \leq i \leq n,$$

beschrieben. Dabei ist B_i die von der Fläche A_i abgestrahlte Gesamtenergie, die sich aus Eigenstrahlung, Reflexion und Transmission zusammensetzt (bei Verwendung des RGB-Modells zerfällt B_i in die entsprechenden drei Komponenten, die getrennt berechnet werden). E_i ist die von der Fläche abgegebene Eigenstrahlung (d.h. Lichtquellen können durch strahlende Flächen modelliert werden),

ALGORITHMUS Tiefenpuffer

EINGABE: Vgl. voriger **Algorithmus**.

AUSGABE: Die Pixelintensitäten des berechneten Bildes.

DATENSTRUKTUREN:

VAR DEPTHBUFFER: **ARRAY** $[1..n_x, 1..n_y]$ **OF** numbertype;
VAR IMAGE: **ARRAY** $[1..n_x, 1..n_y]$ **OF** colortype;

BEGIN
  (*
    Initialisieren des Puffers
    *)
  FOR $i := 1$ **TO** n_y **DO**
    FOR $j := 1$ **TO** n_x **DO BEGIN**
      DEPTHBUFFER$[i, j]$:= ∞;
      IMAGE$[i, j]$:= eine Hintergrundfarbe
    END;
  (*
    Berechnen des Bildes
    *)
  FOR alle Flächen P in der Szene S **DO**
    FOR alle Pixel $[i, j]$ **in** der Projektion von P **DO BEGIN**
      bestimme die Tiefe w von P an Pixel $[i, j]$;
      IF $w <$ DEPTHBUFFER$[i, j]$ **THEN BEGIN**
      DEPTHBUFFER$[i, j]$:=w;
      berechne die Intensität I an Pixel $[i, j]$;
      IMAGE$[i, j]$:= I
    END;
  (*
    IMAGE enthält nun das gewünschte Bild
    *)
END.

Abb. 4.5: Der Tiefenpufferalgorithmus

ALGORITHMUS Strahlung

EINGABE: Eine Szene aus Flächen, denen ein Eigenleuchten zugeordnet sein kann (Lichtquellen), Augenpunkt und Bildebene.

AUSGABE: Die Pixelintensitäten des berechneten Bildes.

DATENSTRUKTUREN:

VAR IMAGE: **ARRAY** $[1..n_x, 1..n_y]$ **OF** colortype;

BEGIN
    Unterteile die Oberflächen der Szene in hinreichend
    kleine Flächenelemente A_i, $i = 1, ..., n$;

    FOR $i:=1$ **TO** n **DO**
        bestimme die von A_i aus sichtbaren A_j
        (z.B. mittels des Tiefenpufferalgorithmus)
        und berechne die Formfaktoren F_{ij};

    löse das Gleichungssystem

$$B_i = E_i + \varrho_i \sum_{j=1}^{n} B_i F_{ij}, \ 1 \leq i \leq n,$$

    für die Strahlungswerte B_i der Flächen A_i;

    berechne das Bild bzgl. des gegebenen Augenpunktes
    und der Bildebene mit dem Tiefenpufferalgorithmus,
    wobei als Farbe die Strahlungswerte B_i genommen werden
END.

Abb. 4.6: Der Strahlungsalgorithmus

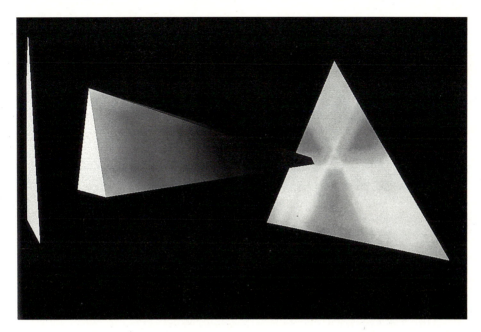

Abb. 4.7: Ein mit dem Strahlungsverfahren generiertes Bild

ϱ_i das Verhältnis von einfallendem zu ausfallendem Licht und F_{ij} der Anteil der von der Fläche A_j abgegebenen Energie, die auf der Fläche A_i auftrifft. Wird die Strahlung der Flächen als konstant angenommen, stellen die obigen Gleichungen ein lineares Gleichungssystem für die unbekannten B_i, $i = 1,\ldots,n$, dar. Zu seiner Lösung können klassische Verfahren der numerischen Mathematik verwendet werden. Aufgrund der speziellen Form der Matrix eignet sich das Verfahren nach Gauß-Seidel besonders gut.

Die aufwendigste Aufgabe beim Strahlungsverfahren ist die Berechnung der Formfaktoren F_{ij}. Diese sind durch

$$F_{ij} = \frac{1}{A_i} \int_{A_i} \int_{A_j} \frac{\cos \varphi_i \cos \varphi_j}{\pi r^2} dA_j dA_i$$

definiert. Abb. 4.8 zeigt die Geometrie der Formfaktordefinition. Diese Formfaktoren werden nun nicht exakt, sondern nur näherungsweise berechnet. Die näherungsweise Berechnung der Formfaktoren geschieht bei flächenmäßig hinreichend kleinen A_i so, daß die von A_i sichtbaren anderen Flächen A_j bestimmt werden. Dazu wird üblicherweise der Tiefenpufferalgorithmus verwendet, wobei die Szene auf einen bei A_i zentrierten Halbwürfel abgebildet wird. Die Würfeloberfläche wird hinreichend fein gerastert, wodurch sich die Berechnung der Formfaktoren auf eine gewichtete Aufsummierung der von der Fläche A_j überdeckten Rasterelemente reduziert. Die Gewichte, die sogenannten *Delta-Formfaktoren*, können vorausberechnet werden.

Nach Lösen des Gleichungssystems ist die von jeder Fläche abgestrahlte Energie als Farbe zugeordnet, so daß mittels des Tiefenpufferalgorithmus (ohne Be-

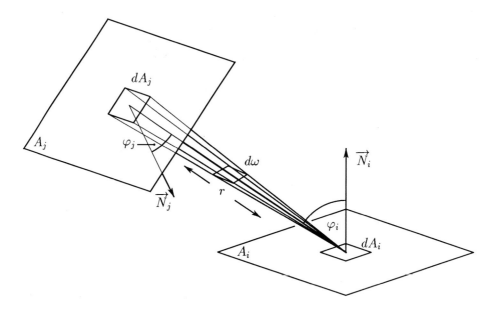

Abb. 4.8: Geometrie, die der Berechnung von Formfaktoren zugrunde liegt

leuchtung) das endgültige Bild generiert werden kann. Machbandeffekte können vermindert werden, indem die Intensitäten über die Flächen interpoliert werden. Die hier beschriebene einfache Form des Strahlungsalgorithmus ist in Abb. 4.6 zusammengefaßt.

Das Strahlungsverfahren ist das rechenaufwendigste der hier geschilderten Verfahren. Der größte Aufwand besteht in der Berechnung der Formfaktoren. Sind diese einmal bekannt, so kann die Bilderzeugung recht schnell durch den Tiefenpufferalgorithmus durchgeführt werden. Wichtig dabei ist, daß die Formfaktoren und die resultierenden Intensitäten augenpunktunabhängig sind. Dadurch ist die Erzeugung einer Bildfolge mittels des Tiefenpufferalgorithmus unaufwendig. Hochleistungsgraphikarbeitsplatzrechner mit schnellem Tiefenpuffer erlauben, in Echtzeit interaktiv durch eine so vorberechnete Szene zu gehen und die Beleuchtungseffekte aus allen möglichen Blickrichtungen zu inspizieren.

4.2 Der Raytracer VERA

Dieser Abschnitt beschreibt die Umsetzung des Strahlverfolgungsverfahrens in ein effizient arbeitendes Programm, das Bilderzeugungsprogramm VERA (**V**ery **E**fficient **R**aytracing **A**lgorithm). Als Eingabeszenen dienen dreidimensionale Objekte Materialbeschreibungen und weitere Zusatzinformationen im VERA-Format von Kapitel 2. Die besondere Fähigkeit von VERA ist, durch effiziente Datenstrukturen und ein hierarchisches Szenenmodell auch umfangreiche Szenen mit Spiegelungs- und Brechungseffekten mit einem Zeitaufwand zu berechnen, der den Einsatz in der Computeranimation möglich macht.

4.2.1 Funktionsweise

Der Kern von VERA besteht aus Algorithmen zur Bestimmung des Schnittpunktes zwischen einem Geradenabschnitt und verschiedenen geometrischen Objekten, sowie zur Berechnung der Wechselwirkung des Lichtes mit einer Materialoberfläche. Jedes dreidimensionale Objekt, für das sich die Schnittpunktberechnung effizient, und das heißt in diesem Fall mit wenigen Rechenoperationen, durchführen läßt, eignet sich als Grundobjekt in einem auf der Basis
der Strahlverfolgung arbeitenden Bilderzeugungssystem. Für einfache Objekte,
wie sie in VERA zur Verfügung stehen, d.h. Dreiecke, Vierecke, Kugeln und Rotationskörper aus Kegelstümpfen, sind die Schnittpunkte durch Anwenden der
entsprechenden aus der Mathematik bekannten Formeln (Lösungen von linearen
oder quadratischen Gleichungen) zu berechnen. Da die Schnittpunktberechnung
die am häufigsten ausgeführte Operation ist, ist dabei allerdings auf eine auch
im Detail effiziente Realisierung zu achten.

Im Raytracer VERA werden komplexere Objekte aus einer großen Anzahl einfacher Objekte zusammengesetzt. Neben den einfachen Elementarobjekten stehen Unterszenen zur Verfügung, Objekte, die eine Sammlung von Elementarobjekten oder wiederum Unterszenen enthalten. Um den Schnittpunkt eines Strahls
mit der Szene herauszufinden, der dem Ausgangspunkt des Strahls am nächsten
liegt, werden im einfachsten Fall alle Elemente der Szene mit dem Sehstrahl geschnitten und anschließend das Minimum gebildet. Dieser zwar korrekte Ansatz
führt jedoch bei umfangreichen Szenen zu unakzeptablen Rechenzeiten. Dabei
stellen umfangreiche Szenen mit mehreren tausend einfachen Objekten nicht die
Ausnahme dar, sondern sind die Regel, wenn realitätsnahe Bilder erzeugt werden sollen. Die Idee für ein leistungsfähigeres Verfahren ist, die Elemente in einem Vorverarbeitungsschritt in eine geeignete Datenstruktur zu überführen und
anschließend mit deren Unterstützung die Schnittests schneller durchzuführen.
Dadurch muß der vorgegebene Strahl nur mit einigen der zahlreichen Objekte
geschnitten werden.

Nachdem der erste Treffer eines Strahl mit einem Objekt bestimmt ist, wird
dessen Beitrag zur Farbe des Pixels berechnet, von dem aus er initiiert wurde. Das
geschieht durch Auswertung der Formel, die das an den Objektoberflächen gel-
tende Beleuchtungsmodell beschreibt. Das hier verwendete Beleuchtungsmodell
wurde ausführlich in Kapitel 2 vorgestellt. Entsprechend der soeben beschriebenen Vorgehensweise besteht das VERA-Programm aus den beiden folgenden
relativ unabhängigen Teilen:

- *Einlesen der Szenenbeschreibung und Vorverarbeitung:* Die Textdatei, in der
  sich die Eingabedaten im VERA-Schnittstellenformat befinden, wird eingelesen. Dabei geschieht die Überführung der Szenen in die programminternen Datenstrukturen. Ferner werden aus der Szenenbeschreibung abgeleitete Größen
  berechnet, die die Schnittests beschleunigen. Für umfangreichere Szenen ist
  schließlich die Datenstruktur aufzubauen, die die Anzahl der während der
  Bilderzeugungsphase durchzuführenden Schnittests reduziert.

• *Bilderzeugung und Bildausgabe:* Die eigentliche Arbeit wird im Bilderzeugungsteil geleistet. Hier finden die Suche nach von den Strahlen möglicherweise geschnittenen Objekten mit Hilfe der unterstützenden Datenstruktur sowie die Schnittests mit den dabei aufgesammelten Objekten statt. Die Bildausgabe erfolgt auf eine sequentielle Datei im RGB-Farbmodell.

Im folgenden wird die Funktionsweise dieser beiden Teile beschrieben.

4.2.2 Einlesen der Szenenbeschreibung und Vorverarbeitung

In dieser Phase erfolgt eine Abbildung der vom Anwender erstellten textuellen Beschreibung im VERA-Format in die rechnerinternen Datenstrukturen. Die Eingabe setzt sich zusammen aus der Beschreibung von Szenen, geometrischen Objekten, Materialien, Lichtquellen und Angaben zur Projektion Für jede Definition einer der oben genannten Größen wird eine rechnerinterne Darstellung erzeugt und ein Verweis auf diese Beschreibung in ein als einfache Liste geführtes Verzeichnis abgelegt:

```
objektliste    : array[0 .. max_obj_ID] of ptr_to_obj;
materialliste  : array[0 .. max_mat_ID] of ptr_to_material;
szenenliste    : array[0 .. max_sze_ID] of ptr_to_szene;
lichtqliste    : array[0 .. max_lic_ID] of ptr_to_lichtquelle.
```

Die Listen dienen zur Identifizierung der einzelnen Größen über eine ihnen zugeordnete Nummer. Die Einträge in der Liste verweisen dann auf das eigentliche Objekt. Die Verknüpfung der Objekte untereinander sowie die Abbildung der Unterszenentechnik auf die Datenstrukturen sind Abb. 4.9 zu entnehmen.

Der auf den ersten Blick unnötige Gebrauch von Zeigern wurde gewählt, um eine möglichst effiziente Ausnutzung des zur Verfügung stehenden Speichers zu erzielen. Die Beschreibung einer der genannten Informationseinheiten wird im Freispeicher angelegt und belegt dort nur den für die jeweilige Ausprägung benötigten Speicherplatz. Dies ist besonders wichtig, wenn die einzelnen Typen der Beschreibung unterschiedlich viel Speicherplatz benötigen. So verbraucht beispielsweise die Beschreibung einer Kugel nur 104 Bytes, während ein Dreieck fast doppelt so viel, nämlich bereits 192 Bytes zu seiner Darstellung benötigt. Abb. 4.10 zeigt den Speicherbedarf der einzelnen geometrischen Elemente bei Verwendung von Gleitpunktzahlen in doppelt genauer Darstellung (8 Bytes).

Zur Beschreibung eines *geometrischen Objekts* wird der Pascal-Record mit Varianten aus Abb. 4.11 verwendet. Neben den direkten Parametern, die aus der Szeneneingabe übernommen werden, sind auch Hilfsgrößen gespeichert, deren jeweilige Berechnung während der Strahlverfolgungsphase zu aufwendig wäre. Beispiele sind das Quadrat des Radius bei der Kugel oder die Koeffizienten der Polygonebene bei Dreiecken, Vierecken und Patches. Jedes Objekt enthält einen Verweis auf zwei möglicherweise identische Materialklassen, je einen Verweis für die Innen- und Außenseite. Die *Materialklassen* bestehen aus den Werten für die einzelnen Koeffizienten der Beleuchtungsformel (siehe Abb. 4.12). Die hier gezeigte Variante ist die ohne Textur. Werden Texturmatrizen verwendet, sind

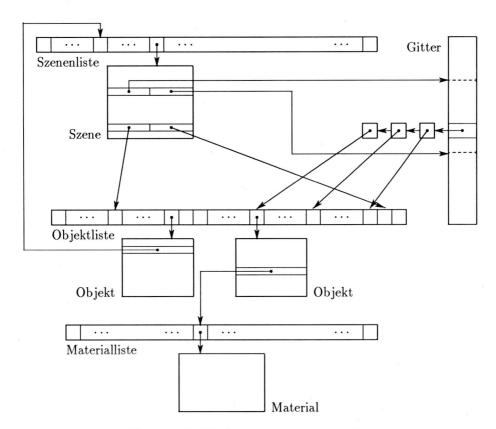

Abb. 4.9: Die Objektdatenstrukturen von VERA

Szenenbeschreibung	60 Bytes
Geometrische Objekte	64 Bytes
Kugel	104 Bytes
Dreieck	192 Bytes
Patch	264 Bytes
Rotationskörper	192 Bytes
Materialklasse	39 Bytes
Lichtquellen	16 Bytes
Punktlichtquelle	16 (48) Bytes
Spotlichtquelle	48 Bytes

Abb. 4.10: Tabelle des Speicherverbrauchs

```
obj_type = (USZ, KUGEL, (*...*) );
Seite = (innen, aussen);
objekt = RECORD
   (* typübergreifende Parameter *)
   Stellvertreter: Bounding_Box;
   Material : ARRAY [ Seite ] OF mat_ID;


   CASE obj_art : obj_type OF
   USZ : (
      (* Parameter für Typ Unterszenenaufruf ... *)
   );


   KUGEL : (
      Mittelpunkt : Punkt;
      Radius : real;
      Rad_quad : real; (* Hilfsgröße: Radius zum Quadrat *)
   );


   (* hier folgen die anderen Objekte: *)
   (* Ellipsoid, Polygon, Patches, Rotationskörper *)
END;
```

Abb. 4.11: Der Record-Typ für geometrische Objekte

bei den betroffenen Parametern Verweise auf die entsprechenden Texturmatrizen anzubringen. Die Texturmatrizen werden in einem separaten Speicherbereich abgelegt.

Wie aus Kapitel 2 bekannt ist, beschreibt das Beleuchtungsmodell die Effekte, die bei der Wechselwirkung zwischen Licht und Materialoberfläche auftreten. Die Parameter des jeweiligen Effektes sind in der Materialbeschreibung abgelegt. Zusätzlich wird angegeben, welche Oberflächeneigenschaften (z.B. reflektierend, brechend) für die jeweilige Materialklasse zur Wirkung kommen. Hat z.B. der Spiegelkoeffizient für alle drei Farbkomponenten den Wert Null, so hat eine damit beschriebene Oberfläche keine spiegelnde Wirkung, womit die Berechnung und Verfolgung des Spiegelstrahls entfallen kann.

Bei den *Lichtquellen* wird analog zu den geometrischen Objekten verfahren (siehe Abb. 4.13): Das Feld `quelle` gibt die Koordinaten der punktförmigen Lichtquelle im Raum an. Durch `imauge` kann der Spezialfall einer im Augenpunkt lokalisierten Lichtquelle („Blitzlicht") erkannt werden. Für eine solche Lichtquelle entfällt die Suche nach blockierenden Szenenobjekten. Durch `beschraenkt` und `spot` wird das Verhalten von Lichtquellen spezifiziert, die nur einen beschränkten Teil der Szene ausleuchten.

```
material = RECORD
  reflektierend,leuchtend,spiegelnd,
  brechend,tot : boolean;
  redi, rewi,
  ledi, lewi,
  spdm, rdm : farbe;
  spkl, brkt : real;
END;
```

Abb. 4.12: Der Record-Typ für Materialangaben

```
lichtquelle = RECORD
  quelle : punkt;
  staerke : realtype;
  lichtfarbe : farbe;
  imauge : boolean;
  CASE lichtemission : abstrahlcharakteristik OF
    allseitig : ();
    beschraenkt : (
          zentralrichtung : punkt;
          cosoeffnung : realtype;
    );
    spot : (
          hauptrichtung : punkt;
          schwaechungskoeff : realtype;
    );
END;
```

Abb. 4.13: Der Record-Typ für Beleuchtungsangaben

Die Beschreibung einer *Szene* besteht aus der Angabe der zu ihr gehörenden Objekte in Form einer Abschnittsangabe innerhalb der Objektliste (`objstart`, `objende`), einer Größenangabe (`szenenbox`) und der Angabe der Methode, mit der die Schnittpunktberechnung ausgeführt werden soll. Dafür gibt es zwei Alternativen. Die direkte Alternative ist, den Strahl mit allen Objekten der Szene zu schneiden und unter den Treffern den nächstliegenden zu suchen. Die andere Alternative (`raster`) nutzt eine in der Vorverarbeitungsphase zu erstellende Datenstruktur, um die Anzahl der Schnittests einzuschränken. In diesem Fall schließt sich ein Verweis auf die für diese Methode notwendige Datenstruktur an. Die Deklaration in der Programmiersprache Pascal ist in Abb. 4.14 ausgeführt.

```
szanfrage = (direkt,raster);
szene = RECORD
   objstart, objende : integer;
   szenenbox : box;
   CASE anfrageart : szanfrage OF
      direkt : (objliste : objnrliste);
      raster : (rasterung : szenengitter);
END;
```

Abb. 4.14: Der Record-Typ für Szenen

Die Datenstruktur zur Reduktion der Schnittests wird aufgebaut, falls die Anzahl der Objekte in der Szene eine vorgegebene Grenze (typisch: 10) überschreitet. Bei kleineren Szenen ist der Zusatzaufwand für diese Datenstruktur zu hoch. Ihre Konstruktion geschieht, indem ein äquidistant gerastertes dreidimensionales Gitter über die Szene gelegt wird (Abb. 4.15). Zu jeder Zelle in diesem Gitter wird eine Liste von Objekten erstellt, deren Oberflächen einen nichtleeren Schnitt mit der Zelle haben. Die Berechnung der von einem Objekt geschnittenen Gitterzellen ist für die elementaren Objekte relativ einfach möglich. Die Anzahl der Schnittests bei der später erfolgenden Strahlanfrage wird dadurch reduziert, daß nur noch solche Objekte mit dem Strahl getestet werden, die zu Zellen gehören, die der Strahl trifft.

Der Aufwand zur Speicherung der Zellisten ist proportional zur Oberfläche der in der Szene vorkommenden Objekte. Der Proportionalitätsfaktor hängt von der Feinheit des Gitters ab: durch eine größere Anzahl von Gitterzellen steigt der Faktor an. Die Gittergröße beeinflußt auch die Größe der Zellisten. Ein feines Gitter führt zu kurzen Listen, da die Wahrscheinlichkeit, daß sich viele Objektränder in der Zelle befinden, dann gering ist. Um die Größe der Gitterstruktur festzulegen, wird die Anzahl der Objekte in der Szene herangezogen. Es wird eine um einen konstanten Faktor größere Anzahl von Gitterzellen angelegt, als Objekte in der Szene vorhanden sind (typisch: Faktor 10). Die Unterteilung der drei Achsenrichtungen erfolgt gemäß der entsprechenden Ausdehnung der Szene so, daß in etwa würfelförmige Gitterelemente entstehen.

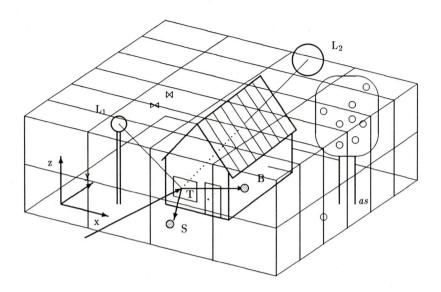

Abb. 4.15: Das Gitterverfahren

In einer VERA-Szenendatei sind häufig mehrere Teilszenen definiert, die dann als *Unterszenen* in anderen Szenen verwendet werden. Jede dieser Teilszenen wird in eine Gitterstruktur vorverarbeitet, sofern sie die dafür erforderliche Mindestzahl an Objekten enthält. Die in einer Teilszene verwendeten Unterszenen werden nun analog zu den einfachen Objekten in den Listen der Zellen verzeichnet, in denen sie entsprechend der Transformationsangaben zu liegen kommen. Die Berechnung dieser Zellen geschieht dadurch, daß alle durch den Unterszenenaufruf erreichbaren Objekte rekursiv ermittelt und in das Koordinatensystem des Aufrufs transformiert werden. Aus den extremen Koordinaten dieser Objekte wird ein achsenparalleler Hüllquader für die Objekte der betrachteten Teilszene bestimmt. Der Hüllquader wird zum einen als Hülle für die Gitterstruktur der Teilszene verwendet. Zum anderen dient er dazu, die Zellen der unmittelbar verwendenden Teilszene zu bestimmen. Dazu werden für den entsprechend der Verwendung transformierten Quader die Zellen bestimmt, die er in der Gitterstruktur der verwendenden Szene schneidet. In den so gefundenen Zellen wird die Unterszene verzeichnet.

Der Vorteil dieser Vorgehensweise ist, daß die Gitterstruktur für eine Teilszene, die mehrmals verwendet wird, nur einmal abgespeichert wird. Ferner ergibt sich eine Schachtelung von Gittern, die sich entsprechend der Objektverteilung anpaßt. Abb. 4.16 demonstriert die Adaption der Gitter von geschachtelten Unterszenen in zweidimensionaler Darstellung. Durch geschickte Anlage der Unterszenenaufteilung können so Ineffizienzen aufgrund von Objekthäufungen in einer Zelle vermieden werden. Bei der hier beschriebenen Vorgehensweise, zur Bestimmung des Hüllquaders einer Szene alle Objekte über die Unterszenen-

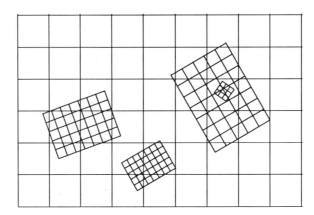

Abb. 4.16: Schachtelung von Gittern

hierarchie rekursiv zu transformieren, entsteht bei einer starken Schachtelung ein möglicherweise nicht unerheblicher Zeitaufwand. Bei der praktischen Anwendung hat dieser sich jedoch nicht bemerkbar gemacht. Als Alternative bietet sich an, die zu einer Unterszenenhierarchie gehörende Hierarchie von Hüllquadern zu verwenden, um den Hüllquader der aktuellen Teilszene zu berechnen. Dies ist jedoch ungünstig, da sich die Fehler, die bei den einzelnen Hüllquadern gemacht werden, sehr schnell fortpflanzen und so zu einer recht großzügigen Zuordnung der Unterszenen zu Gitterzellen führen. Dadurch kann bei der Trefferberechnung für die Strahlen ein beträchtlicher Mehraufwand entstehen, da dann häufig in Unterszenen verzweigt wird, in denen gar kein Treffer liegen kann.

Die Gitterstruktur einer Szene wird als eindimensionales Array realisiert, dessen Elemente auf Listen von Verweisen auf die zu der entspechenden Zelle gehörenden Objekte (in objektliste) zeigen. Neben den elementaren Objekten ist auch jeder Unterszenenaufruf im Array objektliste verzeichnet. Der Eintrag für einen Unterszenenaufruf enthält neben der Transformationsangabe zu diesem Aufruf einen Verweis auf die Objekte der entsprechenden Unterszenen in objektliste sowie auf die Gitterstruktur der aufgerufenen Unterszene, falls eine solche angelegt wurde.

Ein dreidimensionales Array zur Ablage der Gitter scheidet aus, da zu Beginn der Berechnung zwar die Gesamtgröße abgeschätzt werden kann (zum Beispiel zehnmal die maximale Anzahl der Objekte), die Aufteilung der Gitterelemente auf die Dimensionen aber erst zur Laufzeit des Programmes bekannt wird. Die Arrays zu den einzelnen Unterszenen werden als zusammenhängender Abschnitt in einem gemeinsamen Array gitter abgelegt (Abb. 4.9). Die Umrechnung zwischen den dreidimensionalen Indizes i_x, i_y, i_z der Zellen und den eindimensionalen Indizes p des Arrays erfolgt durch die einfache Abbildungsfunktion $p = p_0 + (((i_z \cdot n_y) + i_y) \cdot n_x + i_x)$. Dabei sind p_0 die Position des ersten Elements im Array der entsprechenden Unterszene, n_x, n_y, n_z die Anzahl der Gitterelemente je Achse.

Ebenfalls in der Vorverarbeitungsphase wird der *automatische Belichtungsmesser* realisiert. Ist die Lage und Ausdehnung aller Objekte und Szenen bekannt, berechnet VERA als nächstes die ungefähre Helligkeit des Bildes. Dabei wird für jedes Objekt der Mittelpunkt des Hüllquaders als ein Referenzpunkt aufgefaßt, für den die Intensität des einfallenden Lichtes anhand der Liste der Lichtquellen berechnet wird. Aus den so erhaltenen Helligkeitswerten wird der Mittelwert bestimmt und als Maß für die Bildhelligkeit verwendet. Da die Intensität der Lichtquellen mit dem Quadrat der Entfernung abnimmt, ist es nicht so einfach, die Helligkeit der Lichtquellen auf Anhieb passend zu wählen. Aus diesem Grund korrigiert VERA auf Wunsch des Benutzers die Helligkeit der Lichtquellen, so daß ein möglichst gut ausgeleuchtetes Bild entsteht. Diese Automatik ist natürlich nur ein sehr grobes Verfahren, um die endgültige Helligkeit des Bildes im voraus abzuschätzen und zu korrigieren. Der Anwender hat deshalb die Möglichkeit, die Helligkeit des Bildes noch zu beeinflussen, indem er das Bild etwas aufhellt oder abdunkelt, nachdem er die ersten Testbilder betrachtet hat. Die Steuerung dieses Mechanismus erfolgt über den Steuerparameter `Hellfaktor` der Eingabesprache.

4.2.3 Bilderzeugung und Bildausgabe

Das Gesamtbild wird aufgebaut, indem beginnend mit der linken oberen Ecke Bildpunkt für Bildpunkt zeilenweise berechnet wird. Zur Bestimmung der Farbe für ein gegebenes Pixel wird die Routine `pixelfarbe` aufgerufen.

Zur Berechnung der Pixelfarbe an der Position (x,y) wird mit Hilfe der Angaben zur Projektion ein Strahl bestimmt, der ausgehend vom Augenpunkt durch Pixel (x,y) der Projektionsebene verläuft. Die interne Projektionsebene liegt vom Augenpunkt aus gesehen hinter der Szene, so daß der Strahl nach Passieren der Projektionsebene nicht mehr weiter verfolgt werden muß. Die aus dieser Richtung in das Auge einfallende Lichtintensität wird nun durch Aufruf der Routine `raytrace` bestimmt. Das Ergebnis sind drei Zahlenwerte im Bereich 0 bis 1 für die drei Farbkomponenten Rot, Grün und Blau. Diese quasi-analogen Werte werden auf einen ganzzahligen Wert zwischen 0 und 255 quantisiert, wie sie von vielen Ausgabegeräten verarbeitet werden können.

Bei der Abbildung der Farbwerte auf diesen Bereich kann es vorkommen, daß Werte außerhalb des zulässigen Bereiches auftreten (Überbelichtung). Leichte Überbelichtungen werden durch Reduzierung der Farbsättigung bei gleichzeitiger Erhöhung der Intensität behandelt. Reicht das nicht aus, so werden alle Farbkomponenten auf ihre maximale Intensität gesetzt.

Die zentrale Unterprozedur `raytace` hat den Aufbau, der in Abb. 4.18 beschrieben ist. Sie bestimmt zunächst den ersten Auftreffpunkt eines Strahls in der Szene durch Aufruf der Prozedur `sucheobjekt`. Für spiegelnde beziehungsweise transparente Oberflächen berechnet sie den entsprechenden Spiegelungsbeziehungsweise Brechungsstrahl und ruft sich mit diesen rekursiv auf. Schließlich führt sie noch die Schattenberechnung am Auftreffpunkt durch. Schatten, Spiegelung und Brechung werden dabei wie folgt realisiert:

```
PROCEDURE pixelfarbe(x,y : real; VAR pix : pixel);

BEGIN
(*
  bestimme mit Hilfe der Angaben zur Projektion
  den ersten Strahl. Ausgangspunkt p ist der
  Augenpunkt. Der Endpunkt q liegt auf der
  Bildebene hinter der Szene.
 *)
(*
  bestimme die aus dieser Richtung in den
  Augenpunkt einfallende Lichtintensität durch
  Verfolgung des Strahls (p,q):
 *)

raytrace(p,q,(*...*) pixfarbe,maxrttiefe)

(*
  forme die Farbwerte für das Pixel um
 *)

END;
```

Abb. 4.17: Die Prozedur `pixelfarbe`

- *Schatten:* Liegt ein Bildpunkt im Schatten, so bedeutet dies, daß das Licht auf dem Weg von der Lichtquelle bis zu diesem Punkt durch ein anderes Objekt blockiert wird. Dies läßt sich recht einfach feststellen, indem man den Algorithmus zur Strahlverfolgung auf den Strahl von diesem Punkt bis zur Lichtquelle ansetzt. Findet die Strahlverfolgung ein Objekt, so liegt der Punkt bezüglich der anvisierten Lichtquelle im Schatten. Genauer betrachtet leistet diese Strahlverfolgung mehr als eigentlich notwendig ist. Es interessiert in diesem Fall nicht, welches Objekt die Blockierung verursacht, und noch viel weniger, welches dem Ausgangspunkt des Strahles am nächsten liegt. Es ist deshalb sinnvoll, die Strahlverfolgung in diesem Fall sofort abzubrechen, wenn ein Objekt gefunden wird, das den Strahl blockiert. Aus diesem Grund erhalten in VERA alle an der Strahlverfolgung beteiligten Routinen einen zusätzlichen Parameter `blocking`, der zur Unterscheidung zwischen den zwei Strahltypen dient.

Eine weitere Beschleunigung des Verfahrens ist möglich, wenn das Objekt registriert wird, das den Strahl blockiert hat. Beim nächsten Strahl wird dann zuerst überprüft, ob das Objekt auch diesen Strahl blockiert. Ist dies nicht der Fall, wird der übliche Blockiertest ausgeführt. Eine solche Vorgehensweise,

```
PROCEDURE raytrace(p, q : punkt;
        brechkraft : real;
        mdaempf : farbe;
        VAR farbwert : farbe;
        rttiefe : integer);

BEGIN

 (*
   suche entlang des Strahles (p,q) dasjenige Objekt, das von diesem
   Strahl getroffen wird und dessen Schnittpunkt mit dem Strahl am
   nächsten zum Ausgangspunkt p liegt:
 *)

 sucheobjekt(p,q, (*.....*));

 (*
   Werte die Beleuchtungsformel mit Hilfe der Parameter, die sich
   aus der zum Trefferobjekt gehörenden Materialklasse ergeben, aus
 *)

 (*
   Für spiegelnde und/oder brechende Oberflächen: bestimme die
   Intensität, die über den gespiegelten bzw. gebrochenen Strahl
   einfällt, durch rekursiven Aufruf der Prozedur raytrace:
 *)

 raytrace(q, (*.....*));

 (*
   Prüfe zur Schattenbestimmung mit Hilfe der Routine sucheobjekt,
   ob der Strahl vom Trefferpunkt bis zur jeweiligen Lichtquelle
   von einem Objekt verdeckt wird:
 *)

 raytrace(q, (*.....*));

END.
```

Abb. 4.18: Die Prozedur raytrace

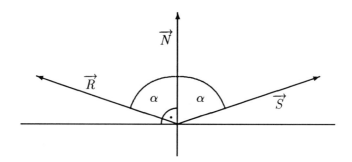

Abb. 4.19: Bestimmung des Spiegelstrahls

dic man auch als *History-Konzept* bezeichnet, bringt Rechenzeitvorteile bei Objekten, die große Schatten werfen.

- *Spiegelung:* Trifft ein Strahl auf ein Objekt mit Spiegeleigenschaft, so wird der Spiegelstrahl mit Hilfe des Reflektionsgesetzes berechnet. Dieses sagt aus, daß Ausgangsstrahl $\vec{S}$, Spiegelstrahl $\vec{R}$ und Oberflächennormale $\vec{N}$ in einer Ebene liegen und daß die Winkel zwischen Ausgangsstrahl und Normale und zwischen Spiegelstrahl und Normale gleich groß sind (Abb. 4.19).

Ist

$$|\vec{R}| = |\vec{N}| = |\vec{S}| = 1,$$

so läßt sich der Spiegelstrahl bestimmen durch

$$\vec{S} = 2 \cdot \cos\alpha \cdot \vec{N} - \vec{R},$$

wobei

$$\cos\alpha = \vec{R} * \vec{N}.$$

Ist der Spiegelstrahl berechnet, erfolgt ein rekursiver Aufruf der Prozedur **raytrace**, die das Licht aus Richtung des Spiegelstrahles berechnet. Die Intensität wird mit dem entsprechenden Koeffizienten gemäß der Beleuchtungsformel verrechnet und zur Gesamtintensität addiert.

- *Brechung:* Für die Brechung muß zuerst der gebrochene Strahl bestimmt werden. Das dabei verwendete Brechungsgesetz sagt aus, daß Ausgangsstrahl, Oberflächennormale und gebrochener Strahl in einer Ebene liegen und

$$\sin(\alpha)/\sin(\beta) = n_2/n_1$$

gilt (Abb. 4.20). Dabei geben n_1, n_2 die Brechungsindizes der Materialien auf der entsprechenden Seite der Grenzfläche an. Diese sind aus der Materialspezifikation bekannt.

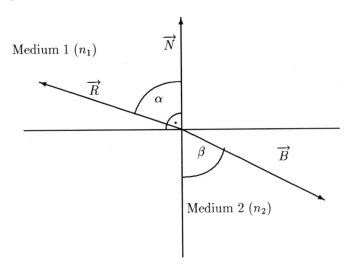

Abb. 4.20: Bestimmung des Brechstrahls

Beim Übergang vom optisch dünneren zum optisch dichteren Medium, z.B. von Luft nach Glas, erfolgt die Brechung zur Normalen hin. Der Brechungswinkel ist kleiner als der Einfallswinkel. Umgekehrt erfolgt beim Übergang vom optisch dichteren in das optisch dünnere Material, also z.B. von Glas nach Luft, eine Brechung mit einem Brechungswinkel, der größer als der Einfallswinkel ist. Der Brechungswinkel kann aber nicht größer als 90° sein. Deshalb darf der Einfallswinkel α einen Grenzwert α_G nicht überschreiten. Dieser Winkel ergibt sich durch

$$\sin \alpha_G = n, \quad n = \frac{n_2}{n_1}.$$

Dabei ist n die relative Brechzahl des Übergangs vom Ausgangsmaterial mit der Brechzahl n_1 in Material mit der Brechzahl n_2. Ist der Einfallswinkel größer als α_G, so tritt Totalreflexion ein, d.h. das Licht wird nach dem Reflexionsgesetz verlustfrei reflektiert.

Die Brechungsrichtung $\overrightarrow{B}$ zu einer vorgegebenen Einfallsrichtung $\overrightarrow{R}$ und dem Normalenvektor $\overrightarrow{N}$ läßt sich berechnen durch

$$\overrightarrow{B} = \overrightarrow{H_2} - \cos \beta \cdot \overrightarrow{N},$$

wobei

$$\overrightarrow{H_2} = n \cdot \overrightarrow{H_1}, \ \overrightarrow{H_1} = \cos \alpha \cdot \overrightarrow{N} - \overrightarrow{R},$$

$$\cos \beta = \sqrt{1 - \sin^2 \beta}, \ \sin^2 \beta = (1 - \cos^2 \alpha)/n^2, \ \cos \alpha = \overrightarrow{N} * \overrightarrow{R}.$$

Dieses gilt für $(1 - \cos^2 \alpha) \leq n^2$, andernfalls tritt Totalreflexion ein.

Zur Bestimmung des Brechstrahls wird also eine Quadratwurzel benötigt.

Trefferberechnung für einfache Objekte

Strahlen werden in VERA durch einen Anfangspunkt $\mathbf{p}$ und einen Endpunkt $\mathbf{q}$ dargestellt. Die Routine `raytrace` bestimmt die Lichtintensität, die am Punkt $\mathbf{p}$ über den Strahl $(\mathbf{p}, \mathbf{q})$ einfällt. Ihre Aufgabe läßt sich in zwei Teile untergliedern, die Bestimmung des ersten Objekts auf dem Strahl $(\mathbf{p}, \mathbf{q})$ anhand der Szenengeometrie und die Auswertung der Beleuchtungsformel.

Besteht eine Szene nur aus wenigen Objekten, so wendet sich die Prozedur `sucheobjekt` sofort an die Routine `Intersect`, die für eine gegebene Objektmenge alle Schnittpunkte mit dem vorgegebenen Strahl berechnet und den dem Ausgangspunkt am nächsten liegenden Schnittpunkt zurückliefert. Besteht die Szene aus vielen Objekten, so ist diese Vorgehensweise zu langsam und `sucheobjekt` ruft das Gitterverfahren zur Bestimmung des Schnittpunkts auf.

```
PROCEDURE Intersect(objektliste;
        p,q : punkt;
        VAR sp: punkt;
        VAR lambda: real;
        (*...*)
        );
BEGIN
  (*
      für alle Objekte in der Objektliste:
      berechne die Schnittpunkte zwischen Strahl und Objekt;

      falls Schnittpunkt existiert
      und näher an p liegt als aktueller Schnittpunkt:
      aktueller Schnittpunkt, d.h. sp und lambda := neuer Schnittpunkt;
   *)
END;
```

Abb. 4.21: Die Prozedur `intersect`

Die `Intersect`-Routine (Abb. 4.21) bestimmt aus einer gegebenen Objektmenge dasjenige, das vom Strahl $(\mathbf{p}, \mathbf{q})$ geschnitten wird und dem Ausgangspunkt $\mathbf{p}$ am nächsten liegt. Für die in VERA verwendeten Grundkörper gelten die folgenden Formeln:

- *Dreieck und Patch:* In der Vorverarbeitung werden die Koeffizienten der Ebene

$$a \cdot x + b \cdot y + c \cdot z + d = 0$$

durch die Dreieckspunkte $\mathbf{p_1}$, $\mathbf{p_2}$, $\mathbf{p_3}$ berechnet, also

$$eb(\mathbf{x}) = |\mathbf{x} - \mathbf{p_1}\ \mathbf{p_2} - \mathbf{p_1}\ \mathbf{p_3} - \mathbf{p_1}| = 0, \quad \mathbf{p} = (x, y, z).$$

Ferner wird für jede Kante des Dreiecks eine Begrenzungsebene

$$a_i \cdot x + b_i \cdot y + c_i \cdot z + d_i = 0, \quad i = 1, 2, 3,$$

vorausberechnet, die senkrecht zur Dreiecksebene liegt und sich mit dieser in der Kante schneidet. Die Koeffizienten dieser Ebene werden so gewählt, daß für beliebige innere Dreieckspunkte bei deren Einsetzen in die Ebenengleichungen stets ein positives Vorzeichen herauskommt. Die ersten drei Koeffizienten dieser Ebenen erhält man aus dem Kreuzprodukt der normierten Richtung der Dreieckskante und dem normierten Normalenvektor der Dreiecksebene. Der vierte Koeffizient ergibt sich durch Einsetzen eines Dreieckspunktes.

Durch Einsetzen der Parameterdarstellung des Strahls $(\mathbf{p}, \mathbf{q})$,

$$\mathbf{r} = \mathbf{p} + \lambda \cdot (\mathbf{q} - \mathbf{p}),$$

in die Ebenengleichung ergibt sich der Parameterwert λ_0 des Schnittpunkts zwischen Strahl und Ebene zu

$$\lambda_0 = \frac{eb(\mathbf{p})}{eb(\mathbf{p}) - eb(\mathbf{q})}.$$

Liefert das Einsetzen des Schnittpunkts

$$\mathbf{x} = \mathbf{p} + \lambda_0 \cdot (\mathbf{q} - \mathbf{p})$$

in die Gleichungen der Begrenzungsebenen jeweils positives Vorzeichen, wird das Dreieck vom Strahl getroffen, andernfalls nicht. Der Parameter λ_0 kann ferner bei der Entscheidung verwendet werden, ob dieser Treffer der bisher am dichtesten am Strahlanfangspunkt $\mathbf{p}$ war, indem er einfach mit dem bisher kleinsten λ-Wert dieses Strahls verglichen wird.

- *Viereck:* Vierecke werden in der Vorverarbeitungsphase durch eine Diagonale in zwei Dreiecke zerlegt. Beim Berechnen des Schnittpunktes wird jeweils für beide Dreiecke der Schnittest durchgeführt.

- *Kugel:* Der Strahl wird in Parameterform in die implizite Gleichung

$$(x - x_{\mathbf{mp}})^2 + (y - y_{\mathbf{mp}})^2 + (z - z_{\mathbf{mp}})^2 = r^2$$

der Kugel eingesetzt. Dabei bezeichnet $\mathbf{mp}$ den Mittelpunkt, die Punktnotation die Komponenten des Mittelpunktes und r den Radius der Kugel. Seien $\mathbf{p}$ und $\mathbf{q}$ wieder der Anfangs- bzw. Endpunkt des Strahls. Mit

$$\mathbf{z} := \mathbf{p} - \mathbf{mp},$$

$$\mathbf{v} := \mathbf{q} - \mathbf{p},$$

$$a := x_{\mathbf{v}}^2 + y_{\mathbf{v}}^2 + z_{\mathbf{v}}^2,$$

$$b := x_{\mathbf{v}} \cdot x_{\mathbf{z}} + y_{\mathbf{v}} \cdot y_{\mathbf{z}} + z_{\mathbf{v}} \cdot z_{\mathbf{z}},$$

$$c := x_z^2 + y_z^2 + z_z^2 - r^2,$$

$$d := \sqrt{b^2 - a \cdot c} \text{ , falls } b^2 - a \cdot c \geq 0$$

ergeben sich zwei λ-Werte

$$\lambda_1 := \frac{-b - d}{a},$$

$$\lambda_2 := \frac{-b + d}{a},$$

von denen der kleinere positive den ersten Treffer liefert. Negative Resultate werden nicht berücksichtigt.

- *Rotationskörper:* Die Rotationskörper werden rechnerintern in Kegelstümpfe zerlegt, so daß nur für diese der Schnittest durchzuführen ist. Sei **b** der Basispunkt der Rotationsachse, $\overrightarrow{R}$ die normierte Achsenrichtung (Abb. 4.22). **p** sei der Anfangspunkt des Strahls, $\overrightarrow{S}$ seine normierte Richtung, l der (un-

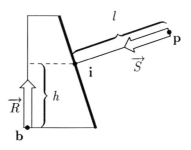

Abb. 4.22: Schnitt zwischen Strahl und Rotationskörper

bekannte) Abstand zwischen **p** und dem Schnittpunkt **i** zwischen Strahl und Rotationskörper. Für die (unbekannte) Entfernung h zwischen Basispunkt **b** und der senkrechten Projektion des Schnittpunktes **i** auf die Rotationskörperachse gilt dann

$$h = \left((\mathbf{p} - \mathbf{b}) + l \cdot \overrightarrow{S} \right) * \overrightarrow{R}.$$

Für den Abstand d des Schnittpunktes **i** von der Rotationskörperachse gilt ferner

$$d^2 + h^2 = \left((\mathbf{p} - \mathbf{b}) + l \cdot \overrightarrow{S} \right) * \left((\mathbf{p} - \mathbf{b}) + l \cdot \overrightarrow{S} \right).$$

Die analytische Darstellung der vom zu rotierenden Segment in der Ebene induzierten Geraden lautet:

$$e \cdot d + f \cdot h = g, \ e^2 + f^2 = 1.$$

Deren Koeffizienten e, f und g lassen sich aus Strahlanfangspunkt und Strahl-endpunkt einfach berechnen. Durch Elimination von d und h aus diesen Glei-chungen ergibt sich für l die quadratische Beziehung

$$\left((\vec{S} * \vec{R})^2 - e^2 \right) \cdot l^2 + 2 \cdot \left(\left(\vec{S} * \vec{R} \right) \left((\mathbf{p} - \mathbf{b}) * \vec{R} - f \cdot g \right) - e^2 (\mathbf{p} - \mathbf{b}) * \vec{S} \right) \cdot l$$

$$+ \left((\mathbf{p} - \mathbf{b}) * \vec{R} - f \cdot g \right)^2 + e^2 \cdot \left(g^2 - (\mathbf{p} - \mathbf{b}) * (\mathbf{p} - \mathbf{b}) \right) = 0.$$

In der Vorverarbeitung werden die Größen e^2, $f \cdot g$ und g^2 berechnet und abgespeichert. Bei der Strahlverfolgung sind dann die strahlabhängigen Werte $(\mathbf{p} - \mathbf{b}) * (\mathbf{p} - \mathbf{b})$, $(\mathbf{p} - \mathbf{b}) * \vec{R}$, $(\mathbf{p} - \mathbf{b}) * \vec{S}$ und $\vec{S} * \vec{R}$ zu berechnen und die Formel für l zur Lösung von quadratischen Gleichungen einzusetzen.

Die am häufigsten vorkommende Operation beim Raytracing, die Bestim-mung des Schnittpunktes zwischen dem Strahl und einem Objekt, ist ein auf-wendiger Vorgang. Die meisten dieser Tests werden negativ ausfallen. Vor allem bei aufwendigen Berechnungen pro Objekt macht sich das in der benötigten Re-chenzeit bemerkbar. Daher setzt man vor die aufwendige Berechnung des Schnitt-punktes einen Vortest, der in den meisten Fällen einen negativen Ausgang schnell berechnen kann. Hierzu werden die in der Vorverarbeitungsphase berechneten Hüllkörper verwendet. Schneidet ein Strahl den Hüllkörper nicht, so schneidet er auch das eigentliche Objekt nicht. Vera führt einen quaderorientierten Vortest durch.

Bei der Schnittpunktberechnung sind numerische Ungenauigkeiten aufgrund der Gleitpunktarithmetik zu beachten. Besonders gefürchtet ist dabei die *nu-merische Auslöschung*, die bei der Subtraktion zweier etwa gleichgroßer Zahlen auftritt. Aber auch das Rechnen mit Zahlenwerten sehr unterschiedlicher Größen-ordnungen führt zu Problemen. Als Beispiel möge die Schnittpunktberechnung eines Strahls mit einer Kugel dienen. Der Ausgangspunkt des Strahls liege 1000 Einheiten vom Mittelpunkt einer Kugel mit dem Radius 1 entfernt. Als einen Koeffizienten der quadratischen Gleichung zur Lösung der Schnittfrage erhält man einen Ausdruck der Form $1000^2 - 1$. Die Dimensionen des Subtrahenden und des Minuenden unterscheiden sich um den Faktor 10^6. Wird die Subtrak-tion mit einfacher Genauigkeit ausgeführt, so erhält man ein Resultat mit einer Auflösung von 4 Bit (16 Stufen). Berechnet man ein Bild mit dieser Konstella-tion, so erkennt man deutlich die groben Stufen auf der Oberfläche der Kugel.

Trefferberechnung in Unterszenen

Bei Szenen mit vielen Einzelobjekten wird die in der Vorverarbeitungsphase auf-gebaute Gitterstruktur verwendet, um die Anzahl der Schnittests zu reduzieren. Das geschieht dadurch, daß zuerst alle Zellen aufgezählt werden, die der Strahl beim Durchlaufen des Gitters schneidet. Dabei werden alle Objekte, die sich in den Zellisten befinden, auf einen Treffer hin untersucht, solange, bis der erste Auftreffpunkt gefunden ist oder das Gitter verlassen wird.

ALGORITHMUS Strahlgenerator

FOR w in $\{x, y, z\}$ **DO BEGIN**
$\quad i_w := \text{floor}(a_w);$
$\quad d_w := ((i_w + 1) * e_w - a_w)/s_w$
$\quad m_w := e_w/s_w$
END
WHILE (i_x, i_y, i_z) innerhalb des Raumrasters **DO BEGIN**
$\quad d := \min(d_x, d_y, d_z);$
$\quad$ **FOR** w in $\{x, y, z\}$ **DO**
$\quad\quad$ **IF** $d_w = d$ **THEN BEGIN** $i_w := i_w + 1;\ d_w := m_w$ **END**
$\quad\quad$ **ELSE** $d_w := d_w - d;$
$\quad$ report(i_x, i_y, i_z)
END.

Abb. 4.23: Der Strahlgenerator

Zum Durchlaufen des Gitters ist zunächst die Lage des Startpunkts relativ zum Gitter zu bestimmen. Liegt der Startpunkt des Strahles innerhalb des Raumgitters, so kann die Startzelle direkt durch Division und Restbildung bestimmt werden. Befindet er sich jedoch außerhalb, so muß zunächst der Schnittpunkt des Strahles mit der Oberfläche des Raumgitters berechnet werden. Dies ist ein aufwendiger Vorgang, da hierzu der Strahl mit den sechs Seitenflächen der Gitterstruktur geschnitten werden muß.

Ist die erste Gitterzelle bestimmt, dann folgt das Durchlaufen des Gitters mittels eines schnellen dreidimensionalen Vektorgenerators, der bei gegebenem Anfangspunkt und Richtung alle getroffenen Gitterzellen in Durchlaufrichtung aufzählt. Zur Erklärung seiner Funktionsweise sei (a_x, a_y, a_z) der Startpunkt des Strahls. Durch Runden erhält man den Index der ersten Zelle, von dem aus die Indizes der folgenden Zellen inkrementell bestimmt werden. Seien

- (s_x, s_y, s_z) die normalisierte Richtung des Strahls

- (e_x, e_y, e_z) die Länge der Kanten einer Gitterzelle.

Für $s_x, s_y, s_z > 0$ läßt sich die Folge von Indizes mit einem Verfahren berechnen, das ähnlich wie die zweidimensionalen Vektorgeneratoralgorithmen zum Zeichnen eines Vektors auf einem Rasterbildschirm arbeitet. Die Ausformulierung des Algorithmus ist in Abb. 4.23 zu finden. Die Fälle, in denen die s_x, s_y, s_z andere Vorzeichen haben, werden analog abgearbeitet.

Zur Berechnung des Objektes, das dem Ausgangspunkt am nächsten liegt, werden nur die Objekte betrachtet, die in den Gitterzellen liegen, die vom Strahl berührt werden. Jede Raumzelle besitzt eine möglicherweise leere Liste von Objekten, die auf Schnitt mit dem Strahl getestet werden müssen. Da ein Objekt im allgemeinen in mehreren Listen verzeichnet ist, erscheint es im Verlauf der Strahlverfolgung mehrmals als Schnittkandidat. Es ist jedoch ausreichend, das Objekt für einen gegebenen Strahl nur einmal zu untersuchen. Deshalb werden alle bereits bearbeiteten Objekte markiert, um die wiederholte Berechnung des Schnittpunktes zu verhindern.

Das geschilderte Gitterverfahren hat seine Grenzen, wenn die Szenenobjekte sehr unterschiedlich verteilt im Raum liegen, d.h. daß sich Ballungszentren bilden. Ein solcher kritischer Fall tritt auf, wenn die Szene mit einem weit im Hintergrund liegenden Polygon abgeschlossen wird. In diesem Fall liegen alle Szenenobjekte in einigen wenigen Zellen der zugehörigen Gitterstruktur. Eine geschickte Anwendung der Unterszenentechnik in der VERA-Eingabesprache bringt hier eine erhebliche Beschleunigung.

Um den Schnittpunkt eines Strahles mit einem solchen Unterszenenobjekt zu bestimmen, wird der Anfragestrahl gemäß den Transformationsangaben in das Koordinatensystem der aufgerufenen Szenen transformiert. Anschließend wird eine Schnittpunktsuche in dieser Szene durchgeführt. Das Resultat wird in das ursprüngliche Koordinatensystem zurücktransformiert.

Die durch das Unterszenenobjekt repräsentierte Objektmenge ist nur dann auf Schnitt mit dem Strahl zu untersuchen, wenn das Unterszenenobjekt selbst vom Strahl geschnitten wird. Dieses wird dann angenommen, wenn ein zur Unterszene gehörendes Hüllobjekt, das alle Objekte der Unterszene enthält, geschnitten wird. Bei Unterszenen wird zusätzlich zu den üblichen Quaderhüllen ein Vortest mit einer Hüllkugel durchgeführt. Die Verwendung der Hüllkugeln ergab Rechenzeitverkürzungen von bis zum Faktor 6 gegenüber der Version ohne Kugeltest.

Alias-Effekte

Alias-Effekte treten auf, wenn die gegebene kontinuierliche Szene durch die diskreten Strahlen zu grob abgetastet wird. Dies macht sich durch Treppenstufen an den Objektkanten, durch Lücken oder verschwindende Objekte bemerkbar (Abb. 4.24). Die Abb. 4.25 bis 4.27 zeigen einen stark vergrößerten Bildausschnitt ohne bzw. mit Alias-Behandlung und ein hochaufgelöstes Bild. Zur Behebung solcher Treppen werden *Anti-Alias-Verfahren* eingesetzt. Ein solches Verfahren ist *adaptives Oversampling*, also ein Erhöhen der Abtastfrequenz, das im folgenden beschrieben wird.

Kritisch sind – neben zu kleinen Objekten – vor allem die Randbereiche, also wenn z.B. von einem Pixel zum Nachbarpixel der Übergang zwischen Hintergrund und Kugelrand stattfindet oder die Grenzlinie zweier verschiedenfarbiger Polygone liegt. Das Kriterium „anderes Objekt getroffen" ist zu streng, da ja zum Beispiel zwei aneinanderstoßende Dreiecke, die aus demselben Material bestehen, nicht aliaskritisch sind. Andererseits ist es nicht ausreichend bei Schattengrenzen und Glanzlichtern. VERA verwendete als Kriterium, daß die Differenz zwischen zwei Pixeln (also $\Delta r + \Delta g + \Delta b$) größer als eine Konstante `aliasdiff` ist. In diesem Fall wird eine neue Strahlverfolgung gestartet, sonst wird der Mittelwert

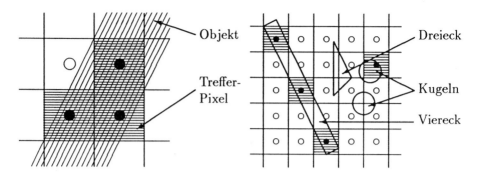

Abb. 4.24: Alias-Effekte: Treppen an Objekträndern, Lücken und fehlende Objekte

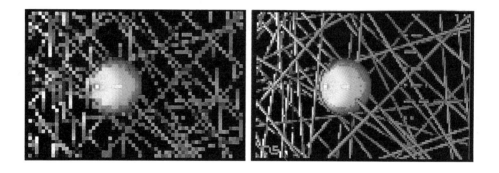

Abb. 4.25: Pixelbilder ohne Alias-Behandlung in unterschiedlicher Auflösung

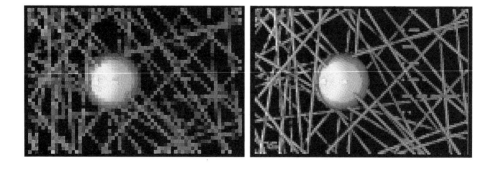

Abb. 4.26: Pixelbilder mit Alias-Behandlung in unterschiedlicher Auflösung

Abb. 4.27: Pixelbild in hoher Auflösung

verwendet. Im einzelnen werden zunächst vier Pixel berechnet (genauer: zwei Zeilen, wobei immer vier Pixel zusammengefaßt werden). Dann wird ein Zwischenpixel zu zwei übereinanderliegenden Pixeln bestimmt, entweder durch einen neuen raytrace-Aufruf oder durch Mittelwertbildung. Entsprechend werden sämtliche Spalten der beiden Zeilen aufgefüllt (Abb. 4.28). Das gleiche Verfahren wird angewendet, um die zwölf fehlenden Pixel, die Zwischenpixelspalten, zu ermitteln. Wie Abb. 4.28 zeigt, kann bei ausreichend ähnlichen Nachbarpixeln auf zusätzliche raytrace-Aufrufe verzichtet werden. Der Farbwert des Pixels ist das arithmetische Mittel der sechzehn berechneten Werte.

Durch dieses Verfahren steigt bei gewöhnlichen Bildern im Endformat (etwa 512×512 Pixel) die Rechenzeit um ungefähr hundert Prozent, gegenüber einer Steigerung um den Faktor 16 beim Oversampling mit 4×4 Teilpixeln. In Extremfällen wie einem einfarbigen Bild oder einem Schachbrettmuster, das weit unter Pixelgröße liegt, gilt die Faustregel „doppelte Rechenzeit" natürlich nicht mehr. Entsprechend wird für kleinere Bilder die Anti-Alias-Berechnung teurer, da die Bildfläche quadratisch, die Länge der Kanten häufig aber nur linear steigt.

Die zulässige Abweichung zwischen zwei Pixeln ($\Delta r + \Delta g + \Delta b$) gibt an, ab welchem Wert ein neuer raytrace-Aufruf erfolgen muß und wann der Mittelwert zwischen den Pixeln als ausreichend angesehen werden kann.

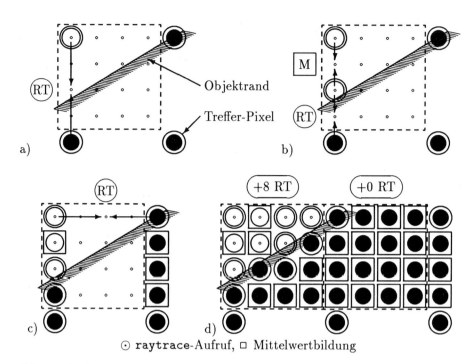

Abb. 4.28: a) Berechnung eines Zwischenpixels durch einen zusätzlichen `raytrace`-Aufruf, b) Vervollständigung einer Spalte durch Raytracing und Mittelwertbildung, c) Ergänzen der Zwischenspalten, d) Bearbeiten des nächsten Pixels

Bildausgabe

Die Ausgabe der Bilder geschieht im RGB-Modell in eine Datei. Die Werte der Farbkomponenten werden dabei auf den ganzzahligen Wertebereich 0..255 quantisiert. Dadurch kann ein Farbwert in einem Byte abgelegt werden. Die Bildauflösung ist frei wählbar, sie wird im Eingabekopf einer VERA-Bildbeschreibung spezifiziert.

Zur Abspeicherung der Bytes der Farbwerte sind verschiedene Formate vorhanden. Eines ist das bei den Texturmatrizen in Kapitel 2 vorgestellte Format für Muster, bei dem die drei Komponenten separat zeilenweise gespeichert werden. Eine Bildkompression wird zunächst nicht durchgeführt, diese geschieht mit einem separaten Programm, wofür sich das Ziv-Lempel-Verfahren des UNIX-`compress`-Kommandos als recht gut erwiesen hat (Kapitel 6).

4.3 Bilderzeugung in Rechnernetzen

Rechnernetze stellen eine Kommunikationsverbindung zwischen verschiedenen Rechnern her. Die Verbindung ist dabei üblicherweise so, daß jeder Rechner mit jedem anderen Rechner im Netz kommunizieren kann. Ein typisches Beispiel für ein derartiges Rechnernetz ist *Ethernet*. Das Übertragungsmedium von Ethernet in seiner ursprünglichen Architektur ist ein einziges Koaxialkabel, auf das die Verbindungen zu den angeschlossenen Rechnern aufgesteckt werden. Die Rechner können auf dieses Kabel Information schicken, die von den anderen Rechnern abgehört und gegebenenfalls übernommen wird. Zusätzliche Hardware löst die Kollisionen auf, die entstehen, falls mehrere Rechner gleichzeitig senden.

Das Rechnernetz stellt dem Anwender verschiedene Dienste zur Verfügung. Typische Netzwerkdienste sind die Übertragung von Dateien zwischen Rechnern (*file transfer*), das Starten eines Berechnungsauftrags von einem fremden Rechner aus (*remote job entry*) sowie das „Einloggen" von einem Rechner in den anderen (*remote login*).

Arbeitsplatzrechner, die über ein lokales Netzwerk miteinander verbunden sind, bringen genügend Rechenleistung an den Arbeitsplatz, um auch in der geometrischen Datenverarbeitung ein komfortables interaktives Arbeiten zu ermöglichen. Sie sind somit eine gute Lösung für eine Produktionsumgebung im Bereich der Computeranimation. Jedoch wird die Rechenleistung im Dialogbetrieb, von kurzzeitigen hohen Anforderungen abgesehen, bei weitem nicht ausgeschöpft. Insbesondere in Arbeitspausen, nachts und an Wochenenden, bietet es sich an, Jobs, die große Rechenleistungen erfordern, von diesen Rechnern ausführen zu lassen. Während längere Arbeitspausen für Number-Crunching-Aufgaben explizit reserviert werden können, kann eine automatische Organisation auch aus kürzeren Leerzeiten Nutzen ziehen. Eine solche Organisation wird im folgenden beschrieben.

4.3.1 Anforderungen an die verteilte Berechnung

Bei der Berechnung von Bildern auf Arbeitsplatzrechnern, die hauptsächlich interaktiv genutzt werden, muß vermieden werden, daß interaktive Benutzer in irgendeiner Weise behindert werden. Sobald ein Benutzer eine Anforderung stellt, zum Beispiel eine Eingabe macht, muß der Berechnungsprozeß sofort abgebrochen werden. Die Möglichkeit, den Prozeß auf einer sehr niedrigen Priorität weiterrechnen zu lassen, ist ungünstig, da in diesem Fall Behinderungen durch den begrenzten Speicherplatz (*swap space*) entstehen können. Um zu verhindern, daß im Falle eines Abbruchs der Berechnung sämtliche berechneten Ergebnisse verloren gehen, muß das Anwendungssystem wiederaufsetzbar implementiert werden, damit es die bisher gewonnenen Ergebnisse weiterverwerten kann.

Ein solches Konzept macht es erforderlich, nach Bedingungen zu suchen, wann eine Maschine als rechenbereit angesehen werden kann. Dies ist nicht nur dann der Fall, wenn keine Benutzer eingeloggt sind, sondern auch dann, wenn ein Benutzer während eines bestimmten Zeitraumes nichts mehr eingegeben hat. Dieser Zeitraum sollte klug gewählt werden, um einerseits die Anzahl der abgebrochenen Jobs nicht zu hoch werden zu lassen (bei zu kurzen Zeiten) und andererseits nicht zu viel Zeit ungenutzt verstreichen zu lassen (bei zu langer Zeit). Es muß also sichergestellt sein, daß die Betriebsmittel möglichst sinnvoll eingesetzt werden.

Die Ergebnisse sollten zentral auf einer Platte gesammelt werden, um die Speicherkapazität nicht einzuschränken, die einem Benutzer lokal zur Verfügung steht. Das bedeutet, daß ein Rechner ausgewählt wird, der die Ergebnisse sammelt und verwaltet. In diesem Fall bietet es sich auch an, dort die Eingaben und den Berechnungszustand abzulegen. Um eine Überlastung dieses Rechners zu vermeiden, darf keiner der Rechenschritte übermäßige Ein-/Ausgabe-Aktivitäten vornehmen. Diese Forderung ist bei rechenintensiven Aufgaben mit relativ wenig Datenbewegung wie der Bilderzeugung erfüllt. Es werden zwar große Dateien anlegt, die jedoch innerhalb eines verhältnismäßig langen Zeitraums erzeugt werden.

Es sollten Number-Crunching-Jobs verschiedener Priorität zugelassen werden. Das ist sinnvoll, wenn die Rechner auch noch für dringendere Aufgaben, etwa im Zusammenhang mit dem Modellieren genutzt werden. Beim Modellieren ist es öfters notwendig, ein Preview-Bild zur Überprüfung des Entwurfs zu berechnen, um das weitere Vorgehen festzulegen. Solche Bildberechnungen müssen bevorzugt behandelt werden.

Es muß sichergestellt werden, daß keine Fehler auftreten, wenn eine der Maschinen plötzlich ausfällt, sei es durch einen Systemzusammenbruch, sei es durch versehentliches Abschalten. In diesem Fall muß automatisiertes Aufsetzen ohne manuelle Eingriffe möglich sein. Falls nicht behebbare Fehler auftreten, müssen diese vom Bedienungspersonal erkannt werden können, um die Anzahl von Fehlbildern in der Endversion zu minimieren. Eine Steuer- und Eingriffsmöglichkeit mit der Möglichkeit einer Statusabfrage ist vorzusehen.

4.3.2 Die Netqueue

Die im folgenden skizzierte Lösung, die *Netqueue* (engl.), erfüllt diese Anforderungen weitgehend. Sie setzt ein Netzwerk aus Arbeitsplatzrechnern unter UNIX (z.B. BSD4.2) voraus, auf dem NFS (*Network File System*) installiert ist. Dabei werden zwei Möglichkeiten des UNIX-Systems besonders genutzt: die Multiprozeßfähigkeit und das hierarchische Dateisystem.

In Multiprozeßbetriebssystemen können mehrere voneinander unabhängige Prozesse quasi gleichzeitig ablaufen. Insbesondere können Prozesse „im Hintergrund" ablaufen. Das ermöglicht es dem Benutzer, gleichzeitig interaktiv zu arbeiten und zusätzlich noch andere Aufgaben (ausdrucken, Bilder berechnen etc.) von seinem Rechner ausführen zu lassen.

Ein hierarchisches Dateisystem setzt sich aus Verzeichnissen und Unterverzeichnissen zusammen. Dateiverzeichnisse wie Dateien besitzen Namen. In einem Dateiverzeichnis sind also die Namen von Dateien und die Namen seiner Unterverzeichnisse aufgeführt. Bei UNIX wird das oberste Verzeichnis Wurzel (root) genannt, die mit / bezeichnet ist. Eine Folge von Bezeichnern (z.B. /home/i31s5/netq/work/ocn/hart1) entspricht einem Durchgang über mehrere hierarchisch geschachtelte Dateiverzeichnisse, d.h. einem Pfad durch den Dateibaum.

NFS ist ein Netzwerkdienst zur Verteilung von Dateisystemen in einer Netz-werkumgebung. Das geschieht in transparenter Form, d.h. der Anwender kann mit Dateien auf anderen Rechnern genauso arbeiten wie mit den Dateien auf dem eigenen Rechner. Das NFS folgt dem auch bei anderen Netzwerkdiensten verbreiteten Client-Server-Modell. Server sind Rechner oder Programme, die eine Dienstleistung zur Verfügung stellen. Im Gegensatz dazu nimmt der Klient (engl. *client*) diesen Dienst in Anspruch.

NFS erlaubt Klienten den Zugriff auf das Dateisystem von Servern. Vor-aussetzung hierfür ist das Einhängen (*mounting*) von Dateisystemen der Ser-ver in das Dateisystem des Klienten. Dazu gibt es das Kommando `mount`, das vom Klienten ausgeführt wird. Auf der anderen Seite überwacht der Server die Zulässigkeit des Mount-Auftrags eines Klienten. Die zulässigen Klienten und die Dateisysteme, die von diesen verwendet werden dürfen, sind in einer speziellen Datei des Servers (`/etc/exports`) verzeichnet. Das Einhängen von Dateisyste-men kann durch das Kommando `umount` wieder rückgängig gemacht werden.

Im hierarchischen Dateiverzeichnis von UNIX werden durch das `mount`-Kommando Unterdateiverzeichnisse des Servers als Unterdateiverzeichnisse im Dateiverzeichnis des Klienten realisiert. Von Benutzerseite können so eingehängte Dateiverzeichnisse und Dateien wie eigene verwendet werden, obwohl die Da-teien physisch weiterhin beim Server bleiben. Das bedeutet insbesondere, daß Programme, die in einem eingehängten Dateiverzeichnis liegen, beim Klienten ausgeführt werden, aber Daten, die von einem Programm in eine Datei des ein-gehängten Dateiverzeichnisses geschrieben werden, zum Server transferiert wer-den. Dieses wird bei der Organisation der verteilten Berechnung ausgenützt wer-den.

In einer UNIX-Umgebung wird NFS durch zwei Programme realisiert, `mountd` und `nfsd`. Das `mount`-Kommando eines Klienten kommuniziert mit `mountd` des Servers, das als Hintergrundprozeß (Daemon) abläuft. `mountd` überprüft die Zu-gangserlaubnis des Klienten und gibt einen Zeiger auf ein Dateisystem zurück. Nach Ausführung des `mount`-Kommandos geschieht der Zugriff auf das ein-gehängte Dateisystem über einen `nfsd`-Daemon des Servers durch RPC.

Bei der Netqueue wird die Bilderzeugung durch *Jobs* ausgeführt. Ein Job ist die Berechnung eines Bildes. Die Jobs werden in eine Warteschlange ein-gefügt, die auf einer Maschine installiert ist. Diese Maschine wird als sogenannter *Netqueue-Server* verwendet. Alle anderen Maschinen sind Klienten, die Aufträge vom Server abholen, diese ausführen und die Ergebnisse an den Server zurück-geben. Das geschieht durch Zugriff auf beim Server gelagerte Dateien über NFS. Wenn ein Benutzer eine Klientenmaschine verwendet, wird der Job abgebrochen. Abgebrochene Jobs werden dem Server mitgeteilt, der sie wieder in die Warte-schlange der Netqueue einfügt. Dabei könnte sich das Problem ergeben, daß ein Job niemals beendet wird, da seine Gesamtausführungszeit das längste zur Verfügung stehende Leerzeitintervall übertrifft. Dieses wird dadurch gelöst, daß das VERA-Bilderzeugungsprogramm an der Zeile wiederaufsetzt, an der der Job zuvor unterbrochen wurde. Intern beginnt der Auftrag jedoch zwei Zeilen früher, wegen der Anti-Alias-Behandlung der Bilder.

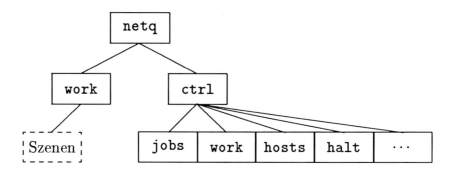

Abb. 4.29: Organisation der Dateiverzeichnisse der Netqueue

4.3.3 Netqueue-Server

Die Netqueue ist als Teil des Dateisystems der Server-Maschine implementiert. Sie sitzt in einem Unterverzeichnis `netq`. Dessen Unterverzeichnis `work` enthält Dateien zur Eingabe, Ausgabe und für Zwischenergebnisse, die bei der Einzelbilderzeugung benötigt werden. Das Unterverzeichnis `ctrl` enthält alle Daten, die zur Steuerung der Netqueue verwendet werden. `ctrl` hat weitere Unterverzeichnisse, die in Abb. 4.29 gezeigt werden. Diese werden wie folgt verwendet:

- `jobs`
  Hier sind alle rechenbereiten Jobs, die im Augenblick noch nicht aufgegriffen sind, ebenso Aufträge, die gerade unterbrochen sind, als Dateien abgelegt.

- `work`
  Hier sind alle Jobs, die gerade bearbeitet werden.

- `done`
  Alle Aufträge, die bereits bearbeitet sind, werden hier untergebracht. Diese Dateien sind nur zu Zwecken der Dokumentation und der Fehlerbehebung notwendig. Sie können nach erfolgreicher Bearbeitung gelöscht werden.

- `bad`
  Hier werden alle Aufträge untergebracht, bei denen ein Fehler aufgetreten ist, der nicht mehr behebbar ist. Dies ist beispielsweise dann der Fall, wenn das Erzeugungsprogramm aus unerfindlichen Gründen abbricht oder explizit abgebrochen wird. Nach Beheben der Fehlerursache kann ein solcher Auftrag wieder in das Verzeichnis `jobs` zurückgebracht werden.

- `hosts`
  Hier sind alle Hosts eingetragen, die rechenbereit sind, also Maschinen, für die entweder das idle-Prädikat zutrifft, oder Maschinen, die grundsätzlich mitrechnen. In diesen Dateien ist der Zustand in Klartext angegeben. (Beispiel: „working on b6a6c78.000", „dispatching", „idle").

- **halt**
  Klientenmaschinen, die angehalten werden sollen, werden hier mit einer Datei eingetragen. Dies ist notwendig, wenn Maschinen für einige Zeit aus administrativen oder technischen Gründen nicht mitrechnen können.

- **hosttab**
  Diese Datei enthält eine Tabelle, um der Identifikationsnummer eines Rechners einem mnemonisch sinnvollen Namen zuzuordnen. Sie wird von Statusabfrageprogrammen (z.B. `nqstat`) benutzt, um festzustellen, auf welcher Maschine sich welcher Auftrag befindet, bzw. auf welcher Maschine ein Fehler aufgetreten ist.

- **logfile**
  In dieser Datei wird verzeichnet, welcher Auftrag auf welcher Maschine beendet wurde. Ebenso werden die Rechen- und Verweilzeiten protokolliert. Auch der Grund des Abbruchs (Unterbrechung oder Fertigmeldung) wird hier niedergelegt. Dies ist zu Kontrollzwecken nützlich. Mit Hilfe dieser Datei kann auch die Gesamtrechenzeit ermittelt werden.

- **reports**
  Die Datei `logfile` wird jeweils einen Tag lang benutzt. Danach wird sie in `reports` unter Angabe des jeweiligen Datums zu Dokumentationszwecken abgelegt.

- **errlog**
  In dieser Datei wird verzeichnet, aus welchem Grund ein Auftrag, der im Dateiverzeichnis `bad` steht, abgebrochen wurde. Dies ist zur Fehlerermittlung nützlich.

Neue Jobs werden vom Benutzer durch einen Aufruf `nq [-f] [-l] [-d] [-8]` *file* an die Netqueue übergeben, was von jeder Maschine aus möglich ist. Dieser Aufruf wird vom sogenannten *Spawner* bearbeitet, einem Programm, das die Aufträge in die Warteschlange `jobs` einreiht. In der Datei *file* steht der Auftrag oder die Auftragsschar, die in die Warteschlange aufgenommen werden sollen. Wird die Option `-l` angegeben (line), so ist jede Zeile dieser Datei ein einzelner Auftrag. Das bedeutet, daß so viele Aufträge erzeugt werden, wie es Zeilen in der Datei gibt. Wird diese Option nicht angegeben, so wird die Datei als Ganzes sequentiell abgearbeitet. Der Spawner generiert abhängig von den Optionen Dateien, die jeweils einen Auftrag enthalten. Diese Dateien werden im Dateiverzeichnis `netq/ctrl/jobs` abgelegt. Die Dateinamen werden entsprechend den Optionen generiert.

Die Bearbeitung von Jobs erfolgt generell alphabetisch nach den Dateinamen, so wie sie im Dateiverzeichnis abgelegt sind. Entsprechend kann durch eine alphanumerische Verschlüsselung (Kennbuchstabe, Datum, Uhrzeit) der Dateinamen die Reihenfolge festgelegt werden. Durch die Option `-f` des nq-Aufrufs wird ein Job als von höherer Priorität gekennzeichnet. Der Spawner ordnet den entsprechenden Jobs lexikalisch kleinere Verschlüsselungen als den üblichen Jobs zu.

Durch die -f-Option ist die Anforderung erfüllt, an der laufenden Berechnung vorbei dringende Jobs bevorzugt ausführen zu lassen.

Über die Option -8 wird mitgeteilt, daß der Job besondere Anforderungen an die ausführende Klientenmaschine hat. Eine solche Anforderung ist zum Beispiel ein höherer Speicherausbau, wenn besonders große Szenen zu bearbeiten sind. (Die Bezeichnung -8 stammt aus dem *Occursus cum novo*-Projekt, bei dem die erweiterten Maschinen 8 MByte Hauptspeicherausbau gegenüber 4 MByte bei den anderen hatten.)

Die Option -d erlaubt, vor der Berechnung durch einen Testlauf sicherzustellen, ob die Aufträge auch fehlerfrei laufen (engl. *dry run*). Der Testlauf simuliert den Job im Dialog so, als ob er mit der Warteschlange gestartet worden wäre. Nach einiger Zeit wird dieser Job abgebrochen und das Ergebnis in der angelegten Protokolldatei überprüft. Dadurch vermeidet man fehlerhafte Aufträge in der Warteschlange, bei denen nicht alle Dateinamen korrekt angegeben wurden.

4.3.4 Netqueue-Klienten

Auf jeder Klientenmaschine wird durch das Kommando netqd [-u *time*] [-8] zur Startzeit (Bootzeit) ein Daemon (Hintergrundprozeß) installiert. Er ist das Herzstück der Jobausführung. Neben der Steuerung der Berechnung fertigt der Daemon Protokolle über die verbrauchte Rechenzeit und die Verweildauer auf dem Rechner an.

Beim Starten des Daemons wird nach dem Einlesen der Optionen zunächst überprüft, ob der von der Maschine zuletzt gerechnete Job ordnungsgemäß beendet worden ist. Dazu wird auf dem Directory hosts der Status gelesen, den die Maschine zuletzt hatte. Falls dort verzeichnet ist, daß noch ein Auftrag gerechnet wird, ist ein abnormaler Abbruch erfolgt und der Auftrag, der in last unter dem entsprechenden Rechnernamen steht, wird in das Unterverzeichnis jobs zurückgeschrieben. Danach beginnt die normale Arbeit des Daemons. Dieser besteht aus zwei Schleifen, die ineinander verschachtelt sind. Die eine läuft, wenn der Rechner nicht zur Berechnung von Bildern bereit ist (idle-Prädikat trifft nicht zu), einen neuen Auftrag aufnehmen soll oder gerade kein Auftrag zu vergeben ist. Zunächst wird in einem Abstand von *idletest* Minuten nachgeprüft, ob das idle-Prädikat zutrifft. Ist dies der Fall, wird versucht, einen Auftrag anzunehmen, ansonsten wird nach *idletest* Minuten ein neuer Versuch gestartet. Im Erfolgsfall wird ein Auftrag angenommen, der Auftrag als Unterprozeß abgespalten und in einer weiteren Schleife alle *availabletest* Sekunden nachgeprüft, ob die Maschine immer noch verfügbar ist. Falls ein Ereignis eintrifft, das einen Abbruch der Bildberechnung erfordert, wird an den Unterprozeß ein entsprechendes Abbruchsignal geschickt. Außerdem wird der Auftrag wieder in die Schlange der rechenbereiten Prozesse eingereiht (Verzeichnis jobs). In diesem Rhythmus wird auch der Status des abgespaltenen Jobs überprüft und es werden gegebenenfalls Bereinigungsmaßnahmen getroffen.

Die Wahl der Zeiten *idletest* und *availabletest* ist von der Netzwerkumgebung abhängig. Sie sollte natürlich so gewählt werden, daß ein maximaler Durchsatz bei möglichst geringer Störung der anderen Benutzer erzielt werden kann. Typische Zeiten sind *idletest*=5 Minuten für den Idletest und *availabletest*=20 Sekunden für den Verfügbarkeitstest.

Jede Aktivität, die eine Veränderung des Auftragsstatus bewirkt, verursacht auch eine Änderung auf dem Steuerdateiverzeichnis des Netqueue-Servers. Diese Statusveränderungen werden direkt vom Klienten durch Dateibewegungsoperationen `mv` im `netq`-Dateiverzeichnis beim Server (via NFS)) durchgeführt. Dabei kann es zu Zugriffskonflikten zwischen verschiedenen Klienten kommen. Der Konflikt wird dadurch gelöst, daß der Erfolg einer `mv`-Operation von einem Statusdirectory in ein anderes abgefragt wird. Ist eine solche Operation ohne Erfolg, haben zwei Rechner gleichzeitig zugegriffen. In diesem Fall wird die entsprechende Operation nach einer kurzen Wartezeit wiederholt.

Durch die Parameter des `netq`-Kommandos kann das Verhalten des Daemons als auch die Konfiguration der Maschinen beeinflußt werden. Die Option `-u` dient zur Einstellung der Wartezeit nach der letzten Benutzereingabe, bevor die Berechnungen wieder einsetzen. Durch die Angabe `-u 0` wird die Unterbrechung einer Berechnung bei einer Benutzereingabe unterdrückt. Schließlich kann mit der Option `-8` angegeben werden, daß die Maschine in der Lage ist, auch speicherplatzintensive Aufträge anzunehmen.

4.4 Vektorrechner

Neben schneller Hardware und relativ hoher Speicherresourcen wird Geschwindigkeit bei Supercomputern über verstärkte Parallelausführung von Operationen erreicht. Bei Vektorprozessoren, für die die *Cray*-Rechner, die *Cyber 205* sowie die *Fujitsu/Siemens* VP-Serie typische Beispiele sind, können etwa Vektoren aus Zahlen durch Operationen verknüpft werden, die sehr schnell nach dem Pipelineprinzip ausgewertet werden. Insbesondere bei der Cyber 205 wird eine besonders hohe Geschwindigkeit erst bei der Verarbeitung relativ langer Vektoren erreicht, da die Start-up-Zeit recht hoch ist. Abb. 4.30 zeigt die wichtigsten Vektorbefehle und deren Ausführungszeiten.

Algorithmus zur Berechnung der ersten Auftreffpunkte

Um diese Besonderheiten auszunutzen, werden spezielle Algorithmen benötigt. Die Analyse des Befehlssatzes von Vektorprozessoren zeigt, daß man damit neben numerischen Problemen auch insbesondere das Suchproblem effizient lösen kann, wenn eine große Anzahl gleichwertiger Anfragen auf eine Datenmenge aufgesammelt werden kann, die gemeinsam verarbeitet werden. Eine solche Menge von Anfragen nennt man *Batchanfrage*. Diese Situation ist bei der Bilderzeugung durch Strahlverfolgung gegeben, wenn die Strahlen nicht einzeln, sondern generationsweise abgearbeitet werden.

Einen ersten Ansatz zum Beantworten von Batchanfragen erhält man, wenn man jede Anfrage mit jedem Objekt der angefragten Datenmenge testet. In der

Befehl	Bemerkung	Ausführungszeit (32 Bit)
A:=B+C		$51 + N/(2 \cdot P)$
A:=B*C		$52 + N/(2 \cdot P)$
A:=B/C		$68 + N/(0.3 \cdot P)$
A:=1/B		$67 + N/(0.3 \cdot P)$
A:=gather(B,IX)	A[I]:=B[IX[I]], I=1,…,N	$75 + N/0.8$
A:=scatter(B,IX)	A[IX[I]]:=B[I]	$69 + N/0.8$
A:=compress(B,Z)	die B[I], für die Z[I]=1, werden in A komprimiert	$69 + N/(2 \cdot P)$
A:=expand(B,Z)	falls Z[I]=1, wird A[I] gleich dem nächsten Element von B gesetzt, Umkehrung von compress	$73 + N/(2 \cdot P)$
A:=min(B,C)		$75 + N$
Angabe in Takten zu 20 nsec N: Vektorlänge, maximal $N = 64\text{K}-1$ P: Anzahl der Pipes (Vektorprozessoren, hier: $P=2$, max. $P=4$)		

Abb. 4.30: Ausführungszeiten bei Befehlen im Vektorrechner

Implementierung verknüpft man einen Anfragevektor mit einem Objektvektor zu einer Bitmatrix, die dort eine „1" enthält, wo die Anfrage positiv beantwortet wird. Diese unmittelbare Lösung des Problems ist jedoch nur für kleine Objektanzahlen möglich. In der vorliegenden Implementierung sind das etwa 200 Stück.

Im zweiten Ansatz wird die bereits bekannte Gitterstruktur verwendet. Die Objekte werden in einer Vorverarbeitungsphase den Raumelementen zugeteilt, mit denen sie einen gemeinsamen Schnitt haben. Die Strahlverfolgung geschieht im Durchlaufen des Gitters mit Hilfe eines schnellen Vektorgenerators, der die getroffenen Zellen im wesentlichen durch Additionsoperationen herausfindet. Dieser Algorithmus wird bei der Implementierung auf einem Vektorrechner für ein ganzes Bündel von Strahlen quasi parallel durchgeführt.

Hauptdatenstrukturen

Die im folgenden als „Vektor" bezeichneten Datenstrukturen bestehen unter Umständen aus mehreren Vektoren der jeweils angegebenen Dimension, die vom jeweiligen Objekttyp abhängt. Beispielsweise besteht die Objektliste OBJLIST[1..n] bei Dreiecken aus neun Vektoren aus reellen Zahlen, je einem Vektor für einen der neun Koordinatenwerte der drei Eckpunkte. Vektoren sind Arrays, auf die Vektoroperationen (siehe Abb. 4.30) anwendbar sind.

VEKTOR OBJLIST[1..n] Liste der Szenenobjekte;

VEKTOR VOBJNUM[1..d] Liste von Objektnummern, d.h. Indizes von OBJLIST;

VEKTOR QUASTART[1..$n_x \times n_y \times n_z$] erster Index der Objektliste zu einer Zelle;

VEKTOR STRAHLEN[1..m] Vektor der zu verfolgenden Strahlen;

VEKTOR I[1..m] Indexvektor der aktuell von den Strahlen durchlaufenen Zellen;

VEKTOR TREFFER[1..m] enthält am Ende zu jedem Strahl die Objektnummer des ersten von ihm getroffenen Objekts, falls es eines gibt;

VEKTOR SOBJEKTE[1..s] enthält auf Schnitt zu testende Objekte;

VEKTOR SSTRAHLEN[1..s] enthält die mit den Objekten in SOBJEKT auf Schnitt zu testenden Strahlen;

Unteralgorithmus Vorverarbeitung

Die Objekte werden entsprechend ihrer extremen Koordinatenwerte in die Zellen eines vorgegebenen Gitterrasters eingefügt. Die Objektlisten der Zellen werden sequentiell im Vektor VOBJNUM abgelegt und deren Anfangsindex im Vektor QUASTART abgespeichert. Der Aufbau der Listen geschieht dadurch, daß das Gitter in x-, y- und z-Richtung in Scheiben zerlegt wird. Für jede Scheibe wird ein Bitvektor mit der Objektanzahl als Länge angelegt. Für ein die Scheibe schneidendes Objekt wird das entsprechende Bit auf 1 gesetzt. Sind die Objekte Dreiecke, so können die relevanten Strahlen vektoriell durch Vergleich der extremen x-, y- und z-Koordinaten mit den Scheibenkoordinaten bestimmt werden. Den Inhalt eines Quaders liefert die vektorielle **und**-Verknüpfung der entsprechenden Scheibenvektoren. Mit dem compress-Befehl erhält man die Indizes derjenigen Objekte, für die im Ergebnisvektor „1" gesetzt ist. Der Vektor dieser Indizes wird an VOBJNUM angehängt und sein Anfangsindex in QUASTART vermerkt.

Unteralgorithmus Strahlanfrage

Der Vektor STRAHLEN der zu verfolgenden Strahlen repräsentiert sechs Vektoren S_w, A_w, $w \in \{x, y, z\}$. $(S_x[i], S_y[i], S_z[i])$ ist die normalisierte Richtung, $(A_x[i], A_y[i], A_z[i])$ der Anfangspunkt eines der Strahlen (vgl. Strahlgeneratoralgorithmus). Für dieses Bündel wird der Strahlgenerator initialisiert, d.h. die Vektoren I_x, I_y, I_z der Anfangsindizes werden berechnet. Diese Indexvektoren werden quasi parallel nach den Regeln des Strahlgenerators hochgezählt. Durch Test gegen die möglichen Extremwerte von I_x, I_y, I_z wird festgestellt, welche Strahlen das Szenengitter verlassen. Diese werden im Vektor TREFFER mit „0" markiert. Zu Beginn ist der Vektor TREFFER mit -1 initialisiert, was bedeutet, daß der Strahl noch zu verfolgen ist.

Das Hochzählen des Indexvektors I wechselt sich mit der Objektaufsammelphase und der Schnittberechnungsphase ab, wozu die Datenstrukturen der Vorverarbeitung, OBJLIST, QUASTART und VOBJNUM verwendet werden. Darin wird der Vektor SOBJEKTE aufgebaut, indem die Indizes in I durch die Objektlisten der entsprechenden Zelle ersetzt werden. Über QUASTART und VOBJNUM erhält man die Verweislisten, über die aus OBJLIST die Objektinformation zu extrahieren ist. Der Objektaufsammelschritt läuft weitgehend sequentiell ab.

Die nun folgende Schnittberechnung kann bei geeignetem Objekttyp wieder voll vektorisiert durchgeführt werden. Dazu wird der Vektor SSTRAHLEN aus Strahlen dadurch erzeugt, daß die Strahlen entsprechend der Länge der Objektliste der von ihr getroffenen Zelle vervielfältigt werden. Sind die Objekte Dreiecke der Form $\mathbf{p} = \mathbf{q} + \mu\mathbf{u} + \nu\mathbf{v}$, $0 \le \mu, \nu, \mu + \nu \le 1$, so besteht SOBJEKTE aus drei Teilvektoren SQ, SU und SV. Der Strahl wird in Parameterform $\mathbf{p} = \mathbf{a} + \lambda\mathbf{s}$ angesetzt, d.h. SSTRAHLEN besteht aus den Teilvektoren SA und SS. Die Schnittbedingung lautet dann in Determinantenschreibweise

$$\lambda = \frac{|\mathbf{a} - \mathbf{q} \quad \mathbf{u} \quad \mathbf{v}|}{|-\mathbf{s} \quad \mathbf{u} \quad \mathbf{v}|} \ge 0,$$

$$0 \le \mu = \frac{|-\mathbf{s} \quad \mathbf{a} - \mathbf{q} \quad \mathbf{v}|}{|-\mathbf{s} \quad \mathbf{u} \quad \mathbf{v}|} \le 1,$$

$$0 \le \nu = \frac{|-\mathbf{s} \quad \mathbf{u} \quad \mathbf{a} - \mathbf{q}|}{|-\mathbf{s} \quad \mathbf{u} \quad \mathbf{v}|} \le 1,$$

$$0 \le \frac{|-\mathbf{s} \quad \mathbf{a} - \mathbf{q} \quad \mathbf{v}| + |-\mathbf{s} \quad \mathbf{u} \quad \mathbf{a} - \mathbf{q}|}{|-\mathbf{s} \quad \mathbf{u} \quad \mathbf{v}|} \le 1.$$

Diese Bedingungen sind unmittelbar vektoriell für die Vektoren SQ_w, SU_w, SV_w, SA_w, SS_w, $w \in \{x, y, z\}$, auszuwerten. Die λ-Werte, für die diese Schnittbedingungen gültig sind, sind am Ende in einem Vektor LAMBDA[1..s] zwischengespeichert, wobei die anderen Ergebnisse ∞ sind. Mit dem MIN-Befehl wird aus LAMBDA Strahl für Strahl der kleinste λ-Wert bestimmt. Für die Strahlen, für die ein Treffer gefunden wurde, wird in TREFFER die Nummer des getroffenen Objekts eingetragen. Auf die Strahlverfolgungsphase folgt dann ein weiteres Hochzählen von I.

Seien nun a_k der Zeitaufwand für eine arithmetische Vektoroperation auf Vektoren der Länge k, b_k der Zeitaufwand für eine boolesche Vektoroperation auf Vektoren der Länge k und z_k der Zeitaufwand für eine Wertzuweisung zwischen zwei Vektoren der Länge k. Der Vektorschnittestalgorithmus zum Auffinden eines ersten von einem Strahl getroffenen Objekts bei m gegebenen Strahlen und n gegebenen Objekten bei einem $n_x \times n_y \times n_z$- Gitterraster benötigt

- für die Vorverarbeitung

$$T_v(n, n_x, n_y, n_z) = O(n_x + n_y + n_z) \cdot a_n +$$
$$+ O(n_x n_y n_z) \cdot b_n + \sum_{i=1}^{n_x n_y n_z} O(1) \cdot z_{l_i}$$

Rechenschritte mit l_i die Länge der Objektliste von Zelle i,

$$S_v(n, n_x, n_y, n_z) = O(n \cdot (n_x + n_y + n_z) + \sum_{i=1}^{n_x \cdot n_y \cdot n_z} l_i),$$

- für die Strahlanfrage

$$T_s(n, m, n_x, n_y, n_z) = O(\sqrt{n_x^2 + n_y^2 + n_z^2} \cdot a_m +$$
$$+ \sum_{i=1}^{\sqrt{n_x^2 + n_y^2 + n_z^2}} (\sum_{j=1}^{m} a_{t_{ij}}) +$$
$$+ \sum_{i=1}^{\sqrt{n_x^2 + n_y^2 + n_z^2}} (a_{\sum_{j=1}^{m} t_{ij}} + \sum_{j=1}^{m} a_{t_{ij}}))$$

Rechenschritte mit t_{ij} die Anzahl der mit Strahl j auf Schnitt getesteten Objekte der i-ten durchlaufenen Zelle,

- an Speicherplatz

$$S_s(n, m, n_x, n_y, n_z) = O(m + \max_{i=1,\ldots,\sqrt{n_x^2 + n_y^2 + n_z^2}} \{\sum_{j=1}^{m} t_{ij}\}).$$

Die O-Notation bedeutet dabei, daß die in der darauffolgenden Klammer stehende Angabe für große Werte bis auf einen konstanten multiplikativen Faktor eine obere Grenze für den entsprechenden Aufwand darstellt. Ist beispielsweise die Anzahl der Rechenschritte $O(n)$, so gibt es eine Konstante $c \in I\!R$, $c \geq 0$, so daß für hinreichend großes n die Anzahl der Rechenschritte nicht größer als $c \cdot n$ ist.

Der Zeitaufwand der Vorverarbeitung setzt sich zusammen aus dem Objektschnittest für die Scheiben, der „und"-Verknüpfung zum Finden der die Zellen schneidenden Objekte und dem Aufbau der Zellisten. Die Abschätzung gilt unter der Bedingung, daß der Objektschnittest vektorisiert durch Verknüpfen konstant vieler Vektoren der Länge n durchzuführen ist. Das ist etwa bei Dreiecken als Objekten gegeben.

Der Speicheraufwand der Vorverarbeitung setzt sich aus dem für die $n_x + n_y + n_z$ Bitvektoren der Länge n sowie für die resultierenden Vektoren VOBJNUM, QUASTART und OBJLIST zusammen.

Bei der Strahlanfrage werden maximal $O(\sqrt{n_x^2 + n_y^2 + n_z^2})$ Indexerhöhungen, Aufsammlungen und Schnittests durchgeführt. Der Aufwand für eine

Erhöhung ist $O(1) \cdot a_m$. Der zweite Term schätzt das Aufsammeln ab. Dabei ist $t_{ij} = l_{k_i}$ oder $t_{ij} = 0$, wobei l_{k_i} die Länge der Objektliste der j-ten getroffenen Zelle ist. $t_{ij} = 0$ ist dann gültig, wenn ein erstes getroffenes Objekt bereits gefunden wurde. Der dritte Term schätzt den Schnittest ab und setzt sich zusammen aus dem Aufwand für den eigentlichen Schnittest und für das Bestimmen des minimalen Treffers. Ersteres gilt, wenn der Schnittest vektorisiert durch eine konstante Anzahl von Vektoroperationen der Länge $\sum_{j=1}^{m} t_{ij}$ ausgeführt werden kann. Das ist etwa bei Dreiecksobjekten erfüllt.

Bei der Bilderzeugung werden die Strahlen in Bündeln zusammengefaßt, für die generationsweise ein erstes Objekt bestimmt wird. Die auf einem Vektorrechner Cyber 205 durchgeführte Implementierung eines Bilderzeugungssystems auf dieser Grundlage verwendet Bündel aus 8K Strahlen. Treffen die zu Beginn verfolgten Strahlen auf spiegelnde oder durchsichtige Objekte, so wird aus dem ursprünglichen Strahlenbündel ein neues errechnet, das die Reflexions- und Brechungsstrahlen enthält. Da meist nur ein Teil der Strahlen reflektiert oder gebrochen wird, andererseits aber diejenigen, für die das geschieht, verdoppelt werden, ist es nützlich, die anderen Strahlen zu den Bildpunkten aus dem Bündel zu entfernen und die restlichen kompakt abzuspeichern. Dazu muß etwas Verwaltungsaufwand getrieben werden. In einem Vektor WORKPIX stehen die Pixelnummern, von denen die entsprechenden Strahlen im Vektor B abgeleitet sind. In B stehen möglicherweise Strahlen mehrerer Spiegel- und Brechungsgenerationen, d.h. Pixelnummern können mehrfach auftreten. Diese Generationen sind aufeinanderfolgend abgespeichert, wobei der Anfangsindex der einzelnen Generationen über einen weiteren Vektor PARTITIO gegeben ist.

Bei der vorliegenden Strategie werden die Primärstrahlen durch ihre Reflexions- und Brechstrahlen ersetzt. Das in B enthaltene Strahlenbündel wird verfolgt, dann an den Auftreffpunkten, wenn nötig, Reflexions- und Brechungsstrahlen berechnet und die Strahlen in B durch diese ersetzt. Das Verfahren wird entsprechend bis zur vorgegebenen Verfolgungstiefe iteriert. Nun kann es geschehen, daß die Anzahl der Strahlen der nächsten Generation zu groß ist, um in B untergebracht zu werden. Dann wird den Reflexionsstrahlen Priorität gegeben, d.h. nur diese werden in B abgespeichert. Die Transparenzgeneration wird auf einen Stapel (Stack) gelegt, der abgearbeitet wird, wenn das Strahlenbündel in B vollständig weiterverfolgt ist. Diese Vorgehensweise hat gegenüber der direkten Rekursionsauflösung, die den Strahlverfolgungsbaum in Tiefensuche Kante für Kante abarbeiten würde, den Vorteil, daß der Vektor B immer möglichst voll gehalten wird. Wie oben erwähnt, nutzen lange Vektoren die Pipeline-Abarbeitung voll aus, da wiederholte Start-up-Zeiten vermieden werden.

Die Anti-Alias-Behandlung wird in der oben erwähnten Implementierung nur an kritischen Stellen durchgeführt. Die dabei angewendete Heuristik ist, nach Pixeln mit starkem Intensitätsunterschied zu Nachbarpixeln zu suchen. In einem solchen Fall wird das entsprechende Pixel in 16 Unterpixel zerlegt, für die jeweils ein Strahl verfolgt wird. Die entsprechenden Intensitätswerte werden in den endgültigen Farbwert des Pixels gemittelt. Auf dem Vektorrechner geschieht die Anti-Alias-Behandlung so, daß zunächst für jedes der Pixel, die das aktuelle

Strahlenbündel definieren, ein Strahl verfolgt wird. Danach werden aus diesen Pixeln diejenigen bestimmt, die eine Anti-Alias-Behandlung benötigen. Für jedes dieser Pixel werden 15 weitere Strahlen verfolgt, wobei immer soviele Pixel zusammengefaßt werden, wie Strahlen im Vektor B unterzubringen sind. Das Strahlenbündel in B wird dann verfolgt und die Intensitäten gewichtet auf die zuvor berechneten Pixelintensitäten aufsummiert. Durch dieses Vorgehen wird garantiert, daß B maximal belegt ist und die Strahlverfolgung daher mit maximaler Geschwindigkeit abläuft.

Abb. 4.31 zeigt die Zeiten der oben erwähnten Implementierung für Abb. 4.32. Zum Zeitanteil der einzelnen Schritte ist zu bemerken, daß das weit-

Szene	Kugeln	Gebirge
Objektanzahl	10 Kugeln, 10 Polygone	15 616 Dreiecke
Raumrasterung	$1 \times 1 \times 1$	$30 \times 30 \times 30$
Vorverarbeitung	0 % 0 sec	3 % 4 sec
Strahlengenerator	0 % 0 sec	3 % 5 sec
Aufsammeln der Objekte	51 % 74 sec	64 % 96 sec
Schnittpunktberechnung	18 % 27 sec	17 % 25 sec
Gesamtzeit	100 % 145 sec	100 % 150 sec
verfolgte Strahlen	2 441 289	1 033 663
Zeit pro Strahl	0.06 msec	0.15 msec
Schnittpunktanzahl	48 225 780	45 720 011
Zeit pro Schnitt	0.56 μsec	0.55 μsec

Abb. 4.31: Rechenzeiten für die vektorielle Bilderzeugung

Abb. 4.32: Testszenen für die vektorielle Bilderzeugung

gehend sequentielle Aufsammeln die meiste Zeit verbraucht, d.h. 50–60%. Die voll vektorisierbare Schnittpunktberechnung, also die Berechnung der λ, μ und ν, benötigt dagegen nur etwa 15–20% der Rechenzeit. Der in der Tabelle nicht angegebene Rest geht auf die Auswertung der Beleuchtungsformel zur Intensitätsberechnung, die eine rationale Funktion ist und damit ebenfalls voll vektorisierbar ist.

4.5 *Occursus cum novo*

> Esse est percipi (sein ist abgebildet werden) war der Grundsatz, das Mittel und der Zweck unserer einzigartigen Auffassung von der Welt.
>
> Jorge Luis Borges, *Utopie eines müden Mannes*

Occursus cum novo wurde in einem Zeitraum von etwa drei Monaten berechnet, wobei die Gesamt-CPU-Zeit etwa zweieinhalb Jahre betrug. Die Berechnung geschah weitgehend in einem Netzwerk aus Arbeitsplatzrechnern. Es hat sich dabei gezeigt, daß es durchaus möglich ist, mit mäßigen Kosten hochqualitative Animationssequenzen mittels des Strahlverfolgungsverfahrens herzustellen. Dies rührt zum einen von der sehr flexiblen Struktur des Netzwerkes von Arbeitsplatzrechnern her, zum anderen von der effizienten Bilderzeugungssoftware, die ein solches Projekt erst ermöglicht hat.

Struktur des Netzes

Das Netzwerk, das diese Rechenleistung erbracht hat, ist heterogen, d.h. es umfaßt Rechner verschiedener Hersteller (siehe Abb. 4.33). In der Hauptsache waren ungefähr 30 Arbeitsplatzrechner *Sun 3* unter dem Betriebssytem UNIX 4.2 BSD beteiligt, die alle mit Floating-Point-Koprozessoren ausgestattet waren. Rechner ohne Floating-Point-Prozessoren waren mehrere vorhanden. Deren Einsatz lohnte sich jedoch nicht, da erst vier solcher Maschinen eine mit Koprozessor ersetzen. Ferner waren noch eine Anlage VAX 8700 unter dem Betriebssystem VMS und eine Siemens-Anlage S7.561 mit dem Betriebssystem BS2000 beteiligt. Auf der VAX-Anlage wurden die Szenen mit der Trauerweide gerechnet, da eine Berechnung auf dem Netzwerk wegen des hohen Speicherbedarfes (mehr als 8 MByte) nicht sinnvoll erschien. Der Einsatz von Vektorrechnern oder Supercomputern war durch Überlastung der in Frage kommenden Cyber 205 durch andere Anwendungen nicht möglich.

Während des Projektes war das Netz noch im Aufbau begriffen. Daher bestand es aus drei Teilnetzen, die alle nach demselben Prinzip arbeiteten. Diese Netze sind im folgenden als *HBI-Netz*, *TFI-Netz* und *ZRH-Netz* bezeichnet. Die Namensgebung der Teilnetze ist willkürlich und richtet sich nach geographischen Gegebenheiten. Alle Daten mußten zum HBI-Netz transportiert werden, da dort die Archivierung, Verwaltungsaufgaben sowie Formatwandlungen vorgenommen wurden. Die Kopplung der Teilnetze an das HBI-Netz wurde mittels Streamertapes und mehrerer V24-Leitungen vollzogen. Der Transfer durch Magnetband und Streamertapes ist zwar auch technisch gut zu lösen, erfordert jedoch viel manuellen Eingriff und ist sehr zeitraubend. Insbesondere kommt hinzu, daß mit dem Einlesen von Magnetbändern und Streamertapes die Rechner oft durch die große Menge an Daten blockiert wurden, bzw. die ansonsten rechnenden Jobs sehr benachteiligt wurden. Diese Tatsache hat zwar die Verwaltung etwas erschwert, sich aber nicht weiter störend ausgewirkt.

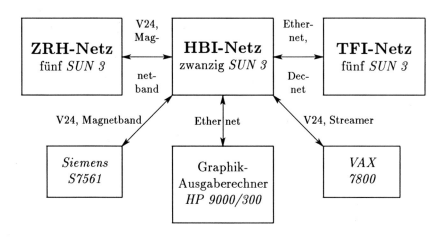

Abb. 4.33: Topologie des Gesamtnetzes

Die Kopplung des TFI-Netzes mit dem HBI-Netz wurde mit dem Dienst-programm **kermit** über V24-Leitungen durchgeführt. Dieser an sich langsame Datentransfer erwies sich als ausreichend, da die erzeugten Bilddaten entsprechend langsam anfielen.

Statistik zur Berechnung

Occursus cum novo besteht aus 7550 Einzelbildern. Nur 3608 davon wurden tatsächlich berechnet, die anderen entstanden durch Verwenden von Standbildern und zyklischen Wiederholungen. Die Bilder wurden mit einer Auflösung von 576×780 Pixeln berechnet, was zu einem Datenvolumen von 9.8 Gigabyte führte.

> Ich muß es kurz machen, weil die Energie abfällt und ich nicht riskieren will, daß die Mitteilung unverständlich wird. Sie folgt jetzt: $1973^{854} + 331^{852} + 17^{2008} + 5^{47} + 3^{9606} + 2^{88} - 78$
>
> Frederik Pohl, *Jenseits der Sonne*

Die Abb. 4.34 und 4.35 geben einen Überblick über die Berechnung der Bil-der. Etwa zweieinhalb Jahre Rechenzeit wurde auf Maschinen der 68020-Klasse benötigt, wobei die Berechnungen auf dem Netzwerk etwa zweieinhalb Monate gedauert haben. Die übrige Rechenzeit verteilt sich auf die anderen Maschinen, sowie auf Verwaltungs- und Wandelaufgaben. Während der Projektdauer wurden ungefähr 90% der gesamten im Netz zur Verfügung stehenden Zeit zum Berech-nen des Filmes aufgewendet. Dies rührt daher, daß die Arbeitsplatzrechner des Netzwerkes meist interakiv für Editieraufgaben benutzt werden, nicht jedoch für rechenintensive Prozesse.

Die Rechenzeiten für die einzelnen Bilder waren je nach Szene unterschied-lich. Es wurden Rechenzeiten zwischen zwei und dreiundzwanzig Stunden regi-striert, bei einer Auflösung von 576×780 Bildpunkten. Alle Bilder wurden mit

Was	SUMME	HBI	TFI	ZRH
Aufträge	6454	5699	386	369
Dispatches	9544	8450	707	387
Unterbrochene Läufe	3090	2751	321	18
Previews	3137	3104	0	33
Vollbilder	3317	2595	386	336
CPU-Stunden	23307	18522	2623	2160
CPU-Monate	≈ 32	≈ 26	≈ 3	≈ 3
Nutzenindex	≈ 23	≈ 18	≈ 3	≈ 2
Aktuelle Maschinenzahl	$22 - 34$	$15 - 23$	$4 - 6$	$3 - 5$

Abb. 4.34: Rechenzeiten auf dem Netzwerk. Der Nutzenindex gibt an, wieviele Maschinen in dem Abrechnungszeitraum pro Tag 24 Nutz-CPU-Stunden hätten abgeben müssen, um die tatsächlich erreichte Leistung zu erbringen.

Rechnersystem	Frames	CPU-Zeit/Std.	Verr.-Einh./Sun	Zeitbedarf
SUN-Netz	3317	23307	23307	50 Tage
VAX 8700	56	120	960	5 Tage
S7.561	235	288	1152	30 Tage

Abb. 4.35: Summe der Rechenzeiten für die Bildberechnung

dem Anti-Alias-Verfahren behandelt. Besonders bei Bildern mit einer Rechenzeit von mehr als fünf Stunden war es sinnvoll, daß die Bilderzeugungssoftware an der Abbruchstelle wiederaufsetzbar war, da es sonst nie zu einem fertigen Bild gekommen wäre, wenn man annimmt, daß jeder Rechner tagsüber auch benutzt wird.

Neben den Bildern für den Film wurden noch Preview-Sequenzen berechnet. Die Auflösung der Einzelbilder war in diesem Fall 115×156 Bildpunkte. Bei

> Ganz sicher war sie jedoch nicht, denn die Maschine vermittelte niemals Nuancen. Sie vermittelte lediglich einen generellen Eindruck des anderen, einen Eindruck, der ja im Grunde auch genügte.
>
> E. M. Forster, *Die Maschine*

dieser Auflösung waren auf den verwendeten Arbeitsplatzrechnern etwa drei- bis fünfhundert Bilder on-line zu animieren, was etwa 12 bis 20 Sekunden Animation bei 25 Bildern pro Sekunde entspricht.

> „Es gibt eine Erfindung, die Sie noch nicht kennen, die Kineto-Tele-Photographie. Wenn Sie sich hier vor dem Volk verbeugen, werden das in der ganzen Welt Milliarden Menschen, die in verdunkelten Sälen gedrängt stehen, sehen. In Schwarz und Weiß natürlich."
>
> H.G.Wells, *Wenn der Schläfer erwacht*

Die mittlere Datenmenge, die im Laufe eines Tages anfiel, waren 70 MByte. Ungefähr jeder zweite Auftrag wurde einmal unterbrochen. Auch aus dieser Tatsache ergibt sich, daß ein wiederaufsetzbares Bilderzeugungsprogramm notwendig ist. Etwa 70 Aufträge wurden fehlerhaft berechnet und befanden sich im Dateiverzeichnis `bad`. Davon wurden ungefähr 15% durch (mittlerweile behobene) Fehler im Bilderzeugungsprogramm verursacht. Die anderen rührten von Maschinen, die unerwarteterweise abgeschaltet wurden (ohne Shutdown-Prozeß), sowie durch Übertragungsprobleme, die durch ein neu installiertes Glasfaserkabel verursacht wurden. Die Glasfaserstrecke arbeitete zeitweise nicht fehlerfrei, weshalb zwei Effekte auftraten. Zum einen gab es Datenverlust wegen zu hoher Timeout-Zeiten, zum anderen war es manchmal nur sehr langsam möglich, die Bilderzeugung abzubrechen, was zu Behinderungen der Dialogbenutzer führte. Daher mußten diese Rechner zeitweise mittels des halt-Flags im Dateiverzeichnis `halt` von der Berechnung ausgeschlossen werden.

Die verwendeten Rechner sind in zwei Kategorien einzuteilen. Sechs Arbeitsplatzrechner standen dem *Occursus cum novo*-Projekt voll zur Verfügung. Das bedeutete, vollen Zugriff auch auf die Plattenkapazitäten zu haben. Auf allen anderen Maschinen wurde nur die Rechenkapazität bereitgestellt. Die maximal zur Verfügung stehende Plattenkapazität war somit auf 450 MByte begrenzt. Daher mußten Möglichkeiten zum Auslagern der Bilder bereitgestellt werden, wozu an einzelnen Maschinen Bandstationen verfügbar waren.

Während der gesamten Berechnungsarbeiten war die Installierung des *Sun*-Netzwerkes seitens der Informatik-Rechnerabteilung noch nicht abgeschlossen. Daher mußte mit ständigen Umkonfigurierungen der Hardware und dem Ausfallen einzelner Komponenten gerechnet werden. Unter diesen (harten) Bedingungen war es möglich, die Netqueue-Software ständig zu verbessern, so daß eine maximale Sicherheit der Software unter einer minimierten Anzahl von manuellen Eingriffen gewährleistet war.

Archivierung

> Dr Strauss sagt ich soll niderschreiben was ich denke unt auch alles was von jetzt ab mit mir passirt. Ich weis nicht warum aba er sagt es ist wichtik damit sie sehen können ob sie mich brauchen.
>
> Daniel Keyes, *Charly*

Nach jedem Berechnungschritt wurde ein Archivierungsschritt durchgeführt, um Datenverlust bei auftretenden Fehlern zu vermeiden. Dazu wurden die Prozeduren tt archiver und `whichtape` implementiert. Das Programm `archiver` speichert eine angegebene Dateienmenge auf Magnetbänder ab und liest sie auf Anforderung wieder ein. Dabei wird ein Verzeichnis dieser Dateien zu Verwaltungszwecken erstellt. Daraus kann mit `whichtape` ermittelt werden, auf welchem Magnetband sich ein bestimmtes Bild befindet. Intern wurde das UNIX-Kommando

`tar` mit hohem Blockungsfaktor verwendet. Der Dateitransfer zur Aufzeichnungsanlage erfolgt ebenso mittels dieser Prozeduren.

4.6 Übersicht

Das zentrale Problem der Bilderzeugung in den sechziger Jahren war das Entfernen verdeckter Linien bei der projizierten Liniendarstellung räumlicher Szenen. Das damalige Wissen, das zum größten Teil auch heute noch aktuell ist,
ist in dem Übersichtsaufsatz von Sutherland, Sproull, Schumaker (1974) zusammengestellt. Das sogenannte Hidden-Line-Elimination-Problem und die verwandte Version des Visible-Surface-Reporting-Problems hat mit dem Aufkommen der algorithmischen Geometrie nochmals Interesse gefunden. Es wurden
Algorithmen mit dem Ziel entwickelt, das Zeit- und Speicherplatzverhalten auch
im schlechtesten Fall klein zu halten. Eine Frage war etwa die nach Hidden-
Line-Algorithmen mit $O(n^2)$ Zeitaufwand bei n gegebenen Linien. Dies ist unter
dem Worst-Case-Aspekt die beste erreichbare obere Schranke, da ein Bild $O(n^2)$
sichtbare Schnittpunkte zwischen Linien bei Eingabeszenen aus n Kanten haben kann. Devai (1986) hat einen derartigen Algorithmus vorgestellt. Häufig ist
die Anzahl der sichtbaren Streckenschnittpunkte der entstehenden Bilder jedoch
kleiner. Von praktischem Interesse sind daher Algorithmen, deren Zeitaufwand
in Relation zur Anzahl der sichtbaren Kanten steht. Einer der ersten derartigen
Hidden-Line-Algorithmen war der von Schmitt (1981) mit einem Zeitaufwand
von $O((n+k)\log n)$, k die Anzahl von Linienschnittpunkten der gegebenen Szene.
Die Anzahl k der Schnittpunkte kann von höherer Ordnung als die Größe des
resultierenden Bildes, d.h. die Anzahl l der sichtbaren Liniensegmente sein. Reif
und Sen (1988) geben einen Algorithmus mit $O((l + n)\log n \log \log n)$ Zeitbedarf für Szenen an, die Funktionen über der Ebene sind, also Landschaften ohne
„Überhänge". Franklin (1980) und Fuchs, Kedem, Naylor (1980) stellen in der
Praxis leistungsfähige Visible-Surface-Algorithmen vor.

Visible-Surface-Algorithmen konnten auch bei der flächenorientierten Rastertechnik eingesetzt werden, die im Verlauf der siebziger Jahre zunehmend
an Bedeutung gewann. Daneben wurden aber auch spezielle Sichtbarkeitsbe-
rechnungsalgorithmen für die Rasterbilddarstellung entwickelt. Weitere Information zum klassischen Tiefenpufferalgorithmus (z-buffer-Algorithmus) und den
Scanline-Algorithmen ist in den meisten Computergraphikbüchern, z.B. bei Ne-
wmann, Sproull (1982, 1986) oder Fellner (1989) zu finden. Diese Algorithmen
wurden zahlreich modifiziert und verbessert. Carpenter (1984) und Gharachovuloo et al. (1986) diskutieren Anti-Alias-Verfahren beim Tiefenpufferalgorithmus,
Brotman, Badler (1984) und Haines, Greenberg (1986) berechnen Schatten, Crow
(1984), Glassner (1986) und Smith (1987) widmen sich der Textur.

Neben der Sichtbarkeitsberechnung gewann die optische Simulation durch die
Rastergraphik und die damit verbundene Möglichkeit, fotoähnliche Bilder darstellen zu können, an Bedeutung, vgl. den Sammelband zum Thema Bilderzeugung von Magnenat-Thalmann und Thalmann (1987). Durch mehrfachen Einsatz

von Visible-Surface-Algorithmen, nämlich auch von den Lichtquellen aus, lassen sich auch Schlagschatten berechnen. In neuerer Zeit hat besonders das Strahlverfolgungsverfahren, das von Kay, Greenberg (1979) und Whitted (1980) in seiner heute gebräuchlichen Form vorgestellt wurde, viel Aufmerksamkeit gefunden. Inzwischen wurde diesem Thema ein ganzes Buch gewidmet (Glassner, 1989). Modifikationen wie *Distributed Ray Tracing* von Cook, Porter, Carpenter (1984), vgl. auch Lee, Redner, Uselton (1985) und Cook (1986), wurden zur Anti-Alias-Behandlung und Simulation von Bewegungs- und Tiefenunschärfe entwickelt. Die Gittertechnik zur Beschleunigung der Strahlanfrage wurde unabhängig an verschiedenen Stellen entwickelt (Glassner, 1984, Fujimoto, Tanaka und Iwata, 1985, Müller, 1986). Weitere Arbeiten zu dieser Methode stammen von Arvo, Kirk (1987), Ohta, Maekawa (1987), Peng (1987). Eine Alternative sind hierarchische Schachtelungen von Bounding-Boxes, um den Suchraum einzuschränken (Kay, Kajiya, 1986). In diesem Zusammenhang sind einfache Hüllkörper (Bounding-Boxes) von Interesse, die einen schnellen Schnittest erlauben. Als solche werden z.B. achsenparallele Quader, Kugeln und Ellipsoide (Bouville, 1985) verwendet. Bei nicht hierarchisch gegebenen Szenen stellt sich die Aufgabe einer geeigneten Hierarchisierung (Goldsmith, Salmon, 1987). Weitergehende Verfahren unter dem Gesichtspunkt der Optimierung des Verhaltens im schlechtesten Fall wurden von Müller (1988) entwickelt. Einer dieser Vorschläge weicht von der üblichen Vorgehensweise, die Szene in eine Datenstruktur zur Unterstützung der Trefferberechnung vorzuverarbeiten, ab. Die Alternative ist, die Strahlen in eine Datenstruktur vorzuverarbeiten, so daß nun für beliebige Szenenobjekte schnell die sie schneidenden Strahlen gefunden werden können. Dazu werden die Strahlen der einzelnen Generationen nacheinander aufgesammelt und der Beitrag jeder Generation zum Bild getrennt berechnet. Für die erste Generation von Strahlen, nämlich die Augenpunktstrahlen, entspricht der Algorithmus dem Tiefenpufferverfahren.

Generell wird hierbei versucht, durch Ausnutzen von Kohärenzen Zeit zu sparen. Speer, DeRose, Barski (1985) haben diese Möglichkeit für das klassische Strahlverfolgen untersucht. Ein anderer Weg ist der Übergang zu Strahlenbündeln (Dadoun, Kirkpatrick, Walsh, 1985, Heckbert, Hanrahan, 1984), die dann etwa in Form von Kegeln (Amanatides, 1984) verfolgt werden.

Ein weiterer entscheidender Punkt für die Geschwindigkeit des Strahlverfolgungsverfahrens ist neben der Suchraumeinschränkung die effiziente Durchführung der Schnittberechnung zwischen Strahl und Objekten. Das Schnittproblem wurde für zahlreiche Objekttypen untersucht, so für verallgemeinerte Zylinder (Broonsvort, Klok, 1985), parametrische Freiformflächen (Joy, Bhetanabhotla, 1986, Levner, Tassinari, Marini, 1987, Sederberg, Anderson, 1984, Sweeney, Bartels, 1986, Toth, 1985, Wijk, 1984), implizite Flächen (Hanrahan, 1983), prozedural definierte Objekte wie fraktale Gebirge (Kajiya, 1983), CSG-Szenen (Roth, 1982). An speziellen Effekten wurden atmosphärische Effekte durch Strahlverfolgen realisiert (Kajiya, von Herzen, 1984).

VERA wurde von Markus Linsenmann unter Verwendung von Vorgängerversionen von Alfred Schmitt, Michael Kadisch, Myoung-ho Kim und Olivier Devillers nach der Konzeption von Heinrich Müller und Alfred Schmitt realisiert.

Seit Mitte der achtziger Jahre wird das Strahlungsverfahren (Radiosity-Approach) diskutiert (Goral, Torrance, Greenberg, Battaile, 1984, Cohen, Greenberg, 1986, Cohen, Greenberg, Immel, Brock, 1986, Immel, Cohen, Greenberg, 1986). Zum einen gibt es hier Arbeiten zum Einsparen von Rechenzeit durch adaptive inkrementelle Berechnung (Cohen, Chen, Wallace, Greenberg, 1988). Zum anderen wird an der Integration mit anderen Bilderzeugungsverfahren, etwa mit dem Strahlverfolgungsverfahren, gearbeitet (Wallace et al., 1987, Shao, Peng, Lian, 1988, Ward, Rubinstein, Clear, 1988). Weitere Aspekte sind die Anwendung des Strahlungsverfahrens auf dynamische Szenen (Baum et al., 1986) und Hardwarerealisierungen (Bu, Deprettere, 1987).

Der breite Einsatz von Rechnernetzen hat dazu geführt, die zeitaufwendige Bilderzeugung verteilt durchzuführen. Einen Überblick über heutige Netzwerkkonzepte geben Chylla, Hegering (1987), Kauffels (1984 und 1987). Einer der ersten Filme, die auf einem Netzwerk von Rechnern generiert wurden, war QUEST von Apollo (SIGGRAPH '85), wo die Kommunikation allerdings zum Teil noch nicht automatisiert war. Die hier vorgestellte Network-Queue, die auf NFS (Sun Micro Systems, 1986) aufbaut, wurde von Burkhard Neidecker, Karlsruhe, realisiert. Eines der Vorbilder war das Konzept von Strassman, MIT Media Lab, das mit Symbolics Lisp-Maschinen arbeitet. Ebenfalls vom Konzept her ähnlich geht Heckbert, New York Institute of Technology (NYIT), vor, wenn auch die Realisierung etwas modifiziert durchgeführt wurde. Peterson (1987) und Hagman (1986) geben Übersichten über diese und weitere Beispiele zur verteilten Berechnung von Computeranimationen. Zur Unterstützung der verteilten Berechnung in Rechnernetzen sind inzwischen Softwareprodukte verfügbar, z.B. das Network Computing System (NCS) von Apollo (1988).

Aufgrund ihrer Rechenleistung werden Vektorrechner schon länger zur Bilderzeugung eingesetzt (Myers, 1984). Hockney, Jesshope (1981) führen in Aufbau und Anwendung solcher Supercomputer ein. Über die Anpassung der verwendeten Algorithmen an die Vektorarchitektur ist wenig bekannt. Goldapp (1986) diskutiert die Vektorisierbarkeit des Tiefenpuffer- bzw. Scanline-Verfahrens. Plankett und Balley (1985) geben eine direkte Vektorisierung des Strahlverfolgungsverfahrens für CSG-Szenen an, die aber auf kleine Szenen beschränkt ist. Der hier vorgestellte Vektorrechneralgorithmus umgeht diese Beschränkung durch die oben erwähnte generationsweise Abarbeitung der Strahlen. Er wurde von Andreas Christmann, Karlsruhe, implementiert.

Neben Rechnernetzen und Vektorrechnern wurden auch andere parallele Rechnerkonzepte auf ihre Brauchbarkeit bei der Bilderzeugung diskutiert. Dieses reicht von Rechnern mit wenigen (bis einigen Dutzend) leistungsfähigen Prozessoren (Bouatouch, Priol, 1988, Bowyer, Willis, Woodwark, 1981, Cleary, Wyvill, Birtwistle, Vatti, 1986, Dippé, Swensen, 1984, Kobayashi, Nakamura, Shigei, 1988 Nishimura, Kawata, Shiakama, Omura, 1983, Priol, Bouatouch, 1988, Williams, 1988), die beispielsweise auf Basis von *Transputern* (INMOS, 1985) realisiert werden, bis zu Systemen mit sehr vielen (mehreren zehntausend) einfachen Prozessoren, für die die *Connection Machine* (Hillis, 1985) ein Beispiel ist.

Interaktive Echtzeitanimation mit Beleuchtung wird üblicherweise durch Spezialprozessoren ermöglicht. Super-Graphikworkstations verfügen zusätzlich zur üblichen Hardware über solche Zusätze. Diese Spezialprozessoren sind üblicherweise recht eng an das verwendete Bilderzeugungsverfahren angelehnt. Am häufigsten geschieht die Bilderzeugung durch den Tiefenpufferalgorithmus. Bekannte Beispiele für solche Systeme sind PixelPlanes von Fuchs et al. (1985), Goldfeather et al. (1986), Marsh (1988), sowie die Pixel-Engine von Clark (1982) und der z-Buffer-Chip von Swanson, Thayer (1986), die auch in kommerziellen Produkten verwendet und weiterentwickelt wurden.

5. Aufzeichnung

Nach Abschluß der Bilderzeugungsphase liegen die Einzelbilder des Computerfilms in Form von digitalen Rasterbildern auf einem Speichermedium vor. Der nächste Schritt ist die Aufzeichnung der Bilder auf Film oder Video. In diesem Kapitel liegt der Schwerpunkt auf der Videoaufzeichnung. Um das Verstehen der Vorgehensweise bei der Videoaufzeichnung zu ermöglichen, wird zunächst eine Einführung in den Aufbau von Fernsehsignalen gegeben. Dann folgt eine Übersicht über die gängigsten heute verwendeten Videoaufzeichnungsformate. Schließlich werden die Komponenten und der Ablauf der Einzelbildaufzeichnung rechnergenerierter Bilder erklärt.

5.1 Aufzeichnung auf Film

Die beiden wesentlichen Aufzeichungstechniken für Computeranimationen sind *Film* und *Video*.

Die einfachste Möglichkeit der Aufzeichnung auf Filmmaterial besteht darin, Bild für Bild auf einem Monitor auszugeben. Vor dem Monitor wird verwackelungsfrei eine Filmkamera montiert, die Einzelbildaufnahmen erlaubt. Der Auslösemechanismus wird vom Rechner aus gesteuert. Nachteilig an dieser relativ wenig Aufwand erfordernden Vorgehensweise ist, daß Monitore üblicherweise eine Verzerrung aufweisen. Ferner muß die Stabilität der Kamera relativ zum Bildschirm über den ganzen Aufzeichnungszeitraum garantiert sein.

Die professionelle Aufzeichnung auf Filmmaterial geschieht üblicherweise mit Filmrekordern. Bei diesen wird die Bildinformation auf einen kleinen flachen Schwarzweißmonitor gewöhnlich zeilenweise ausgegeben. Über dem Monitor befindet sich ein Filterrad mit den optischen Filtern Rot, Grün und Blau (RGB), jeweils angepaßt an das Filmmaterial. Oberhalb des Filterrades ist ein Objektiv angebracht, das den Monitorinhalt durch die jeweiligen Filter hindurch auf das Filmmaterial abbildet. Die einzelnen Farbauszüge werden nacheinander auf das Filmmaterial belichtet. Bei diesem Verfahren werden keine Farbmonitore verwendet, da mit diesen keine so hohe Auflösung erreicht werden kann. Außerdem ist es schwieriger und teurer, verzerrungsfreie Farbmonitore herzustellen.

Die wichtigsten Unterscheidungskriterien für die angebotenen Filmrekorder sind Auflösungsvermögen, Ausgabeschärfe, Aufnahmegeschwindigkeit, Ausgabeformate, Kompatibilität und Anschaffungskosten. Die für eine gute Bildqualität erforderliche Auflösung kann 8000 × 8000 Bildpunkte und mehr betragen.

Bei der Aufzeichnung auf Filmmaterial lassen sich eine hohe Schärfe, ein großer Kontrast und eine hohe Auflösung erreichen. Diesen Vorteilen etwa gegenüber der Videotechnik stehen verschiedene Nachteile gegenüber. Die höhere Qualität erfordert wegen der höheren Auflösung größere Rechenzeiten, als sie für einen Videofilm nötig sind. Ferner sind hochwertige Filmrekorder teurer als professionelle Videorekorder. Weitere Nachteile der Aufzeichnung auf Filmmaterial sind hohe Kosten und geringe Flexibilität, da nach der Aufnahme keine Editiermöglichkeiten mehr bestehen. Die einzige Möglichkeit besteht im Filmschnitt.

5.2 Aufzeichnung auf Video

Die Videoaufzeichnung gewinnt gegenüber der Aufzeichnung auf Film zunehmend an Bedeutung. Das ist durch die Verbreitung des Fernsehens bedingt, aber auch durch im semiprofessionellen Bereich zur Verfügung stehenden Möglichkeiten der Einzelbildaufzeichnung von rechnergenerierten Bildern auf Video. Schließlich ist durch aktuelle Entwicklungen wie HDTV und digitales Video auch eine deutliche Qualitätsverbesserung bei Video abzusehen, die die Güte der Videoaufzeichnung mit der der Filmaufzeichnung vergleichbar macht.

5.2.1 Videosignale

Die Aufzeichnung einer Animationssequenz durch einen Videorekorder geschieht durch Aufzeichnung eines Videosignals auf Magnetband. Das Videosignal enthält die Parameter, die zur Wiedergabe des Films auf einem Fernsehmonitor benötigt werden, also Bildformat, Helligkeits- und Farbinformation (Abschnitt 3.1).

Das Fernsehbild der europäischen Fernsehnormen besteht aus 625 horizontalen Zeilen pro Bild. Die Bilder werden mit einer Frequenz von 50 Halbbildern pro Sekunde übertragen, d.h. jeweils jede zweite Zeile eines Vollbilds. Das Überstreichen der Bildschirmfläche durch den Schreibstrahl wird von Oszillatorschaltungen vorgenommen. Diese werden durch Impulse gesteuert, die neben der Bildinformation im Videosignal enthalten sind.

Die *Bildinformation* wird zeilenweise im *Luminanz*-Signal in Form von Helligkeitswerten übertragen. Dabei wird mit ca. 10% der Maximalspannung die Farbe weiß, und mit ca. 73% der Maximalspannung die Farbe schwarz codiert. Höhere Spannungswerte (75%) sind für den *Zeilenaustastimpuls* reserviert, der den Rücksprung des Schreibstrahls an den Anfang der nächsten Zeile synchronisiert.

Am Ende eines Halbbildes folgt die *Bildaustastlücke*, in der der Strahl an den Bildanfang zurückspringt. In der Austastlücke sind *Synchronisationsimpulse* untergebracht, die den genauen Zeitpunkt des Strahlrücklaufs steuern. Ein solches Signal bezeichnet man als *BAS-Signal*, wobei in dieser Abkürzung die Worte **B**ild, **A**ustastung, **S**ynchron untergebracht sind.

Beim Farbfernsehen gibt es mehrere Standards, die sich aus bereits existierenden Schwarzweißsystemen entwickelt haben und auch dazu kompatibel sind. Die beiden europäischen Systeme PAL (Bundesrepublik Deutschland) und SECAM (Frankreich) haben 625 Zeilen, das amerikanische System NTSC dagegen nur 525 Zeilen. Diese Standards haben alle ein *Bildseitenverhältnis* (aspect ratio) von 4 zu 3. Sie arbeiten mit der *Halbbildtechnik*. Bei PAL und SECAM sind das 50, bei NTSC 60 Halbbilder pro Sekunde.

Beim Farbfernsehen muß neben der Helligkeitsinformation die Farbinformation übertragen werden. Diese wird in einem zusätzlichen *Chrominanz*-Signal codiert. Die Chrominanzinformation moduliert die Luminanzinformation und bildet so ein zusammengesetztes Videosignal.

Um die Kompatibilität mit dem Schwarzweißsignal zu gewährleisten, geschieht die Codierung der Farbe nicht im RGB-Modell, sondern in Farbmodellen, bei denen eine der Komponenten die (im Schwarzweißsignal schon vorhandene) Luminanz ist. Diese sind das YQI-Modell bei NTSC und das YUV-Modell bei SECAM und PAL. Dabei bezeichnet Y das Luminanzsignal der Schwarzweißübertragung, die beiden anderen Komponenten beschreiben den Farbwert. Das Luminanz-Signal des Schwarzweißfernsehens wurde beibehalten, so daß beide Systeme kompatibel sind.

Die QI- bzw. UV-Komponenten spannen einen Farbraum auf, in dem die Grundfarben wie in Abb. 5.1 angeordnet sind. Das QI-System und das UV-System sind durch eine Drehung um 33° ineinander überführbar. Ein Farbton im UV-System wird durch einen Winkel φ zur U-Achse angegeben, die Farbsättigung als Länge des entsprechenden Vektors (Polarkoordinaten). Eine entsprechende Darstellung der Farbwerte findet man auch beim Vektorskop, einem Gerät, das zum Messen der Phasenlagen- und Amplitudenbeziehungen des modulierten Farbträgers des Farbfernsehsignals verwendet wird (Abb. 5.2). Anhand von Testbildern (wie dem EBU-Farbbalkentest in Abb. 5.4), deren Phasen- und Amplitudenlagen bekannt sind, kann so ein Videosignal justiert werden.

Die Umrechnung des RGB-Modells in das YUV-System erfolgt durch ein lineares Gleichungssystem:

$$
\begin{aligned}
Y &= & & 0.299 \cdot R & +0.587 \cdot G & +0.114 \cdot B \\
U &= 0.493 \cdot (B - Y) &= & -0.15 \cdot R & -0.29 \cdot G & +0.44 \cdot B \\
V &= 0.877 \cdot (R - Y) &= & 0.61 \cdot R & -0.52 \cdot G & -0.097 \cdot B
\end{aligned}
$$

Dabei ist allerdings zu beachten, daß die Farbe auf dem Monitor von den Phosphoren für R, G und B, die beim Bau der Bildröhre verwendet wurden, abhängt. Als einheitliche Bezugsbasis zur Umrechnung zwischen den verschiedenen Grundfarbtönen dient das *CIE-Farbdiagramm*. Darin werden die Farben bezüglich zweier Koordinaten, x und y, dargestellt (Abb. 5.3), die sich aus

$$
x = \frac{X}{X + Y + Z}, \; y = \frac{Y}{X + Y + Z}
$$

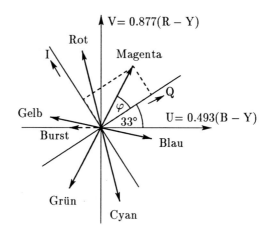

Abb. 5.1: Das Y-Q-I- bzw. Y-U-V-Farbmodell

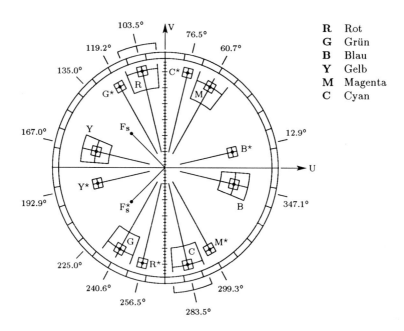

R   Rot
G   Grün
B   Blau
Y   Gelb
M   Magenta
C   Cyan

Abb. 5.2: Das Vektorskop

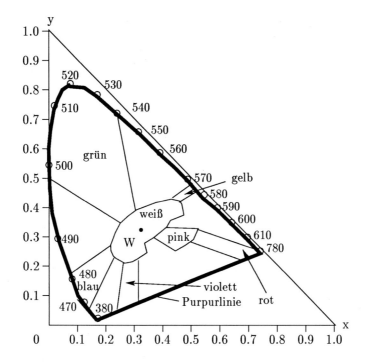

Abb. 5.3: Das x-y-CIE-Farbdiagramm

ableiten. Die Komponenten X, Y und Z sind durch Spektralverteilungen festgelegt, die der Rot-, Grün-, Blau-Empfindlichkeit des Auges nachempfunden sind. Die Y-Komponente ist ein direktes Maß für den Lichtfluß oder die Leuchtdichte der Farbe und stimmt mit der Y-Komponente des YUV- bzw. YQI-Modells überein. Durch die Farbe der in den Monitoren verwendeten Phosphore werden Punkte im CIE-Farbdiagramm bestimmt. Diese legen eine Transformationsmatrix zum Umrechnen der RGB-Werte in XYZ-Werte fest. Ebenso können die Werte der anderen Farbmodelle mit Hilfe von Matrizen ineinander umgerechnet werden.

Das Farbvideosignal wird auch *FBAS-Signal* genannt (F steht dabei für **F**arbe). Zur Codierung der Farbe wird der Luminanz des Schwarzweißsignals ein Farbhilfsträger additiv überlagert (Abb. 5.4). Der *Farbhilfsträger* hat eine Frequenz von 4.43 MHz. Auf diesen werden die U-, V- bzw. die Q-, I-Komponenten in Amplitudenmodulation in verschiedener Phasenlage (Verschiebung um 90°) aufmoduliert. Die Schwarzweißdarstellung wird dadurch nicht berührt, da sich die Luminanz als Mittelwert dieses Signals direkt ergibt. Die verschiedenen Farbfernsehsysteme unterscheiden sich in der Art der Modulation.

Für den Farbhilfsträger wird als Bezugspunkt ein Farbhilfsträgerimpuls eingeführt, der *Burst*. Dieser befindet sich am Beginn einer jeden Zeile und hat die Frequenz des Farbhilfsträgers (Abb. 5.4).

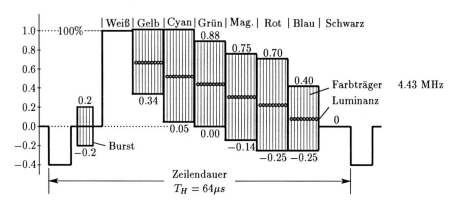

Abb. 5.4: Die Überlagerung des Farbträgersignals am Beispiel des EBU-Farbbalkentests

Die *physikalische Auflösung* des Fernsehbildes entspricht durch Abtast- und Rasterungsvorgänge nicht der technisch gegebenen Auflösung von 625 Zeilen. Die wirkliche Bildinformation ist in 575 Zeilen enthalten. Die Zeit der restlichen Zeilen wird für den Rücksprung des Elektronenstrahls vom Bildende zum Bildanfang benötigt.

Die Wahl der Zeilenzahl ist ein Kompromiß zwischen Qualität und technischen und wirtschaftlichen Randbedingungen. Empirisch wurde festgestellt, daß ein zweckmäßiger Winkel für die Bildbetrachtung 14° beträgt. Das entspricht einer Entfernung von der Bildröhre von viermal der Bildhöhe. Nimmt man ein Linientrennvermögen des menschlichen Auges von 1/40° an, so führt dies auf erforderliche 560 Zeilen, was praktisch den europäischen Fernsehnormen mit 575 Zeilen entspricht.

Zur Verbreitung von Fernsehsignalen über Satelliten wurden neue Fernsehnormen entwickelt. Eine dieser Normen ist *D2-MAC*. *MAC* steht für *Multiplex Analog Components*, was bedeutet, daß die Übertragung der Ton-, Helligkeits- und Farbinformation zeitlich nacheinander erfolgt. Dadurch werden ein gegenseitiges Übersprechen von Helligkeits- und Farbsignal sowie die Störung des Tonsignals durch das Bildsignal vermieden.

Weiterentwicklungen

Die industrielle Entwicklung strebt eine Verbesserung der Bildqualität beim Fernsehen an. Große Mängel beim herkömmlichen Fernsehen sind die geringe Auflösung, Flimmer- und Flackererscheinungen, Moiré-Störungen und Übersprechstörungen zwischen Luminanz und Chrominanz. Das hochauflösende Fernsehen (HDTV=**H**igh **D**efinition **TV**) soll diese Nachteile vermeiden helfen. Ferner soll durch den Übergang von der Analog- zur Digitaltechnik insbesondere auch die Aufzeichnungsqualität deutlich verbessert werden.

- *Hochauflösende Fernsehsysteme:* Beim HDTV gibt es zwei Entwicklungslinien: das europäische System und das japanisch/amerikanische System. In beiden Systemen hat HDTV im Vergleich zu den heutigen Fernsehnormen ungefähr die doppelte Anzahl an Zeilen, aber dieselbe Bildwiederholrate. Also wird die Zeilenfrequenz ungefähr verdoppelt (von ca. 15 kHz auf ca. 34 kHz). Die Bandbreite der Luminanz wird so erhöht, daß die horizontale Auflösung ebenfalls ungefähr verdoppelt wird. Das europäische System hat 1250 Zeilen bei einer Bildwiederholfrequenz von 50 Bildern pro Sekunde, das japanisch/amerikanische System 1125 Zeilen bei 60 Bildern pro Sekunde.

  Bezüglich des sehpsychologischen Hintergrunds von HDTV gilt folgendes. Der Betrachtungswinkel wird von $14°$ auf $28°$ verdoppelt. Außerdem wird das Bild mit einem Seitenverhältnis von 16:9 (bzw. 1.87:1) verbreitert. Dieses Format entspricht fast dem Seitenverhältnis des Kinofilms von 1.85:1. Bei einem breiten Format wird den Studien entsprechend der Zuschauer mehr in die Szene miteinbezogen. Dadurch empfindet der Zuschauer auch nicht die erhöhte Auflösung, sondern wird näher zum Schirm rücken.

  Die Qualität von HDTV ist bezüglich der Schärfe, des Kontrastes und der Farbwiedergabe besser als die des 35 mm-Kinofilms. Dies liegt nicht an der statischen Auflösung des Filmmaterials, sondern ist in der Vertikalbewegung des Films im Projektor begründet. Außerdem wird nur ein Teil (etwa 21 mm $\times$11 mm) des Filmmaterials ausgenutzt. Die colorimetrischen Werte, die mit Farbfiltern und CRT-Phosphoren eines Videosystems erreicht werden können, sind besser als die Werte, die durch einen fotochemischen Prozeß erreicht werden können.

  Analog zur *D2-MAC*-Norm gibt es für HDTV eine entsprechende *HD-MAC*-Norm.

- *Digitale Videosignale:* Beim digitalen Videosignal wird der Bildinhalt diskret und binär codiert. Das geschieht durch zeitlich diskretes Abtasten (Sampling) eines analogen Signals. Die abgetasteten Werte werden ferner noch quantisiert, d.h. auf eine vorgegebene Genauigkeit gerundet. Die Qualität eines digitalen Videosignals hängt von der Abtastrate und der Quantisierung ab.

  Die Farbinformation (Chrominanz) und die Luminanzinformation werden als getrennte Komponenten verarbeitet. Dabei ist die Abtastrate für die Farbinformation geringer als für die Luminanzkomponente:

Y (Luminanz)	$(4 \times 3.375 =)$	13.5 MHz
U=B$-$Y (Farbdifferenz Blau)	$(2 \times 3.375 =)$	6.25 MHz
V=R$-$Y (Farbdifferenz Rot)	$(2 \times 3.375 =)$	6.25 MHz

  Der Wert von 13.5 MHz wurde als ganzzahliges Vielfaches von 2.25 MHz, dem kleinsten gemeinsamen Vielfachen der Zeilenfrequenz der 525/60 und 625/50, gewählt. Die Auflösung der Quantisierung beträgt dabei pro Kanal 256 Stufen. Damit kann ein Stör-/Rauschabstand von 56 dB erzielt werden.

  Digitales Video ist weitaus unempfindlicher gegenüber Störungen als das analoge Fernsehen. Dies betrifft sowohl die Übertragung als auch den Generationsverlust beim Überspielen. Insbesondere entfällt das beim Überspielen von Analogsignalen zusätzlich auftretende Rauschen.

Digitales Video erlaubt unmittelbar die Manipulation mit Hilfsmitteln der Computertechnik. Einzelne Bildpunkte können unabhängig voneinander verändert werden, wobei auch Effekte programmierbar sind. Dies ist beispielsweise beim Mischen von Realbildern und Computergraphiken nützlich. Ferner können Videobilder digital korrigiert werden. Das ist wichtig, wenn Verluste durch Verschmutzung oder Beschädigung des Videobands auftreten (*Drop-Out*). Digitale *Time-Base-Korrektoren* (TBC) können eine fehlende Bildstelle durch Bildinformationen ersetzen, welche aus den Luminanz- und Chrominanzinformationen der benachbarten Bildpunkte interpoliert werden.

5.2.2 Videoaufzeichnungsformate

Die Mehrzahl der computergenerierten Animationen wird mit Hilfe der Videotechnik aufgezeichnet. Die Videoaufzeichnung erfolgt durch Übernahme des Fernsehsignals auf ein Magnetband. Das Magnetband wird durch eine Kopftrommel geeignet magnetisiert. Hierzu wird es um eine Kopftrommel gewickelt, in der Videoköpfe sitzen. Bei der Aufzeichnung werden Längsspuren und Schrägspuren unterschieden (Abb. 5.5), die bei den verschiedenen Systemen unterschiedlich

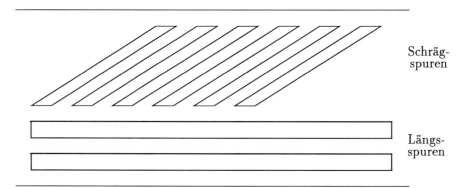

Abb. 5.5: Spurlagen auf Videobändern

organisiert sind. Neben der eigentlichen Bildinformation, die üblicherweise auf Schrägspuren untergebracht ist, werden weitere Signale aufgezeichnet. So gibt es eventuell mehrere Tonspuren. Zur Synchronisation wird ferner eine Steuerspur aufgezeichnet. Schließlich kann noch eine Zeitcode-Spur zur Adressierung von Bildern beim elektronischen Schnitt vorhanden sein. Ton-, Steuer- und Zeitcode-Spuren sind Längsspuren.

Es gibt eine Vielzahl von Videosystemen. Neben der unterschiedlichen Anordnung der Spuren und der Aufzeichnung des Videosignals ist die Breite des verwendeten Videobandes ein augenfälliges Unterscheidungsmerkmal zwischen den Systemen. Im analogen Videobereich sind heute das 1/2″-, das Video-8-, das 3/4″-, das 1″- und das 2″-Format gebräuchlich, wobei die beiden erstgenannten Formate vorwiegend beim Heimvideo Verwendung finden. Das 2″-Format wird nicht mehr für Aufzeichnungen verwendet, sondern dient nur noch zum Überspielen von alten 2″-Bändern auf andere Formate. Bei den unter 1″ liegenden Formaten ist das Band üblicherweise in Kassetten untergebracht. Im folgenden wird eine Übersicht über die gängigen Formate gegeben, die nach der Breite des verwendeten Bandes gegliedert ist.

1/2-Zoll-Formate

Das wohl bekannteste 1/2″-Format ist *VHS (Video Home System)*. Bei VHS befindet sich das Band wie bei den meisten anderen Formaten in einer Kassette. Auf der Kopftrommel befinden sich zwei gegeneinander um 180 Grad versetzte Videoköpfe, die die Videoinformation in Schrägspurtechnik aufzeichnen.

Das mit VHS kompatible *VHS-C* benutzt Kassetten, die klein genug für tragbare Videokameras mit integriertem Rekorderteil sind (Camcorder). Mit einem Adapter läßt sich die VHS-C-Kassette in jedem normalen VHS-Rekorder abspielen.

Das Format *Super-VHS* ist nur teilweise kompatibel mit VHS. So können Super-VHS-Kassetten in normalen Rekordern nicht mehr abgespielt werden, jedoch VHS-Kassetten in Super-VHS-Rekordern. Super-VHS hat eine deutlich höhere Auflösung als Standard-VHS. Diese wird durch eine Anhebung des Luminanzsignals erreicht.

Inzwischen weniger verbreitet ist das *Betamax-Format*. Auch zu diesem gibt es eine verbesserte Version, *ED-Beta*. ED-Beta ist das Kürzel für *Extended-Definition-Betamax*. Dieses Format ist als Alternative zu S-VHS gedacht und übertrifft zumindest in der Auflösung (500 Zeilen) die Werte von S-VHS.

Video2000 wird heute kaum noch genutzt. Im Gegensatz zum VHS- und Betamax-System sind die Kassetten als Wendekassetten (wie herkömmliche Audiokassetten) ausgelegt. Es kann also auf zwei Seiten aufgenommen werden.

M II ist ein 1/2″-Kassettenformat mit VHS-ähnlichen Kassetten. Es ist ein professionelles Videoformat, welches allen Anforderungen eines Produktionsbetriebes gerecht werden soll. Die Studio-Aufzeichnungsqualität wurde vor allem durch zwei Maßnahmen erreicht: Zum einen wird mit Metallbändern gearbeitet, die einen im Vergleich zu Kobalt-Ferroxidbändern höheren Rauschabstand bieten. Der zweite und wesentlichere Unterschied besteht in der Aufzeichnung in Komponentenform. Das heißt, daß die Luminanz- (U) und die Chrominanzinformation (C) auf zwei getrennten Schrägspuren aufgezeichnet wird. Vier weitere Längsspuren enthalten Synchroninformation, Zeitcode sowie Stereoton (Dolby C). Möglich sind Zeitlupe, Rückwärtswiedergabe und Zeitraffer.

Mit der Qualität des M II-Formats vergleichbar ist die des *Betacam-SP-Formats*. Betacam-SP ist eine Verbesserung des *Betacam*-Formats. Beide Formate sind kompatibel, da eine Automatik im Betacam-SP-Rekorder sich auf den jeweiligen Bandtyp einstellt.

8-mm-Format

Das inzwischen recht weit verbreitete 8-mm-Videoformat kommt vor allem in Camcordern zum Einsatz. Camcorder sind tragbare Videokameras mit eingebautem Videorekorder. *Video 8* steht für Videoaufzeichnung auf einem 8 mm breiten Videoband.

Erwähnenswert im Zusammenhang mit dem Video-8-Format ist, daß dieses auch als Archivierungsmedium (Backup-Medium) bei Rechnern eingesetzt wird. Es ist Grundlage der sogenannten Gigabyte-Streamer, bei denen Datenmengen im Gigabyte-Umfang auf einer Kassette untergebracht werden.

3/4-Zoll-Formate

Im 3/4″-Bereich gibt es nicht die Normenvielfalt wie im 1/2″- oder 1″-Bereich. Das einzige existierende Format heißt *U-matic* und wird in den USA auch als *Standard E* bezeichnet. U-matic ist ein Kassettenformat. In der PAL-Welt gibt es die Unterscheidung in U-matic Lowband, U-matic Highband und U-matic-SP.

U-matic ist ein recht altes Verfahren, das mit relativ geringem Aufwand realisiert ist. Es übernimmt nicht die volle Videobandbreite. Stattdessen findet eine Begrenzung der Luminanzbandbreite sowie eine dadurch notwendige Untersetzung des Chrominanzsignals auf einen neuen Träger statt. Das Verfahren ist ein Kompromiß und erreicht nicht die Sollwerte der gängigen Fernsehstandards. Mit dem Highband-Verfahren ist eine deutlich bessere Aufzeichnungsqualität möglich. Das U-matic-SP Verfahren erbrachte eine nochmalige Qualitätsverbesserung, die durch eine neue Auftrennung der Luminanz- und Chrominanzsignale, neue Filter- und Drop-Out-Schaltungen, eine Anhebung der Luminanzträger sowie durch Verwendung eines anderen Bandmaterials erreicht wurde.

1-Zoll-Formate

Im 1-Zoll-Bereich wurden verschiedene Formate entwickelt, nämlich das A-, das B- und das C-Format. Während das A-Format keine Bedeutung mehr hat, sind vor allem das C-Format und das B-Format verbreitet. Beide Systeme haben Vor- und Nachteile. Das B-Format hat die einfachere Mechanik, eine durch steilere Videospuren geringere Drop-Out-Anfälligkeit und durch das kleinere Kopfrad geringere Massenträgheitsmomente. Zudem sind elektronische Schnitte wegen der exakteren Spurnachführung einfacher. Der Hauptnachteil gegenüber C-Systemen ist aber, daß Einzelbildaufzeichnung und -wiedergabe, Zeitlupen- und Zeitrafferwiedergabe nur mit zusätzlichem Aufwand (Vollbildspeicher) möglich sind, welcher die B-Format-Geräte erheblich verteuert und störungsanfälliger macht. Aus diesem Grund werden meistens C-Format-Maschinen eingesetzt. Allen Formaten ist gemeinsam, daß die Videoinformation im Schrägspurverfahren auf das Band aufgezeichnet wird und daß offene Spulen statt Kassetten verwendet werden.

Das *A-Format* und das nachfolgend beschriebene C-Format wiesen bei ihrer Einführung einige Schwächen auf, die mit den damaligen Möglichkeiten der Elektronik nur ungenügend ausgeglichen werden konnten. Die Ursache dieser Schwächen war die extreme Schräglage der Videospuren. Bei C-Format-Maschinen wirkten sich minimale Änderungen der Bandlaufgeschwindigkeit sofort in Zeitfehlern aus und bedingten aufwendige Korrekturmaßnahmen. Diese Schwächen werden beim *B-Format* umgangen. Um lange und damit sehr schräge Spuren zu vermeiden, wird ein Halbbild in mehrere Segmente zerlegt, die auf verschiedene Videospuren verteilt werden.

Das *C-Format* ist das weltweit am meisten verbreitete 1-Zoll-Verfahren. Es wird im nichtsegmentierten Verfahren aufgezeichnet. Das heißt, daß eine Videospur die Information eines Halbbildes beinhaltet. Aus diesem Grund rotiert die Kopftrommel mit Halbbildfrequenz, also in der PAL-Ausführung 50 Mal in der Sekunde. Die nichtsegmentierte Aufzeichnung ist auch der Grund für die relativ einfach zu realisierende Einzelbildaufzeichnung bzw. -wiedergabe. Neben den Schrägspuren für jedes Halbbild wird im Längsspurverfahren eine Zeitcode-Information, zwei Tonspuren, eine Steuerspur, sowie wiederum im Schrägspur-verfahren, die Sync-Information aufgezeichnet.

B-Format-Bänder sind so gewickelt, daß die magnetische Schicht außen liegt. Dadurch lassen sich B-Format-Bänder sofort von C-Format-Bändern unterscheiden.

Das 1″-C-Format wird auch bei *High-Definition Videorekordern* verwendet. Dabei werden die Rot-, Grün- und Blaukomponenten getrennt voneinander auf Band aufgezeichnet. Ferner ist die Bandgeschwindigkeit verdoppelt. Das Spurlagenschema wird beibehalten. Die doppelte Bandgeschwindigkeit erbringt nebenbei auch eine bessere Tonqualität.

Die Abb. 5.6 und 5.7 zeigen die wichtigsten Parameter der besprochenen Formate. Neben der Breite des Videobandes sind das die Bandgeschwindigkeit, die Abtastgeschwindigkeit (Geschwindigkeit des Kopfes relativ zur Schrägspur), der Umschlingwinkel des Bandes um den Kopf, der Kopftrommeldurchmesser, die Anzahl der Köpfe, die Umlaufgeschwindigkeit des Kopfes, der Winkel der Schrägspur, die Länge einer Schrägspur und die Breite der verschiedenen Spuren beziehungsweise deren Zwischenräume (Rasen). Die Auflösung, die Luminanz- und Chrominanzbandbreite und die Rauschabstände drücken die Qualität unmittelbarer aus.

5.2.3 Zeitcodes

Voraussetzung zum exakten Schneiden von Videoaufzeichnungen ist eine Vorformatierung des Videobandes. Diese geschieht durch das Aufzeichnen eines weiteren Signals zusätzlich zum Videosignal, dem *Zeitcode*. Der Zeitcode zerlegt das Band in adressierbare Einzelbilder, die bei der Aufzeichnung gezielt angesprochen werden können. Es sind zwei Arten von Zeitcodes gebräuchlich: der serielle (longitudinale) Zeitcode (SMPTE-Zeitcode) und der vertikale Zeitcode (VITC=vertical interval time code).

Der *serielle Zeitcode* wird im Längsspurverfahren aufgezeichnet. Nachteile dieses Verfahrens sind die Störanfälligkeit (z. B. bei verschmutztem Tonkopf) und

Videoformat		2-Zoll	A-Format	B-Format	C-Format	U-matic	Beta-cam	M-II
Breite des Bandes		2″	1″	1″	1″	3/4″	1/2″	1/2″
Bandgeschwindigkeit	cm/s	39.68	24	24.3	23.98	9.53	10.15	6.63
Abtastgeschwindigkeit	m/s	41.1	20.0	24.3	21.39	8.54	5.75	7.09
Umschlingwinkel		110°	350°	190°	346.2°	190°	192°	220°
Kopftrommeldurchmesser	mm	52.54	150	50.3	134.62	110	75	76
Umlaufgeschwindigkeit	U/s	250	50	150	50	25	25	25
Spurwinkel		90°33′	3°8′	14.434°	2.562°	4°54′	4.681°	
Spurlänge	mm		400	84	410.76	172.8	115.03	118.25
Audiospurbreite	mm	2.0		3×0.8	3×0.8	2×0.8	2×0.6	
Videospurbreite	μm	254		160	160	85	166	
Luminanzspurbreite	μm						86	44
Chrominanzspurbreite	μm						73	36
Rasen	μm	25		40	54	80	1	0
Luminanzbandbreite	MHz	6		5.5	5.5	3.5	4.1	5.5
Chrominanzbandbreite	MHz				1.5	1	1.5	1.5
Rauschabstand (Luminanz)	dB				44	49	46	48
Rauschabstand (Chrominanz)	dB				44	46	49	50
Laufzeitunterschied	ns				≤ 25		≤ 20	≤ 20
Anzahl Köpfe (Kopfrad)		4		4	bis zu 6	2	6	

Abb. 5.6: Videoformate im professionellen Bereich

Videoformat		VHS	Beta-max	Video 2000	Video 8mm
Breite des Bandes		1/2″	1/2″	1/2″	8 mm
Bandgeschwindigkeit	cm/s	2.339	1.87	2.44	2.005
Abtastgeschwindigkeit	m/s	4.84	5.83	5.08	3.06
Umschlingwinkel		190°	190°	186°	221°
Kopftrommeldurchmesser	mm	62.0	74.5	65.0	40.0
Umlaufgeschwindigkeit	U/s	25	25	25	25
Spurwinkel		5°56'	5°	15°	4°53'
Spurlänge	mm	101	122	41	61 (78)
Audiospurbreite		2×0.35	2×0.35		0.6/PCM
Spurbreite	μm	49.0	32.8	22.6	34.4
Luminanzbandbreite	MHz	3.0	3.0	3.0	3.0
Chrominanzbandbreite	MHz				1.5
Rauschabstand (Luminanz)	dB				44
Rauschabstand (Chrominanz)	dB				44
Laufzeitunterschied	ns				≤ 25
Anzahl Köpfe		2	2	2	2

Abb. 5.7: Videoformate im Heimbereich

die schwierige Reproduzierbarkeit bei Zeitlupenwiedergabe, schnellem Bandvor- und Rücklauf und Standbild (die Wiedergabefrequenz und -amplitude verändern sich durch die verschiedenen Geschwindigkeiten, bzw. sind bei Standbildwiedergabe nicht vorhanden). Der *VITC-Zeitcode* wird dagegen zusammen mit der Bildinformation vom rotierenden Videokopf auf das Band aufgenommen. Platz für den VITC befindet sich in der Bildaustastlücke. Der VITC wird pro Halbbild zweimal aufgezeichnet, um Lesefehler möglichst gering zu halten. Der VITC kann bei allen Bandgeschwindigkeiten gelesen werden (auch Standbild) und ist halbbildgenau, so daß Animationen aufgezeichnet werden können, die mit 50 Bildern für eine Sekunde gerechnet wurden (Video Blur).

Durch den Zeitcode können folgende Möglichkeiten professioneller Videorekorder genutzt werden:

- Finden eines eingegebenen Start-Zeitcodes

- Zeitgenaue Aufnahmen auf den angegebenen Zeitcode

- Vorwärts- und Rückwärts-Aufnahmen

- Aufnahme von Standbildern bei normaler Aufnahmegeschwindigkeit (Zeitersparnis)

- Abschalten der rotierenden Kopftrommel nach jeder Aufnahme (Schonen der Kopftrommel/Einsparung von Betriebsstunden)

- Halbbildaufzeichnung

Die Steuerung des Rekorders geschieht über eine Fernbedienungsschnittstelle, wofür häufig eine RS-422-Schnittstelle verwendet wird. Über diese Schnittstelle können die oben angegebenen Aktionen initiiert und überwacht werden. Rechnersteuerungen von Videorekordern verwenden ebenfalls diese Fernbedienungsschnittstelle.

5.2.4 Aufzeichnung

Die heutigen Computeranimationssysteme sind gewöhnlich nicht in der Lage, die Bilder einer Animationssequenz in Echtzeit zur Verfügung zu stellen. Üblicherweise werden die Bilder nacheinander in einen Bildspeicher geschrieben und von dort aus auf Videoband aufgenommen. Der Bewegungseindruck entsteht durch die Wiedergabe der aufgenommenen Computerbilder. Zur Aufnahme benötigt man einen Videorekorder, mit dem man Einzelbilder aufzeichnen kann. Professionelle 1-Zoll-Rekorder, aber auch manche U-matic-Rekorder haben diese Möglichkeit.

Abb. 5.8 zeigt eine Konfiguration zur Einzelbildaufzeichnung von Computeranimationen auf Video. Die Steuerung der Videomaschine bei der Einzel-

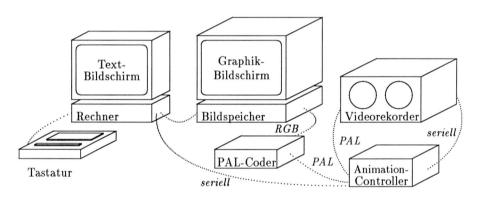

Abb. 5.8: Eine Konfiguration zur Einzelbildaufzeichnung auf Video

bildaufzeichnung erfolgt über ein Steuergerät (*Animation-Controller*). Oftmals wird hierfür ein PC mit geeigneter Steuerungshardware und -software verwendet. Ein nicht rechnerintegrierter Animation-Controller ist mit dem bildgebenden Rechner meistens über eine V.24-Schnittstelle verbunden. Die Verbindung ist notwendig, um dem Rechner Rückmeldungen über den Zustand der Aufzeichnung zu machen, z.B. daß ein Bild aufgezeichnet ist, oder um den Rechner aufzufordern, ein neues Bild bereitzustellen. Zusätzlich erhält der Animation-Controller noch die Videosignale vom Bildspeicher des bildgebenden Rechners. Zum einen leitet er diese Signale an den Videorekorder weiter, zum anderen verwendet er sie zur Synchronisation des Ablaufs. Schließlich ist der Animation-Controller mit dem Fernsteuerungseingang des Videorekorders verbunden. Über diese steuert der Video-Controller auf Anweisung des Rechners den Videorekorder. Ferner erfolgen darüber Statusrückmeldungen vom Rekorder an den Animation-Controller und von diesem wieder zum bildgebenden Rechner.

Die Einzelbildaufzeichnung beginnt mit dem Formatieren („Preblack") des Videobandes mit einem kontinuierlichen Videosignal, der Steuerspur sowie dem verwendeten Zeitcode. Die Aufzeichnung einer Bildsequenz selbst geschieht dann, indem die aufzuzeichnenden Bilder nacheinander in den Bildspeicher geladen werden. Der Animation-Controller teilt dazu dem aufzeichnenden Rechner mit, wann ein neues Bild benötigt wird. Der bildgebende Rechner lädt das Bild und teilt dem Animation-Controller das Ende des Vorgangs mit. Bei einem Videorekorder, der mit Preroll arbeitet, fährt der Animation-Controller nun das Band von der Warteposition an die Aufzeichnungsstelle, löst dort die Aufzeichnung aus und fährt zurück zur Warteposition. Der Vorgang wiederholt sich nun mit der Anweisung des Animation-Controller an den bildgebenden Rechner, das nächste Bild zu laden. Bei Rekordern, die ohne Preroll arbeiten, wird das Bild aufgezeichnet und das Videoband um ein Frame weitergeschaltet.

Eine neuere Entwicklung sind die *digitalen Festplattenrekorder*. Die ohnehin schon digital vorliegenden rechnergenerierten Bilder werden auf einer Magnetplatte abgelegt und werden in Echtzeit wiedergegeben. Dabei entfällt bei der Aufzeichnung auf Videoband die Notwendigkeit zur Einzelbildaufzeichnung. Bei diesem Verfahren werden Videorekorder und Videoband bei der Aufnahme geschont. Weitere Entwicklungen sind Systeme, bei denen die Bilder im Halbleiterspeicher abgelegt werden. Dadurch erhöht sich die Flexibilität, da durch die höhere Auslesegeschwindigkeit verschiedene Videonormen programmiert werden können und die digitalen Manipulationsmöglichkeiten, die in Echtzeit durchgeführt werden können, größer sind. Inzwischen gibt es bei Arbeitsplatzrechnern die Möglichkeit, digitale Videobilder und -animationen direkt in die Benutzeroberfläche (Window-System) einzuspielen.

5.3 *Occursus cum novo*

> Flüchtige Spiegelbilder festhalten zu wollen, dies ist nicht bloß ein Ding der Unmöglichkeit, wie sich nach gründlicher deutscher Untersuchung herausgestellt hat, sondern der Wunsch, dies zu wollen, ist eine Gotteslästerung. Der Mensch ist nach dem Ebenbilde Gottes geschaffen worden, und Gottes Bild kann durch keine menschliche Maschine festgehalten werden. Gott soll plötzlich seinen urewigen Gesetzen untreu werden und es zulassen, daß ein Franzose in Paris eine Erfindung teuflischster Art in die Welt setzt.
>
> *Leipziger Anzeiger*, 1839

Wesentliche Probleme, die beim Aufzeichnen von Computeranimationen auftreten, sind der Umgang mit der großen Datenmenge des Bildmaterials sowie Schwierigkeiten mit der empfindlichen Aufzeichnungsanlage selbst, d.h. die mangelhafte Qualität der (analogen) Videosignale und die Schnittgenauigkeit. Die zweite Problemgruppe konnte erst durch den entsprechenden Hersteller gelöst werden.

Die Aufzeichnung der Bilder kann im Prinzip vollautomatisch geschehen. Bei einer Aufzeichnungsgeschwindigkeit von 60 oder mehr Bildern pro Stunde hängt die Anzahl der am Stück ohne manuellen Eingriff aufzeichenbaren Bilder von der Kapazität des Sekundärspeichers des bildgebenden Rechners ab. Dessen Beschränkung und die manchmal doch noch unzuverlässig arbeitende Steuerungssoftware erforderte letztendlich die Anwesenheit von Bedienungspersonal bei der Aufzeichnung.

Bei *Occursus cum novo* ergab sich ein spezielles Problem dadurch, daß die Bildformate des VERA-Bilderzeugungssystems und des zur Aufzeichnung verwendeten *Wavefront*-Systems (rla-Format) unterschiedlich sind. Das erforderte eine Formatwandlung.

Und es gab nicht eine einzige echte Blaupause mehr in der Abtei, sondern nur noch Tintenfaksimiles einiger solcher Pausen. Die Originale waren längst in Übermäßiger Zurschaustellung durch Licht ausgebleicht. Francis hatte noch nie ein Original gesehen. (...) In der Kopierstube (...) würde er den Rest seiner Tage solchen Aufgaben wie dem Abschreiben von algebraischen Texten oder dem Illuminieren ihrer Seiten mit Ölzweigen und fröhlich um Logarithmentafeln schwirrenden Cherubim widmen. (...) Er hatte nicht die leiseste Ahnung, warum die Alten weiße Linien und Buchstaben auf dunklen Hintergrund gesetzt hatten.

Walter M. Miller jr., *Lobgesang auf Leibowitz*

Die Formatwandlung war prinzipiell nicht schwierig, da beide Formate Gemeinsamkeiten aufweisen. So werden beide Male die Bildzeilen abgespeichert, jedoch in unterschiedlicher Reihenfolge. Wenn genügend Platz im Hauptspeicher vorhanden ist, kann die gesamte Pixeldatei eingelesen werden und im anderen Format wieder geschrieben werden. Ansonsten kann ausgenutzt werden, daß man in einer Datei die Leseposition angeben kann. Das Umordnen geschieht in zwei Durchläufen, einmal um die Positionen des Zeilenanfangs zu bestimmen und einmal um die Wandlung zeilenweise durchzuführen.

Das Programm zur Formatwandlung liest also innerhalb kurzer Zeit die Datenmenge (ein- oder zweimal) durch und schreibt das Resultat. Eine Formatwandlung wird innerhalb von drei Minuten durchgeführt, wie Messungen ergaben. Sind bei normalem Betrieb der Rechner mehr als zwei dieser Prozesse im Netz, kann es durch Netzüberlastung und die beschränkte Ein-/Ausgabegeschwindigkeit der Festplatten zu Timeouts kommen, so daß einzelne Daten verloren gehen. Dadurch wird das gesamte Bild unbrauchbar.

Um dies zu verhindern, wurde eine spezielle Warteschlange für E/A-intensive Aufträge entwickelt, die nur auf dedizierten Maschinen läuft. Die Programme zur Steuerung dieser Warteschlange sind Kommandoprozeduren. Aufträge in dieser Warteschlange können genau drei Zustände einnehmen, nämlich `wartend`, `rechnend` oder `fertig`. Die Zustände werden als Dateibäume in einem speziell für diese Warteschlange eingerichteten Verzeichnis implementiert. Die Aufträge selbst sind wieder Kommandoprozeduren, die je nach Zustand in einem der drei Unterverzeichnisse `wartend`, `rechnend` oder `fertig` stehen.

Ein Daemon sieht in bestimmten Abständen nach, ob ein Auftrag im Unterbaum **wartend** steht. Dieser wird in den Unterbaum **rechnend** bewegt und mit der Ausführung der Kommandos begonnen. Nach Beendigung wird der Auftrag in den Unterbaum **fertig** bewegt, worauf ein neuer Auftrag übernommen wird. Sollte kein Auftrag mehr vorhanden sein, so wird nach einer Wartezeit die Abfrage wiederholt.

Dieses Prinzip ließ sich mittels der Werkzeuge des Betriebssystems UNIX einfach implementieren und war in kurzer Zeit einsetzbar. Außerdem wurde kein Wert auf Wiederaufsetzbarkeit gelegt, was die Aufgabe sehr vereinfachte.

5.4 Übersicht

Die geschilderten Fernsehsysteme (PAL, NTSC) wurden von der CCIR (Comitée Consultatif International des Radio-Communications) standardisiert. Diese sind in der CCIR-Empfehlung 470-1 und dem Report 624-2 zu finden. Das digitale Fernsehen ist Gegenstand der CCIR-Empfehlung 601, aus dem die angegebenen Daten stammen. Die Normierung von Farben wurde von der CIE (Commission International de l'Eclairage) durchgeführt. Das vorgestellte System stammt aus dem Jahr 1931. Eine Modifikation davon ist das UCS-CIE-Diagramm von 1960, das heute häufig verwendet wird. Bei diesem wurde durch eine Transformation der Farbwerte dafür gesorgt, daß gleichen Strecken im Diagramm auch gleiche Empfindungen der Farbänderung zuzuordnen sind. Weitere Information zur Fernsehtechnik bieten Schönfelder (1983), Bernath (1982, 1986), Limann und Pelka (1983).

Die ersten kommerziellen Videorekorder kamen 1956 auf und arbeiteten mit einem 2-Zoll-Band. Die Videorekorder waren jedoch sehr schwer, teuer und hatten einen hohen Bandverbrauch. Aus diesem Grund wurde eine wirtschaftlichere Alternative entwickelt, nämlich das 1-Zoll-Format. Die Entwicklung dieser Geräte konnte jedoch erst durch die Einführung neuer Chromdioxid-Bänder und Fortschritte bei der Herstellung hochpräziser Magnetköpfe ermöglicht werden. Die erste 1″-Maschine war 1976 von Ampex erhältlich und arbeitete nach dem A-Format. Das C-Format wurde ebenfalls von Ampex entwickelt, das B-Format von Bosch. Der einzige bisher serienreife High-Definition Videorekorder stammt von Sony. Das VHS-System wurde von JVC entwickelt, die Beta-Systeme stammen von Sony, Video 2000 von Grundig und Philips, M II von Panasonic und JVC. Als Reaktion auf das M II-Format hat Sony 1986 das Betacam-SP-Format vorgestellt. U-matic wurde 1968 von Sony eingeführt. Zusätzliche Information zur Arbeitsweise von Videorekordern ist bei Morgenstern (1987) und Bernath (1986) zu finden.

Zeitcodes sind seit einer entsprechenden Übereinkunft der SMPTE (Society of Motion Picture and Television Engineers) Ende der sechziger Jahre international festgelegt.

6. Nachbearbeitung

Das Bildmaterial einer Computeranimation erfordert machmal vor oder auch nach der Aufzeichnung eine weitere Bearbeitung. Typische Beispiele für Bildmanipulationen vor der Aufzeichnung sind Aufhellung, Kontrastverschärfung, Formatänderung und Bildretuschen. Ferner können alternativ zur simulativen Erzeugung Bilder auch interaktiv durch digitale Maltechniken produziert werden. Im ersten Teil dieses Kapitels wird eine Übersicht über Techniken zu diesem Themenkreis gegeben. Sie beinhaltet Algorithmen zu häufiger benötigten Operationen wie Zooming, Farbveränderung und Dithering. Dithering-Verfahren können in der Computeranimation beim hochqualitativen Preview einer sich in Entwicklung befindlichen fotorealistischen Sequenz eingesetzt werden.

Typische Maßnahmen nach der Aufzeichnung sind die aus der konventionellen Filmproduktion bekannten Schritte wie Schneiden und Vertonen. Speziell bei Videofilmen können weitergehende Techniken wie Mischen von Filmsequenzen und Einblendungen mit entsprechenden Geräten angewandt werden. Liegt der Film fertig vor, stellt sich die Aufgabe der Kopienerstellung. Damit kann bei Video unter Umständen eine Normwandlung verbunden sein, oder es ist von klassischem Filmmaterial auf Video oder umgekehrt zu überspielen. Im zweiten Teil dieses Kapitels werden die Techniken der Nachbearbeitung mit besonderem Gewicht auf der Videotechnik beschrieben.

6.1 Bildmanipulation

Bilderzeugungssysteme wie VERA generieren Bilder in aufwendiger Form aus einer dreidimensionalen Szenenbeschreibung. Manchmal ist es notwendig, das resultierende Bildmaterial weiterzubearbeiten. So kann es vorkommen, daß die Bilder zu dunkel oder zu hell sind, oder ein höherer Kontrast wünschenswert wäre. Auch die weiche Überblendung zwischen zwei Sequenzen ist eine sinnvolle Forderung. Diese Aufgaben können algorithmisch durch entsprechende Manipulationen von Rasterbildern gelöst werden. In Computeranimationssystemen sind die Werkzeuge zur Bildmanipulation üblicherweise in einem *Painting-* oder *Bildverarbeitungsmodul* zusammengefaßt. Die Funktionen eines Paintingmoduls lassen sich wie folgt gliedern:

- *Montage:*

  o Ausschneiden eines Segments aus einem Bild

  o Archivieren und Verwalten von Segmenten

  o Deformieren (z.B. Skalieren) von Segmenten

  o Bewegen (z.B. Rotieren) von Segmenten

  o Überblenden von Segmenten bei der Montage

- *Painting:*

  o Zeichnen von geometrischen Figuren wie Punkte, Strecken, Kreise

  o Definition und Auswahl von Pinseltypen zum interaktiven Zeichnen entlang von Kurven

  o Definition beziehungsweise Auswahl von Farben und Mustern aus Paletten

  o Füllen von geometrischen Figuren mit einer Farbe oder einem Muster

  o Interpolation von Farbstützstellen zur Darstellung von Farbübergängen

- *Filter:*

  o Abdunkeln oder Aufhellen eines Segments

  o Farbreduktion und Dithering

  o Veränderung der Sättigung

  o Kontraständerung

  o Falschfarbendarstellung durch Farbtabellenmanipulation.

Die folgenden Abschnitte stellen Lösungen für einige dieser Aufgaben vor, die algorithmisch interessant sind. Dabei werden im allgemeinen Bilder vorausgesetzt, deren Pixel im schwarzweißen Fall ganzzahlige Werte zwischen 0 und 255 haben und im farbigen Fall RGB-Bilder sind, bei denen jede der drei Komponenten diesen Wertebereich hat.

6.1.1 Bildformatänderung

Bei der Bildformatänderung soll ein Bild der Auflösung $m \times n$ in ein Bild der Auflösung $p \times q$ umgerechnet werden. Sind p und q ganzzahlige Vielfache von m und n, so kann das einfach durch entsprechende Vervielfachung der Pixel in jede Richtung geschehen. Die Darstellung des Bildes auf dem Bildschirm wir dadurch vergrößert. Sind die Vielfachen der beiden Richtungen verschieden, so ist das neue Bild eine Verzerrung des alten. Ebenso ist eine ganzzahlige Verkleinerung einfach dadurch auszuführen, daß das Ausgangsbild in Rechtecke der Größe der Verzerrungsfaktoren durch Zusammenfassen von Pixeln parkettiert wird. Jedem Rechteck entspricht ein Pixel des neuen Bildes, dessen Farben sich als Mittelwert der Pixelfarben des Rechtecks ergeben.

Sind die Bildformate nicht ganzzahlige Vielfache, so erscheint die Transformation auf den ersten Blick erheblich aufwendiger. Dieses Problem läßt sich aber einfach auf das Hintereinanderausführen einer ganzzahligen Vergrößerung und einer ganzzahligen Verkleinerung reduzieren. Bei den am Anfang genannten Bildformaten ist zunächst eine ganzzahlige Vergrößerung um die Faktoren p und q in die beiden Richtungen durchzuführen, gefolgt von einer Verkleinerung um die Faktoren m beziehungsweise n. Aus Speicherplatzgründen werden diese Schritte nicht nacheinander, sondern überlappend durchgeführt. Beim zeilenweisen Vorgehen wird also sofort Verkleinerungsoperation durchgeführt, wenn die entsprechenden Pixel der Vergrößerung bereitstehen. Dabei sind die Pixel des Vergrößerungsbildes nicht abzuspeichern, da sie sich durch Modulo-Arithmetik aus dem Originalbild errechnen lassen.

Ähnliche Algorithmen gibt es auch für die Rotation von Rasterbildern. Dabei wird etwa verwendet, daß sich eine Rotation als Hintereinanderausführung von Scherungen und Skalierungen darstellen läßt:

$$\begin{pmatrix} \cos\alpha & \sin\alpha \\ -\sin\alpha & \cos\alpha \end{pmatrix} = \begin{pmatrix} 1 & \tan\alpha \\ 0 & 1 \end{pmatrix} \cdot \begin{pmatrix} 1 & 0 \\ -\sin\alpha\cos\alpha & 1 \end{pmatrix} \cdot \begin{pmatrix} 1 & 0 \\ 0 & \cos\alpha \end{pmatrix} \cdot \begin{pmatrix} \frac{1}{\cos\alpha} & 0 \\ 0 & 1 \end{pmatrix}.$$

Die erste Matrix entspricht einer vertikalen Scherung, die zweite einer horizontalen Scherung, die dritte einer vertikalen Skalierung und die vierte einer horizontalen Skalierung. Zur Durchführung dieser Transformationen werden die trigonometrischen Größen in diesen Matrizen rational, also in der Form s/t angenähert, wobei s, t ganze Zahlen sind.

Der im folgenden vorgestellte *Algorithmus von Weimann* behandelt Scherungen und Vergrößerungen in einheitlicher Weise. Bei einer Scherung werden die ursprünglichen Spalten von links nach rechts nacheinander um $1, 2, \ldots$ Pixel nach oben verschoben, falls der Spaltenindex modulo p in der Menge

$$M := \{m \ : \ \text{es gibt ein } k \text{ mit } 0 \le k \le q-1 \text{ und } m = (k \cdot p) \text{ div } q\}$$

liegt. Die freiwerdenden Bildpunkte werden auf 0 gesetzt. Für $p = 4$ und $q = 3$ ergibt sich $M = \{0, 1, 2\}$, wodurch ein Bild

$$\begin{pmatrix} 0 & 0 & 0 & 0 & 13 \\ 0 & 0 & 0 & 0 & 12 \\ 0 & 0 & 8 & 8 & 12 \\ 0 & 4 & 12 & 12 & 0 \\ 4 & 0 & 0 & 0 & 0 \end{pmatrix} \text{ übergeführt wird in } \begin{pmatrix} 0 & 0 & 0 & 0 & 13 \\ 0 & 0 & 0 & 0 & 12 \\ 0 & 0 & 0 & 0 & 12 \\ 0 & 0 & 8 & 8 & 0 \\ 0 & 0 & 12 & 12 & 0 \\ 0 & 4 & 0 & 0 & 0 \\ 0 & 0 & 0 & 0 & 0 \\ 4 & 0 & 0 & 0 & 0 \\ 0 & 0 & 0 & 0 & 0 \end{pmatrix}.$$

Diese Operation wird nun nicht nur für die Menge M, sondern nacheinander auch für die Mengen $M_k := (M + k)$ mod p, $k = 1, 2, \ldots, p - 1$, durchgeführt:

$$\begin{pmatrix} 0 & 0 & 0 & 0 & 0 \\ 0 & 0 & 0 & 0 & 13 \\ 0 & 0 & 0 & 0 & 12 \\ 0 & 0 & 0 & 8 & 12 \\ 0 & 0 & 8 & 12 & 0 \\ 0 & 0 & 12 & 0 & 0 \\ 0 & 4 & 0 & 0 & 0 \\ 0 & 0 & 0 & 0 & 0 \\ 4 & 0 & 0 & 0 & 0 \end{pmatrix}, \begin{pmatrix} 0 & 0 & 0 & 0 & 13 \\ 0 & 0 & 0 & 0 & 12 \\ 0 & 0 & 0 & 0 & 12 \\ 0 & 0 & 0 & 8 & 0 \\ 0 & 0 & 8 & 12 & 0 \\ 0 & 0 & 12 & 0 & 0 \\ 0 & 4 & 0 & 0 & 0 \\ 4 & 0 & 0 & 0 & 0 \\ 0 & 0 & 0 & 0 & 0 \end{pmatrix}, \begin{pmatrix} 0 & 0 & 0 & 0 & 13 \\ 0 & 0 & 0 & 0 & 12 \\ 0 & 0 & 0 & 0 & 12 \\ 0 & 0 & 0 & 8 & 0 \\ 0 & 0 & 8 & 12 & 0 \\ 0 & 4 & 12 & 0 & 0 \\ 0 & 0 & 0 & 0 & 0 \\ 4 & 0 & 0 & 0 & 0 \\ 0 & 0 & 0 & 0 & 0 \end{pmatrix}.$$

Die so erhaltenen p Bilder werden aufsummiert und gemittelt, wodurch sich das gescherte Bild ergibt:

$$\begin{pmatrix} 0 & 0 & 0 & 0 & 9 \\ 0 & 0 & 0 & 0 & 12 \\ 0 & 0 & 0 & 0 & 12 \\ 0 & 0 & 3 & 8 & 3 \\ 0 & 0 & 9 & 12 & 0 \\ 0 & 2 & 9 & 0 & 0 \\ 0 & 2 & 0 & 0 & 0 \\ 3 & 0 & 0 & 0 & 0 \\ 1 & 0 & 0 & 0 & 0 \end{pmatrix}.$$

In Formeln ausgedrückt berechnet sich also das neue Bild P' aus dem gegebenen Bild P zu

$$P'(i,j) := \frac{1}{p} \sum_{k=0}^{p-1} P'_k(i,j), \quad i, j \geq 0,$$

wobei

$$P'_k(i,j) := \begin{cases} P(i, j - t_k(i)), & \text{falls } j \geq t_k(i), \\ 0, & \text{sonst,} \end{cases}$$

$$t_k(i) := (i \text{ div } p) \cdot q + |\{m \in M_k : m \leq i\}|, \quad k = 0, 1, \ldots, p - 1.$$

Dabei ist i der Spaltenindex, j der Zeilenindex. Die Indizes des linken unteren Eckpunktes sind $i = 0$, $j = 0$.

Die Idee bei der waagrechten Skalierung um einen Faktor $p/q > 1$ ist, jeweils q aufeinanderfolgende Spalten des ursprünglichen Bildes auf p Spalten des neuen Bildes zu verteilen. Das geschieht durch Einfügen von Null-Spalten. Die Positionen der übernommenen Spalten sind diejenigen, die durch die Menge M von oben gegeben sind. Eine waagrechte Streckung der obigen Bildmatrix um den Faktor 4/3 liefert so

$$\begin{pmatrix} 0 & 0 & 0 & 0 & 0 & 13 & 0 \\ 0 & 0 & 0 & 0 & 0 & 12 & 0 \\ 0 & 0 & 8 & 0 & 8 & 12 & 0 \\ 0 & 4 & 12 & 0 & 12 & 0 & 0 \\ 4 & 0 & 0 & 0 & 0 & 0 & 0 \end{pmatrix}.$$

Auch dieses wird zyklisch analog für die Mengen M_k durchgeführt und die einzelnen Bilder aufsummiert, also im Beispiel mit dem Endergebnis

$$\begin{pmatrix} 0 & 0 & 0 & 0 & 0 & 6 & 6 \\ 0 & 0 & 0 & 0 & 0 & 6 & 6 \\ 0 & 0 & 2 & 6 & 6 & 8 & 6 \\ 0 & 2 & 5 & 9 & 9 & 3 & 0 \\ 3 & 1 & 0 & 0 & 0 & 0 & 0 \end{pmatrix}.$$

Bei der waagrechten Skalierung um den Faktor $q/p < 1$ werden von p aufeinanderfolgenden Spalten nur die q Spalten übernommen, deren Indizes in M liegen. Auch das geschieht für alle M_k mit gewichtetem Aufsummieren der Ergebnisbilder.

Die einfachen elementaren Operationen dieses Algorithmus machen ihn für eine Realisierung in Hardware geeignet.

6.1.2 Farbveränderung

Viele wünschenswerte Farbveränderungen lassen sich schon durch eine *lineare Transformation* im Farbraum erreichen. Bei einer linearen Transformation im dreidimensionalen RGB-Farbraum errechnen sich die neuen Farbwerte (R', G', B') eines Pixels mit den alten Werten (R, G, B) durch

$$\begin{pmatrix} R' \\ G' \\ B' \end{pmatrix} = \begin{pmatrix} a_{11} & a_{12} & a_{13} \\ a_{21} & a_{22} & a_{23} \\ a_{31} & a_{32} & a_{33} \end{pmatrix} \begin{pmatrix} R \\ G \\ B \end{pmatrix} + \begin{pmatrix} b_1 \\ b_2 \\ b_3 \end{pmatrix}.$$

Bei Überschreiten oder Unterschreiten des vorgegebenen Wertebereichs für die RGB-Werte wird auf die Intervallgrenzen abgeschnitten. Beispielsweise liefert $a_{11} = a_{22} = a_{33} = -1$, $a_{ij} = 0$ für $i \neq j$, $b_1 = b_2 = b_3 = 255$ ein Farbnegativ (der Wertebereich der Farbkomponenten wird als 0..255 angenommen). Eine Helligkeitsveränderung des Bildes liefert die Multiplikation der drei Farbkomponenten mit einem Faktor f zwischen 0 und 1, d.h. $a_{11} = a_{22} = a_{33} = f$, $a_{ij} = 0$ für $i \neq j$, $b_1 = b_2 = b_3 = 0$. Die Sättigung wird durch Addition eines konstanten Wertes g zu allen drei Komponenten geändert, also $a_{11} = a_{22} = a_{33} = 1$, $a_{ij} = 0$ für $i \neq j$, $b_1 = b_2 = b_3 = g$. Ein Grauwertbild ergibt sich durch Zuweisen des gewichteten Mittels $0.3 \cdot R + 0.59 \cdot G + 0.11 \cdot B$ an alle drei Farbwerte des Ergebnisbildes, also $a_{i1} = 0.3$, $a_{i2} = 0.59$, $a_{i3} = 0.11$, $i = 1, 2, 3$, $b_1 = b_2 = b_3 = 0$.

Als Beipiel für eine *nichtlineare Farbtransformation* sei hier eine Möglichkeit der Kontrastverstärkung genannt. Eine Kontrastverstärkung kann etwa dadurch erreicht werden, daß die mittleren Intensitäten eines Bildes auf ein vergrößertes Intervall abgebildet werden, während die Extremwerte auf kleinere Intervalle eingeschränkt werden. Eine derartige Abbildung leistet die Sinusfunktion zwischen $-\pi/2$ und $\pi/2$. Die einzelnen Farbkomponenten werden in der gleichen Form transformiert:

$$m := 0.3 \cdot R + 0.59 \cdot G + 0.11 \cdot B,$$

$$h := 127 \cdot \sin\left(\left(\frac{m}{255} - \frac{1}{2}\right) \cdot \pi\right) + 127,$$

$$X' := X \cdot \frac{h}{m}, \ X \in \{R, G, B\}.$$

Eine weitere Möglichkeit der Farbveränderung ist die Vorgabe einer Abbildung durch Tabellen. Für jede der drei Farbkomponenten wird über eine Tabelle jedem Wert im Wertebereich (hier also 0..255) ein neuer Wert zugeordnet. Da diese Tabellen in vielen Systemen durch Hardware realisiert sind, kann die Transformation von Bildern auf diese Art in Bruchteilen von Sekunden erfolgen.

6.1.3 Filterung

Bei der oben beschriebenen Farbveränderung von Bildern gehen in die neuen Farbwerte eines Pixels die Werte von genau einem Pixel ein. Komplexere Bildtransformationen werden möglich, wenn bei der Berechnung des neuen Pixels auch Nachbarpixel berücksichtigt werden. Eine verbreitete Klasse von solchen Operatoren läßt sich durch Filtermatrizen definieren. Im einfachsten Fall wird dazu eine Filtermatrix von meistens quadratischem Format, z.B. eine 3 × 3-Matrix aus ganzen oder reellen Zahlen vorgegeben. Zur Transformation eines Pixels wird die Matrix so auf das Bild gelegt, daß das Pixel unter dem Schnittpunkt der Diagonalen der Matrix liegt. Dadurch werden dem Pixel selbst sowie seiner Umgebung jeweils ein Element der Matrix zugeordnet. Die überdeckten Pixel werden mit den so zugeordneten Gewichten multipliziert und aufsummiert. Nach eventueller Einschränkung des Ergebnisses auf einen vorgegebenen Wertebereich ergibt das den neuen Pixelwert. Das neue Bild entsteht, indem dieses Verfahren für jedes Pixel angewandt wird.

Beispiele für derartige Filteroperatoren sind die *Kirsch-Kompaßoperatoren*. Die ersten vier dieser Operatoren werden durch die folgenden Matrizen definiert:

$$\begin{pmatrix} 5 & 5 & 5 \\ -3 & 0 & -3 \\ -3 & -3 & -3 \end{pmatrix}, \begin{pmatrix} 5 & 5 & -3 \\ 5 & 0 & -3 \\ -3 & -3 & -3 \end{pmatrix}, \begin{pmatrix} 5 & -3 & -3 \\ 5 & 0 & -3 \\ 5 & -3 & -3 \end{pmatrix}, \begin{pmatrix} -3 & -3 & -3 \\ 5 & 0 & -3 \\ 5 & 5 & -3 \end{pmatrix}.$$

Wendet man jeden dieser Operatoren auf ein gegebenes Bild an und setzt im neuen Bild genau denn Wert „schwarz" (sonst weiß), wenn einer der vier Ergebniswerte einen vorgegebenen Schwellwert überschreitet, so erhält man ein Resultat wie das in Abb. 6.1 (zum Vergleich das Original in Abb. 1.38). Offensichtlich liefert diese Bildtransformation die Kanten des gegebenen Bildes. Tatsächlich führen die vier Kirsch-Kompaßmatrizen eine horizontale, vertikale und diagonale Kantendetektion durch, d.h. Bildbereiche, an denen plötzliche Intensitätsänderungen auftreten, werden identifiziert und dargestellt.

Es gibt eine Vielzahl von Operatoren dieser Art mit unterschiedlicher Zielsetzung. Der Kirsch-Operator ist im Zusammenhang mit der Computeranimation

Abb. 6.1: Mit dem Kirsch-Operator bearbeitetes Bild, links Preview, rechts hochaufgelöst

deswegen interessant, weil er sich beim *Previewing* bewährt hat. Entscheidend beim Modellieren von Computeranimationen ist, schon beim Entwurf die Bewegungsabläufe und Veränderungen in Licht und Optik visuell zu überprüfen, um Verbesserungen durchführen zu können. Die Erstellung eines fotorealistischen Films zu diesem Zweck ist dabei zu aufwendig, insbesondere was den Zeitbedarf betrifft. Hierfür bietet sich folgende Lösung an, deren Vorteil gegenüber schneller Vektorgraphik ist, auch Beleuchtungseffekte darstellen zu können. Es wird eine Folge von Bildern in kleinem Format, z.B. 115 × 156, berechnet. Diese Bilder werden dann in den Hauptspeicher einer Workstation geladen und zyklisch auf den Bildschirm ausgegeben. Um eine Geschwindigkeit von 25 Bildern pro Sekunde zu erreichen und um die Wiedergabe auch auf Rechnern mit monochromem Bildschirm zu gewährleisten, muß eine Abbildung der Farbbilder in ein Schwarzweiß-Bitmap-Bild vorgenommen werden. Eine solche Transformationsmöglichkeit bietet der Kirsch-Operator. Die Alternative, anstelle der aufwendigen fotorealistischen Bilderzeugung einfach die gegebene Geometrie der Szenenbeschreibung als Liniengraphik auf dem Bildschirm darzustellen, hat den Nachteil, daß wichtige Lichteffekte dann nicht sichtbar würden.

6.1.4 Dithering

Der Kirsch-Operator eliminiert sehr viel der ursprünglichen Bildinformation, so zum Beispiel Farben oder Intensitäten. Eine Alternative, die Information in hohem Maß beibehält, ist *Dithering*. Angewandt auf ein Graubild liefern Dithering-Verfahren Schwarzweißbilder, bei denen die Graustufen durch unterschiedlich dichtes Setzen von schwarzen Punkten nachvollzogen werden. Für das Dithering existieren verschiedene Verfahren mit sehr unterschiedlichem Leistungsvermögen und Aufwand (Abb. 6.2 bis 6.4). Das *Dithering mit Dithermatrizen* liefert Bilder von relativ geringer Bildqualität (Abb. 6.3), hat aber den Vorteil, daß die Artefakte bei der Bewegtbildwiedergabe gering sind. Das *Dithering mit Fehlerkorrektur* (Abb. 6.4) verhält sich hierzu komplementär.

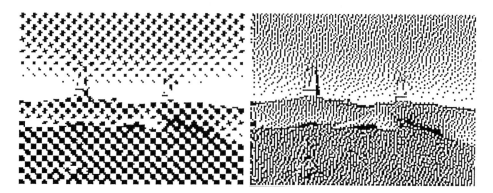

Abb. 6.2: Gedithertes Bild im Preview-Format 156 × 115 mit Dithermatrix (links) und mit Fehlerkorrektur (rechts)

Abb. 6.3: Mit einer Dithermatrix gedithertes Bild, hochaufgelöst im Format 1024 × 683

Abb. 6.4: Mit Fehlerkorrektur gedithertes Bild, hochaufgelöst im Format 1024 × 683

Von entscheidender Bedeutung für das Dithering mit Dithermatrizen ist die Auswahl der Matrix. Abb. 6.5 zeigt ein typisches Beispiel. Die Werte dieser Matrix liegen zwischen 0 und 255. Zum Dithern eines Bildes wird nun die Dithermatrix, beginnend in der linken oberen Ecke, über das Bild gelegt. Dann wird der Wert des Bildpunktes mit dem Wert in der Matrix verglichen. Ist der Wert des Bildpunktes kleiner als der der Matrix, so wird der Bildpunkt nicht gesetzt, also eine Null für diesen Bildpunkt eingetragen, im anderen Falle eine Eins.

Dieses Verfahren arbeitet sehr einfach und wirkungsvoll. Die Bildqualität ist natürlich nicht sehr hoch, weil Bildbereiche gleicher Helligkeitswerte als re-

22	6	18	2	21	5	17	1
14	30	10	26	13	29	9	25
20	4	24	8	19	3	23	7
12	28	16	32	11	27	15	31
21	5	17	1	22	6	18	2
13	29	9	25	14	30	10	26
19	3	23	7	20	4	24	8
11	27	15	31	12	28	16	32

Abb. 6.5: Beispiel für eine Dithermatrix

gelmäßiges Muster ausgegeben werden. Dies ist bei der Bewegtbildwiedergabe kein so schwerwiegender Nachteil, da jedes Bild nur sehr kurz gezeigt wird und das menschliche Auge in diesen Zeitintervallen nur auf die Konturen, nicht aber auf Details reagieren kann.

Beim Dithering mit Fehlerkorrektur wird zum gerade bearbeiteten Punkt $P(i,j)$ ein Fehlerübertrag, der aus dem bisher berechneten Bild P resultiert, addiert. Der Fehlerübertrag berechnet sich aus einem Fehlerfilter W, der durch

$$W(k,l) = 2^{2-k} \cdot 2^{2-|l|}, \ (k,l) \in A,$$

$$A = \{(2,2),(2,1),\ldots,(2,-2),(1,2),(1,1),\ldots,(1,-2),(0,2),(0,1)\}$$

definiert ist. Die Gewichtungsfaktoren sind Zweierpotenzen, die eine effiziente Berechnung erlauben. Ein Punkt in der Ergebnis-Bitmap wird gesetzt, falls der Helligkeitswert an der Stelle (i,j) des zu dithernden Bildes zuzüglich des Fehlerübertrags $EC(i,j)$ (engl. $error\ carry$) größer oder gleich dem Schwellwert $s = \frac{1}{2} \cdot (Level_{max} - Level_{min})$ ist:

$$Bitmap(i,j) = \begin{cases} 1, & \text{falls } P(i,j) + EC(i,j) > s, \\ 0, & \text{sonst.} \end{cases}$$

Dabei ist $[Level_{min}, Level_{max}]$ der Bereich der Helligkeitswerte des gegebenen Bilds P. Der Fehlerübertrag wird aus den gewichteten Fehlerwerten, dividiert durch die Summe der Gewichte, bestimmt:

$$EC(i,j) = \frac{\sum_{(k,l)\in A} E(i-k,j-l) \cdot W(k,l)}{\sum_{(k,l)\in A} W(k,l)}.$$

Die Fehlerwerte E sind abhängig davon zu bestimmen, ob der Punkt in $Bitmap$ gesetzt wurde oder nicht. Wurde der Punkt (i,j) nicht gesetzt und war $P(i,j) > Level_{min}$, so ist das gedithte Bild an dieser Stelle um den Betrag $P(i,j) - Level_{min}$ zu dunkel. Wurde der Punkt $P(i,j)$ hingegen gesetzt, so ist das gedithte Bild an dieser Stelle um den Betrag $Level_{max} - P(i,j)$ zu hell. Dieses drückt sich aus in der Definition

$$E(i,j) = \begin{cases} P(i,j) + EC(i,j) - Level_{min}, & \text{falls } Bitmap(i,j) = 0, \\ P(i,j) + EC(i,j) - Level_{max}, & \text{sonst.} \end{cases}$$

Bei Bildern mit sehr gleichmäßigem Hintergrund empfiehlt sich allerdings noch die Überlagerung des Bildes mit einer Störfunktion, um gleichmäßige Muster zu vermeiden. Diese läßt sich mit einem Zufallszahlengenerator erreichen, der im Bereich von $-0.05 \cdot s$ bis $+0.05 \cdot s$ Zufallszahlen erzeugt, die auf den Bildwert addiert werden:

$$Bitmap(i,j) = \begin{cases} 1, & \text{falls } P(i,j) + EC(i,j) + noise > s, \\ 0, & \text{sonst.} \end{cases}$$

Bildwiederholspeicher für Vollfarbbilder, d.h. RGB-Bilder mit je einem Byte Rot, Grün und Blau, sind immer noch relativ wenig verbreitet. Häufig dagegen ist die Darstellung von Bildern unter Zuhilfename von Farbtabellen (Abb. 3.4). In der Farbtabelle wird eine Auswahl der überhaupt darstellbaren Farben abgelegt. Die Bildmatrix enthält dann Verweise in die Farbtabelle. Bei der Bildwiedergabe werden die Indizes im Bild durch die entsprechenden Farben in der Farbtabelle ersetzt.

Recht weit verbreitet sind Farbtabellensysteme, deren Farbtabelle einen Indexbereich von einem Byte hat, d.h. die Farbtabelle kann 256 Farben aufnehmen und in der Bildmatrix ist ein Byte pro Pixel zur Verfügung gestellt. Die Einträge in der Farbtabelle sind weiterhin Vollfarbwerte, also je ein Byte für Rot, Grün und Blau. Die im folgenden präsentierten Algorithmen arbeiten für diese Art von Farbtabellendarstellung. Sie sind jedoch einfach auf andere Konfigurationen adaptierbar.

Bei der Reduktion von Vollfarbbildern auf die reduzierte Farbtabellendarstellung ist zunächst eine *Auswahl* der im Vollfarbbild vorhandenen Farben für die Farbtabelle zu treffen. Anschließend sind diese Farben mittels eines *Dithering-Verfahrens* optimal über das Bild zu verteilen.

Eine einfache Farbauswahl besteht darin, die 256 häufigsten Farben im Bild in die Farbtabelle zu übernehmen. Es ist jedoch schnell einzusehen, daß dieser sogenannte *Populationsalgorithmus* häufig zu nicht zufriedenstellenden Ergebnissen führt, da auch selten vorkommende Farben, beispielsweise wenn sie Konturen definieren, signifikant sein können. Der *Repräsentanten-Algorithmus* wird der Verteilung der Farben besser gerecht. Zur Farbauswahl teilt er den RGB-Raum in Zellen auf und füllt die Farbtabelle mit einem Repräsentanten aus jeder Zelle. Bei einer Farbtabelle mit 256 Einträgen ist eine Zellaufteilung in $8 \times 8 \times 4$ gleichgroße Zellen eine gängige Wahl. Die dritte Komponente, die Blau-Komponente, wird dabei nur vierfach unterteilt, da das menschliche Auge bezüglich Blau weniger empfindlich ist.

Eine weitere Methode ist die *Octree-Quantisierung*. Ein Octree über dem Farbwürfel entsteht durch iteriertes Achteln des Würfels und der dadurch entstehenden Würfel, indem jede der drei Farbkanten iteriert halbiert wird. Dabei werden zunächst die ersten 256 Farben in die entsprechenden Blätter eines Octrees der Höhe 8 eingetragen (ein Octree der Höhe 8 hat $8^8 = 2^{24}$ Blätter, von denen aber nur die belegten gespeichert werden). Danach folgt ein sequentielles Abarbeiten des Bildes. Jede Farbe, die nicht im Octree enthalten ist, wird eingefügt. Unter den dann 257 Farben wird aus zweien, deren Blätter im Octree am dichtesten benachbart sind, das arithmetische Mittel berechnet und dieses anstatt der beiden Farben in ein entsprechendes Octree-Blatt übernommen.

Der *Medianschnitt-Algorithmus* teilt den RGB-Farbraum in 256 achsenparallele Quader. Die Aufteilung ist so, daß jede Farbe näherungsweise dieselbe Anzahl Pixel im Bild repräsentiert. Der Algorithmus beginnt dabei mit der Bounding-Box der im Bild enthaltenen Farben. Diese wird längs der größten Kante so halbiert, daß jede Hälfte etwa gleichviel Einträge besitzt. Die Einträge $\mathbf{F_i}$ werden dabei entsprechend ihrer Auftretenshäufigkeit s_i im Bild gewichtet. Für die Farben in den beiden Hälften wird wiederum die Bounding-Box berechnet, die analog unterteilt wird. Für jeden der 256 resultierenden Quader wird nun das gewichtete Mittel $\mathbf{F}$ seiner Farbeinträge berechnet, $\mathbf{F} = \frac{1}{s} \cdot \sum_{i=1}^{n} s_i \cdot \mathbf{F_i}$, $s = \sum_{i=1}^{n} s_i$, n die Anzahl der Farben im betrachteten Quader.

Aufbauend auf dem Ergebnis der Farbauswahl folgt als zweiter Schritt das Dithering. Die wesentliche Aufgabe beim Dithering von Farbbildern ist, die einer Farbe des Bildes am nächsten liegende Farbe aus der Farbmenge C der Farbtabelle herauszufinden. Dazu kann ein reguläres Gitter mit einer Zellkantenlänge d_{box} verwendet werden, das über den ganzen Farbraum gelegt wird. Jeder Gitterzelle CC werden die Einträge der Farbtabelle zugewiesen, die vom Zellmittelpunkt $\mathbf{g_{box}}$ einen Abstand kleiner als d_{col},

$$ d_{col} = d_{box} + \min_{\mathbf{F} \in C} \left(d \left(\mathbf{F}, \mathbf{g_{box}} \right) \right), $$

haben, $d(.,.)$ eine Abstandsfunktion, z.B. der Euklidische Abstand. Unter Verwendung dieser Strategie zum Herausfinden von Farben kann der Dithering-Algorithmus mit Fehlerkorrektur wie folgt auf Farbbilder übertragen werden. An jedem Punkt (i,j) wird zunächst der korrekte neue Wert $\mathbf{P}'(i,j)$ als die Summe aus der gegebenen Farbe $\mathbf{P}(i,j)$, einem Fehlerübertrag und einer Rauschfunktion berechnet:

$$ \mathbf{P}'(i,j) = \mathbf{P}(i,j) + Scale(\mathbf{P}(i,j)) \cdot \mathbf{EC}(i,j) + \mathbf{noise}(\mathbf{P}(i,j)). $$

Der Fehlerübertrag $\mathbf{EC}$ eines Pixels ergibt sich aus dem gewichteten Mittel der vorher berechneten Fehler. Als Fehlerfilter kann derjenige für Schwarzweißbilder unverändert übernommen werden. Die Funktion $Scale(R, G, B)$ liefert einen Wert zwischen 0 und 1, der vom aktuellen Farbwert (R, G, B) und den Farben in der Farbtabelle abhängt:

$$ Scale(R, G, B) = \min \left(\frac{1}{3}, \frac{1}{|CC(R,G,B)|} \right). $$

$CC(R, G, B)$ ist die Gitterzelle, in die die Farbe (R, G, B) fällt. Diese Funktion wird verwendet, damit nicht der ganze Fehlerübertag einem Pixel zugewiesen wird. Ohne die Einschränkung würden Bereiche ähnlicher Farbe störende Muster erhalten. Die Funktion $Scale$ hängt von der Verteilung aller Farbwerte der Farbtabelle im Farbraum ab.

Um störende Muster im geditherten Bild zu vermeiden, wird die Funktion $\mathbf{noise}$ addiert. Diese Funktion hängt von den Einträgen in der Farbtabelle ab. Die größte Amplitude der Rauschfunktion muß kleiner sein als die mittlere Entfernung zwischen allen Farbrepräsentanten in der aktuellen Gitterzelle $CC(R, G, B)$:

$$ |\mathbf{noise}(R, G, B)| \leq \frac{d_{box(R,G,B)} \cdot \sqrt{3}}{\sqrt[3]{CC(R,G,B)}}. $$

Nachdem $\mathbf{P}'(i,j)$ berechnet ist, muß noch nach dem $\mathbf{P}'(i,j)$ nächstliegenden Eintrag $\mathbf{F}$ in der Farbtabelle gesucht werden. Das kann wie oben geschildert getan werden. Sein Index $index(\mathbf{F})$ in der Farbtabelle wird in das Ergebnisbild $Pixmap$ ausgegeben:

$$Pixmap(i,j) := index(\mathbf{F}).$$

Der durch diese Ersetzung entstehende Fehler $\mathbf{E}$ ergibt sich zu

$$\mathbf{E}(i,j) \;=\; \mathbf{P}'(i,j) - \mathbf{F} + \Big(1 - Scale(\mathbf{P}(i,j))\Big) \cdot \mathbf{EC}(i,j).$$

6.1.5 Bildkompression

Die bei der Berechnung von Computeranimationen anfallenden Daten haben einen beträchtlichen Umfang. Bei „Videoauflösung" von 576×780 Bildpunkten und einer Farbtiefe von 24 Bits pro Bildpunkt sind das etwa 1.35 MBytes pro Bild. Einer Sekunde Videoanimation entsprechen 25 solche Bilder. Dieses Datenaufkommen macht den Einsatz von *Bildkompressionsverfahren* nötig. Bildkompressionsverfahren komprimieren ein gegebenes Bild unter Elimination von Redundanz in ein komprimiertes Format, und zwar so, daß durch ein entsprechendes Dekompressionsverfahren aus diesem Format das ursprüngliche Bild wieder hergestellt werden kann.

Bei Bildkompressionsverfahren wird zwischen Verfahren mit und ohne Informationsverlust unterschieden. Bei Verfahren mit Informationsverlust ist das Bild nicht mehr in der ursprünglichen Art reproduzierbar, sondern nur noch dem Ausgangsbild ähnlich. Das ist in der Computeranimation häufig akzeptierbar, nicht aber bei Anwendungen, bei denen es auf Bilddetails ankommt. Beispiele für letzteres treten bei bildgebenden Verfahren in der Medizin auf, wo verlustbehaftete Kompressionsverfahren wesentliche Feinstrukturen im Bild eliminieren können und so das Erkennen von krankhaften Veränderungen möglicherweise ausschließen.

Im folgenden wird meistens angenommen, daß die Farbwerte der Bildpunkte eines Bildes sequentiell abgespeichert sind, also beispielsweise Zeile für Zeile. Ferner werden die einzelnen Farbkomponenten eines RGB-Bildes üblicherweise getrennt betrachtet und so sequentiell abgespeichert. Typischerweise ist dabei ein Farbwert durch eine ganze Zahl im Bereich $0..255$ dargestellt.

Zur Bildkompression werden häufig ad-hoc-Verfahren verwendet. Ein typischer Vertreter hierfür ist *Run-Length-Coding*. Beim Run-Length-Coding werden Sequenzen gleicher Werte durch die Angabe dieses Wertes und die Länge der Sequenz dargestellt. Bei fotoähnlichen Bildern, wo solche konstanten Sequenzen recht selten sind, sind Modifikationen notwendig. So können beispielsweise anstatt der Werte die Differenzen aufeinanderfolgender Werte nach dem Run-Length-Verfahren codiert werden. Es kann erwartet werden, daß diese Differenzen häufig klein sind.

Eine weitere Alternative ist, den aktuellen Pixelwert mit seiner Umgebung zu vergleichen. Typische vergleichende Aussagen sind etwa

das aktuelle Pixel ergibt sich aus seinem x−Nachbarn durch y, wobei $x \in \{linken\ oberen,\ oberen,\ rechten\ oberen,\ linken\}$ und $y \in \{Kopieren,\ Addition\ von\ 1,\ Subtraktion\ von\ 1\}$. Jedes Pixel eines gegebenen Bildes wird während eines zeilenweisen Abarbeiten des Bildes durch eine solche Aussage ersetzt und die entstehende Folge von Aussagen mit dem Run-Length-Verfahren komprimiert.

Eine erste Klasse informationstheoretisch fundierter Verfahren sind die *statistischen Verfahren*. Statistische Verfahren analysieren die Zeichenfolge der Eingabe auf der Grundlage eines Häufigkeitsmodells der vorkommenden Zeichen. Das Häufigkeitsmodell ordnet jedem Eingabezeichen eine Wahrscheinlichkeit seines Auftretens im Eingabetext zu. Den Zeichen wird dann eine Codierung zugeordnet, bei der häufig vorkommende Zeichen kürzer codiert werden als seltener vorkommende.

Ein typischer Vertreter dieser Klasse ist die *Huffman-Codierung*. Das Huffman-Verfahren betrachtet die Menge der Wahrscheinlichkeiten der Eingabezeichen. Die beiden kleinsten Wahrscheinlichkeiten werden aus der Menge entfernt, addiert, und die Summe wieder eingefügt. Die Menge reduziert sich so von Schritt zu Schritt um ein Element, um schließlich nur noch die Wahrscheinlichkeit 1 zu enthalten.

Den einzelnen Zeichen der Eingabefolge wird nun eine Binärfolge als Codewort zugeordnet, deren Länge bei häufiger auftretenden Zeichen kleiner ist als bei selten auftretenden Zeichen. Entsprechend des oben beschriebenen Algorithmus läßt sich die am Ende übrigbleibende 1 als geklammerter Summenausdruck der Anfangswahrscheinlichkeiten aufschreiben. Die Klammern sind entsprechend dem Zusammenfassen gesetzt. Seien beispielsweise $\{0.1, 0.15, 0.2, 0.25, 0.3\}$ die gegebenen Wahrscheinlichkeiten. Dann ist $1 = ((0.1 + 0.15) + 0.2) + (0.25 + 0.3))$ eine derartige Darstellung. Die Codierung eines Zeichens erhält man nun durch summandenweises Ablaufen dieses Klammerausdrucks bis zur entsprechenden Wahrscheinlichkeit. Ein Verzweigen zum linken Summanden wird mit 1, ein Verzweigen zum rechten Summanden mit 0 codiert. Seien a, b, c, d, e die den obigen Wahrscheinlichkeiten in dieser Reihenfolge zugeordneten Zeichen. Dann wird a mit 111, b mit 110, c mit 10, d mit 01 und e mit 00 codiert. Zur Decodierung muß zusätzlich noch die Codetabelle bekannt sein, die die Korrespondenz zwischen Eingabezeichen und deren Codierung herstellt.

Die Decodierung geschieht durch Abarbeiten der Dualzeichen des codierten Strings unter Vergleich mit den Einträgen in der Codetabelle. Wird ein Muster erkannt, wird das entsprechende zugehörige ursprüngliche Zeichen an die rekonstruierte Zeichenkette angefügt. Die Folge 11101101100110111 bedeutet also *adcbdca*.

Die Huffman-Codierung ist im allgemeinen nicht optimal. Der Informationsgehalt (Entropie) eines Zeichens in einer Zeichenfolge, bei der die Einzelzeichen mit Wahrscheinlichkeit p_i auftreten ($i = 1, \ldots, n$, n die Anzahl der Zeichen), ist $-\sum_{i=1}^{n} p_i \log p_i$. Im obigen Beispiel ist dieser Wert gleich 2.23. Bei der Huffman-Codierung hingegen ist die mittlere Codewortlänge gleich $3 \cdot (0.1 + 0.15) + 2 \cdot (0.2 + 0.25 + 0.3) = 2.25$, also höher. Das folgende *arithme-*

tische Codierungsverfahren verhält sich in diesem Sinne besser als die Huffman-Codierung.

Seien diesmal die Wahrscheinlicheiten zu $0.2, 0.3, 0.1, 0.2, 0.1, 0.1$ gegeben, die den Zeichen $a, e, i, o, u, !$ zugeordnet sind. Beim arithmetischen Codieren wird jedem Zeichen zunächst ein Teilintervall des reellen Intervalls $[0, 1)$ zugeordnet, dessen Länge seiner Wahrscheinlichkeit entspricht. Im Beispiel sind das die Intervalle $[0, 0.2)$ für a, $[0.2, 0.5)$ für e, $[0.5, 0.6)$ für i, $[0.6, 0.8)$ für o, $[0.8, 0.9)$ für u, $[0.9, 1.0)$ für $!$. Beim Codieren einer Zeichenfolge wird nun das Intervall $[0, 1)$ aufgrund der einzelnen Zeichen sukzessive verkürzt, und zwar auf den der obigen Intervalleinteilung entsprechenden Bruchteil des Vorgängerintervalls. Für die zu codierende Folge *eaii!* sieht die Intervalleinschränkung so aus: zu Beginn $[0, 1)$, nach e $[0.2, 0.5)$, nach a $[0.2, 0.26)$, nach i $[0.23, 0.236)$, nach dem nächsten i $[0.233, 0.2336)$, nach $!$ $[0.23354, 0.2336)$. Aus dem letzten Intervall wird nun irgendeine Zahl gewählt, z.B. 0.23355. Die Zahlenfolge 23355 ist nun die dezimale arithmetische Codierung der gegebenen Zeichenfolge.

Zur Decodierung wird die Einteilung des Intervalls $[0, 1)$ durch die Wahrscheinlichkeiten der Eingabezeichen benötigt. Damit wird zunächst das Teilintervall bestimmt, in das die Codierung fällt. Dieses Teilintervall identifiziert das erste Zeichen. Im Beispiel hier fällt die Zahl 0.23355 in das Intervall $[0.2, 0.5)$, d.h. das erste Zeichen ist e. Unter den Teilintervallen von $[0.2, 0.5)$ ist nun wiederum dasjenige zu identifizieren, in das die gegebene Zahl fällt. Dadurch erhält man das nächste Eingabezeichen. Im Beispiel ist das nächste Intervall offensichtlich $[0.2, 0.26)$, so daß das nächste Zeichen a ist. Durch Fortsetzung dieser Intervallschachtelung erhält man schließlich die ursprüngliche Zeichenfolge.

Bei der Decodierung ist zunächst nicht klar, wann der Decodierungsprozeß abzubrechen ist. Entsprechend des geschilderten Verfahrens kann er beliebig fortgesetzt werden. Aus diesem Grund wird zu den ursprünglichen Zeichen der Eingabefolge ein weiteres darin nicht auftretendes Zeichen als Endzeichen hinzugenommen. Im obigen Beispiel hat das Zeichen *!* diese Funktion. Dieses schließt bei der Codierung die Eingabefolge ab. Entsprechend wird der Decodierungsprozeß beim Auftreten dieses Zeichens beendet.

Bei langen Zeichenfolgen X_i, $i = 1, \ldots, n$, bei denen die Zeichen mit Wahrscheinlichkeit $p(X_i)$ auftreten, nähert sich die Länge der Codierung dem Informationsgehalt $-\sum_{i=1}^{n} \log p(X_i)$ der Zeichenfolge an und ist damit asymptotisch optimal.

Eine weitere Klasse sind die *Substitutionsverfahren*. Bei den Substitutionsverfahren wird bei der Abarbeitung der Eingabefolge eine Tabelle aus Teilsegmenten der Eingabefolge aufgebaut. Die Codierung der Eingabefolge geschieht nun durch Auflistung von Verweisen in die Segmenttabelle. Jeder Verweis der Ergebnisfolge repräsentiert so ein an dieser Stelle stehendes Segment der Eingabefolge.

Ein bekanntes Substitutionsverfahren ist das *Ziv-Lempel-Verfahren*. Das Ziv-Lempel-Verfahren zerlegt die zu komprimierende Zeichenfolge in maximale Segmente. Das geschieht dadurch, daß beginnend mit dem leeren Segment das längste Anfangsstück der Restzeichenfolge gesucht wird, das schon als Segment verzeichnet ist. Dieses Segment, verlängert um das nächste Zeichen der Zeichenfolge, wird als weiteres Segment verzeichnet. So wird beispielsweise die Zeichenfolge 010100010 in die Segmente (0,1,01,00,010) zerlegt. Die Segmente werden in der Reihenfolge ihres Entstehens abgespeichert. Dadurch läßt sich jedes Segment konzeptionell als Paar (i, y) codieren, wobei i der Index der Position des längsten passenden, schon früher gefundenen Segments der gespeicherten Segmentfolge ist und y das zuletzt hinzugefügte Symbol. Im Beispiel ergibt das die Folge $(0,0)(0,1)(1,1)(1,0)(3,0)$.

Die Dekomprimierung geschieht dadurch, daß aus der komprimierten Folge sukzessive die Segmente rekonstruiert werden. Damit kann für das jeweils nächste Tupel auf dieselben Segmente wie beim Komprimieren zurückgegriffen werden. Im Beispiel liefert $(0,0)$ das erste Segment 0 (das leere Segment, erkennbar an der ersten 0, konkateniert mit dem zweiten Eintrag des Tupels, der 0), $(0,1)$ liefert das zweite Segment als das leere Segment konkateniert mit der 1, $(1,1)$ das zweite Segment, das die Konkatenation des ersten Segments mit der 1 ist, und so weiter.

Die Codelänge einer Zeichenfolge s ist $\sum_{j=1}^{n(s)} \lceil \log j \rceil + n(s)$, wobei $n(s)$ die Anzahl der erkannten Segmente in s und $\lceil \ \rceil$ die Aufrundeoperation ist. Auch das Ziv-Lempel-Verfahren ist asymptotisch optimal.

Als Kompressionsverfahren mit Informationsverlust sollen nun noch die *Blockrundungskompression* (engl. *Block Truncation Compression* = *BTC*) und die davon abgeleitete *Farbzellenkompression* (engl. *Color Cell Compression* = *CCC*) vorgestellt werden. Das *BTC-Verfahren* arbeitet für Grauwertbilder, im folgenden also Matrizen mit Werten zwischen 0 und 255 für die Pixel. Die Bildmatrix wird in Pixelblöcke der Größe $N := n \times n$ zerlegt (typisch $n = 4$). Sei nun $\mu := \frac{1}{N} \sum_{i=1}^{N} p_i$ der Mittelwert der Pixelwerte in einem solchen Block, $\sigma := \sqrt{\frac{1}{N} \sum_{i=1}^{N} (p_i - \mu)^2}$ die Varianz. Die Pixelwerte p_i eines Blocks werden nun auf einen von zwei Werten a und b gerundet, wobei a und b die Werte $a = \mu - \sigma\sqrt{\frac{q}{p}}$, $b = \mu + \sigma\sqrt{\frac{p}{q}}$ haben. Ist $p_i > \mu$, wird p_i nach b gerundet, ansonsten nach a. q beziehungsweise p sind die Anzahl der Pixelwerte des Blocks, die größer beziehungsweise kleiner als μ sind.

Die Codierung geschieht nun so, daß jeder Pixelblock durch die beiden Werte a und b sowie $N = n \times n$ Bits codiert wird. Die N Bits entsprechen den Einträgen des gerundeten Pixelblocks, wobei ein Wert a durch 0, ein Wert b durch 1 dargestellt wird. Für $n = 4$ wird ein Pixelblock insgesamt also durch 32 Bit dargestellt, also mit 2 Bit/Pixel gegenüber 8 Bit im ursprünglichen Bild.

Wendet man die BTC-Codierung auf jede der drei Farbkomponenten eines RGB-Bildes an, so erhält man eine Codierung mit 6 Bit/Pixel. Das *CCC-Verfahren* verbessert diesen Wert auf 2 Bit/Pixel, wobei die Bildqualität durchaus noch akzeptabel bleibt. Im folgenden wird ein RGB-Bild mit je 1 Byte pro Grundfarbe komprimiert. Die Vorgehensweise beim CCC-Verfahren ist wie folgt:

1. Zerlege das gegebene RGB-Bild in Blöcke der Größe $N = n \times n$, z.B. $n = 4$.

2. Berechne die Grauwerte zu den Pixeln der Blöcke, das heißt, ein Pixelwert (R, G, B) wird zum Grauwert $I := 0.3 \cdot R + 0.59 \cdot G + 0.11 \cdot B$.

3. Berechne den Erwartungswert μ der Grauwerte eines Blocks. Ersetze die Grauwerte größer als μ durch 1, die anderen durch 0.

4. Berechne die Mittelwerte (R_0, G_0, B_0) beziehungsweise (R_1, G_1, B_1) der Farben, die zu Pixeln mit Wert 0 beziehungsweise 1 gehören. Die einzelnen Blöcke werden nun codiert durch die Werte (R_0, G_0, B_0), (R_1, G_1, B_1) und die $N = n \times n$ Bitmatrix. Für $n = 4$ erhält man so $2 \cdot 24 + 16 = 64$ Bit, also 4 Bit/Pixel.

5. Eine weitere Reduktion ergibt sich, indem die Farbwerte der Blöcke auf eine beschränkte Farbtabelle, z.B. mit $m = 256$ Farben mit einem der in Abschnitt 6.1.4 beschriebenen Verfahren, reduziert werden. Ein Block wird dann durch zwei Farbtabellenindizes und die 16 Bit für die Matrix codiert, also $2 \cdot 8 + 16 = 32$ Bit. Das ergibt 2 Bit/Pixel plus die Farbtabelle, die jedoch bei großen Bildern zu vernachlässigen ist.

Dieses Verfahren kann natürlich noch vielfältig variiert werden, insbesondere in Fällen, bei denen die extreme Reduktion auf 2 Bit/Pixel einen zu hohen Qualitätsverlust bewirkt.

6.2 Video-Nachbearbeitung

Häufig ist die Produktion einer Computeranimation nicht mit der Aufzeichnung beendet. So kann es notwendig sein, veschiedene Sequenzen in der gewünschten Form zu schneiden oder den Film zu vertonen. Diese Bild- und Tonmanipulationen, die letztendlich zur fertigen Videoproduktion führen, werden unter dem Begriff *Videonachbearbeitung* (*video postproduction*) zusammengefaßt. Typische Aktivitäten der Nachbearbeitung sind unter anderem:

* Schnitt von Sequenzen

* Schrifteinblendungen

* Chroma-Key-Kombination mit anderen Zuspielungen

* Bildtransformationen wie Verzerrung, Rotation, Verschiebung, Zoom

* Abbilden auf dreidimensionale Körper

* Farb- und Helligkeitsveränderungen

* Paintbox-Arbeiten

* Vertonung

- Kopienanfertigung

- Normwandlung

- Überspielung auf Film

Viele dieser Aufgaben werden heute digital gelöst. Leistungsfähige digitale Trickeffektgeräte erlauben sogar, Teile der Bilderzeugungsphase in die Nachbearbeitung zu verlagern. Der Trend zur Digitalisierung in der Nachbearbeitungsphase ist auch durch den bei der Analogaufzeichnung kaum vermeidbaren Generationsverlust beim Kopieren und Schneiden begründet. Das letztendliche Ziel ist das voll digital arbeitende Studio, in das dann auch die 3D-Bildgenerierung integriert ist.

6.2.1 Videoschnitt

Das Schneiden wird notwendig, wenn die aufgenommenen Szenen in einer anderen Reihenfolge wiedergegeben werden müssen. Dazu werden Teile der Sequenzen in von einer oder mehreren Wiedergabemaschinen (Player) auf eine Aufnahme-Maschine (Rekorder) überspielt. Diese Methode wird als *elektronischer Schnitt* bezeichnet. Dabei ergibt sich jedoch ein Generationsverlust, der die Qualität des Videosignals verschlechtert.

Man unterscheidet zwei verschiedene Schnittarten: den Assemble-Schnitt und den Insert-Schnitt. Beim *Assemble-Schnitt* wird die gesamte Information auf dem Magnetband überspielt, also Videosignal, Synchronsignal, Zeitcode und Tonspuren. Anwendung findet der Assemble-Schnitt beim Aneinanderfügen von Animationssequenzen (Assemblieren). Ein Videoband, das im Assemble-Modus geschnitten wurde, ist für eine weitere Nachbearbeitung unbrauchbar, da es keinen konstanten Zeitcode mehr aufweist.

Im *Insert-Schnitt* hingegen kann vor dem Schnitt ausgewählt werden, welche Komponenten überspielt werden. Normalerweise werden nur die Videobild-Informationen und die Tonspuren neu überspielt. Zeitcode und Synchronimpuls hingegen verbleiben auf dem Band. Aus diesem Grund müssen die Bänder vor der Bearbeitung im Insert-Schnitt mit einem kontinuierlichen Videosignal, einer Zeitcode-Information und einer Steuerspur versehen werden („Preblack"). Auch die Einzelbildaufzeichnung des vorigen Kapitels geschieht im Insert-Schnitt-Verfahren.

Ein Problem beim elektronischen Schnitt ist die Genauigkeit der Ein- und Ausstiegspunkte. Ein störungsfreier Schnitt kann nur durchgeführt werden, wenn Player und Rekorder zum Schnittzeitpunkt dieselbe Sollgeschwindigkeit erreicht haben. Die Synchronisation erfolgt durch sogenannte *Schnittcomputer*. Diese nutzen die mit aufgezeichnete Zeitcode-Information und die Steuerspur.

Aufwendigere Schnittcomputer erlauben, an einem Terminal vor dem Schnitt eine Schnittliste festzulegen. Diese Schnittliste kann bei leistungsfähigen Systemen auch Überblendungen, Auf- und Abblendungen, Einbeziehung weiterer

Videorekorder oder anderer Videosignalquellen wie Videotrickgeräten, vom Videoschnitt verschiedene Tonschnitte und weiteres mehr beinhalten. Die beteiligten Geräte werden vom Schnittcomputer automatisch gesteuert. Dabei besteht die Möglichkeit, die Bearbeitungsreihenfolge noch zu optimieren.

Beim Videoschnitt gewinnt die *digitale Schnittechnik* zunehmend an Bedeutung, da hier anders als bei der analogen Technik ein Generationsverlust praktisch nicht auftritt. Kern eines Systems zum digitalen Schnitt ist ein digitaler Festplattenrekorder. Die Bilder liegen in digitaler Form auf Festplatte vor, von wo sie in Echtzeit ausgegeben werden können. Alle Operationen laufen ohne Generationsverlust ab. Beim Abspielen können die Reihenfolge variiert und Trickoperationen in Echtzeit durchgeführt werden. Es ist so möglich, eine unbegrenzte Anzahl von Layern (Lagen von Videoszenen) inklusive Videotricks zu einem komplexen Endprodukt zu verarbeiten.

6.2.2 Videotrickgeräte

Videotrickgeräte erlauben, eine Vielzahl von Bildmanipulationen on-line in Echtzeit durchzuführen. Es können zweidimensionale Bilder über den Bildschirm bewegt werden, wobei Rotation, Verschiebung, Zoom, Perspektive, Stauchungen und andere Verformungen in beliebig variierter Geschwindigkeit möglich sind. Weiterhin ist das Abbilden (engl. *mapping*) von Videobildern auf dreidimensionale Objekte möglich, die sich auch zeitlich verformen können. Dadurch können Effekte wie das Umblättern einer Seite durchgeführt werden. Die Plastizität solcher Darstellungen wird erhöht durch die Beleuchtung mit mehreren Lichtquellen, ebenfalls in Echtzeit. Generierte Objekte können unscharf dargestellt werden. Dies ist sehr hilfreich, wenn computergenerierte Hintergründe mit einem Real-Vordergrund kombiniert werden sollen.

Die Kombination von Vordergrund und Hintergrund, wie sie beispielsweise in Nachrichtensendungen verwendet wird, wenn der Sprecher vor einer Weltkarte oder Live-Übertragung sitzt, kann mit Hilfe der *Chroma-Key-Funktion* realisiert werden. Dabei werden Bildteile, die eine bestimmte Farbe (etwa Blau) enthalten, ausgestanzt. Der Sprecher sitzt also in Wirklichkeit im Studio vor einer blauen Wand, die ausgestanzt wird. Der Blau-Key wird oft verwendet, da der Blauanteil der menschlichen Hautfarbe gering ist.

Mit einem *Videomischer* (engl.: Video Production Switcher) können mittels eines Überblendhebels verschiedene Videosignale überblendet werden. Zum Mindeststandard gehört eine Auswahl an *Trickblenden*. Damit können die Eingangssignale auf einen bestimmten Bereich beschränkt werden. Außerdem sind die Blenden wie die Bildausschnitte in ihren Positionen veränderbar.

Die *Cox-Box* ermöglicht, Bildteile bestimmter Luminanz oder Chrominanz durch eine andere Luminanz oder Chrominanz ganz oder teilweise zu ersetzen.

Schriftgeneratoren können gespeicherte Schriftzeichen und Symbole zu Wörtern kombinieren und als Videosignal ausgeben. Ein Satz von Zeichen eines bestimmten Stils wird als *Font* bezeichnet. Bei einfachen Geräten sind die

Fonts fest gespeichert, während bei aufwendigeren Geräten ganze Bibliotheken von Fonts in EPROMs oder auf Disketten zur Verfügung stehen. Auch eigene Zeichensätze können erstellt werden. Eine weitere Möglichkeit von Schriftgeneratoren ist, den Lettern Schatten zu unterlegen, die Schriften um alle Raumachsen zu strecken, zu stauchen und zu bewegen, unterschiedliche Farbtöne zu wählen, Transparenzen zu definieren, die Schrift in variierbarer Geschwindigkeit über den Bildschirm rollen zu lassen oder in Produktionen ein- und auszublenden. Außerdem sind fertig geschriebene Seiten dauerhaft abzuspeichern.

Paintboxen (digital paint systems) verhalten sich idealerweise so wie Farbe und Leinwand – mit dem Unterschied allerdings, daß der Künstler einen elektronischen Stift über ein Tablett führt und auf einem Bildschirm seine Komposition kontrolliert. Der Benutzer wählt aus einem Menü aus, ob er mit Öl- oder Wasserfarben, mit Kreidestift oder Airbrush arbeiten will. Aus einem Farbmenü oder auch aus einem schon digitalisierten Bild wählt er die Farbe. Mit einem weiteren Menü definiert er die „Pinselstärke".

Paintboxen werden für vielerlei Anwendungen genutzt. Neben dem Erstellen von Hintergründen für Realszenen werden sie auch zum Retuschieren von Videobildern, für reine Entwurfsarbeiten, für die Produktion von Trickfilmen (nach der traditionellen Methode – Malen jedes Phasenbildes) verwendet. In Videostudios verwendet man eine Paintbox oft zum Generieren einer Maske, wenn man zwei Videoszenen miteinander kombinieren will, diese aber nicht vorher ausgestanzt worden sind.

Die verschiedenen Modelle von Paintboxen unterscheiden sich vor allem hinsichtlich ihrer maximalen Bildauflösung, ihrer Geschwindigkeit, ihrer Bedienerfreundlichkeit und der Anzahl der verschiedenen Paint-Funktionen. Es gibt auch Paintboxen, die in höherer Auflösung als PAL arbeiten und direkt an ein Computersystem angeschlossen sind. Mit diesen Systemen können Druckvorlagen oder hochaufgelöste Dias erstellt werden.

Videotrickgeräte arbeiten weitgehend digital. Eine Anforderung an diese Maschinen ist die Bildgenerierung in Echtzeit, also die Berechnung von mindestens 25 Bildern pro Sekunde. Ein PAL-Bild enthält etwa 450000 Bildpunkte im RGB-Modell. Dies ergibt ein Datenaufkommen von insgesamt 33.25 MByte, das in einer Sekunde zu Verarbeiten ist. Die dabei zu erbringende Rechenleistung ist erheblich. Werden beispielsweise pro Byte 10 Rechenoperationen benötigt, dann sind etwa 340 Millionen Operationen pro Sekunde auszuführen. Diese hohe Rechenleistung wird von Spezialhardware erbracht.

6.2.3 Ton

Computeranimationen strahlen oft eine unpersönliche Nüchternheit aus, die manchen Betrachter langweilt oder abschreckt. Durch Unterlegen von Musik oder Geräuscheffekten gewinnen Trickfilme häufig an Lebendigkeit.

In der Video-Nachbearbeitung kann man prinzipiell alle existierenden Audiomedien als Tonträger verwenden, sofern ihre Qualität den Ansprüchen genügt.

Dies sind neben den klassischen Medien Schallplatte, 1/4"-Kassette und 1/2"-Band auch Compact Discs, DAT-Kassetten, mit PCM (pulse code modulation) moduliertem Digitalton bespielte VHS- oder U-matic Kassetten, 1"-Mehrspurbänder sowie Cordband (16 mm breites perforiertes Tonband) und Splitband (17.5 mm breites Tonband mit 35 mm-Perforation).

6.2.4 Normwandlungen

Aufgrund der unterschiedlichen Bildwiederholraten und Auflösungen ist die Wandlung zwischen den verschiedenen Fernsehformaten eine nichttriviale Aufgabe, wenn der Qualitätsverlust klein gehalten werden soll. Wie bereits erwähnt, hat NTSC eine Auflösung von 525 Zeilen bei 30 Bildern pro Sekunde, PAL dagegen 625 Zeilen bei 25 Bildern pro Sekunde. Bei der Wandlung kommen Interpolationsmethoden zum Einsatz, wobei ein gemeinsamer digitaler Bildspeicher das Bindeglied ist.

Einem wenig aufwendigen Verfahren liegt zugrunde, daß ein Speicher, der eigentlich nur für zwei Halbbilder ausgelegt ist, in bestimmten Situationen als Speicher für drei Halbbilder dient. Dabei wird ausgenutzt, daß das menschliche Auge einen Verlust an Auflösung nicht mehr gut wahrnehmen kann, wenn sich das Objekt bewegt. Man muß also zwischen stehenden und bewegten Bildern unterscheiden. Standbilder werden mit 10 MHz für Luminanz und 2.5 MHz für Chrominanz abgetastet. Dabei werden zwei Halbbilder gespeichert. Bewegtbilder werden dagegen mit einer Abtastrate von etwa 6 MHz für Luminanz abgetastet, so daß drei Halbbilder gespeichert werden können. Durch diesen Bewegungserkennungsmechanismus werden ruckartige Bewegungen verringert. Dennoch ist der Verlust an Auflösung bei der Überspielung von Computeranimationen offensichtlich.

6.2.5 Video-Film-Transfer

Das Überspielen von Video auf Film ist durch die unterschiedlichen Bildraten schwierig. Ferner ist die Auflösung eines Videobildes geringer als die eines 35mm-Films. Schließlich weisen Video- und Filmbild unterschiedliche Seitenverhältnisse auf.

Am einfachsten und billigsten wird ein Videofilm durch Abfilmen von einem Monitor mit einer *Spiegelreflex-Filmkamera* mit einem regelbaren, quartzgesteuerten Motor kopiert. Laufen Kamera und Videobild nicht synchron, ist im Spiegelreflex-Sucher ein schwarzer Balken sichtbar, der vertikal über das Bild wandert. Der Motor wird so geregelt, daß der schwarze Balken am oberen oder unteren Bildrand verschwindet.

Da Monitore normalerweise gewölbt sind, ist das aufgezeichnete Bild an den Rändern unscharf und kissenförmig verzeichnet. Die erreichbare Auflösung ist durch die Monitorqualität begrenzt. Die Farbqualität hängt von der Einstellung des Monitors und der eingestellten Blende an der Kamera ab. Die Farbqualität wird durch die Farbcharakteristik der Bildschirmmonitore bestimmt, die sicherlich nicht mit der des Aufnahmegerätes übereinstimmt. Ebenso können Farbverfälschungen durch die Sensibilisierung der Kamerafilme entstehen, da diese meist für Kunstlichtquellen eingerichtet sind. Im professionellen Bereich wird diese Methode daher nicht eingesetzt.

Erheblich bessere Qualität bietet die Aufzeichnung nach dem *Triniscope-Verfahren*. Dieses arbeitet mit drei Röhren im Farbauszugsverfahren. Die (PAL-)codierte Videoinformation wird mit einem Decoder in die drei Grundfarben Rot, Grün und Blau aufgespalten. Jede dieser Farbauszugsinformationen wird einer Spezialröhre zugeleitet. Diese Spezialröhren weisen Phosphore auf, deren Farbsensibilisierung annähernd der eines Negativfilmes entspricht. Durch teildurchlässige Spiegel belichtet dann jede Bildröhre ihren Anteil auf den Negativfilm. Der Negativfilm wird danach entwickelt und auf Positivfilm kopiert. Durch die Verwendung von Schwarzweißröhren vermindert sich die Verzeichnung, da diese flacher gefertigt werden können als Farbmonitore.

Auch das aufwendigere *Image-Transfer-Verfahren* arbeitet mit Farbauszügen. Ein Decoder spaltet die codierte Farbinformation in ein Rot-, Grün- und Blausignal auf. Diese Auszüge werden mit einem Laserstrahl-Rekorder einzeln auf je einen Schwarzweißfilm belichtet. Danach liegen drei Schwarzweißfilme vor, von denen jeder mit einem entsprechenden Filter auf einen Negativfilm belichtet wird. Es schließen sich die Entwicklung, Lichtbestimmung und Kopie an. Nach dieser Methode arbeitet auch das sogenannte *EBR-Verfahren* (*Electronic Beam Recording*), mit dem HDTV-Videofilme auf 35mm überspielt werden.

Die mit dem Image-Transfer-Verfahren aufgezeichneten Videofilme zeichnen sich durch eine hohe Schärfe aus, obwohl die Zeilenstruktur des Videobildes nicht zu erkennen ist. Dies wird dadurch erreicht, daß der Laserstrahl-Rekorder jeden Bildpunkt in vertikaler Richtung vergrößert, also ovale Bildpunkte schreibt und die Zwischenräume zwischen den einzelnen Zeilen ausfüllt.

Eine weitere Methode ist der *Video Frame Grab*. Dabei wird das codierte Videoband über einen Decoder in einen digitalen Festplattenrekorder eingelesen. Die Videobilder werden gefiltert, um die störende Pixelstruktur zu beseitigen. Über einen digitalen Filmrekorder wird der Film belichtet. Das Bild wird auf einer hochauflösenden Schwarzweißröhre dargestellt und dreimal – jeweils durch einen vorgesetzten Rot-, Grün- und Blaufilter – auf Negativ- oder Positivfilm belichtet. Die Anpassung des Videobildes an die Filmcharakteristik erfolgt durch Kompensationsalgorithmen. Diese Methode gewährleistet zwar eine optimale Anpassung an die Eigenschaften des Aufnahmefilmes, ist jedoch relativ zeitaufwendig, da jedes einzelne Bild umgerechnet und manipuliert werden muß.

6.3 *Occursus cum novo*

Occursus cum novo wurde so angelegt, daß der Aufwand bei der Nachbearbeitung klein war. So wurde jedes Bild des Films berechnet und in der endgültigen Reihenfolge aufgezeichnet.

In manchen Fällen war es notwendig, mehrere Bilder zu überblenden. Dabei kamen statische und dynamische Überblendungen vor. Bei statischen Überblendungen wird ein Standbild in ein anderes Standbild überblendet; bei dynamischen Überblendungen findet diese Technik von einer bewegten Szene in eine andere Anwendung. In der Tempelszene beispielsweise tritt ein Lichtflackern auf, das durch Überblendung realisiert wurde, indem für jede Lichtquelle ein separates Bild berechnet wurde. Diese Bilder wurden mit verschiedenen Stärken gemischt, die von einem Algorithmus erzeugt wurden, der ein Flackern simuliert.

Insgesamt enthält *Occursus cum novo* 7550 Einzelbilder. Da jedes Einzelbild etwa 1.3 Megabyte Daten umfaßt, ergab sich im Endeffekt eine Datenmenge von 9.8 Gigabyte, die zur Aufzeichnung auf Magnetbändern gespeichert werden mußte. Das machte den Einsatz eines Kompressionsverfahrens notwendig, das sich nicht negativ auf die Qualität der Bilder auswirkt und möglichst auch

$$(3.875 \times 12^{26})! + 1973^{354} + 331^{852} + 17^{2008} + 3^{9606} + 2^{88} - 78$$

Frederik Pohl, *Sternsplitter*

für verschiedene Dateitypen anwendbar sein mußte. So schied das bisher im VERA-Bildformat verwendete Verfahren eines Run-Length-Coding, das Toleranzen zuläßt, aus, da sich beispielsweise bei Bildern, die mit einem Anti-Alias-Verfahren behandelt wurden, Querstreifen bemerkbar machten, die in der Bewegung stören. Das Run-Length-Verfahren ohne Toleranzen schied wegen der geringen Kompressionsrate aus.

Eingesetzt wurde schließlich eine Version des *Ziv-Lempel-Verfahrens*, wie sie im UNIX-Kommando `compress` implementiert ist. Obwohl ursprünglich nicht für die Kompression von Bilddateien entworfen, wies dieses Verfahren einen recht guten Kompressionsgrad auf. Die Datenmenge konnte damit auf 2.2 Gigabyte reduziert werden. Es zeigte sich, daß nicht einmal zwei Prozent aller Bilder des Filmes mehr als 50 % des ursprünglichen Platzes in komprimierter Form einnahmen, gleichgültig, in welchem Format die Bilddateien vorlagen. Die `rla`-Dateien benötigten komprimiert und unkomprimiert geringfügig mehr Platz als die VERA-Bilddateien.

Die Bilder lassen sich, was die Kompression betrifft, grob in drei Klassen einteilen. Einfache Bilder nehmen nach der Kompression nur noch bis zu 20 Prozent des ursprünglichen Platzbedarfs ein (ca. 35.2 %). Eine weitere Gruppe benötigt zwischen 20 und 40 Prozent. Diese Gruppe enthält den Hauptanteil der Bilder (ca. 53.1%). Nur einige wenige Bilder (11.7%) benötigen mehr als 40%. Die hier angegebenen Zahlen errechnen sich aus den Kompressionsergebnissen bei 4998 Roh-Pixeldateien aus dem Film. Standbilder und zyklische Szenen wurden dabei nur einfach gerechnet, überblendete Bilder aber in der Statistik berücksichtigt. Insgesamt ergibt sich eine durchschnittliche Kompression auf 27% der ursprünglichen Dateigröße. In Tabelle 6.6 wird eine genauere Übersicht über die Kompressionsfaktoren gegeben.

Dateigröße in %	Häufigkeit in %
bis 5	0.8
5 bis 10	4.4
10 bis 15	10.4
15 bis 20	19.6
20 bis 25	9.0
25 bis 30	18.7
30 bis 35	6.8
35 bis 40	18.6
40 bis 45	7.4
45 bis 50	2.5
50 bis 55	1.3
55 bis 60	0.5

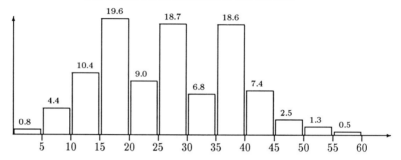

Abb. 6.6: Kompressionsfaktoren des UNIX-compress bei RGB-Rasterbildern am Beispiel von 4998 Rasterbildern aus dem Film

6.4 Übersicht

Verfahren der Bildmanipulation, insbesondere bildtransformierende Operatoren wie der hier vorgestellte Kirsch-Operator, sind in Büchern zur Bildverarbeitung und Mustererkennung zu finden, z.B. Gonzales, Wintz (1977), Wahl (1984). Algorithmen zum Zooming und Rotieren von Bildern enthält Weimann (1980).

Der hier vorgestellte Algorithmus zum Dithering mit Fehlerkorrektur geht auf Stucki (1982) zurück und ist eine Erweiterung des bekannten Algorithmus von Floyd, Steinberg (1975). Weitere Algorithmen stammen von Knuth (1987). Für die Darstellung von Halbtonfarbbildern ist zunächst eine geeignete Teilmenge von Farben zu bestimmen, über der dann ebenfalls Dithering-Verfahren angewendet werden können. Heckbert (1982) und Gervautz, Purgathofer (1988) stellen Algorithmen zur Farbenauswahl (Farbquantisierung) vor. Hild und Pins (1989a, 1989b) beschreiben Weiterentwicklungen dieser Algorithmen zur verbesserten Farbauswahl und zum Dithering von Bildfolgen.

Das Komprimieren von Bildern durch Codierung von Bezugsaussagen wurde von Alfred Schmitt, Karlsruhe, vorgeschlagen. Das arithmetische Codieren wird von Witten, Neal, Cleary (1987) beschrieben, das Ziv-Lempel-Verfahren ist bei Ziv, Lempel (1978) zu finden.

Mit dem Erscheinen der ersten serienreifen Videoaufzeichnungsgeräte in den fünfziger Jahren ergab sich bald die Notwendigkeit, einmal aufgenommene Szenen in einer bestimmten Reihenfolge wiederzugeben. Da es zu dieser Zeit keine Schnittcomputer gab, behalf man sich, indem man das Magnetband wie einen Filmstreifen auseinanderschnitt und dann wieder zusammenklebte. Diese umständliche Schnittmethode führte öfters zur Zerstörung der magnetischen Videoinformation. In den frühen sechziger Jahren wurde als auch heute noch gebräuchliche Alternative der elektronische Schnitt eingeführt.

Die ersten digitalen Videoeffektgeräte wurden 1978 eingeführt. Beispiele hierfür sind „SqueeZoom" von Vital Industries, der „DVE Mark 1" von NEC/Grass Valley Group oder der „DPE-5000" von Quantel. Neuere Geräte sind ADO (Ampex Digital Optics, 1981) und Mirage von Quantel (1983), die viele der geschilderten Spezialeffekte erlauben.

Glossar

→	weiterführende Erklärung	⌑	Computer-Animation
⇒	gleichbedeutendes Wort	⨉()	Physik
√	Mathematik (allgemein)	ℓℴ	Kunst
△	Geometrie	⌑	Fotografie
⠿	Informatik (allgemein)	▦	Film
⌘	Computergraphik	∞	Video

a

A/D-Wandler
⇒ _Analog/Digital-Wandler._

A-Format
∞ Ein → _Videoaufzeichnungsformat._

Abblenden
▦ ∞ Verdunkeln des Filmbildes durch → _Überblenden_ ins Schwarze. Gegensatz:
→ _Aufblenden._ → _fade._

Abtastverfahren
⠿ Verfahren zur Erfassung von Punkten eines Gegenstandes zum Zweck der
→ _Digitalisierung._

academy aperture
[_engl._ Akademie-Blende] ▦ → _Filmformate._

8mm-Video
∞ Ein → _Videoaufzeichnungsformat._

additive Farbmischung
→ _Farbmischung._

Algorithmus

[nach dem *arab.* Mathematiker Al Chwarismi] ⌗ eine Verarbeitungsvorschrift, die so genau formuliert ist, daß sie von einem mechanisch oder elektronisch arbeitenden Gerät durchgeführt werden kann. Ein Algorithmus gibt also an, wie Eingabedaten schrittweise in Ausgabedaten umgewandelt werden können. Beispiele: Addieren, Multiplizieren und Dividieren von Zahlen, Sortieren, Verfahren zur →*Bilderzeugung* und zur →*Modellierung.* →*Programmiersprache,* →*Heuristik.*

Alias-Effekt

[*engl.* aus *lat.* alias, sonst, *hier:* anders (als angegeben)] ⌑ Entstehung von falschen Mustern durch zu geringe Abtastung bei der →*Digitalisierung.* Beispiele bei →*Rasterbildern* sind fehlende oder nur teilweise dargestellte kleine Objekte, ungenaue Berandungen (Treppen, →*Jaggies*); bei zeitlich sich ändernden Kanten treten →*Stroboskopeffekte* auf; ein ähnlicher Effekt tritt im Film bei rückwärts laufenden Wagenrädern auf (→*Bewegungsunschärfe*). Es gibt zahlreiche Verfahren, dem entgegenzuwirken (→*Anti-Alias-Verfahren*). Über den Grad der erforderlichen Feinheit der Abtastung zur Vermeidung von Alias-Effekten gibt das →Shannon*sche Abtasttheorem* Auskunft.

analog

[*grch. eigentl.* dem Logos (Wort, Rede, Vernunft) entsprechend] In kontinuierlichen Werten dargestellt, im Gegensatz zu →*digital.*

Analog/Digital-Wandler

Gerät zur Umwandlung →*analoger* in →*digitale* Daten.

Animation

[*lat.* anima, Seele] ☵ bedeutet die Erstellung von Bildserien, die bei hinreichend schneller Wiedergabe den Eindruck von kontinuierlicher Bewegung hervorrufen.

Animation-Controller

[*engl.* Animationssteuerung] ∞ ⌑ Gerät zur Steuerung eines →*Videorekorders* bei der Videoaufzeichnung. Der Animation-Controller steuert den →*Videorekorder* über dessen Fernbedienungsschnittstelle und verwendet das von diesem gelieferte →*Videosignal,* insbesondere die darin enthaltene →*Zeitcode*-Information, um die einzelnen Bilder der Computeranimation mit dem →*Insert-Schnitt*verfahren aus einem →*Bildwiederholspeicher* heraus an die richtige Stelle des Videobands zu übernehmen. Umgekehrt können entsprechend manche Animation-Controller auch zur gezielten →*Digitalisierung* von Einzelbildern eines Videobands durch einen →*frame-grabber* eingesetzt werden. →*Preblack.*

Animationsmodul

⌑ Teil der Software eines →*Computeranimationssystems,* in dem die Bewegung der im →*Gestaltungsmodul* entworfenen statischen Objekte modelliert wird. Die Bewegung wird etwa durch Parameterdateien festgelegt, die →*Geometrie,* →*Material* und →*Beleuchtung* der bewegten Objekte einer Szene für die Einzelbilder einer Animationssequenz beschreiben. →*Bewegungsmodellierung.*

Animationsregeln

⌑ Die Gestaltung einer ansprechenden Computeranimation ist nicht einfach und erfordert sicherlich eine besondere Begabung. Es gibt jedoch einige beachtenswerte

Regeln, die sich schon bei der Zeichentricktechnik bewährt haben, zum Beispiel →*Antizipation*, →*Appeal*, →*Kurvenprinzip*, →*overlapping action*, →*slow in/slow out*,→*squash/stretch*, →*Übertreibung*.

ANSI

[Akronym für <u>A</u>merican <u>N</u>ational <u>S</u>tandards <u>I</u>nstitute] nationaler Normenausschuß der USA, vergleichbar mit dem Deutschen Institut für Normung (DIN).

Anti-Alias-Verfahren

[*grch.* anti, gegen, *lat.* →*Alias-Effekt*] ⬚ Verfahren zur Beseitigung des →*Alias-Effekts*, beispielsweise durch →*Oversampling*. In der Computeranimation werden sie insbesondere erfolgreich bei der →*Bilderzeugung* eingesetzt, um den durch die →*Rasterbilder* entstehenden Rastereffekt zu eliminieren.

Antizipation

[*lat.* Vorwegnahme] ▦ ⬚ Die Vorwegnahme der eigentlichen Bewegung in einer →*Animation*, meist zur Verdeutlichung, beispielsweise das Ducken vor einem Sprung. →*Animationsregeln*.

aperture

[*engl. phot* Blende aus *lat.* Öffnung] ▦ ◉ Die Größe der Öffnung einer →*Kamera* oder eines Projektors, die lichtdurchlässig ist. Manchmal wird auch die Größe eines tatsächlichen Filmeinzelbildes so bezeichnet.

Appeal

[*engl. fig.* Reiz, Anziehungskraft] ▦ ⬚ bezeichnet die Attraktivität einer Szene. Ein Mangel an Attraktivität liegt vor, wenn z.B. Bewegungen völlig gleichseitig und symmetrisch modelliert sind, da der Ablauf dann steif und technisch wirkt. →*Animationsregeln*.

Arbeitsbuch

⬚ stellt das Ergebnis der Phase des →*Entwurfs* bei einem →*Computeranimationsprojekt* dar. Es beschreibt alle Details der zu realisierenden Animation in Form eines Fahrplans, der die zu erstellende Animation einzelbildgenau festlegt. Es umfaßt beispielsweise die Objekte, ihre Bewegung und die Kameraeinstellung.

Arbeitsplatzrechner

▦ ein Rechner, der vor allem für →*interaktives* Arbeiten mit einer graphischen Umgebung konzipiert ist. Er steht meist in einer Büroumgebung und benötigt daher keine spezielle Kühlung oder Bedienungspersonal. Typische Kennzeichen eines solchen Systems sind ein →*Rastergraphik-Display* mit einer →*Auflösung* von ca. 1000×1000 →*Bildpunkten*, ein schneller →*Mikroprozessor*, ein →*Gleitkommabeschleuniger*, sowie ein Anschluß an ein →*LAN*. Die Bedienung erfolgt →*interaktiv* nach der →*Fenstertechnik*. Als →*Betriebssystem* wird meist →UNIX oder ein funktional ähnliches System verwendet. →*Mikrorechner*, →*Großrechner*.

ASCII

[*engl.* <u>A</u>merican <u>S</u>tandard <u>C</u>ode for <u>I</u>nformation <u>I</u>nterchange, amerikanischer Standardcode für Informationsaustausch] ▦ Standardisierter Zeichencode zur Darstellung von druckbaren Zeichen und Steuerzeichen. →*EBCDIC*.

aspect ratio _____
[*engl.* ⇒ *Seitenverhältnis*] ⌗.

Assembler _____
[*engl.* to assemble, zusammenstellen] ⌗ Bezeichnung für eine maschinenorientierte → *Programmiersprache*. Assemblersprachen sind meist an den Befehlsvorrat eines speziellen → *Prozessors* gebunden. Anstatt die Befehle in Binärform angeben zu müssen, so wie sie der Prozessor direkt ausführen kann, werden Symbole für die Befehle und die Operanden eingeführt, wodurch die Programmierung erleichtert wird.

Assemble-Schnitt _____
[*engl.* to assemble, zusammenstellen] ∞ Verfahren zum → *elektronischen Schnitt*, bei dem Videosequenzen aneinandergefügt (assembliert) werden. Dabei wird die gesamte Information, also Videosignal, Synchronsignal, Tonsignal und Zeitcode überspielt, wodurch die Kontinuität des Zeitcodes verloren geht. → *Insert-Schnitt*, → *Videoaufzeichnungsformate*, → *Videosignal*, → *Zeitcode*.

Aufblenden _____
▥ Langsames Entstehen des Filmbildes durch → *Überblenden* aus dem Dunkeln. Gegensatz: → *Abblenden*.

Auflösung _____
⌗ Die Anzahl der → *Bildpunkte* eines → *Rasterbildes*. Diese wird üblicherweise durch Zeilen- und Spaltenanzahl angegeben. Die beim → *Fernsehsignal* PAL verwendete Auflösung ist beispielsweise 576 × 780, also 576 Zeilen zu je 780 Bildpunkten. Eigentlich sind es 625 Zeilen, von denen aber nicht alle relevante Bildinformation beinhalten.

Aufzeichnung _____
▢ In der Aufzeichnungsphase eines → *Computeranimationsprojekts* werden die in der Phase der → *Bilderzeugung* berechneten Bilder auf Videoband oder Film aufgezeichnet. Das geschieht durch den → *Aufzeichnungsmodul* eines → *Computeranimationssystems*.

Aufzeichnungsmodul _____
▢ Teil der Software eines → *Computeranimationssystems*. Er übernimmt die Aufzeichnung der berechneten Bilder auf ein Medium wie Videoband oder Filmmaterial, so daß sie mit einem geeigneten Abspielgerät vorgeführt werden können.

b

B-Format _____
∞ Ein → *Videoaufzeichnungsformat*.

backward raytracing _____
[*engl.* backward, rückwärts, *engl.* raytracing, Strahlverfolgung] ⌗ Anders als beim

herkömmlichen →*Strahlverfolgungsverfahren* werden nicht die vom Augenpunkt, sondern die von den →*Lichtquellen* ausgehenden Strahlen verfolgt. Dadurch kann auch die Brechung von Direktlicht simuliert werden.

baryzentrische Koordinaten _____

[*grch.* bary, tief, schwer, *lat.* centrum Mittelpunkt] $\sqrt{}$ Repräsentation der Punkte q eines Dreiecks mit Ecken p_1, p_2, p_3 durch ein Tripel $(\lambda, \mu, \nu,)$ mit $q = \lambda \cdot p_1 + \mu \cdot p_2 + \nu \cdot p_3$, $0 \le \lambda, \mu, \nu \le 1$, $\lambda + \mu + \nu = 1$.

BAS-Signal _____
→*FBAS-Signal.*

batch _____
[*engl.* Stapel, Stoß] ⠿ ⇒*Stapelverarbeitung.*

BBG-Technik _____
[benannt nach B̲arnhill, B̲irkhoff, G̲ordon] ⊡ Ein Verfahren zur Interpolation eines Flächenstücks aus drei gegebenen, dreiecksförmig aneinanderstoßenden Kurven. Durch Vorgabe von Ableitungen höherer Ordnung längs der Kurven kann ein glatter Übergang zu Nachbarflächen erzielt werden, wodurch etwa Dreiecksnetze geglättet werden könnnen. →*Coons-Technik*, →*CAGD.*

Beleuchtungsmodell _____
⊡ Bei der →*fotorealistischen Computeranimation* wird die Simulation von Licht in einer geometrischen Szene durchgeführt. Ein *Beleuchtungsmodell* gibt an, wie die Lichtintensität an einer bestimmten Stelle im Objektraum zu berechnen ist. In das Beleuchtungsmodell gehen die Parameter der Sicht- und Lichtverhältnisse (z.B. Lichtquelle, Intensität der Lichtquelle, Schatten, Beobachter) und die Parameter der Objektoberflächenbeschaffenheit (Reflexions- und Transmissionsparameter) mit ein. →*Material*, →*Shading*, →*Reflexionsgesetz*, →*Brechungsgesetz*, →*optisches Modellieren.*

B-Spline-Technik _____
⊡ eine Technik des →*geometrischen Modellierens* mit →*Splines*, bei der wie bei der →*Béziertechnik* ein vorgegebenes Netz aus Kontrollpunkten approximiert wird. Die formelmäßige Darstellung ist ähnlich zur →*Béziertechnik*, mit dem Unterschied, daß anstelle der →*Polynom*faktoren der Kontrollpunkte sogenannte Basissplinefunktionen verwendet werden. Viele Eigenschaften der →*Béziertechnik* sind auch bei der B-Spline-Technik zu finden; letztendlich ist die →*Béziertechnik* ein Sonderfall der B-Spline-Technik. →*CAGD.*

Betacam-Format _____
∞ Ein →*Videoaufzeichnungsformat.*

Betamax-Format _____
∞ Ein →*Videoaufzeichnungsformat.*

Betriebssystem _____
⠿ umfaßt die Programme eines digitalen Rechnersystems, die zusammen mit den Eigenschaften der Rechenanlage die Grundlage der möglichen Betriebsarten des Rechensystems bilden und insbesondere die Abwicklung von Programmen steuern und überwachen. Beispiel: →UNIX.

Bewegungsmodellierung ⎯⎯⎯⎯⎯⎯⎯⎯⎯⎯⎯⎯⎯⎯⎯⎯⎯⎯⎯⎯⎯⎯⎯⎯⎯⎯⎯⎯⎯⎯⎯⎯⎯⎯⎯⎯⎯

⌘ der Entwurf der zeitlichen Veränderung der Szenen durch die Bewegung oder Deformation von Objekten oder der Änderung von Material oder Beleuchtung. Techniken hierbei sind etwa die 4D-Modellierung, explizite Funktionen, →*Schlüsselbildanimation*, →*Skelett-Technik*, implizite Funktionen, Optimierung, Übergangsfunktionen, diskrete ereignisorientierte →*Simulatoren*, →*objektorientiertes* Modellieren und die →*prädikative* Beschreibung. →*Animationsmodul.*

Bewegungsunschärfe ⎯⎯

(*engl.* motion blur) ▦ ⌘ Ein sich schnell bewegendes Objekt erscheint auf einem Filmeinzelbild verschwommen, da es seine Position während der Belichtung des Bildes verändert hat. Dieser Effekt heißt Bewegungsunschärfe. Da bei der Berechnung von Bildern einer Computeranimation gewöhnlich genau ein Zeitpunkt zugrunde gelegt wird, sind diese Bilder scharf, wodurch der Eindruck einer ruckhaften Bewegung entstehen kann. Zur Behebung dieses Eindrucks wurden rechnerische Verfahren entwickelt. →*Radphänomen*, →*Shutter-Effekt.*

Béziertechnik ⎯⎯

√ ⌘ benannt nach Bézier, der diese Technik Ende der fünfziger Jahre bei der Modellierung von Automobilkarosserien eingesetzt hat. Die Béziertechnik bietet Methoden zur glatten Approximation von Kantenzügen (Bézierkurven), Kantennetzen (Bézierflächen) und Verallgemeinerungen in höhere Dimensionen durch eine →*Polynom*kurve, →*Polynom*fläche etc. Für einen Kantenzug mit den Eckpunkten $\mathbf{p_0}$, $\mathbf{p_2}$, ..., $\mathbf{p_n}$ ist ein Bézierkurvensegment durch $\mathbf{x}(t) = \sum_{i=0}^{n} \mathbf{p_i} \binom{n}{i} t^i (1-t)^{n-i}$, $t \in [0,1]$, gegeben. Die Tatsache, daß sich die Bézierapproximation in der konvexen Hülle der Eckpunkte des gegebenen Netzes befindet und daß sie nicht stärker schwankt als dieses Netz, macht die Béziertechnik zum geometrischen Modellieren glatter Kurven und Flächen, insbesondere auch durch →*interaktive* Manipulation des Kantennetzes, besonders geeignet. →*CAGD.*

Bildebene ⎯⎯⎯

△ Die Raumebene, auf die dreidimensionale Objekte zur zweidimensionalen Darstellung projiziert werden. →*Projektion.*

Bilderzeugung ⎯⎯

(*engl.* rendering) ⌘ in der Computergraphik das Umsetzen einer →*Szene* in ein Bild. Die Bilder sind üblicherweise →*Rasterbilder*, die bei →*fotorealistischer Computeranimation* durch Simulation des Lichtverhaltens in der dreidimensionalen →*Szene* erhalten werden (→*Beleuchtungsmodell*, →*Shading*, →*Projektion*, →*Strahlverfolgungsverfahren*, →*Strahlungsverfahren*, →*Tiefenpufferalgorithmus*). Die Bilderzeugung ist die Phase eines →*Computeranimationsprojekts*, die sich an die →*Modellierung* anschließt. Sie geschieht durch den →*Bilderzeugungsmodul* des verwendeten →*Computeranimationssystems*. Das Ergebnis sind Bilddateien, die von der nachfolgenden Phase, der →*Aufzeichnung*, übernommen werden.

Bilderzeugungsmodul ⎯⎯⎯

⌘ ist Teil der Software eines Computeranimationssystems. Er generiert aus der Beschreibung von →*Szenen*, die im →*Gestaltungs-* und →*Animationsmodul* entworfen werden, die Bilder der Animation. Das Bindeglied zu seiner Umgebung, insbesondere zum →*Gestaltungsmodul*, stellt die →*Bilderzeugungsschnittstelle* dar.

Die generierten Bilder werden zur Aufzeichnung an den →*Aufzeichnungsmodul* wei-tergegeben. →*Strahlverfolgungsverfahren*, →*Strahlungsverfahren*, →*Tiefenpufferal-gorithmus*, →*Beleuchtungsmodell.*

Bilderzeugungsschnittstelle _____

⌘ Schnittstelle, über die Geometrie-, Material-, Beleuchtungs- und Projektions-angaben der einem Bild zugrundeliegenden →*Szene* dem →*Bilderzeugungsmodul* übergeben werden. Beispiel: →*Renderman-Interface.*

Bildpunkt _____

[*engl.* pixel, pel] ⌘ Die kleinste Einheit eines →*Rasterbildes.* Auf Schwarzweiß-Monitoren gewöhnlich 1 →*Bit* (→*Bitmap Display*), also ein gesetzter oder nicht gesetzter Punkt, auf Farbmonitoren der →*RGB*-Wert. →*Auflösung*, →*Farbtabelle*, →*Monitor*, →*Seitenverhältnis.*

Bildverarbeitungsoperator _____

⌘ Ein Verfahren zur Manipulation von Bildern. Es gibt beispielsweise Bildverar-beitungsoperatoren, um Kanten zu detektieren, Linien zu verstärken, Bildwerte zu glätten oder Kontrast und Farben zu verändern. Bildverarbeitungsoperatoren wer-den vor allem in der *Bildverarbeitung* und *Mustererkennung* entwickelt. Es existie-ren verschiedene weitverbreitete Programmpakete von Bildverarbeitungsoperato-ren. In der Druck- und Ausgabetechnik werden Bildverarbeitungsoperatoren zur Bildverbesserung verwendet. Ein Beispiel dafür sind die →*Dithering-Techniken.* →*Fouriertransformation*, →*Videotrick.*

Bildwiederholfrequenz _____

▥ ∞ ☐ Zur flackerfreien Wiedergabe einer Animation sind die Einzelbilder hinreichend schnell nacheinander darzustellen. Die Anzahl der dabei wiedergege-benen Bilder pro Sekunde ist die Bildwiederholfrequenz. Bei der Filmwiedergabe sind etwa 24-25 Bilder pro Sekunde typisch. Beim Farbfernsehen in PAL-Technik (→*Fernsehsignale*) sind es ebenfalls 25 Bilder pro Sekunde, allerdings in 50 Halb-bilder aufgeteilt, →*Zeilensprungverfahren.* Bei →*Monitoren* zum →*interaktiven* Ar-beiten sind 50 (volle) Bilder pro Sekunde und mehr üblich.

Bildwiederholspeicher _____

(*engl.* frame buffer) ⌘ Halbleiterspeicher (→*RAM*) zur Darstellung des Bildes auf einem →*Monitor* bei einem →*Rastergraphik-Display.* Auch verwendet zur Zwi-schenspeicherung von Bildern bei der →*Einzelbildaufzeichnung* einer Computerani-mation.

Bit _____

[*engl.* B̲inary Digi̲t̲, Binärziffer, *auch: engl.* bit, Bißchen] ▦ Kleinste Informations-einheit; zur Darstellung genügen zwei unterschiedliche Zustände (ja/nein, an/aus).

Bitmap _____

[→*bit, engl.* map, Karte, Plan] ⌘ →*Rasterbild* mit einer →*Farbtiefe* von einem Bit.

Bitmap-Display _____

⌘ →*Bitmap*, →*Rastergraphik-Display.*

Braunsche Röhre _____

⇒ *Kathodenstrahlröhre.*

Brechungsgesetz _____

⌐ () Das Brechungsgesetz besagt, daß ein einfallender Lichtstrahl an der Grenzfläche zwischen zwei transparenten Materialien unterschiedlicher optischer Dichte in einen gebrochenen Strahl überführt wird, wobei beide Strahlen zusammen mit der Trennflächennormalen in einer Ebene liegen und der Quotient aus dem Sinus des Einfallswinkels α dem Sinus des Ausfallswinkels β konstant ist; er ist gleich dem Quotienten der *Brechungszahlen* n_1, n_2 der beiden Medien:

$$\frac{\sin \alpha}{\sin \beta} = \frac{n_2}{n_1}.$$

Die Winkel werden zur Trennflächennormalen hin gemessen. In speziellen Situationen tritt anstatt der Brechung eine Totalreflexion ein. $\rightarrow$ *Strahlverfolgungsverfahren.*

Bresenham-Algorithmus _____

⌐ Ein von J.E. Bresenham im Jahr 1965 entwickelter $\rightarrow$ *Algorithmus* zum Zeichnen von Linien in $\rightarrow$ *Rasterbildern.* Dabei werden die zu zeichnenden Pixel durch inkrementelles Addieren von Differenzen berechnet, was eine unaufwendige Realisierung in Hardware erlaubt. Inzwischen gibt es eine Vielzahl ähnlicher Algorithmen, die auch als DDA-Algorithmen (DDA = digital difference analysis) bezeichnet werden, auch für komplexere Kurven wie Kreise, Ellipsen, kubische Kurven sowie für einfache Flächen. $\rightarrow$ *Graphikprozessor.*

bump mapping _____

[*engl.* bump, Beule, *engl.* to map, kartographisch darstellen] ⌐ $\rightarrow$ *Textur.*

C

C _____

⌦ höhere $\rightarrow$ *Programmiersprache* wie $\rightarrow$ *Pascal* oder $\rightarrow$ *Fortran.* C erlaubt darüber hinaus auch das komfortable maschinennahe Programmieren. Die Bedeutung von C liegt in der Verbreitung des Betriebssystems $\rightarrow$ UNIX, das auf C basiert.

C++ _____

⌦ $\rightarrow$ *objektorientierte* Erweiterung von $\rightarrow$ *C.*

C-Format _____

∞ Ein $\rightarrow$ *Videoaufzeichnungsformat.*

CA _____

⌐⌐ Akronym für $\Rightarrow$ *Computer Animation.*

CAD _____

[*engl.* Computer-Aided Design] ⌐ Computer-unterstützter Entwurf, beispielsweise von Maschinenbauteilen (mechanical CAD) und elektronischen Schaltungen (electronical CAD).

CAD/CAM

⌑ Computer-aided design / Computer-aided manufacturing $\Rightarrow$ *CAD*, $\Rightarrow$ *CAM*.

CAGD

√ ⌑ [engl. Computer Aided Geometric Design] das Gebiet, das sich mit der →*Modellierung* von geometrischen Objekten, und dabei insbesondere von gekrümmten glatten Kurven und Flächen, sogenannten →*Freiform*objekten, beschäftigt. →*Bézier-Technik*, →*BBG-Technik*, →*B-Spline-Technik*, →*Coons-Technik*, →*flächenorientiertes Modellieren*, →*VDAFS*.

CAM

[*engl.* Computer-Aided Manufacturing] ⌑ Computerunterstützte Herstellung, beispielsweise von Maschinenbauteilen, durch rechnergesteuerte Fräsmaschinen oder Roboter.

CAR

[*engl.* Computer-Aided Radiology] ⌑ Computer-unterstützte Radiologie. →*Computertomographie*.

cathode-ray tube

(CRT) $\Rightarrow$ *Kathodenstrahlröhre*.

CCIR

[*frnz.* Comité Consultative Internationale de Radio-Communications] ∞ Internationale Kommission, die technische Empfehlungen in der Rundfunk- und Fernsehtechnik entwickelt. Solche Empfehlungen betreffen etwa den Aufbau von →*Fernsehsignalen* (PAL, NTSC).

CG

⌑ Akronym für $\Rightarrow$ *Computer-Graphik*.

character

[*engl.* Persönlichkeit, Person] ▥ ▦ bezeichnet in der Animation einen *Darsteller*. In der Informatik *engl.* für *Schriftzeichen*.

Chroma-Key-Verfahren

[*grch.* chroma..., farb..., *engl. tele* key, Manipulator] ▥ ∞ ein → *Videotrick*. Dabei wird eine bestimmte Farbe, z.B. Blau, das in der menschlichen Hautfarbe den geringsten Anteil ausmacht, elektronisch ausgestanzt, um diese Stellen durch ein anderes Bild zu ersetzen.

chromatische Farbqualität

⌇ Der auf reine Licht- bzw. Leuchtwertigkeit beruhende Tonwert der Farbe.

Chrominanz

[*grch.* chroma..., farb...] Farbton beim →*FBAS-Signal*.

CIE

[*frnz.* Commision Internationale de l'Eclairage,] ⌇() ∞ Internationale Kommission, die Empfehlungen in der Beleuchtungstechnik festlegt. Bekannte Empfehlungen sind die CIE-Farbdefinitionen. Anwendung finden diese Farbdefinitionen neben der Fernseh- und Drucktechnik auch bei der Festlegung der Farben von Lichtsignalen im Schiffs- und Luftverkehr.

CIM ——

[*engl*. Computer-Integrated Manufacturing, computerintegrierte Fertigung] ⌗
Rechnergestützte Verwaltung und Durchführung des gesamten Fertigungsprozes-
ses, die alle Teilaktivitäten wie Management, Entwurf, Produktion, Lagerhaltung,
Marketing in ganzheitlicher Weise integriert.

Cinemacolor ———————————————————————————————————

▥ Erster Farbfilm, 1906 entwickelt von George A. Smith mit auf dem Film unter-
einanderliegendem Grün- und Rotauszug, ohne Blauanteil.

Cinemascope ———————————————————————————————————

[*engl*. cinema, Kino, *grch*. ... skop, ... betrachtend] ▥ → *Filmformate*.

Cinerama ——

▥ → *Filmformate*.

CISC-Prozessor ——————————————————————————————————

[*engl*. complex instruction set computer] ⌗ → *RISC-Prozessor*.

clipping ———

[*engl*. clip, abschneiden] ⌗ Das Abschneiden von graphischen Objekten am
Bildrand oder an Ebenen, → *Sehpyramide*. Bei verschiedenen Abbildungsverfah-
ren, z.B. beim → *Tiefenpufferalgorithmus*, können Objekte „hinter" der Kamera
vernachlässigt werden, da sie nicht gesehen werden. Folglich werden solche Objekte – bzw. Teile davon – „abgeschnitten". Entsprechend können auch sehr
weit entfernte Objekte abgeschnitten werden. Dies gilt nur bedingt für das
→ *Strahlverfolgungsverfahren*, da hier Objekte „hinter" der Kamera beispielsweise
in Spiegeln sichtbar sein können.

Coder ———

[*engl*. Verschlüssler] ⌗ ∞ Ein Gerät oder Verfahren, um Information zu ver-
schlüsseln. Speziell in der Videotechnik ein Gerät, das die Komponenten R, G,
B und Sync eines → *Videosignals* in ein kombiniertes → *Fernsehsignal* (→ *FBAS-
Signal*) überführt. → *Decoder*.

color look-up table ——————————————————————————————

[*engl*. color, Farbe, → *look-up table*] ⌗ ⇒ *Farbtabelle*.

color map ——

[*engl*. color, Farbe, *engl*. map, Karte, Plan] ⌗ ⇒ *Farbtabelle*.

color table ———————————————————————————————————————

⌗ [*engl*. ⇒ *Farbtabelle*].

constant shading ———————————————————————————————

[*engl*. konstantes Schattieren] ⌗ → *Shading*.

Compiler ———

⌗ Programm, das ein gegebenes Programm (Quellprogramm), das in einer → *Programmiersprache* A geschrieben ist, in ein Programm (Zielprogramm) in einer
→ *Programmiersprache* B übersetzt. Üblicherweise ist die Sprache A eine höhere
→ *Programmiersprache* wie → *Pascal*, → *Fortran* oder → *C*, und B eine maschinennahe Sprache wie → *Assembler* oder die Maschinensprache des → *Prozessors* selbst.

computer-aided design _____
  ⊡ ⇒ *CAD*.

computer-aided manufacturing _____
  ⊡ ⇒ *CAM*.

computer-aided radiology _____
  ⊡ ⇒ *CAR*.

Computeranimation _____
  ⊡ → *Animation*, bei der die Einzelbilder computergeneriert werden, entweder in → *Echtzeit* oder durch aufwendige Verfahren und → *Einzelbildaufzeichnung*.

Computeranimationsprojekt _____
  ⊡ Ein Projekt zur Produktion einer Computeranimation kann etwa in die folgenden Phasen eingeteilt werden: → *Konzeption*, → *Planung*, → *Entwurf*, → *Modellierung*, → *Bilderzeugung*, → *Aufzeichnung* und → *Nachbearbeitung*.

  Heutige → *Computeranimationssysteme* unterstützen meist die Modellierung, die Bilderzeugung und die Aufzeichnung.

Computeranimationssystem _____
  ⊡ Ein Rechnersystem zur Entwicklung von Computeranimationen. Rechnergrundlage ist üblicherweise ein leistungsfähiger → *Arbeitsplatzrechner*, der mit graphischen Ein- bzw. Ausgabegeräten wie → *Maus*, → *Digitalisier-Tablett*, → *Rastergraphik-Display*, → *Videokamera* mit → *frame grabber* ausgestattet ist. Wünschenswert ist auch ein → *Bildwiederholspeicher* zur Wiedergabe von → *Vollfarbbildern*. Zur Kommunikation mit anderen Rechnern ist ein Computeranimationssystem häufig Teil eines → *Rechnernetzes*. Ferner besteht die Möglichkeit der Aufzeichnung mit einem → *Videorekorder*, bei fotorealistischer Graphik durch → *Einzelbildaufzeichnung*. Die Software läßt sich in die Funktionsgruppen → *Gestaltungsmodul*, → *Animationsmodul*, → *Bilderzeugungsmodul*, → *Aufzeichnungsmodul* und → *Painting-Modul* gliedern.

Computergraphik ① _____
  ⊡ ⇒ *graphische Datenverarbeitung*.

Computergraphik ② _____
  ⊡ Ein mit einem Computer unter Zuhilfenahme von Methoden der → *Computergraphik*① erzeugtes Bild.

computer-integrated manufacturing _____
  ⊡ ⇒ *CIM*.

Computerkunst _____
  ℓ℘ Kunst, die mit Hilfe von Computern erzeugt wurde, besonders die → *Computergraphik*②. Der Begriff ist umstritten (vergleiche: Pinselkunst, aber: Computerkriminalität).

Computertomographie _____
  [tome, Schnitt, tomos, Band, grapheïn, schreiben] ⊞ ⇥() Verfahren, um Schnittbilder von einem Objekt anzufertigen, ohne dasselbe zu beschädigen. Es wird meist

in der Medizin, aber auch in der Archäologie und anderen Gebieten eingesetzt. Die Daten für die Schnittdarstellung werden erzeugt, indem Wellen (Röntgenstrahlung, Magnetfelder) aus unterschiedlichen Richtungen auf das zu untersuchende Objekt einwirken, die das Objekt durchdringen. Aus der Reaktion des Materials kann die Materialverteilung im Inneren errechnet werden.

Coons-Technik

⧉ benannt nach Coons, der in den sechziger Jahren die Grundlagen zu dieser Technik legte. Es geht dabei darum, aus dem Rand eines Flächenstücks sein Inneres zu interpolieren. Der Rand ist durch vier Kurven im Raum gegeben, das Innere erhält man durch „Überblenden" der sich gegenüberliegenden Kurven. → *CAGD*.

Cox-Box

Ⅲ → *Videotrick*gerät, mit dem Bildteile bestimmter Luminanz oder Chrominanz durch eine andere Luminanz oder Chrominanz ganz oder teilweise ersetzt werden können.

CPU

[*engl.* Central Processing Unit, zentrale Prozeßeinheit] ▦ ⇒ *Prozessor*.

cross-dissolve

[*engl.* cross, Kreuz, *engl.* dissolve, auflösen] Ⅲ Das ⇒ *Überblenden*.

CRT

[*engl.* Cathode-Ray Tube] ⇒ *Kathodenstrahlröhre*.

CSG

[*engl.* constructive solid geometry] ⧉ → *körperorientiertes Modellieren*.

CT

▦ ∃() Akronym für ⇒ *Computertomographie*.

CUU

[Akronym für computerunterstützter Unterricht] ▦ auch als RGU (rechnergestützter Unterricht) bezeichnet. Anwendung von Rechnern, die der Vermittlung, Einübung, Prüfung und Bewertung von Wissen, Kenntnissen und Fähigkeiten dient. Im CUU kommen auch Computeranimationen zum Einsatz.

d

D/A-Wandler

⇒ *Digital/Analog-Wandler*.

Datei

▦ eine nach bestimmten Gesichtspunkten zusammengestellte Menge von Daten, die üblicherweise auf einem Datenträger wie Magnetplatte, Diskette oder Magnetband abgelegt ist. Dateien werden im Dateisystem des → *Betriebssystems* organisiert.

Datenhandschuh _____

⏚ ein mit Tastsensoren versehener Handschuh zur Erfassung räumlicher Objekte durch Abtasten mit der Hand. Vibratoren am Handschuh können auch das Modellieren virtueller rechnerinterner Objekte ermöglichen.

deadline _____

[*engl.* letzter Termin, Stichtag] Abgabetermin.

debugging _____

[*engl.* bug, Wanze, *Am.* bug *(besonders kriechendes)* Insekt, Käfer, Wurm *(Larve)*] ⊞ „Entwanzen" eines Programms, d.h. Erkennen, Lokalisieren und Beseitigen von Fehlern. Zur Unterstützung gibt es Dienstprogramme, die sogenannten Debugger.

Decoder _____

[*engl.* Entschlüssler] ⊞ ∞ Ein Gerät oder Verfahren, um eine verschlüsselte bzw. codierte Nachricht in eine lesbare (bzw. verarbeitbare) Form umzuwandeln. Speziell in der Videotechnik ein Gerät, das ein zusammengesetztes → *Fernsehsignal* (→ *FBAS-Signal*) in die Komponenten R, G, B und Sync zerlegt. → *Coder*.

Delaunay-Triangulierung _____

△ Die Zerlegung eines Gebiets der Ebenen in disjunkte Dreiecke, wobei der Umkreis jedes Dreiecks keinen Eckpunkt anderer Dreiecke in seinem Inneren besitzt. Triangulierungen werden etwa zur Interpolation einer gegebenen Punktmenge verwendet, indem die gegebenen Punkte durch Strecken so verbunden werden, daß ein Dreiecksnetz entsteht. Durch die Umkreisbedingung tendieren die Dreiecke der Delaunay-Triangulierung zur Lokalität, d.h. sie verbinden eher Punkte, die benachbart sind. Verbindet man die Umkreismittelpunkte benachbarter Dreiecke durch Kanten, dann erhält man als weitere Zerlegung der Ebene das → *Voronoi-Diagramm* zu den gegebenen Punkten. → *geometrisches Modellieren*.

depth buffer _____

[*engl.* ⇒ *Tiefenpufferalgorithmus*] ⏚.

depth cue _____

[*engl.* depth, Tiefe, *engl.* cue, *psychol.* zusätzlicher Anreiz] ⏚ Ein Effekt zur zweidimensionalen Darstellung dreidimensionaler Objekte, bei dem die Farbe des Objekts mit einer Tiefenfarbe kombiniert wird, so daß die weiter vom Beobachtungspunkt liegenden Teile des Objekts von den näher liegenden Teilen zu unterscheiden sind.

digital _____

[*lat.* digitus, Finger] diskrete, nicht stetig veränderbare Werte. Bei Digitalrechnern werden Daten digital, d.h. durch diskrete Zustände von Schaltelementen, dargestellt. Ein Sonderfall ist die binäre Darstellung durch zwei diskrete Werte (→ *Bit*). Gegensatz: → *analog*. → *Digitalisierung*.

Digital-/Analog-Wandler _____

Gerät zur Umwandlung → *digitaler* in → *analoge* Daten.

Digitalisier-Tablett _____

⏚ Zeichenbrett zur Eingabe zweidimensionaler graphischer Vorlagen durch Abtastung einzelner Punkte mittels eines Stifts.

Digitalisierung _____

[→*digital*] Umwandlung →*analoger* in →*digitale* Daten, beispielsweise durch →*Digitalisier-Tablett*, →*Fadenkreuzlupe*, →*Scanner*, →*frame-grabber*, →*Daten-handschuh*, →*Computertomographie*. Die Diskretisierung muß hinreichend fein erfolgen, um →*Alias-Effekte* zu vermeiden.

digitizer _____

[*engl.* Digitalumsetzer]
→*Digitalisier-Tablett*.

Dithering _____

[*engl.* to dither, zittern, beben] ⌗ Technik zur Darstellung von Halbtonbildern, d.h. Bildern mit kontinuierlichen Intensitäts- oder Farbübergängen, auf einem Darstellungsmedium geringer →*Farbtiefe*. Dabei werden helle und dunkle Bildpunkte mit einer Dichteverteilung so gestreut, daß die visuell erfaßte mittlere Helligkeit dem Intensitätszwischenwert im Original entspricht.

Drahtmodell _____

(*engl.* wire frame) ⌗ Repräsentation eines geometrischen Objekts durch ein Liniennetz, beispielsweise eines Würfels durch seine Kanten. Durch die fehlende Flächeninformation ist es nicht unmittelbar möglich, Drahtmodelle ohne die verdeckten Linien graphisch darzustellen. →*hidden line*, →*depth cue*, →*Preview*.

Drehbuch _____

▥ Ergebnis der Phase der →*Konzeption* eines →*Computeranimationsprojekts*. Es beschreibt den Handlungsablauf, Texte, Bilder und Geräusche einer Animation verbal und durch Skizzen.

drop out _____

[*engl.* ausfallen, ausscheiden] ⚭ Ausfall der Wiedergabe am Kopf eines →*Videorekorders*, der sich durch Bildfehler wie Blitze bemerkbar macht. Der *drop out* wird hervorgerufen durch Staub- oder Abriebpartikel, unkorrekten Bandzug oder Fehler in der Beschichtung des Videobands. Gegenmaßnahme: →*time base corrector*.

D2-MAC _____

→*Fernsehsignale*.

e

EBCDIC _____

[Extended Binary Coded Decimal Interchange Code] ⠿ Zeichencode, bestehend aus druckbaren Zeichen und Steuerzeichen. →*ASCII*.

EBU _____

[*engl.* European Broadcasting Union] europäische Rundfunkvereinigung.

Echtzeit _____

(*engl.* real time) ⚏ Ein Programm, z.B. zur Steuerung, als →*Simulator*, zur →*Modellierung* oder → *Bilderzeugung*, arbeitet in Echtzeit, wenn die Berechnung so schnell wie die dem Programm zugrundeliegende Anwendung im Original reagiert. →*Echtzeitanimation*.

Echtzeitanimation _____

⚏ Bei der Echtzeitanimation wird die Animation während der Vorführung aus einem rechnerinternen Modell in Originalgeschwindigkeit generiert und dargestellt. Der Rechner ist also Synthese- und Wiedergabegerät in einem. →*Shading*.

editing ① _____

[*engl.* to edit, herausgeben, edieren; im Bereich der Informatik hat sich auch „editieren" eingebürgert] ⚏ Aufbereiten (Hinzufügen, Entfernen, Ändern) von Daten; besonders Texte (Text-Editing, Textverarbeitung, →*Text-Editor*) oder Graphik (z.B. →*Painting*).

editing ② _____

[*engl. film* to edit, zusammenstellen] ⚏ Filmschnitt, bei computergenerierten Filmen auch Nachbearbeitung wie z.B. →*Überblenden*.

Editor _____

⇒ *Editing*-Programm.

Einblenden _____

⚏ Das Einfügen eines Teilfilms in einen anderen, beispielsweise Titel oder Hintergründe. →*fade*.

Einzelbild _____

[*engl.* frame] ⚏ →*Einzelbildaufzeichnung*.

Einzelbildaufzeichnung _____

⚏ In der Computeranimation werden Filmsequenzen, deren Einzelbilder nicht in →*Echtzeit* zu berechnen sind, Bild für Bild erzeugt und aufgenommen. →*Animation-Controller*, →*Aufzeichnungsmodul*.

elektronischer Schnitt _____

⚏ Zusammenfügen von Bildmaterial auf Video. Dabei werden die Magnetbänder nicht zerschnitten und neu zusammengeklebt, sondern die Bildinformation von einem oder mehreren Zuspielgeräten auf ein Aufnahmegerät entsprechend der gewünschten Reihenfolge übernommen. Störend ist ein dabei auftretender →*Generationsverlust* bei →*analog* arbeitenden Geräten. Unterschieden werden →*Assemble-* und →*Insert-Schnitt*.

Entwurf _____

⚏ In der Entwurfsphase eines →*Computeranimationsprojekts* wird die Umsetzung des →*Drehbuchs* in ein detailliertes →*Arbeitsbuch* durchgeführt.

Ergänzungsfarbe _____

ℓ℘ ⇒ *Komplementärfarbe*.

Ethernet _____

[*engl.* ether, Äther *(fig.)*, *engl.* net, Netz] ⠿ entwickelt von der Firma Xerox. Das Ethernet ist ein System zum schnellen Austausch von Daten (10 MBit pro Sekunde) im Nahbereich (→*LAN*), ursprünglich basierend auf einem Koaxialkabel, das von den daran angeschlossenen Rechnern (Bustopologie) abgehört wird und über das sie senden können. Ethernet ist dezentral organisiert, wodurch Kollisionen durch gleichzeitiges Senden von Nachrichten auftreten können. Die Kollisionsauflösung geschieht nach der CSMA/CD-Strategie (carrier sensing multiple access/collision detection). Der Ethernet-Standard deckt die Bitübertragungsschicht und die Sicherungsschicht ab. →*Rechnernetz.*

Expertensystem _____

⠿ Programmsystem, das Wissen über ein Gebiet speichert, daraus Schlußfolgerungen zieht und zu Problemen dieses Gebietes Lösungen anbietet. Die Entwicklung von Expertensystemen ist ein Teil der →*künstlichen Intelligenz.* In der Computeranimation kann etwa die →*Modellierung* durch Expertensysteme unterstützt werden.

f

fade _____

[*engl.* fade down, up, in, out, over, →*Ab-, Auf-, Ein-, Aus-, Überblenden*] ⠿ .

Fadenkreuzlupe _____

⠿ →*Maus*-ähnliches Eingabegerät, das durch ein Fadenkreuz eine sehr genaue Abtastung der Vorlage ermöglicht.

Farbkreis _____

⠿ Kreisförmige Farbanordnung mit den drei →*Primärfarben*, dazwischen die →*Sekundärfarben* und kontinuierlich die entsprechenden Mischfarben.

Farbmischung _____

⠿ Weißes Licht setzt sich aus →*Spektralfarben* zusammen. Beispielsweise ergibt die Mischung aus rotem und grünem Licht gelbes Licht. Aus drei Komponenten (den →*Grundfarben*), beispielsweise Rot, Grün und Blau (dies entspricht auch den Farbrezeptoren im menschlichen Auge), lassen sich alle Farben mischen; dies wird als *additive Farbmischung* bezeichnet.

Demgegenüber steht die *subtraktive Farbmischung*, die beispielsweise bei Malerfarben oder in der Drucktechnik verwendet wird. Hier ergibt die Mischung aus Gelb und Cyan Grün, die Mischung aller Grundfarben (zumindest theoretisch) Schwarz.

Farbtabelle _____

⠿ Bildspeicher enthalten häufig statt der darzustellenden →*RGB*-Werte einen Verweis auf einen Eintrag in einer Farbtabelle. So können bei geringem Speicherplatzbedarf (beispielsweise 8 →*Bit* bei 256 Einträgen in der Tabelle) Farben aus einer umfangreichen Palette (z.B. 16 Millionen bei 24 →*Bit* Farbinformation) dargestellt werden. Die mit der drastischen Verminderung der gleichzeitig darstellbaren

Farben einhergehende Reduzierung der Bildqualität kann durch den Einsatz von → *Dithering*-Verfahren häufig in Grenzen gehalten werden. → *Farbtiefe*.

Farbtiefe _____
⊡ Größe des Farbraums, aus dem die Farbwerte der → *Bildpunkte* eines → *Rasterbilds* entstammen. Bei einer Farbtiefe von 8 → *Bit* umfaßt der Farbraum 256 Farben, bei einer Farbtiefe von 24 → *Bit* sind das 16 777 216 Farben (zum Vergleich: Das menschliche Auge kann zirka 10 000 000 Farben bzw. 50 000 Farbtöne unterscheiden; ein Gobelin aus der Zeit der Hochblüte der Knüpfkunst in Frankreich weist etwa 12 000 verschiedene Farbtöne auf). Bilder mit 24 → *Bit* Farbtiefe werden auch als Vollfarbbilder bezeichnet. Die 24 → *Bit* verteilen sich so auf die Rot-, Grün- und Blaukomponente, daß jede durch 1 → *Byte*, also 8 → *Bit*, dargestellt wird. → *Farbtabelle*, → *Farbverlauf*, → *Dithering*.

Farbverlauf _____
⊡ Gleichmäßiger Übergang von einer Farbe zur anderen, im Idealfall stufenlos, durch Beschränkung auf eine Farbpalette meist abgestuft. → *Farbtabelle*, → *Farbtiefe*, → *Dithering*.

FBAS-Signal _____
[Akronym für F̲arbe, B̲ild, A̲ustast, S̲ynchron] ∞ → *Videosignal*, bei dem die Einzelsignale zur Steuerung der → *Kathodenstrahlröhre* eines → *Monitors* in ein Signal kombiniert sind. Die Schwarzweißversion wird als BAS-Signal bezeichnet. → *Fernsehsignale*, → *Coder*, → *Decoder*.

Fenstertechnik _____
⫶⫶⫶ Aufteilung des Bildschirms eines → *interaktiven* Systems in Teilbereiche, sogenannte Fenster. Fenster können in verschiedenen Anwendungssituationen auftreten. Im allgemeinsten Fall sind die einzelnen Fenster völlig unabhängig und simulieren jedes für sich ein eigenständiges Terminal, das die Interaktion mit einem ihm zugeordneten Prozeß erlaubt. So kann beispielsweise in einem Fenster Text editiert werden, während man gleichzeitig in einem anderen Fenster mit einem Taschenrechner arbeiten kann. Eine speziellere Situation ist, daß Fenster verschiedene Sichten auf dasselbe Programm bieten, etwa eine graphische Ausgabe in einem Fenster und eine textuelle Ausgabe im anderen. → *X-Window-System*.

Fernsehsignale _____
∞ → *Videosignale*, die in der Fernsehtechnik verwendet werden. Bekannte Fernsehsignale sind:

NTSC [*engl.* N̲ational T̲elevision S̲ystem C̲ommittee, nationales Fernsehsystemkomitee]: nordamerikanisches Fernsehsignal

PAL [*engl.* P̲hase A̲lternation L̲ine, zeilenfrequenter Phasenwechsel]: Fernsehsignal, das in der Bundesrepublik Deutschland entwickelt wurde

SECAM [S̲équentiel à̲ M̲emoire]: französisches Fernsehsignal

HDTV [*engl.* H̲igh D̲efinition T̲ele̲vision, hochauflösendes Fernsehen]: Nachfolger für die heutigen Fernsehsysteme mit erhöhter Zeilenzahl und verändertem Bildformat

D2-MAC [*engl.* Multiplexed Analogous Components:] Fernsehsignal zum Einsatz über Satelliten.

Festplattenrekorder _____

⌐⌐⌐ ⊙⊙ Aufzeichnungs- und Abspielgerät für →*Computeranimationen*. Die Bilder werden digital auf →*Magnetplatten* gespeichert, wie sie in der Computertechnik als Datenspeicher verwendet werden. Anders als bei Rechnern üblich, können die gespeicherten Bilder als Film abgespielt werden, wozu das System über die entsprechende Gerätetechnik zur Erzeugung von →*Fernsehsignalen* verfügt. Die Eigenschaften der Magnetplatte als Datenspeicher, also insbesondere der schnelle wahlfreie Zugriff, bleiben erhalten.

Filmabtaster _____

⪫⪫ Abtastgerät für Filme zur Übertragung auf Videoband.

Filmanimation _____

⌐⌐⌐ Bei der Filmanimation wird zunächst der gesamte Film mit dem Rechner erzeugt, dann auf Film- oder Videomaterial aufgezeichnet, von dem er dann mit geeigneten Abspielgeräten wiedergegeben wird.

Filmformate _____

⪫⪫ Zur Aufzeichnung von Animationen auf Filmmaterial wurden verschiedene Formate entwickelt:

35 mm-Film: 1889 legte Thomas Alvar Edison für den „Normalfilm" eine Breite von 35 mm, eine Einzelbildgröße von 18×24 mm^2 und doppelte Perforation fest.

Cinerama: Erstes Breitwandverfahren, 1952, mit drei Projektoren.

Cinemascope: Ein Breitwandformat mit den Maßen 22.05 mm × 18.67 mm auf *35 mm-Film*. Durch eine sogenannte Anamorphot- (*grch.* Verzerrungs-) oder Scope-Linse wird das Bild bei der Projektion horizontal verdoppelt, so daß ein Seitenverhältnis von 2.35 entsteht. 1953 entwickelt von William Fox.

Vistavision: Ein Breitwandformat auf *35 mm-Film* von Paramount mit den Maßen 37.72 mm × 25.17 mm. Das Bild liegt längs zum Film, statt wie üblich quer dazu.

academy aperture: Verbreitetes 35 mm-Format mit 22.05 mm × 16.03 mm und einem Seitenverhältnis von 1.375. Der mittlere Bereich mit der Ausdehnung 20.96 mm × 11.33 mm und einem Seitenverhältnis von 1.85 wird häufig als Breitwandformat verwendet.

flächenorientiertes Modellieren _____

⌂ Grundlage des flächenorientierten Entwurfs ist die Darstellung der dreidimensionalen Objekte durch zweidimensionale Objekte im Raum, also Flächen. Flächen können dabei ebene →*Polygone*, speziell Dreiecke oder auch glatte bzw. rauhe gekrümmte Flächen sein (→*CAGD*,→*Fraktale*). Bei den gekrümmten Flächen wird die Parameterdarstellung, bei der eine Fläche in der Form $\mathbf{x}(u,v)$, $(u,v) \in P \subset I\!R^2$, $\mathbf{x} : I\!R^2 \rightarrow I\!R^3$, beschrieben wird, und die implizite Darstellung als Lösungsmenge einer Gleichung $f(x,y,z) = 0$, $f : I\!R^3 \rightarrow I\!R$, unterschieden. P ist der Parameterbereich, für den häufig das Einheitsquadrat genommen wird. Eine wesentliche Aufgabe ist das Zusammensetzen komplexer Flächen aus einfacheren Teilflächen, sogenannten →*Patches*. Es wurden verschiedene Flächentypen vorgeschlagen, bei der die Form auch graphisch →*interaktiv* durch die Manipulation von Kontrollpunkten beeinflußbar ist (→*Bézier-Technik*, →*B-Spline-Technik*). Auch durch Interpolation eines vorgegebenen Kurvennetzes können komplexe Flächen entworfen werden (→*Coons-Technik*, →*BBG-Technik*). Bei der Verwendung von Flächen zur Modellierung von Körpern durch deren Oberfläche ist die topologische Konsistenz zu beachten. Flächen selbst können etwa durch die Interpolation von Punkten nach Nachbarschaftskriterien erhalten werden, wobei die Punkte etwa durch →*Digitalisierung* erfaßt wurden, →*Delaunay-Triangulierung*.

Fluchtpunkt

℘ △ Bei der →*Zentralprojektion* der Punkt, in dem die zur →*Bildebene* senkrechten Linien scheinbar zusammenlaufen. →*Projektion*.

Font

[*engl.* font] Schriftzeichensatz in seiner geometrisch-graphischen Ausprägung. →*Schriftgenerator*, →*TEX*.

Formatwandlung

Abbildung einer Beschreibungsform in eine andere. In der →*Computeranimation* treten Formatwandlungsaufgaben etwa bei den →*Videoaufzeichnungsformaten* oder bei den →*Filmformaten* auf.

Forth

▦ →*Programmiersprache*, deren zentrale Datenstruktur ein Keller ist. Ein Programm besteht aus Anweisungen zur Manipulation des Kellers, beispielsweise das Einfügen oder Entfernen eines obersten Elements im Keller. Forth ist insbesondere bei →*Mikrorechnern* verbreitet und gilt als relativ leicht erlernbar. Forth wird für Steuerungsaufgaben, aber auch im künstlerischen Bereich verwendet.

Fortran

[*engl.* Formula Translator, Formelübersetzer] ▦ eine der ältesten höheren →*Programmiersprachen*, die aufgrund ihrer Tradition in den Bereichen weit verbreitet ist, bei denen in großem Umfang numerische Berechnungen durchgeführt werden, z.B. im Ingenieurwesen. Inzwischen gibt es Fortran-Weiterentwicklungen, die auch Konzepte neuerer Programmiersprachen mitberücksichtigen. Fortran ist eine wesentliche Programmiersprache für →*Vektorrechner*-Anwendungen, was mit seiner Verbreitung bei numerischen Berechnungen zu begründen ist. Mittlerweile werden allerdings zahlreiche Systeme in →*C* realisiert, die vor einigen Jahren sicherlich in Fortran geschrieben worden wären. Das ist auf die wachsende Bedeutung des →*Betriebssystems* →UNIX zurückzuführen.

Fotografie

[⊙] Verfahren, bei dem Licht, meist über ein Linsensystem, ein Trägermaterial chemisch verändert und so ein Abbild erzeugt (→*Kamera*).

Fotorealismus ①

(Hyperrealismus) ℘ Eine Kunstrichtung, die versucht, eine Illusion der Wirklichkeit zu schaffen, wobei häufig fotografische Vorlagen verwendet werden.

Fotorealismus [2] _____

⬚ Methoden zur Erzeugung von → *Computergraphiken* [2] , die sich von der Wirklichkeit, d.h. von Gegenständen, die existieren oder existieren *könnten*, möglichst wenig unterscheiden. Dies geschieht durch Simulation optisch-physikalischer Phänomene.

fotorealistische Computeranimation _____

⬚ → *Computeranimation*, → *Fotorealisimus* [2] .

Fouriertransformation _____

[nach dem Mathematiker Fourier] √ ordnet einer Funktion f eine Funktion F zu, die ihr Frequenzspektrum beschreibt. Unterschieden werden die kontinuierliche Fouriertransformation $F(u) := \int_{-\infty}^{+\infty} f(x) \cdot e^{-iux} dx$, $f : I\!R \rightarrow I\!R$, und die diskrete Fouriertransformation $F(k) = \sum_{j=0}^{n-1} f(j) \cdot e^{2\pi ijk/n}$, $k = 0, \ldots, n-1$, $f : \{0, 1, \ldots, n-1\} \rightarrow I\!R$. Ein weiterer Grund für die Bedeutung der Fouriertransformation ist, daß sie die Faltungsoperation für zwei gegebene Funktionen auf die Multiplikation der Transformierten reduziert, analog zum Logarithmus, der die Multiplikation von Zahlen auf die Addition reduziert. Die diskrete Fouriertransformation kann mittels des Fast-Fourier-Transform-Algorithmus (*FFT*) effizient berechnet werden. Beim → *geometrischen Modellieren* findet die Fouriertransformation beim → *spektralen Modellieren* Anwendung. In der Bildverarbeitung basieren zahlreiche → *Bildverarbeitungsoperatoren* auf der Faltung oder der Fouriertransformation.

fractals _____

[*engl.* ⇒ *Fraktale*].

Fraktal _____

⬚ √ werden angewandt zur → *Modellierung* nichtglatter Gebilde wie Gebirge und Wolken. Charakteristisch für Fraktale ist das Prinzip der Selbstähnlichkeit und der nicht ganzzahligen Dimension. Populär gemacht wurden Fraktale durch B. Mandelbrot, insbesondere durch die nach ihm benannte Mandelbrot-Menge mit den „Apfelmännchen". Fraktale können näherungsweise etwa durch → *Unterteilungsverfahren*, → *spektrales Modellieren* oder → *rekursive Modellierung* konstruiert werden.

Frame _____

[*engl. phot. film.* ⇒ *Einzelbild*].

frame buffer _____

[*engl. phot. film.* (Einzel-)Aufnahme), *engl.* buffer, Puffer, Zwischenspeicher] ⇒ *Bildwiederholspeicher*.

frame-grabber _____

[*engl.* → *frame*, *engl.* to grab, ergreifen, packen] ⬚ Gerät zum → *Digitalisieren* von Bildern, die von einer Videoquelle (→ *Videokamera*, → *Videorekorder*) geliefert werden, in einen → *Bildwiederholspeicher*.

Freiform _____

√ ⬚ eine Begriffsbildung des → *geometrischen Modellierens* zur Unterscheidung von einfachen regulären Gebilden, wie Kugeloberfläche und Zylindermantel von Gebilden höherer Flexibilität wie etwa Flächen, die durch → *Polynome* höheren Grads ganz oder stückweise beschrieben werden. → *CAGD*.

Froschperspektive ————————————————————————
→*Perspektive*②.

35 mm-Film ————————————————————————————
▥ →*Filmformate.*

g

Gamma-Korrektur ————————————————————————
▱ Eine Methode zur Anpassung der Helligkeits- und Farbwerte an unterschiedliche Ausgabemedien. Bei einer →*Kathodenstrahlröhre* genügt der Zusammenhang zwischen sichtbarer Intensität I und angelegter Spannung V zur Steuerung der Intensität des Elektronenstrahls einer Beziehung der Form $V = \left(\frac{I}{C}\right)^{\frac{1}{\gamma}}$. C und γ sind Konstanten, die vom verwendeten →*Monitor* abhängen. Um auf verschiedenen →*Monitoren* für ein →*Rasterbild*, das durch die Intensitätswerte seiner →*Bildpunkte* gegeben ist, denselben visuellen Eindruck zu bekommen, müssen die Intensitätswerte mit den entsprechenden Konstanten in Spannungen umgerechnet werden. Die Berücksichtigung der Konstanten wird als γ-Korrektur bezeichnet.

Gaumontcolor ————————————————————————
▥ Farbfilm mit drei Farbauszügen nach dem Prinzip der additiven →*Farbmischung.*

Gegenfarbe ————————————————————————————
ℓ℘ ⇒*Komplementärfarbe.*

Generationsverlust ————————————————————————
∞ Qualitätsverlust, der beim Kopieren von Magnetbändern entsteht. Bei jedem Überspielen geht bei →*analogen* Signalen ein Teil der Information durch Rauschen oder Bandbreitenbeschränkungen des Signals verloren. →*Masterband.*

genlock ————————————————————————————————
[*Kunstwort, engl.* to lock, schließen, ineinandergreifen] ∞ Ein Bildmischer zum Überlagern von Videobildern, um etwa den Bildschirminhalt eines Rechners mit einem Videofilm zu überlagern. Ein angelegtes externes →*FBAS*-Signal und das →*Videosignal* eines →*Bildspeichers* werden synchronisiert und gemischt. Zeigt der Bildspeicherinhalt einen speziellen Wert, wird das externe Signal ausgegeben, ansonsten das Signal aus dem Bildspeicher. Ausgabe ist wieder ein →*FBAS-Signal.*

Geometrie ————————————————————————————
[*grch.* Landvermessung] √ Lehre von den Eigenschaften der Figuren, unabhängig von ihrer Lage im Raum.

geometrisches Modellieren ————————————————————
▱ umfaßt den Entwurf der geometrischen Form der Objekte der einer Computeranimation zugrundeliegenden Szenen. Dabei werden →*kurvenorientiertes Modellieren,* →*flächenorientiertes Modellieren,* →*körperorientiertes Modellieren* unterschieden.

Gestaltungsmodul _____

⊡ Der Gestaltungsmodul ist Teil der Software eines →*Computeranimationssystems.*
Er umfaßt Werkzeuge zur →*Modellierung* der →*Szenen* einer →*Computeranimation.*
Bei der →*fotorealistischen Computeranimation* sind dreidimensionale Objekte,
→*Materialien,* →*Beleuchtung* und zeitliche Veränderungen zu entwerfen (→*Animationsmodul,* →*Bewegungsmodellierung*). Methoden hierfür sind das →*interaktive*
Modellieren inklusive der Datenerfassung durch →*Digitalisierung,* das textuelle Modellieren durch Beschreibung der →*Szene* in der Szenenbeschreibungssprache der
→*Bilderzeugungsschnittstelle* oder einer →*Programmiersprache* sowie die Modellierung mittels →*Simulatoren.*

Gittertechnik _____

▦ Strategie zur effizienten Lösung von Nachbarschaftsproblemen. Der geometrische
Raum wird dabei durch ein Gitter in Zellen zerlegt. Jeder Zelle werden die sich in ihr
befindlichen Objekte zugewiesen. Auf diese Art können benachbarte Objekte schnell
gefunden werden, indem benachbarte Zellen untersucht werden. Ferner können bei
bewegten Objekten Kollisionen schnell erkannt werden, ohne jedes Objekt gegen
jedes testen zu müssen. Beim →*Strahlverfolgungsverfahren* können für beliebige
Strahlen schnell die von einem beliebigen Strahl geschnittenen Objekte herausgefunden werden, indem die vom Strahl durchlaufenen Gitterzellen inspiziert werden.
→*Octree,* →*Quadtree.*

GKS _____

(G̲raphisches K̲ern-S̲ystem) ⧉ eine genormte graphische Schnittstelle (ISO 7942,
DIN 66 252) zur Darstellung und →*interaktiven* Manipulation von Graphik. Wesentliches Merkmal ist die Abstraktion weg von konkreten Geräten. GKS ist geprägt
von den Möglichkeiten der siebziger Jahre, neuere konzeptionelle Entwicklungen
werden in Nachfolgeaktivitäten wie →*PHIGS, PHIGS+* berücksichtigt.

Gleitkommaprozessor _____

▦ →*Mikroprozessoren* und →*RISC-Prozessoren* werden häufig durch zusätzliche
Spezialprozessoren ergänzt, die die ihnen zugeordnete Funktion besonders effizient
erfüllen können. Eine solche Aufgabe ist das Rechnen mit reellen Zahlen (Gleitkommazahlen, engl. *reals*), die dem Gleitkommaprozessor zufällt. Ohne Gleitkommaprozessor sind die entsprechenden Operationen durch den Hauptprozessor selbst durch
eine äquivalente Sequenz seiner einfacheren Befehle relativ zeitaufwendig durchzuführen.

goldener Schnitt _____

✑ die Teilung einer Strecke $\overline{AB}$ durch einen Punkt E in der Weise, daß sich die
Länge von $\overline{AB}$ zu der Länge von $\overline{AE}$ verhält wie diese zu der Länge der restlichen
Strecke $\overline{EB}$ (mit $\overline{AE} > \overline{EB}$).

Gouraud-Shading _____

⧉ →*Shading.*

graftals _____

[*engl.* to graft, pfropfen, okulieren] ⧉ Methode zur Darstellung organischer Strukturen wie z.B. Pflanzen. →*Fraktale,* →*rekursives Modellieren.*

Grammatik

Regelsystem, das den Aufbau einer Sprache beschreibt. ⌸ In der Computergraphik werden Grammatiken auch dazu verwendet, in derselben Weise die Struktur geometrischer Objekte, wie etwa von Bäumen oder →*Texturen*, zu beschreiben. →*Lindenmayer-Systeme*, →*rekursives Modellieren*.

graphische Datenverarbeitung

⌸ Teilgebiet der Informatik, das sich mit Methoden und Techniken zum Umsetzen von Daten zu und von einem graphischen Darstellungs- bzw. Eingabegerät mittels eines Rechners beschäftigt. Teilaspekte sind die Gerätetechnik, geometrische →*Algorithmen* und graphische Software.

Graphikprozessor

⌸ ein →*Prozessor*, der speziell bei →*Rastergraphik-Displays* die graphische Darstellung beschleunigt, etwa das Zeichnen von Strecken, das Füllen von →*Polygonen*, geometrische Transformationen, Blockverschiebungen, einfache Verknüpfungen von →*Rasterbildern*. Dabei muß er die entsprechenden →*Bildpunkte* des →*Rasterbilds* generieren, wofür effiziente →*Algorithmen* entwickelt wurden, z.B. der →Bresenham-*Algorithmus* zum Zeichnen von Linien.

grid ①

[*engl.* Gitter] ⌸ Hilfsgitter auf dem Bildschirm zur Unterstützung der Konstruktion, vergleichbar kariertem Papier.

grid ②

[*engl.* Gitter] ⌸ ⇒ *Gittertechnik*.

grid ③

[*engl.* Gitter] ⌸ Gitterförmiges Muster auf Oberflächen zur Verstärkung der perspektivischen Wirkung.

Großaufnahme

⌑ � →*Kameraeinstellung*.

Großrechner

⠿ Üblicherweise im Rahmen eines Rechenzentrums betriebener Rechner mit hoher Rechenleistung, was Operationsgeschwindigkeit und Durchsatz anbetrifft. Charakteristisch ist eine umfangreiche →*Peripherie*, bestehend aus großen Massenspeichern und einer Vielzahl von Terminals. Meist ist eine umfangreiche Infrastruktur wie klimatisierte Räume und spezielles Bedienungspersonal zur Betreibung eines Großrechners notwendig. →*Arbeitsplatzrechner*, →*Supercomputer*, →*Vektorrechner*.

Grundfarbe

ℓ℘ ⇒ *Primärfarbe*.

Gummilinse

Das →*Zoom*-Objektiv.

h

Halbbildverfahren _____
→ *Zeilensprung-Verfahren.*

halbnah _____
⌐o⌐ ▥ ⇒ *Kameraeinstellung.*

Halbtotale _____
⌐o⌐ ▥ ⇒ *Kameraeinstellung.*

Hauptphase _____
⇒ *Schlüsselbild.*

HDTV _____
∞ → *Fernsehsignale.*

Heuristik _____
eine Strategie zur Verbesserung eines → *Algorithmus* für ein komplexes Problem, die
auf Hypothesen und Vermutungen aufbaut, und deren Effekt mit hoher Wahrscheinlichkeit eintritt, aber nicht garantiert ist. → *künstliche Intelligenz.*

hidden-line-Darstellung _____
[*engl.* hidden, versteckt, *engl.* line, Linie] ▯ graphische Darstellung eines dreidimensionalen Objekts durch signifikante Kanten und Linien, wobei die verdeckten
Linien nicht gezeigt werden, so daß die Objekte körperhaft wirken und der räumliche Eindruck verstärkt wird.

HLS _____
[*engl.* H̲ue, L̲ightness and S̲aturation, Farbton, Helligkeit und Sättigung] ⫯() ▯
Ein Modell zur Beschreibung von Farben. Die erste Komponente beschreibt den
Farbton (blau, gelb usw.), die zweite die Gesamthelligkeit (gelb oder oliv, rot oder
rotbraun usw.), die dritte die Sättigung der Farbe, also den Weißanteil (grasgrün
oder blaßgrün). Das räumliche Modell ist ein Doppelkegel. Die Basis gibt den Farbkreis an, wobei Blau einem Winkel von 0° entspricht. Die Sättigung wird als Entfernung von der Mitte angegeben, 0 entspricht der Grauskala, 1 der maximal gesättigten Farbe. Die Höhe im Doppelkegel gibt die Helligkeit an, 0 ist die (schwarze)
Kegelspitze unten, 1 ist die (weiße) Kegelspitze oben. → *RGB* und → *HSV.*

Hologramm _____
[grch: holos, ganz, grapheïn, schreiben] ⫯() ⌐o⌐Ein durch → *Holographie* erzeugtes
Bild. Ein Beugungsgitter, in dem die von einem Objekt ausgehende Welle gespeichert ist und bei kohärenter Beleuchtung rekonstruiert werden kann.

Holographie _____
[grch: holos, ganz, grapheïn, schreiben] ⫯() ⌐o⌐ Eine Codierung von Gegenständen
in einem Interferenzmuster (Beugungsgitter). Es wird meist auf fotografischem Material durch kohärentes Licht (Laser-Licht) erzeugt und wiedergegeben. Es sind
verschiedene Techniken zum Berechnen von Hologrammen bekannt, die aber wegen
ihres hohen Rechenaufwands nur für einfache Fälle eingesetzt werden. Dabei geht

es nicht nur darum, rechnergenerierte →*Rasterbilder* auf optisch-holographischem Wege in Interferenzmuster umzusetzen, sondern die Interferenzmuster direkt auszurechnen.

HSV

[*engl*. Hue, Saturation and Value, Farbton, Sättigung und Helligkeitswert] ⊡ Ein Modell zur Beschreibung von Farben. Die erste Komponente beschreibt den Farbton (blau, gelb usw.), die zweite die Sättigung der Farbe, also den Weißanteil (grasgrün oder blaßgrün), die dritte die Gesamthelligkeit (gelb oder oliv, rot oder rotbraun usw.). Das räumliche Modell ist eine Pyramide mit sechseckiger Grundfläche. Die sechs Ecken entsprechen den drei Grund- und ihren Mischfarben, wobei Rot einem Winkel von 0° entspricht. Die Sättigung wird als Entfernung von der Mitte angegeben, 0 entspricht der Grauskala, 1 der maximal gesättigten Farbe. Die Höhe in der Pyramide gibt die Helligkeit an, 0 ist die (schwarze) Pyramidenspitze, 1 der hellste Wert (an der Basis). →*RGB* und →*HLS*.

Hyperrealismus

ℓ℘ ⇒*Fotorealismus*①.

i

icon

⦂⦂⦂ ⇒*Ikontechnik*.

Ikontechnik

⦂⦂⦂ Eine Technik der →*interaktiven* Mensch-Rechner-Kommunikation. Dabei werden sogenannte Ikone verwendet. Ein Ikon ist ein Bildsymbol, das ein Interaktionsobjekt auf dem Bildschirm repräsentiert. Ein Ikon kann etwa eine Auswahlmöglichkeit innerhalb eines Menüs oder ein nicht aktives (geschlossenes) Fenster darstellen. →*Fenstertechnik*.

Image-Transfer-Verfahren

▥ Verfahren, um Videobänder auf Filmmaterial zu kopieren. Dabei werden aus den drei Farbauszügen Rot, Grün und Blau drei Schwarzweißfilme erzeugt, die entsprechend gefiltert auf einen Farbnegativfilm kopiert werden. →*Triniscope-Verfahren*.

implizite Darstellung

⊡ →*flächenorientiertes Modellieren*.

in-betweening

[*engl*. between, zwischen] ▥ ⌹ →*Schlüsselbildanimation*.

Insert-Schnitt

[*engl*. insert, einfügen] ∞ Verfahren des →*elektronischen Schnitts* zum Einfügen einer Videosequenz an einer vorgegebenen Stelle einer anderen Sequenz. Um die Einfügestelle genau zu treffen, muß ein kontinuierliches Signal aus →*Videosignal* und Steuersignal, Tonsignal und → *Zeitcode* aufgezeichnet sein, vgl. → *Preblack*. Damit das kontinuierliche Signal auch nach dem Schnitt vorhanden ist, wird anders als beim → *Assemble-Schnitt* nicht die gesamte Information, sondern nur ein Teil davon, gewöhnlich → *Videosignal* und Tonsignal, überspielt.

interaktiv _____
▦ Das direkte Arbeiten mit einem Rechner in einem Kommando-Antwort-Wechselspiel wird im Gegensatz zur → *Stapelverarbeitung* als interaktives Arbeiten bezeichnet. Es wurden verschiedene Interaktionstechniken entwickelt. Gerätetechnische Grundlage zum interaktiven Arbeiten sind Eingabegeräte wie Tastatur, → *Maus*, eventuell aber auch ein Mikrofon zur Spracheingabe, sowie Darstellungsgeräte wie ein → *Monitor* oder ein Lautsprecher zur Sprachausgabe. An Interaktionstechniken werden die textuelle Interaktion über die Tastatur, die graphische Interaktion mit der → *Menütechnik*, der → *Ikontechnik* und der → *Fenstertechnik*, sowie die akustische Interaktion unterschieden. → *Kommandosprache*.

interlaced _____
[*engl.* verflochten, verwoben] → *Zeilensprungverfahren*.

ISO _____
[Akronym für Internationl Standardization Organization] Dachorganisation von über 50 nationalen Normenausschüssen mit Sitz in Genf. Beispiele für nationale Normenausschüsse sind das Deutsche Institut für Normung (DIN) und → *ANSI*.

j

jaggies _____
[*engl.* jag, Zacke, Kerbe] ⌗ „Treppenstufen" bei → *Rasterbildern*, die entstehen, da nur eine begrenzte Anzahl von → *Bildpunkten* zur Verfügung steht. → *Alias-Effekt*.

Jalousie-Effekt _____
▥ ⇒ *Shutter-Effekt*.

jitter _____
[*engl.* nervös, aufgeregt sein, *Am. slang* den Tatterich haben] ▥
Bildfehler, verwackelte Wiedergabe.

joystick _____
[*engl. aero slang* Steuerknüppel] ▦ Die Stellung eines Hebels wird in analoge oder digitale Werte umgewandelt. Es wird zwischen digitalen und analogen Joysticks unterschieden. Durch vier Informationen (oben/unten und links/rechts) werden bei einem digitalen Joystick neun Positionen festgelegt, die der Lage der Zifferntasten bei einer Zehnerblocktastatur oder einem Telefon entsprechen. Bei analogen Joysticks wird die Knüppelstellung in der x- und y-Achse wie bei zwei → *Paddles* umgewandelt.

k

Kamera [1] _____

[o] Gerät zur optischen Abbildung auf eine licht- oder strahlungsempfindliche Schicht.

Kamera [2] _____

In der Computergraphik die geometrische Beschreibung von Augenpunkt, Blickrichtung, Öffnungswinkel usw. im Zusammenhang mit der →*Projektion* einer dreidimensionalen →*Szene*.

Kameraeinstellung _____

[o] ▦ Maß zur Beschreibung der relativen Größe eines Bildausschnitts. Dies reicht von →*Totale*, bei der die gesamte Szenerie zu sehen ist, über *Halbtotale, halbnah, Nahaufnahme* bis zur *Großaufnahme*.

Kamerafahrt _____

▦ Bewegen der Kamera durch den Raum, bei möglicherweise gleichzeitiger Änderung ihrer Lage, im Gegensatz zur optischen Fahraufnahme, dem →*Zoomen*. Ein Sonderfall ist der →*Kameraschwenk*.

Kameraschwenk _____

▦ Drehen der Kamera um eine Achse, ohne ihre Position zu verändern. →*Kamerafahrt*.

Kathodenstrahlröhre _____

Eine mit Kathodenstrahlen, d.h. von einer Kathode emittierten Elektronenstrahlen, arbeitende Elektronenröhre, mit der der zeitliche Verlauf elektrischer Schwingungen sichtbar gemacht werden kann, entwickelt 1897 von Karl Ferdinand Braun, heute meist verwendet als Bildröhre in Fernsehempfängern und →*Monitoren*.

keyframe animation _____

[*engl.* ⇒ *Schlüsselbildanimation*].

körperorientiertes Modellieren _____

Gegenstand des körperorientierten Modellierens ist die Gestaltung von räumlichen Objekten unter Berücksichtigung ihrer Körpereigenschaft. Beispiele für Körper sind Quader, Kugeln, Zylinder. So können Techniken des →*flächenorientierten Modellierens* herangezogen werden, wobei ein Körper durch seine Oberfläche beschrieben wird. Beim *constructive solid modeling* (CSG) werden aus einfachen Grundkörpern komplexere Objekte durch die Mengenoperationen Vereinigung, Durchschnitt und Differenz zusammengesetzt. Eine andere Darstellung von Körpern sind die Freiformkörper. Freiformkörper können etwa durch die Parameterdarstellung $\mathbf{x}(u,v,w)$, $(u,v,w) \in P \subset I\!R^3$, beschrieben werden. P ist der Parameterbereich, der häufig als Einheitswürfel angenommen wird. Viele Methoden der Freiformflächenmodellierung lassen sich unmittelbar auf Körper übertragen (→*Bézier-Technik*, →*B-Spline-Technik*). Auch Freiformkörper können durch Mengenoperationen weiter manipuliert werden. →*geometrisches Modellieren*, →*Sweep-Körper*.

Kommandosprache _____

⸽ Sprache, um Anweisungen an ein Rechnersystem oder Programmsystem zu geben. Speziell verfügen → *Betriebssysteme* über eine Kommandosprache, die Kommandos zum Aufrufen von Programmen, Anlegen von → *Dateien*, Aufbau einer Kommunikationsbeziehung über ein → *Rechnernetz*, Aufnahme einer Sitzung (einloggen) und zum Beenden (ausloggen) einer Sitzung enthalten.

Komplementärfarbe _____

[*lat.* complementum: Ergänzung] (Gegenfarbe, Ergänzungsfarbe) ℓ℘ Die einer Farbe im → *Farbkreis* gegenüberliegende Farbe, die sich mit ihr additiv zu Weiß, subtraktiv zu Schwarz ergänzt (→ *Farbmischung*). Karmin- bzw. Magentarot ist die Gegenfarbe zu Grün, Orange zu Violett, Schwarz zu Weiß, Mittelgrau zu sich selbst.

Kompression _____

⸽ Reduktion des Datenaufkommens durch Elimination redundanter Information. In der Computeranimation ist angesichts des hohen Speicherbedarfs von → *Rasterbildern* deren Kompression von vorrangigem Interesse. Das Original muß aus der komprimierten Darstellung rekonstruierbar sein (Dekompression). Bei Kompressionsverfahren mit Informationsverlust geschieht die Rekonstruktion nur näherungsweise, in einem Umfang, der visuell ausreichend ist. Beispiel: → *run-length encoding*.

Konzeption _____

⌐⌐ In der Konzeptionsphase eines → *Computeranimationsprojekts* wird ausgehend von einer Idee das → *Drehbuch* entwickelt.

Kreuzschiene _____

[*Telefon-Technik*] Verteilgerät, mit dem alle Geräte, Leitungen und Anschlüsse mit allen anderen gekoppelt werden können.

künstliche Intelligenz _____

⸽ In der künstlichen Intelligenz wird untersucht, wie intelligentes Verhalten von Computern zu erfassen und nachvollziehbar ist. Insbesondere wird versucht, Probleme zu lösen, die sich nicht oder zumindest nicht effizient mit einem überschaubaren → *Algorithmus* lösen lassen. Lösungen werden durch den intelligenten Einsatz von → *Heuristiken* sowie der Logik gewonnen. Die künstliche Intelligenz verfügt hierzu über besonders geeignete Programmiersprachen wie → *Lisp* und → *Prolog*. Teilgebiete der künstlichen Intelligenz sind das automatische Beweisen, → *Expertensysteme*, natürlichsprachliche Kommunikation, Bildverstehen und Robotik.

Kurvenprinzip _____

⟐ ⌐⌐ Körperteile bewegen sich im allgemeinen nicht auf geraden Strecken, sondern auf gekrümmten Bahnen. In → *Zeichentrickfilmen* werden diese „runden" Bewegungen meist übersteigert. → *Animationsregeln*.

l

Längsspurverfahren _____

⊙⊙ Verfahren zur Magnetbandaufzeichnung, bei dem das Band mit konstanter Geschwindigkeit an einem feststehenden Magnetkopf vorbeigezogen wird. → *Videoaufzeichnungsformate.*

LAN _____

[*engl.* local area network] ▦ ein → *Rechnernetz* im Nahbereich, d.h. Entfernungen von einigen Metern bis wenigen Kilometern, üblicherweise unter Verwendung privater Kommunikationsleitungen. Beispiel: → *Ethernet.*

Lichtgriffel _____

(*engl.* light pen) ▦ Ein mit einem optischen Sensor versehener Stift, der seine Position auf dem Bildschirm „abliest", wenn der Kathodenstrahl seine Position überstreicht. → *Kathodenstrahlröhre.*

Lichtquelle _____

▱ ▱ Lichtquellen sind Bestandteil einer → *Szene* in der → *fotorealistischen Computeranimation.* Die Lichtquellen werden im → *Beleuchtungsmodell* berücksichtigt. → *optisches Modellieren.*

light pen _____

[*engl.* ⇒ *Lichtgriffel*] ▦.

Lindenmayer-Systeme _____

▱ eine Sonderform formaler → *Grammatiken,* die von dem Biologen A. Lindenmayer zur Beschreibung von biologischen Strukturen, etwa Zellstrukturen, entwickelt wurden. In der Computergraphik werden sie zum Modellieren komplexer verzweigter Strukturen wie etwa Pflanzen, aber auch → *Texturen,* verwendet.

Lisp _____

[*engl.* list processing language, Listenverarbeitungssprache] ▦ → *Programmiersprache,* deren Ursprung in der Verarbeitung von als Listen aufgebauten Datenstrukturen liegt. Sowohl die Syntax der Sprache als auch die manipulierten Daten sind listenorientiert, was insbesondere einfach erlaubt, Programme als Daten zu verarbeiten. Ferner ist Lisp eine applikative → *Programmiersprache,* d.h. ein Programm besteht aus einer Schachtelung von Funktionenanwendungen. Lisp gilt als eine Sprache der → *künstlichen Intelligenz,* da sie die dort häufig vorkommenden Manipulationsoperationen von Information besonders unterstützt.

Logo _____

▦ eine interaktive Programmiersprache, die sich ähnlich wie Lisp am Listenkonzept orientiert und viele Konzepte aus Lisp enthält. Bekannt bei Logo ist die → *Turtle*-Graphik, bei der ein Objekt, die → *Turtle,* mit Richtungsangaben über den Bildschirm bewegt und die von ihm abgefahrene Kurve gezeichnet wird.

look-up table _____

[*engl.* to look up *(Wort im Wörterbuch)* nachschlagen, *engl.* table, Tabelle] ⠿ ⤵
Eine Tabelle zur Umwandlung von Eingabe- in Ausgabedaten, beispielsweise eine
Liste von Punkten und deren Koordinaten, oder eine →*Farbtabelle.*

Luminanz _____

[*lat.* lumen, Licht] ∞ Leuchtdichte beim →*FBAS-Signal.*

m

Machbandeffekt _____

[nach dem Physiker Ernst Mach] ⤳() ist die visuelle Verstärkung von Intensitäts-
wechseln an Kanten in Bildern, wo eine Unstetigkeit in der Größe oder des An-
stiegs (Ableitung) der dargestellten Intensität auftritt. →*Dithering,* →*Farbtabelle,*
→*Farbtiefe,* →*shading.*

Magnetaufzeichnung _____

∞ Aufzeichnung von Signalen (Bild, Ton) auf einen mit einer magnetisierba-
ren Substanz beschichteten Träger, zum Beispiel ein →*Magnetband* oder eine
→*Magnetplatte.*

Magnetband _____

∞ ⠿ Ein Kunststoffstreifen mit magnetisierbarer Schicht zur Informationsaufzeich-
nung. Magnetbänder werden bei Rechnern üblicherweise als Archivierungsmedium
verwendet (Sonderform: *Streamer*). In der Computeranimation geschieht die Aufzeichnung durch →*Videorekorder* auf Magnetband.

Magnetplatte _____

⠿ Massenspeicher, bei dem die Information auf einer rotierenden, mit einer magne-
tisierbaren Substanz beschichteten Platte gespeichert wird, auf die mittels eines
radial beweglichen Lese-Schreib-Kopfes zugegriffen werden kann. Die Magnetplatte
ist in Spuren (Tracks) und Sektoren unterteilt, auf denen die Information untergebracht ist. Sie wird auf hohe Umdrehungsgeschwindigkeit gebracht, so daß ein
Schreib-Lesekopf auf einem Luftkissen über der Platte schwebt und Information
schreiben oder lesen kann. Verliert die Platte an Umdrehungsgeschwindigeit, so
wird der Kopf durch einen speziellen Mechanismus von der Platte weggezogen, um
ein Zerstören von Platte und Kopf (*engl.* head crash) zu verhindern.

Typische Speicherkapazitäten einer Magnetplatte beginnen bei 10 MByte und reichen bis in den Gigabyte-Bereich. →*optische Platte.*

mainframe _____

⠿ ⇒ *Großrechner.*

mapping _____

[*engl.* to map, kartographisch darstellen] ⤵ →*texture mapping,* →*bump mapping,*
→*reflection mapping,* →*shadow mapping.*

Masterband

[*engl.* master, Meister, Herr] ∞ Das Originalvideoband, auf das die →*Aufzeichnung* ursprünglich stattgefunden hat und von dem dann weitere Kopien angefertigt werden. →*Generationsverlust.*

Material

⊡ umfaßt die optischen Eigenschaften der Objekte einer fotorealistischen →*Szene.* Materialien werden durch Werte für die Parameter des verwendeten →*Beleuchtungsmodells* festgelegt. →*optisches Modellieren.*

Matrix

[*lat.* matrix, Stammutter, Muttertier, Gebärmutter] √ ⊡ ein doppelt indiziertes rechteckiges Feld aus Werten, organisiert in Zeilen und Spalten. →*Rasterbilder* sind Beispiele für Matrizen (Bildmatrizen). In der Mathematik wurde ein Matrizenkalkül entwickelt, der es erlaubt, mit Abbildungen und Transformationen, wie sie in der Computeranimation vorkommen, in üblicher systematischer Weise zu rechnen.

Maus

⠿ Ein Eingabegerät, das über Bewegungssensoren verfügt. Bei der *optischen Maus* sind dies Lichtsensoren an der Unterseite, die ein Linienmuster auf einer speziellen Arbeitsfläche abtasten. Bei der *mechanischen Maus* ist es eine Kugel, die über eine beliebige ebene Fläche gerollt wird.

MAZ

∞ Akronym für ⇒*Magnetaufzeichnung.*

Menütechnik

⠿ Technik der →*interaktiven* Mensch-Rechner-Kommunikation, bei der dem Anwender verschiedene Auswahlmöglichkeiten für Aktionen auf dem Bildschirm angeboten werden. Die Auswahl erfolgt üblicherweise durch Anfahren des Menüpunktes und Auslösen der Aktion. Das Anklicken eines Menüpunktes kann auch bewirken, daß eine weitere Menüleiste aufklappt. Solche Menüs werden als Pop-up-Menüs bezeichnet.

Mikroprozessor

⠿ →*Prozessor,* der im wesentlichen auf einem hochintegrierten Chip untergebracht ist. Verbreitete universelle Mikroprozessoren sind die 680xx-Familie von Motorola (z.B. 68000, 68030) und die 80x86-Familie von Intel (z.B. 80386). Daneben gibt es eine Vielzahl spezialisierter Mikroprozessoren, etwa als →*Gleitkommaprozessor* und →*Graphikprozessor.*

Mikrorechner

⠿ auch PC (personal computer) genannt, sind preislich und leistungsmäßig unterhalb der →*Arbeitsplatzrechner* angesiedelt, wobei der Übergang fließend ist. Grundlage von Mikrorechnern sind ebenfalls die →*Mikroprozessoren.* Mikrorechner sind ursprünglich stärker als die →*Arbeitsplatzrechner* als persönliche Rechner ausgelegt, während für →*Arbeitsplatzrechner* praktisch immer die Integration in ein →*Rechnernetz* zur Kommunikation und Resourcenaufteilung vorgesehen ist.

Modellierung

⊡ umfaßt alle Aktivitäten zum Entwurf einer →*Szene* und damit letztendlich einer

Animation. Sie stellt damit eine wesentliche Phase eines → *Computeranimationsprojekts* dar. Bei der → *fotorealistischen Computeranimation* umfaßt das Modellieren die Teilaspekte des → *geometrischen Modellierens* und des → *optischen Modellierens*. Ergebnis der Modellierungsphase sind Szenendateien (→ *Dateien*), die in einem für die → *Bilderzeugung* geeigneten Format (→ *Bilderzeugungsschnittstelle*) beschrieben sind. In → *Computeranimationssystemen* geschieht die Modellierung häufig mit einem eigenen → *Gestaltungsmodul*.

model(l)ing
[*engl.* ⇒ *Modellierung*②].

Moiré-Effekt
[*frnz.* moiré, geflammt] Durch Überlagerung (Interferenz) zweier Raster, besonders von Linienmustern im dargestellten Bild (ein gestreiftes Hemd oder der Kühlergrill eines Autos) mit den Linien des Ausgabegerätes (den Bildschirmzeilen) ensteht ein charakteristisches Muster, das *Moiré*.

Monitor
[*lat.* Aufseher] ⊞ ∞ An einen Rechner angeschlossener Bildschirm, meistens Bestandteil eines → *interaktiven* Rechnerarbeitsplatzes. Monitore sind ähnlich wie Fernsehgeräte auf der → *Kathodenstrahlröhre* aufgebaut.

motion blur
[*engl.* motion, Bewegung, *engl.* blur, Verschwommenheit] ⌑ ⇒ *Bewegungsunschärfe*.

mouse
[*engl.* ⇒ *Maus*] ⊞.

n

Nachbearbeitung
[*engl.* postprocessing, postproduction] ⌑ Die letzte Phase eines → *Computeranimationsprojekts*. Sie umfaßt das Schneiden von Rohsequenzen zum Endfilm, unter Umständen unter Zuhilfenahme von → *Videotricks*, sowie die Vertonung.

Nahaufnahme
⊡ ⊞ → *Kameraeinstellung*.

Normale
√ Senkrechte; ein → *Vektor*②, der senkrecht zu einem anderen oder zu einer Fläche steht. Die Oberflächennormale geht aufgrund ihrer Bedeutung im → *Reflexionsgesetz* und → *Brechungsgesetz* wesentlich in die → *Beleuchtungsmodelle* der Computergraphik ein.

Normaleninterpolation
⬚ → *Shading*.

Normalperspektive
⊞ → *Perspektive*②.

NTSC _____

→ *Fernsehsignale.*

number crunching _____

[*engl.* Zahlen zermalmen] ⌗ bezeichnet die umfangreiche numerische Berechnung, etwa durch →*Supercomputer* oder → *Vektorrechner.*

O

objektorientiert _____

⌗ Beim objektorientierten Programmieren wird das Verhalten sogenannter Objekte spezifiziert. Ein Objekt besteht aus seinen Zustand beschreibenden Daten zusammen mit Operationen, den sogenannten Methoden. Zur Veränderung ihres Zustands treten Objekte mit anderen durch Nachrichten in Beziehung, die beim Empfängerobjekt das Ausführen von Methoden bewirken. Objekte gehören Klassen an, die den Rahmen für die Datenstrukturen und Methoden ihrer Objekte bilden. Klassen können in hierarchischer Beziehung zueinander stehen, wobei eine Klasse die Datenstrukturen und Methoden ihrer Elternklasse erbt. Das objektorientierte Programmieren kann in natürlicher Weise auch bei der →*Modellierung* bei Computeranimationen eingesetzt werden, etwa so, daß die Akteure einer Animation durch Objekte repräsentiert werden. Beispiele: →*Smalltalk*, →*C++.*

Octree _____

[*grch.* octa, acht, *engl.* tree, baum] ⌗ auch *Octtree.* Eine Modifikation der →*Gittertechnik*, bei der der Szenenquader in acht Teilquader zerlegt wird, die ihrerseits wiederum zerlegt werden, und so fort, bis die Teilszene in den Teilquadern hinreichend einfach ist. Die dabei entstehende hierarchische Struktur wird Octree genannt. Die zweidimensionale Entsprechung ist der →*Quadtree.*

optisches Modellieren _____

⌗ umfaßt die →*Modellierung* der →*Materialien* der Objekte der einer fotorealistischen Computeranimation zugrundeliegenden →*Szenen* sowie die Platzierung und die Definition der Eigenschaften der →*Lichtquellen* in den →*Szenen.*

optische Platte _____

⌗ Massenspeicher, der aus beschichteten Kunststoffplatten besteht, die wie →*Magnetplatten* rotieren und ebenfalls in Spuren und Sektoren eingeteilt sind. Das Schreiben und Lesen erfolgt mit Laserstrahlen. Unterschieden werden nurlesbare Platten, etwa die auf den CD-Audiodisks basierenden CD-ROMs, einmal beschreibbare optische Platten (WORM = write once read multiply) sowie wiederbeschreibbare magneto-optische Platten. Die Speicherkapazität der optischen Platten ist höher als die der Magnetplatten, die Zeit zum Zugriff auf die gespeicherte Information kann je nach Technologie länger sein.

overlapping action _____

[*engl.* überschneidende Handlung] ⌗ Das Bewegen eines Objekts über seine Zielposition hinaus und wieder zurück zur Verdeutlichung der Bewegung. →*Animationsregeln.*

Oversampling _____

[*engl.* over, über-, *engl.* sample, Stichprobe] ⊡ Verfahren zur Beseitigung des →*Alias-Effekts* durch eine höhere Stichprobenanzahl (Abtastrate) bei der →*Digitalisierung*, als tatsächlich später weiterverarbeitet werden. Die Reduktion auf die weiterverarbeitete Anzahl von Werten geschieht durch Mittelung. Beispielsweise können →*Rasterbilder* in einer höheren →*Auflösung* als der des gewünschten →*Rasterbildes* berechnet und dann durch Mittelung benachbarter →*Bildpunkte* des höher aufgelösten Bildes erhalten werden.

p

Paddle _____

[*engl.* to paddle, (um)rühren] ⊡ Ein Drehregler, bei dem die Stellung des Drehknopfes in eine Zahl (z.B. im Bereich 0 bis 255) zur weiteren Verwendung durch einen Rechner umgewandelt wird, häufig in Verbindung mit einem *Button* oder Druckknopf.

Paintbox _____

[*engl.* to paint, malen, *engl.* box, Kasten, Schachtel] ⊡ ⊡ Gerät/System zum Erstellen zweidimensionaler Bilder durch Simulation von Farbe und Pinsel auf einem Rechner mit geeigneten Ein- und Ausgabegeräten. →*Videotrick*.

Painting-Modul _____

⊡ Der Painting-Modul ist Teil der Software eines →*Computeranimationssystems*. Er stellt Werkzeuge zum unmittelbaren, →*interaktiven* Gestalten von Bildern zur Verfügung. So können Bilder durch simulierte Pinsel, die über ein graphisches Eingabegerät wie die →*Maus* oder das →*Digitalisier-Tablett* bedient werden, manipuliert werden. Ferner sind Bildteile auszuschneiden, zu transformieren und wieder einzusetzen. In der →*fotorealistischen Computeranimation* kann der →*Painting-Modul* zur Bildretusche oder zum Entwurf von →*Texturen* eingesetzt werden.

PAL _____

∞ →*Fernsehsignale*.

Panavision _____

▥ ⇒*Cinemascope*.

Panoramieren _____

▥ Vortäuschen eines Kameraschwenks durch Bewegen der Szene bei feststehender Kamera.

Parallelprojektion _____

[*grch.* parallel, gleichlaufend] √ →*Projektion*.

Parameterdarstellung _____

⊡ →*flächenorientiertes Modellieren*.

Pascal

[nach Blaise Pascal] ⊞ eine höhere →*Programmiersprache*, die um 1970 von N. Wirth auch als Ausbildungsprogrammiersprache entwickelt wurde. In den Sprachkonstrukten von Pascal wurde das Konzept des strukturierten Programmierens berücksichtigt. Pascal zeichnet sich durch seine elegante Beschränkung auf das wesentliche aus, ist aber inzwischen zumindest in seiner ursprünglichen Form überholt. Neuere Konzepte wie das Modulkonzept, das in der von Wirth entwickelten Nachfolgersprache Modula-2 eingeführt wurde, werden mittlerweile auch in Pascal-Dialekten berücksichtigt. Oberon, der Modula-2-Nachfolger von Wirth, stellt zusätzlich Möglichkeiten des →*objektorientierten* Programmierens zur Verfügung.

Patch

[*engl.* Flicken, Fleck] ⊡ Ein Flächenstück, das Teil einer Gesamtfläche ist. →*Freiformflächen*, →*flächenorientiertes Modellieren*.

Path

[*engl.* Pfad] ⊡ Der Weg, entlang dem ein animiertes Objekt sich bewegt.

PC

[Akronym für *engl.* <u>p</u>ersonal <u>c</u>omputer, persönlicher Rechner] ⊞ →*Mikrorechner*.

Peripherie

[*lat.* Außenrand] ⊞ Ein- und Ausgabegeräte eines Rechners, zum Beispiel →*Monitor*, Drucker, →*Magnetplatte*, →*Magnetband*station.

Perspektive ①

[*lat.* perspicere, hindurchsehen] ℓ𝑝 △ Zweidimensionale Darstellung dreidimensionaler Objekte so, daß der abgebildete Gegenstand wie ein Körper im Raum erscheint (Größenabnahme, Änderung von Beleuchtung und Farbe mit zunehmender Entfernung).

Perspektive ②

[*lat.* perspicere, hindurchsehen] ⊡ Aufnahme-Blickwinkel der Kamera. Bekannte Perspektiven sind die

Normalperspektive: Kamera in Augenhöhe, Blickrichtung waagrecht,

Froschperspektive: Kamera unterhalb der Augenhöhe,

Vogelperspektive: Blickrichtung senkrecht von oben nach unten.

PHIGS

[Akronym für *engl.* <u>P</u>rogrammer's <u>H</u>ierarchical <u>I</u>nteractive <u>G</u>raphics <u>S</u>ystem, hierarchisches interaktives graphisches Programmiersystem] ⊡ eine graphische Schnittstelle, die eine Weiterentwicklung von →*GKS* ist. Über →*GKS* hinaus sind hierarchische Szenen sowie bei PHIGS+ komplexere geometrische Objekte und Shading-Verfahren enthalten. PHIGS+ ist auch als Graphikschnittstelle beim →*X-Window-System* unter der Bezeichnung PEX zu finden.

Phong Shading

⊡ →*Shading*.

physically based modeling _____

[*engl.* physikbasierte Modellierung] ⌨ Anwendung physikalischer Gesetze bei der
→*Modellierung* einer →*fotorealistischen Computeranimation.* Neben den optischen
Gesetzen betrifft das insbesondere Gesetze der Mechanik, um Bewegungsabläufe
entsprechend der physikalischen Gegebenheiten zu simulieren. →*Simulator.*

Pixel _____

[*engl.* P̲icture e̲lement, Bildelement, *aus Am. pl* pix (pictures) Bilder, Illustrationen]
⌨ ⇒*Bildpunkt.*

Pixilation _____

[*engl.* pixy, Elfe, Fee, *auch: Am* pixilated, verwirrt, durchgedreht, durcheinander,
slang besoffen, blau] ▥ Ein Filmtrick durch →*Einzelbildaufzeichnung* bewegter
Objekte in einer Frequenz, die mit der Bewegungsfrequenz übereinstimmt. Bei-
spielsweise wird ein gehender Mensch immer dann aufgezeichnet, wenn der linke
Fuß die Erde berührt, der rechte aber in der Luft ist, so daß der Eindruck des
Gleitens entsteht.

Plotter _____

[*engl.* to plot, zeichnen] ⌨ Mechanisches Zeichengerät, bei dem ein Stift über das
Papier geführt wird.

Polyeder _____

[*lat.* poly, mehr, viel] √ Vielflächner.

Polygon _____

[*lat.* poly, mehr, viel] √ Vieleck, n-Eck.

Polynom _____

√ ⌨ Ausdruck der Form $p(x) := a_0 + a_1 x + a_2 x^2 + \ldots + a_n x^n$. Sind a_0,
$a_1, \ldots, a_n$ fest gewählte Zahlen, dann definiert $p(x)$ eine Polynomfunktion $p :$
$\mathbb{R} \to \mathbb{R}$. n ist der *Grad* des Polynoms ($a_n \neq 0$ vorausgesetzt), x die *Varia-*
ble. Polynome in mehreren Variablen sind definiert durch $p(x_1, x_2, \ldots, x_m) =$
$\sum_{i_1=0}^{n_1} \sum_{i_2=0}^{n_2} \cdots \sum_{i_m=0}^{n_m} a_{i_1,i_2,\ldots,i_m} x_1^{i_1} x_2^{i_2} \ldots x_m^{i_m}$. Aufgrund ihrer guten Handhabbar-
keit und ihrer günstigen mathematischen Eigenschaften sind Polynome eine wesent-
liche Klasse von Funktionen beim →*geometrischen Modellieren.* →*CAGD.*

Postproduction _____

→*Nachbearbeitung.*

Postscript _____

▦ eine kellerorientierte →*Programmiersprache,* die zur Beschreibung von Text/Gra-
phik-Dokumenten entwickelt wurde. So gibt es beispielsweise Laserdrucker, die in
Postscript beschriebene Dokumente verarbeiten, d.h. ausdrucken. Postscript wird
aber auch als Protokollsprache für Fenstersysteme in →*Rechnernetzen* eingesetzt.
→*Fenstertechnik.*

Planung _____

⌨ Ausgehend vom →*Drehbuch* ist die Durchführung eines →*Computeranimations-*
projekts zu planen. Ergebnis der Planungsphase ist der →*Projektplan.*

prädikativ

⠿ Beim prädikativen Programmieren werden Fakten und Eigenschaften („Prädikate") eines zu lösenden Problems deklariert. Diese werden von einem systeminternen, nach logischen Schlußregeln arbeitenden Auswertealgorithmus zum Herleiten einer Lösung verwendet. Ein prädikatives Programm besteht also aus einer Menge von Fakten und Regeln, mit denen aus bekannten Fakten auf logische Weise neue Fakten gewonnen werden. Ein Beispiel für eine prädikative Programmiersprache ist → *Prolog*. Die prädikative Programmierungstechnik kann auch zur → *Modellierung* in der Computeranimation eingesetzt werden.

Preblack

[*engl.* vorschwärzen] ⊡ Vorformatieren des Videobands mit einem kontinuierlichen → *Videosignal*, Steuersignal und → *Zeitcode*, um den → *elektronischen Schnitt* und die → *Einzelbildaufzeichnung* zu ermöglichen. → *Animation-Controller*.

Preview

[*engl. theat. film* private Voraufführung, Vorschau] ⅲ ⊡ In der Computeranimation die Berechnung einer Animationssequenz zu Kontroll- oder Entwurfszwecken. Um den Aufwand dabei niedrig zu halten oder um eine Darstellung in → *Echtzeit* ohne aufwendige → *Einzelbildaufzeichung* zu erhalten, werden auch Abstriche in der Qualität hingenommen. Die Darstellung geschieht dann etwa als → *Drahtmodell* oder durch eine in geringer → *Auflösung* berechnete Sequenz aus → *Rasterbildern*, die direkt auf dem → *Rastergraphik-Display* eines Rechners wiedergegeben wird.

Primärfarbe

[*lat.* primitivus, der erste (in seiner Art)] (Grundfarbe) ⅋ Die drei Farben, die in der Malerei und der Drucktechnik zur Herstellung von → *Farbmischungen* verwendet werden und mit denen sich alle anderen *subtraktiv* mischen lassen; es handelt sich dabei um eine Qualität von Rot, von Blau und um volles Gelb. Diese sind nach DIN 5021 (Deckfarben) und DIN 16508–10 und 16538–39 (Buch-, Offset- und Tiefdruck, national und europäisch) festgelegt.

Die *additiven* Primärfarben sind Rot, Grün und Blau (→ *RGB*). Die Rot- und Blaukomponente unterscheidet sich dabei wesentlich von den gleich bezeichneten subtraktiven Grundfarben.

Durch Mischen von je zwei Primärfarben entstehen die → *Sekundärfarben*.

Primitive

[*lat.* primitivus, der erste (in seiner Art)] ⌸ Geometrische Grundobjekte (→ *Polygon*, Kugeloberfläche) oder Grundkörper (Kugel, Würfel) aus denen komplexe Objekte modelliert (→ *Modellierung*②) werden können.

Programmiersprache

⠿ Eine Sprache zur Formulierung von → *Algorithmen* so, daß sie von Rechnern ausgeführt werden können. Ein *Programm* ist die Formulierung eines → *Algorithmus* in einer Programmiersprache. Beispiele: → *Assembler*, → *C*, → *C++*, → *Forth*, → *Fortran*, → *Lisp*, → *Pascal*, → *Prolog*, → *Smalltalk*. → *Compiler*.

Projektion

[*lat.* das Hervorwerfen] √ Abbildung, bei der das Bild aus dem zwei- oder dreidimensionalen Original dadurch entsteht, daß Geraden (*Projektionsstrahlen*) durch die Punkte des Originals mit der → *Bildebene* geschnitten werden. Die Schnittpunkte sind die Bildpunkte, deren Gesamtheit die Bildfigur ausmacht.

Sind die Projektionsstrahlen parallel, wird von *Parallelprojektion* gesprochen (senkrechte, rechtwinklige oder orthogonale Parallelprojektion, falls die Projektionsstrahlen senkrecht zur Bildebene verlaufen, schräge oder schief(winklig)e Parallelprojektion sonst).

Laufen die Projektionsstrahlen durch einen gemeinsamen Punkt (*Projektionszentrum*), wird von *Zentralprojektion* gesprochen.

Projektplan

▣ Der Projektplan ist Ergebnis der → *Planung* eines → *Computeranimationsprojekts*. Er enthält die finanzielle Planung, die benötigte Ausstattung sowohl an Technik als auch an Personal, einen Zeitplan sowie Maßnahmen zur Projektüberwachung und Projektverwaltung.

Prolog

[Akronym für *engl.* programming in logic] ⠿ eine weitverbreitete → *prädikative* → *Programmiersprache*.

Prozessor

⠿ Zentraleinheit des Computers, bestehend aus Rechen- und Steuerwerk ohne Speicher oder → *Peripherie*. Ein Prozessor verfügt über eine Sammlung von Befehlen, die er ausführen kann. Diese sind Gegenstand der Maschinensprache. Ein Programm ist eine Ansammlung solcher Befehle. Da diese Befehle sehr elementar sind und es schwierig ist, damit größere Programme hinreichend schnell fehlerfrei zu realisieren, wurden mächtigere → *Programmiersprachen* entwickelt. → *Mikroprozessor*, → *Gleitkommaprozessor*, → *Graphikprozessor*.

q

Quadrik

√ Die Punktmenge, die durch eine → *Polynom*gleichung vom Grad 2 beschrieben wird. In der Ebene sind Ellipsen, Hyperbeln und Parabeln Quadriken (Bauart der Gleichung: $ax^2 + by^2 + cxy + dx + ey + f = 0$, a, b, c, d, e, f konstant), im Raum Ellipsoide, Hyperboloide, Paraboloide in verschiedenen Ausprägungen.

Quadtree

[*engl.* quadratic tree, Quadratbaum] ⠿ Datenstruktur zum Speichern einer zweidimensionalen Flächenüberdeckung, bei der quadratische Felder sukzessive in vier weitere quadratische Felder zerlegt werden. → *Gittertechnik*, → *Octree*.

Querspurverfahren

∞ Verfahren zur Aufzeichnung auf → *Magnetband*, bei dem das Band mit konstanter Geschwindigkeit an einem quer dazu rotierenden Magnetkopf vorbeigezogen wird. → *Videoaufzeichnungsformate*.

r

radiosity approach _____
⏣ ⇒*Strahlungsverfahren.*

Radphänomen _____
� Ein →*stroboskopisches* Phänomen, das nach den sich scheinbar rückwärts drehenden Postkutschenrädern in Spielfilmen benannt ist. Das Rad dreht sich pro Bild um fast einen Speichenabstand weiter, so daß jede Speiche der Position ihrer Vorgängerin näher ist.

RAM _____
[Akronym für *engl.* r̲andom, frei, a̲ccess, Zugriff, m̲emory, Speicher] ⠿ Ein Schreib-Lese-Speicher, der in Speicherzellen organisiert ist, auf die in beliebiger Reihenfolge über eine Adresse zugegriffen werden kann. RAMs werden üblicherweise durch Halbleiterchips realisiert, die eine hohe Packungsdichte aufweisen (z.B. Megabit-Chips mit einer Million Bit und mehr). So realisierte Halbleiterspeicher verlieren bei Stromabschaltung ihren Inhalt.

Rasterbild _____
[*lat.* Harke, *grch.* grapheïn, schreiben] ⏣ Ein Bild, das aus Zeilen aufgebaut ist, die sich wiederum aus →*Bildpunkten* zusammensetzen und somit ein Raster bilden, wird als Rasterbild bezeichnet. →*Alias-Effekt,* →*Auflösung,* →*Seitenverhältnis,* →*Farbtiefe,* →*Rastergraphik-Display,* →*Bildwiederholspeicher,* →*Vektorgraphik.*

Rastergraphik-Display _____
⏣ dient zur Darstellung von →*Rasterbildern* zur →*interaktiven* Manipulation. Rastergraphik-Displays werden meist mittels einer →*Kathodenstrahlröhre* realisiert, wobei der Elektronenstrahl durch einen Display-Prozessor gesteuert wird, dessen Intensität entsprechend dem Inhalt eines →*Bildwiederholspeichers* gesteuert wird, der das Bild enthält.

Rastergraphik-Displays sind Teil der Benutzerschnittstelle von →*Arbeitsplatzrechnern* und bilden die Basis verschiedener heute verbreiteter Interaktionstechniken (→*Ikontechnik,* →*Menütechnik,* →*Fenstertechnik*). Rastergraphik-Diplays werden auch als *Bitmap-Diplays* bezeichnet, häufig speziell diejenigen, die sich auf Schwarzweißdarstellung, also 1 Bit pro →*Bildpunkt,* beschränken. →*Graphikprozessor.*

Raumbildverfahren _____
Die ⇒*Stereoskopie.*

ray casting _____
[*engl.* ray, Strahl, *engl.* cast, auswerfen] ⏣ ⇒*Strahlverfolgungsverfahren.*

ray tracing _____
⏣ ⇒*Strahlverfolgungsverfahren.*

real time _____
[*engl.* Echtzeit] ⠿ ⇒*Echtzeit.*

Realfilm _____

⚏ Film, der mit laufender Kamera ohne → *Einzelbildaufzeichnung* hergestellt wird, im Gegensatz zum → *Trickfilm*.

Realtrick [1] _____

⚏ Animation, bei der statt synthetischer fotografierte Objekte verwendet werden.

Realtrick [2] _____

⚏ → *Zeitraffung* zur Verfremdung sich bewegender Gegenstände.

Rechnernetz _____

⚏ Ein Rechnernetz ist die Kopplung mehrerer Rechenanlagen über Kommunikationsleitungen zur gemeinsamen Nutzung von Datenbeständen, Software oder Hardware oder zur gemeinsamen Bereitstellung von Rechenleistung. → *LAN*, → *Ethernet*.

recording _____

[*engl.* → *Aufzeichnung*].

reflection mapping _____

[*engl.* reflection, Spiegelung, *engl.* to map, kartographisch darstellen] ⚏ → *Textur*.

Reflexionsgesetz _____

⚏ Bei der Reflexion eines Lichtstrahls sind der Winkel des einfallenden Lichtstrahls und der des ausfallenden Lichtstrahls relativ zur Oberflächennormalen gleich, die Strahlen liegen symmetrisch zur Normalen und zusammen mit der Normalen in einer Ebene. → *Strahlverfolgungsverfahren*.

rekursives Modellieren _____

⚏ Das Zusammensetzen komplexer Modelle aus einfacheren Modellen nach Ersetzungsregeln. Dabei können auch Teile von Objekten direkt oder indirekt wieder durch sich selbst ersetzt werden, was einer rekursiven Definition entspricht. Die Ersetzungsregeln können als → *Grammatik* gegeben sein, z.B. $S \to aSb$, $S \to ab$, woraus $aabb$, $aaabbb$, ..., $a^n b^n$ ableitbar ist. Anstelle der Textzeichen in diesem Beispiel werden dabei geometrische Objekte verwendet. Komplexe Verzweigungsstrukturen wie Bäume sind auf diese Weise einfach zu modellieren (→ *Lindenmayer-Systeme*). Auch → *Unterteilungsverfahren* können als Spezialfall des rekursiven Modellierens aufgefaßt werden. Ferner sind gewisse Klassen von → *Fraktalen* rekursiv einfach zu modellieren. → *geometrisches Modellieren*.

rendering _____

[*engl.* Übertragung, Umsetzung, Darstellung] ⚏ → *Bilderzeugung*.

Renderman _____

⚏ Renderman wurde von der Computeranimationsfirma Pixar als → *Bilderzeugungsschnittstelle* entwickelt. Die Renderman-Schnittstelle umfaßt eine Szenenbeschreibungsschnittstelle sowie eine Shading-Sprache zur Implementierung zusätzlicher Bilderzeugungsverfahren zu den vorhandenen. Die Schnittstelle ist als Sprachanbindung an die Programmiersprache → *C* konzipiert, es ist jedoch auch eine textuelle Darstellung zur Verwendung als → *Datei*format oder Transportprotokoll in → *Rechnernetzen* vorgesehen.

RGB _____

[Akronym für R̲ot, G̲rün, B̲lau] Komponentenweise Darstellung von Farben durch additive →*Farbmischung.* Die Komponenten sind Koordinaten im Einheitswürfel mit den Achsen Rot, Grün und Blau. →*HLS* und →*HSV.*

Rilleneffekt _____

Der ⇒*Machbandeffekt.*

RISC-Prozessor _____

[*engl.* r̲educed i̲nstruction s̲et c̲omputer] ▦ →*Prozessor,* der sich von den üblichen sogenannten CISC-Prozessoren (c̲omplex i̲nstruction s̲et c̲omputer) durch einen Befehlssatz aus sehr einfachen Befehlen mit etwa gleicher Ausführungszeit unterscheidet, die es den →*Compilern* erlauben, bei der Übersetzung besonders gut zu optimieren. Für Anwendungen, bei denen die leistungsfähigen Befehle der CISC-Prozessoren nicht benötigt werden, wird dadurch eine erheblich bessere Laufzeit von Programmen erzielt. Für spezielle Aufgaben werden RISC-Prozessoren durch Zusatzprozessoren unterstützt, etwa durch einen →*Gleitkommaprozessor.* Die RISC-Architektur ist besonders zur Realisierung durch →*Mikroprozessoren* geeignet.

Rollkugel _____

(*engl.* track ball) ⏚ auch Rollball genannt, ist ein Gerät zur →*interaktiven* graphischen Eingabe. Eine Kugel in einem Gehäuse wird gerollt, wobei ihre Bewegung in Zahlenwerte umgewandelt wird.

Rotationskörper _____

(Drehkörper) √ Die Punktmenge im Raum, die von einem um eine Rotationsachse gedrehten Objekt überstrichen wird. Ein Sonderfall ist die Rotation eines Polygonzugs, der mit der Rotationsachse in einer gemeinsamen Ebene liegt, wodurch eine spezielle Rotationsfläche entsteht, beispielsweise ein Zylinder- oder Kegelmantel, wenn der Polygonzug nur aus einer Strecke besteht. →*Sweep-Körper.*

run-length encoding _____

[*engl.* Lauflängencodierung] ▦ Verfahren zur →*Kompression* von Zeichenfolgen, bei dem aufeinanderfolgende gleiche Zeichen durch Anzahl des Auftretens ersetzt werden. →*Rasterbilder* können so etwa zeilenweise komprimiert werden, wobei sich bei großen einfarbigen Flächen, beispielsweise dem Hintergrund, die zu speichernde Datenmenge verringert.

S

Scanner _____

[*engl.* to scan, abtasten] ⏚ Gerät zur →*Digitalisierung,* das eine Bildvorlage optisch abtastet und in →*Bildpunkte* zerlegt, so daß es als →*Rasterbild* weiterverarbeitet werden kann.

Schlüsselbildanimation _____

(*engl.* keyframe animation) ▥ ⟦⟧ Erzeugen einer Animation, indem aus signifikanten Bildern, den Schlüsselbildern, die Zwischenbilder interpoliert werden (*engl.*

in-betweening). In der Zeichentricktechnik geschieht dies zeichnerisch oder rechnerunterstützt, in der Computeranimation durch rechnerische Interpolation der Veränderung der Szene zwischen den Schlüsselbildern.

Schrägspurverfahren

∞Verfahren zur Magnetbandaufzeichnung, bei dem das Band mit konstanter Geschwindigkeit an einem schräg dazu rotierenden Magnetkopf vorbeigezogen wird. → *Videoaufzeichnungsformate.*

Schriftgenerator

[*lat.* generatio, Zeugung] ▱ III Gerät zum Einblenden von Schrift, das bei der →*Nachbearbeitung* von Animationen Anwendung findet. → *Videotrick.*

Schwenk

III Der ⇒*Kameraschwenk.*

script

[*engl.* ⇒*Drehbuch*] III .

SECAM

∞ → *Fernsehsignale.*

Sehpyramide

⚠Bei der →*Zentralprojektion* bildet die Menge der Punkte im Raum zwischen dem Augenpunkt und der Bildebene bei rechteckigem Bildausschnitt eine Pyramide, die Sehpyramide genannt wird.

Seitenverhältnis

[*engl.* aspect ratio] ▱ Das Verhältnis der Breite zur Höhe eines Bildes, aber auch eines →*Bildpunkts* eines →*Rasterbildes.*

Sekundärfarbe

[*lat.* secundus, der zweite] ℘ Farbe, die durch Mischen zweier →*Primärfarben* entsteht (→*Farbmischung*).

Shading

[*engl.* Schattierung] ▱ bedeutet die Berechnung der Intensität und Farben der in einem fotorealistischen Bild sichtbaren Flächen. Das Shading schließt sich üblicherweise an die Sichtbarkeitsberechnung, z.B. mit dem →*Tiefenpufferalgorithmus*, an. Grundlage für Shading-Verfahren sind →*Beleuchtungsmodelle.* Speziell zum Shading von Polygonen wurden verschiedene sehr einfache, aber wirkungsvolle Verfahren zum Shading für →*Echtzeitanimation* entwickelt. Diese erhält man aus dem →*Beleuchtungsmodell* durch einschränkende Annahmen über Lichtquellen, →*Projektion* sowie durch Interpolation:

Constant Shading [*engl.* constant, konstant]: die ganze Polygonfläche bekommt einen Intensitätswert zugewiesen, der sich unter der Annahme von parallel einfallendem Licht und Parallelprojektion bei der Darstellung errechnet.

Smooth Shading [*engl.* smooth, weich]: wird zum kontinuierlichem Shading glatter Flächen verwendet, die durch ein Polygonnetz approximiert sind. Kontinuierliche Intensitätsübergänge werden durch Interpolation nach einem der beiden folgenden Verfahren erreicht.

Gouraud Shading [nach Henri Gouraud]: ein Verfahren zum smooth shading, bei dem zunächst die Intensitäten an den Polygoneckpunkten berechnet werden, die dann linear ins Innere des Polygons interpoliert werden.

Phong Shading [nach Phong Bui-Tuong]: Zunächst werden gemittelte Normalenvektoren an den Polygoneckpunkten berechnet. Aus diesen wird zu jedem inneren Punkt des Polygons ein Normalenvektor interpoliert, der bei der Berechnung der Intensität durch das Beleuchtungsmodell eingesetzt wird. Phong Shading wird daher auch als Normaleninterpolations-Shading bezeichnet. Der Zusatzaufwand des Phong Shading gegenüber dem Gouraud-Shading wird in Kauf genommen, um den → *Machbandeffekt* zu vermindern.

shadow mapping _____

[*engl.* shadow, Schatten, *engl.* to map, kartographisch darstellen] ⵆ → *Textur*.

Shannonsches Abtasttheorem _____

√ ⠿ Das von Claude E. Shannon aufgestellte Theorem besagt, daß bei der → *Digitalisierung* die Abtastfrequenz mindestens doppelt so hoch wie die höchste in einer Quelle vorkommende Frequenz sein muß. Wird diese Regel nicht beachtet, so muß mit Störungen beim Abtasten gerechnet werden, die sich als → *Alias-Effekte* bemerkbar machen.

Shutter-Effekt _____

[*engl.* Fenster-, Rolladen] (Jalousie-Effekt) ⫴ Ist bei der Filmaufzeichnung die Winkelgeschwindigkeit zu groß (meist durch einen zu schnellen Kameraschwenk, aber auch durch sich an der Kamera vorbeibewegende Objekte), geht der Eindruck der kontinuierlichen Bewegung verloren, das Bild oder das Objekt wirkt wie durch einen Lattenzaun betrachtet, und es wird von einem Shutter- oder Jalousie-Effekt gesprochen.

Sichtsimulation _____

ⵆ bildet die graphische Komponente eines → *Simulators* ① (Flug-, Fahr-, Schiffssimulator). Wesentlich bei der Sichtsimulation ist die Bildgenerierung in → *Echtzeit*, wobei ein für die Anwendung hinreichend realistischer Eindruck, insbesondere auch durch die Darstellung von Effekten wie Dunst, Nebel, Dämmerung, Wolken, erzielt werden muß.

Simulator ① _____

→ *Echtzeit*-Verfahren bzw. Gerät zur Darstellung oder Nachahmung natürlicher oder angenommener Gegebenheiten unter Berücksichtigung physikalischer Gesetze, z.B. zur Ausbildung in Fahr- oder Flugsimulatoren oder zur → *Visualisierung* beispielsweise chemischer oder physikalischer Phänomene.

Simulator ② _____

Simulationsprogramm zur Nachbildung des Verhaltens einer Erscheinung der realen Welt oder eines gedachten Modells. Anwendungsgebiet: → *physically based modeling*.

Skelett-Technik _____

⬚ eine Methode der → *Bewegungsmodellierung*, bei der lediglich die Bewegung eines Grundgerüsts spezifiziert wird, der dann das eigentliche Objekt folgt.

slow in/slow out _____

[*engl.*] ☰ Natürlich wirkendes Beschleunigen oder Bremsen zu Beginn oder am Ende einer Bewegung; dies ist beim →*in-betweening* zu beachten, da eine lineare Bewegung ruckartig wirkt. →*Animationsregeln.*

slow motion _____

[*engl.* langsame Bewegung] ⇒*Zeitlupe.*

Smalltalk-80 _____

☷ →*objektorientierte* →*Programmiersprache* und Programmierumgebung.

SMPTE _____

[*engl.* <u>S</u>ociety of <u>M</u>otion <u>P</u>icture and <u>T</u>elevision <u>E</u>ngineers, Gesellschaft der Film- und Fernsehingenieure].

solid geometry _____

⌗ →*körperorientiertes Modellieren.*

spektrales Modellieren _____

⌗ Eine gegebene Funktion läßt sich mittels der →*Fouriertransformation* in ihr Frequenzspektrum zerlegen und so in der Form $B_{H,n}(t) := \sum_{k=1}^{\frac{n}{2}-1}(A_k \cos 2\pi kt + B_k \sin 2\pi kt)$ annähern, analog für multidimensionale Funktionen. Beim spektralen Modellieren werden die Koeffizienten A_k, B_k in der gewünschten Form manipuliert. Damit lassen sich insbesondere periodische Erscheinungen wie Wellenbewegungen an Wasseroberflächen, aber auch spezielle Wolkentypen oder Texturen relativ einfach entwerfen. Auch →*Fraktale* können spektral modelliert werden.

Spektralfarben _____

⌖() Weißes Licht kann durch ein Prisma in ein Spektrum bunter Farben zerlegt werden. Im Wellenmodell der Optik entsprechen die dabei auftretenden Farbbereiche oder Spektralfarben Strahlung unterschiedlicher Wellenlänge: Rot, 780–627 nm, Orange, 627–589 nm, Gelb, 589–566 nm, Grün, 566–495 nm, Blau, 495–436 nm, Violett, 436–380 nm.

Spline _____

[*engl.* Wellennut] √ ⌗ eine Funktion, die sich stückweise aus beliebig differenzierbaren Teilfunktionen zusammensetzt, z.B. →*Polynome*, und die an den Zusammensetzstellen hinreichend oft differenzierbar ist. →*B-Spline-Technik*, →*geometrisches Modellieren*, →*CAGD.*

Spreadsheet _____

[*engl.* spread, ausbreiten, auslegen, *engl.* sheet, Blatt] Bildschirmtabelle, Tabellenkalkulation.

squash/stretch _____

[*engl.* squash, zerquetschen, *engl.* stretch, strecken, dehnen] ☰ Die übertriebene Verformung eines Objekts zum Beginn und zum Ende einer Bewegung. →*Animationsregeln.*

Stapelverarbeitung _____

(*engl.* Batch) Ein meist längerer Berechnungsauftrag, der als ganzes zur oft erst späteren Bearbeitung ohne direkten Eingriff durch den Auftraggeber abgegeben wird, früher etwa als Lochkartenstapel. Gegensatz: →*interaktive* Verarbeitung.

Stereoskopie ————————————————————————————————
[*grch.* stereo..., massiv, räumlich, körperlich, *grch.* ...skop, ...betrachtend] ⅢⅢ
Verfahren zur Aufzeichnung und Wiedergabe von Fotos oder Filmen, bei denen wie beim natürlichen Sehen jedem Auge nur das ihm zugeordnete Halbbild vermittelt wird, wodurch im Gehirn ein räumlicher Eindruck entsteht. Beim Stereoskop werden zwei nebeneinanderliegende Bilder durch Prismen betrachtet. Beide Halbbilder können auch in einem Bild dargestellt werden, unterscheidbar durch Komplementärfarben (z.B. rot/grün) oder polarisiertes Licht; dann ist zum Betrachten eine Rot-Grün-Brille bzw. eine Polarisationsbrille erforderlich.

Steuersignal ————————————————————————————————
→*Videoaufzeichnungsformate.*

Strahlungsverfahren ————————————————————————————
(*engl.* radiosity approach) ⅗ ein Bilderzeugungsverfahren der fotorealistischen Computergraphik, das die diffuse Interreflexion von Licht zwischen den Objekten einer Szene, also auch indirekte Beleuchtungseffekte simuliert. Die Größe des Intensitätsaustauschs zwischen zwei Oberflächenstücken der Szene ist durch eine geometrische Größe, den Formfaktor bestimmt. Aus den Formfaktoren für jedes Paar von Oberflächenstücken wird ein lineares Gleichungssystem aufgestellt, nach dem sich die von jedem Oberflächenstück abgestrahlte Intensität berechnet. →*Bilderzeugung.*

Strahlverfolgungsverfahren ————————————————————————
(*engl.* Raytracing) ⅗ ein Bilderzeugungsverfahren der fotorealistischen Computergraphik, das aus dem Strahlenmodell des Lichts abgeleitet ist und Schlagschatten, Spiegelung und Brechung in einer gegebenen Szene simuliert. Für jeden Bildpunkt des zu erzeugenden Bilds wird ein Sehstrahl in die Szene gezogen und sein Auftreffpunkt dort bestimmt. Ist das getroffene Objekt spiegelnd, wird ein Reflexionsstrahl entsprechend dem →*Reflexionsgesetz* weiterverfolgt, im transparenten Fall ein Brechstrahl nach dem →*Brechungsgesetz.* An den so entstehenden Auftreffpunkten wird entsprechend verfahren. An den Auftreffpunkten wird das einfallende Licht bestimmt und aus dem →*Material* am Auftreffpunkt mit dem verwendeten →*Beleuchtungsmodell* sein Beitrag zum Bildpunkt berechnet. →*Bilderzeugung,* →*Gittertechnik,* →*backward raytracing.*

Struktur ————————————————————————————————
[*lat.* Aufbau, Gefüge] →*Textur.*

subtraktive Farbmischung ————————————————————————
→*Farbmischung.*

Supercomputer ————————————————————————————
[*lat.* super..., über, über – hinaus, zu sehr] ▦ Die leistungsfähigsten Computer einer Epoche werden als Supercomputer bezeichnet. Heute sind das üblicherweise →*Vektorrechner,* zunehmend mit mehreren →*Prozessoren.* Bekannte Supercomputer der achtziger Jahre sind die *Cray*-Rechner, aber auch die *Cyber 205, Eta 10* oder die *Fujitsu VP*-Serie. Als *Minisupercomputer* werden Rechner bezeichnet, die

einen zu Supercomputern ähnlichen Aufbau haben, aber mit weniger aufwendiger Hardware-Technik realisiert sind. Diese sind weniger teuer und einfacher zu betreiben.

Das Interesse an Supercomputern in der Computeranimation kommt von der bei →*Fotorealismus* rechenaufwendigen →*Bilderzeugung*, sowie dem Einsatz der Computeranimation bei der →*Visualisierung* von Rechenergebnissen von Supercomputer-Anwendungen.

Sweep-Körper _____

[*engl.* sweep, fegen] √‾ ein Körper, der dadurch entsteht, daß eine Fläche (beispielsweise ein Polygon) entlang einer Bahnkurve durch den Raum bewegt wird. Alle überstrichenen Punkte gehören zum Sweep-Körper.

Sonderfälle des Sweepkörpers sind der →*Translationskörper*, dessen Bahnkurve eine Strecke ist, und der →*Rotationskörper* mit einer kreisbogenförmigen Bahnkurve. Vgl. →*körperorientiertes Modellieren*.

Szene _____

⛶ die Vorlage, aus der durch ein Bilderzeugungsverfahren ein Bild oder eine Bildfolge erzeugt wird. Eine Szene umfaßt die geometrische Beschreibung der darzustellenden Objekte (→*Primitive*), bei →*fotorealistischer Computeranimation* dreidimensional, die →*Materialien* der Objekte, die Definiton der →*Lichtquellen* sowie Angaben zur →*Projektion*. In der Filmtechnik wird der Begriff Szene als eine Sequenz im Handlungsablauf verstanden und die Szene im obigen Sinn als Szenario bezeichnet.

t

tablet _____

[*engl. hist* Schreibtafel; Schreib-, Notizblock] ⛶ →*Digitalisier-Tablett*.

Tablett _____

⛶ →*Digitalisier-Tablett*.

Tastbildschirm _____

⠿ Ein spezieller Bildschirm, bei dem beispielsweise durch sich unmittelbar vor dem Schirm kreuzende Infrarotstrahlen die Stelle bestimmt wird, die der Benutzer berührt.

Technicolor _____

▥ Von Herbert Kalmus 1926 entwickeltes Farbfilmsystem nach der Methode der subtraktiven →*Farbmischung*, bei dem der Film in drei Schichten je einen Farbauszug enthält.

TₑX _____

⠿ ein von D.E. Knuth entwickeltes Textsatzsystem. Dadurch, daß es relativ leicht auf verschiedenen Rechnern zu installieren und frei verfügbar ist, hat TₑX bzw.

Erweiterungen davon wie LaTeX eine recht weite Verbreitung gefunden, insbesondere bei Anwendungen, in denen mathematische Formeln verwendet werden. Ein Beispiel für ein mit LaTeX erstelltes Dokument ist dieses Buch. Im Zusammenhang mit TeX gibt es das Programm Metafont zur Generierung von →*Fonts*. Mit Metafont generierte Zeichensätze als auch mit TeX formatierte Texte können auch in Computeranimationen verwendet werden.

Text-Editor ⎯⎯⎯⎯⎯⎯⎯⎯⎯⎯⎯⎯⎯⎯⎯⎯⎯⎯⎯⎯⎯⎯⎯⎯⎯⎯⎯⎯⎯⎯⎯
Ein Programm zur Bearbeitung von Texten. →*Editor*.

Textur ⎯⎯⎯⎯⎯⎯⎯⎯⎯⎯⎯⎯⎯⎯⎯⎯⎯⎯⎯⎯⎯⎯⎯⎯⎯⎯⎯⎯⎯⎯⎯⎯⎯⎯⎯
[*lat.* textus, Gewebe, Geflecht, Zusammenhang] Textur in der Computeranimation ist die Feinstruktur eines →*Materials*, sei es einer Oberfläche oder eines Volumens. Beispiele für Texturen sind Oberflächenrauheiten wie Stuck und Borke, aber auch ein Karomuster, Holz- oder Marmormaserung. Texturierte Oberflächen in rechnergenerierten Bildern können einfach durch die *Texturabbildungstechnik (texture mapping)* realisiert werden. Bei der Texturabbildungstechnik wird zwischen *Oberflächentexturen* und *Körpertexturen* unterschieden. Im ersten Fall ist die Textur durch eine zweidimensionale →*Matrix*, im andern Fall durch eine dreidimensionale →*Matrix*, also ein →*Voxelmodell* gegeben. Die Matrixelemente sind Parameter des →*Beleuchtungsmodells* des →*Bilderzeugungsmoduls*. Ein bedeutender Sonderfall sind Farbparameter, also →*RGB*-Werte, wodurch es möglich wird, →*Rasterbilder*, insbesondere auch mittels eines →*Scanners* erfaßte Fotografien, als Textur zu verwenden. Ein anderer Sonderfall ist die Manipulation der →*Normalen* der Objektoberfläche, wodurch Rauheiten einfach erzeugt werden können. Dieses wird auch als *bump mapping* bezeichnet. Anschaulich wird die ebene →*Matrix* durch eine Abbildungsvorschrift um ein geometrisches Objekt gewickelt, während das Objekt aus der räumlichen →*Matrix* den von ihm überdeckten Raumteil ausschneidet. So ist jedem Punkt des Objekts ein Beleuchtungsparameter aus den Matrizen zugeordnet, der bei der →*Bilderzeugung* verwendet wird.

Texturen werden auch dazu verwendet, komplexere optische Effekte zumindest näherungsweise nachzuvollziehen, ohne ein zeitaufwendiges Bilderzeugungsverfahren wie das →*Strahlverfolgungsverfahren* oder das →*Strahlungsverfahren* anzuwenden. Beim *shadow mapping* werden Schatten, beim *reflection mapping* Spiegeleffekte durch die Verwendung geeigneter Texturmatrizen nachvollzogen.

Außer durch Texturabbildung können Texturen auch direkt bei der Bilderzeugung generiert werden, indem für jeden sichtbaren Objektpunkt bei der Farbberechnung des entsprechenden →*Bildpunktes* eine Textursimulationsroutine ausgeführt wird, die die gewünschten Materialparameter berechnet.

texture mapping ⎯⎯⎯⎯⎯⎯⎯⎯⎯⎯⎯⎯⎯⎯⎯⎯⎯⎯⎯⎯⎯⎯⎯⎯⎯⎯⎯⎯⎯⎯
[→*Textur*, *engl.* to map, kartographisch darstellen] →*Textur*.

Tiefenpufferalgorithmus ⎯⎯⎯⎯⎯⎯⎯⎯⎯⎯⎯⎯⎯⎯⎯⎯⎯⎯⎯⎯⎯⎯⎯⎯⎯⎯
(*engl. depth buffer*, auch *z-buffer*) Ein Verfahren zur →*Bilderzeugung*, bei dem die Tiefe, d.h. bei →*Parallelprojektion* die Entfernung von Objekten von der Bildebene, verwendet wird, um die gegenseitige Verdeckung zu bestimmen. Dieses Verfahren wird auch zur →*Echtzeitanimation* in Hardware realisiert.

time base corrector _____
[*engl.* Zeitbasiskorrektur] (TBC) ∞ bei → *Videorekordern* eine Schaltung zum Ersetzen einer fehlenden Bildstelle (→ *drop out*) durch Werte, die aus im → *Videosignal* benachbarten Bereichen ermittelt werden.

timecode _____
[*engl.* ⇒ *Zeitcode*] ∞.

timing _____
[*engl.* zeitliche Festlegung, Synchronisation] Zeitplanung der Ablaufgeschwindigkeit einer Bewegung.

Totale _____
◻ ▥ → *Kameraeinstellung.*

touch screen _____
⊟ [*engl.* to touch, berühren, *engl.* screen, Bildschirm] ⇒ *Tastbildschirm.*

track ball _____
[*engl.* track, Spur, Fährte, *engl.* ball, Kugel] ⊟ → *Rollkugel.*

Translationskörper _____
[*lat.* translatio, Übertragung] ⊡ Ein Körper, der dadurch entsteht, daß eine Fläche, beispielsweise ein → *Polygon*, entlang einer Strecke durch den Raum bewegt wird. Alle dabei überstrichenen Punkte gehören zum Translationskörper. Der Translationskörper ist ein Sonderfall des → *Sweep-Körpers* mit einer allgemeinen Bahnkurve. → *körperorientiertes Modellieren.*

Trickfilm _____
▥ Im Gegensatz zum → *Realfilm* nicht die Aufzeichnung darstellbarer Geschehnisse, sondern Simulation durch → *Realtrick.*

Triniscope-Verfahren _____
∞ ▥ Verfahren, um Videoaufzeichnungen auf Filmmaterial zu kopieren. Dabei werden die Farbauszüge für Rot, Grün und Blau auf → *Monitoren* mit entsprechend geeichten Phosphoren dargestellt und mittels eines Spiegelsystems auf einen Farbnegativfilm projiziert. Anschließend werden Positive erstellt. → *Image-Transfer-Verfahren.*

Turtle ① _____
[*engl.* Schildkröte] ⊟ Eine virtuelle Schildkröte zum Erzeugen von Graphik, die durch Befehle wie MOVE (Vorwärtsbewegung) und TURN (Richtungsänderung) gesteuert werden kann, besonders in der Programmiersprache → *Logo.*

Turtle ② _____
[*engl.* Schildkröte] ⊟ Ursprünglich ein mechanisches Gerät, das wie eine → *Turtle* ① gesteuert werden konnte und einen Stift über Papier führte.

U

Überblenden
▥ Nahtlose Überleitung von einer Szene zur anderen durch →*Abblenden* der ersten und gleichzeitiges →*Aufblenden* der zweiten. →*fade.*

Übertreibung
▥ ☐ Überspitzte Darstellung von Bewegung, aber auch von Charakteren, zur Verdeutlichung. →*Animationsregeln.*

U-matic
∞ Ein → *Videoaufzeichnungsformat.*

UNIX
▦ UNIX ist ein weit verbreitetes →*Betriebssystem*, das vor allem für Arbeitsplatzrechner verwendet wird. Der Beginn der Entwicklung von UNIX lag bei den Bell Laboratories / AT&T, deren geschütztes Warenzeichen UNIX ist, wurde dann aber von verschiedenen anderen Institutionen mehr oder minder unabhängig weitergeführt. Seine Verbreitung ist darauf zurückzuführen, daß es weitgehend in der höheren Programmiersprache →*C* geschrieben ist und damit relativ leicht auf verschiedene Rechner anpaßbar ist. So existieren heute zahlreiche verschiedene UNIX-Versionen. Als Hauptströme gelten das UNIX System V von AT&T sowie das Berkeley-UNIX (auch UNIX BSD) der University of California, Berkeley. UNIX tritt unter verschiedenen Namen auf, wie Xenix, Sinix, UX, Munix etc. Es gibt Bestrebungen für einen einheitlichen UNIX-Standard (X/Open-Gruppe).

Wesentliche Merkmale von UNIX sind sein hierarchisches Dateisystem (→*Dateien*), die Möglichkeit, gleichzeitig mehrere aktive Rechenvorgänge (Prozesse) auf dem Rechner ablaufen zu lassen und damit zusammenhängend das Rechnersystem mehreren Anwendern gleichzeitig nutzbar zu machen. Ferner bietet UNIX eine umfangreiche Sammlung von Dienstprogrammen (Werkzeuge, *engl.* tools) an, wie Editoren für Texte, →*Compiler*, Debugger (→*debugging*), Textverarbeitungsbausteine, Compilergeneratoren, Versionenverwaltung sowie mehrere →*Kommandosprachen*-Schnittstellen (Shells). Die Dienstprogramme können durch sogenannte *Pipes* in einfacher Weise zu komplexeren Operationen zusammengesetzt werden.

Der Umfang der für UNIX-Systeme erhältlichen Software wächst rapide. In der →*Computeranimation* bildet UNIX die Basis für verschiedene →*Computeranimationssysteme.*

Unterteilungsverfahren
⌸ eine Technik des geometrischen Modellierens, bei der ein gegebenes Elementarkurvenstück oder Elementarflächenstück in kleinere Teile zerlegt wird, welche in ihrer Lage variiert und dann rekursiv analog weitergeteilt werden. Damit können etwa komplexe Kurven wie Küstenlinien oder Flächen wie Gebirge modelliert werden. Die Unterteilungsverfahren können auch als ein Spezialfall für das →*rekursive Modellieren* verstanden werden.

V

Vario-Objektiv _____

Das →*Zoom*-Objektiv.

VDAFS _____

[Flächenschnittstelle des Verbandes der Automobilindustrie e.V., Frankfurt] ⊡ Dateiformat des Verbands der Automobilindustrie (VDA) zur Beschreibung von Modellen, die aus →*Freiform*kurven und -flächen zusammengesetzt sind. VDAFS 1.0 ist DIN-Norm (66 301), VDAFS 2.0 eine erhebliche Erweiterung hiervon. Unter anderem können auch sogenannte getrimmte Flächen beschrieben werden, das sind Flächen, aus denen durch Angabe von Berandungskurven Teilflächen herausgeschnitten sind. →*CAGD*.

Vektor ① _____

[*lat.* Träger, Fahrer] √ mathematisch gegeben durch Richtung und Länge, häufig auch als gerichtete Strecke mit Anfangs- und Endpunkt. Wie Punkte durch Koordinaten in einem Koordinatensystem können Vektoren durch Richtungskoordinaten bezüglich vorgegebener Basisrichtungen beschrieben werden.

Vektor ② _____

[*lat.* Träger, Fahrer] ⊡ in der →*graphischen Datenverarbeitung* Synonym für *Strecke*. →*Vektorgraphik-Display*.

Vektorgraphik-Display _____

⊡ dient zur Darstellung von Liniengraphiken (*Vektor* steht für *Strecke*). Verwendet wird dabei eine →*Kathodenstrahlröhre*, wobei die Strecken direkt mit dem Elektronenstrahl gezeichnet werden, also kein regelmäßiger zeilenweiser Bildaufbau wie bei →*Rastergraphik-Displays* erfolgt.

Vektorrechner _____

[*lat.* Träger, Fahrer] ⊞ Vektorrechner sind durch spezielle →*Prozessoren* in der Lage, Verknüpfungen von Vektoren schnell durchzuführen. Vektoren sind dabei nicht nur im mathematischen Sinn zu verstehen, →*Vektor*, sondern bezeichnen allgemein Kolonnen von Zahlen. Die Operationen umfassen elementweise Addition, Subtraktion, Multiplikation, Division und Vergleiche von Vektoren, aber auch Befehle zur Kompression und Expansion. Die Vektorprozessoren erreichen ihre besonders hohe Leistung durch die zeitlich überlappende Auswertung der Vektoroperationen durch mehrere Unterprozessoren nach dem Fließbandprinzip (*engl.* pipe lining). Vektoroperationen kommen in numerischen Berechnungen in großem Umfang vor, da diese häufig intensiv vom Matrizenkalkül Gebrauch machen, →*Matrix*. →*Supercomputer*.

Vektorskop _____

∞ ein Gerät zur Darstellung der Phasen- und Amplitudenlage des modulierten Farbträgers eines →*FBAS-Signals*. Anhand von Testbildern, deren Phasen- und Amplitudenlage bekannt sind, kann mit seiner Hilfe das Signal justiert werden.

VHS

∞ Ein → *Videoaufzeichnungsformat.*

Videoaufzeichnungsformate

[*lat.* video, ich sehe] ∞ Bei → *Videorekordern* werden verschiedene Aufzeichnungs-
formate verwendet: VHS, 8mm-Video und Betamax beim Heimvideo, U-matic im
semiprofessionellen Bereich und A-Format, B-Format, C-Format sowie Betacam
zum professionellen Einsatz. Diese Formate unterscheiden sich in der Form der Aufzeichnung des → *Videosignals,* die meistens im → *Schrägspurverfahren* geschieht, der
Steuerspur, die zur Synchronisation des Bandlaufs verwendet wird, und der Tonspuren. Steuerspur und Tonspur werden üblicherweise im → *Längsspurverfahren*
aufgezeichnet. Ferner ist die Breite des → *Magnetbands* unterschiedlich.

video blur

[*lat.* video, ich sehe, *engl.* blur, Verschwommenheit] ⊡ ∞ Bei der Animati-
onsberechnung für die Videoaufzeichnung wird berücksichtigt, daß das verwendete
→ *Videosignal* nach dem → *Zeilensprungverfahren* arbeitet. Beim *video blur* werden
nicht Vollbilder, sondern Halbbilder berechnet, die zeitlich gegeneinander versetzt
sind.

Videokamera

[*lat.* video, ich sehe] ∞ Eine → *Kamera* zur Aufnahme von Videofilmen. Die Videokamera liefert ein → *Videosignal,* das von einem → *Videorekorder* aufgezeichnet
werden kann. Unterschieden werden Röhrenkameras und CCD-Kameras. Bei den
zunehmend mehr Verbreitung findenden CCD-Kameras wird das einfallende Licht
von einem Halbleiter-Sensorarray in CCD-Technik (CCD = charge coupled device)
übernommen und in elektrische Signale umgesetzt.

Videokameras werden in der Computeranimation auch zur → *Digitalisierung* von
Bildern verwendet, um sie als → *Texturen* weiterzuverwenden. → *frame-grabber.*

Bei *Camcordern* ist die Videokamera und der → *Videorekorder* in ein Gerät integriert.

Videorekorder

[*lat.* video, ich sehe] ∞ Gerät zum Aufzeichnen von → *Fernsehsignalen* auf
→ *Magnetband.* Dabei wird das Magnetband an einer Kopftrommel so vorbeigeführt,
daß diese teilweise umschlungen wird. Die Kopftrommel enthält Magnetköpfe zur
Aufzeichnung bzw. zum Lesen der diversen aufgezeichneten Signale. Videorekorder
unterscheiden sich in der Art des aufgezeichneten → *Fernsehsignals* sowie dem
→ *Videoaufzeichnungsformat.*

Neben Ein- und Ausgängen für → *Fernsehsignale* verfügen professionelle Geräte
über eine Fernbedienungsschnittstelle, über die sie extern, auch mittels eines Rechners, gesteuert werden können. Über diese Schnittstelle sind alle Aktionen des Videorekorders steuerbar. Zur → *Einzelbildaufzeichnung* von Computeranimationen
gibt es spezielle → *Animation-Controller,* die den Videorekorder ebenfalls über diese
Schnittstelle steuern.

Videoschnitt

[*lat.* video, ich sehe] ∞ → *elektronischer Schnitt.*

Videosignal _____

[*lat.* video, ich sehe] ∞ Signal zur Steuerung der →*Kathodenstrahlröhre* eines →*Monitors.* Die Steuerung umfaßt die Ablenkung des Elektronenstrahls (Sync-Signal) bzw. der drei Elektronenstrahlen bei Farbdarstellung, sowie deren Intensität (Rot-, Grün-, Blau-Signal). Bei →*Monitoren* für Rechner werden diese vier Teilsignale häufig separat angeliefert, wobei sie meist aus einer in einem →*Bildwiederholspeicher* stehenden Bildinformation generiert werden. In der Fernsehtechnik werden die Teilsignale zu einem Signal kombiniert, dem →*FBAS-Signal.* Die Vielfalt der Möglichkeiten, etwa die →*Auflösung,* die →*Bildwiederholfrequenz* und die Art der Kombination betreffend, haben sich in diversen Formen von →*Fernsehsignalen* niedergeschlagen. →*Rastergraphik-Display.*

Videotrick _____

[*lat.* video, ich sehe] ∞ Manipulation von Videobildern in →*Echtzeit.* Typische Bildmanipulationsoperationen sind Rotation, Verschiebung, Zoom, Perspektive, Stauchungen, Abbilden auf dreidimensionale Gegenstände, Ausstanzen, Mischen mehrerer Signale und Beschriftung. Hierfür existieren spezielle Videotrickgeräte, die üblicherweise digital arbeiten und über einen den Echtzeitanforderungen entsprechend aufwendigen Hardware-Aufbau verfügen. Diese Geräte übernehmen →*Videosignale,* führen die Manipulation durch und liefern modifizierte →*Videosignale* zurück. →*Chroma-Key-Funktion,* →*Cox-Box,* →*Schriftgenerator.*

Videotricks können in der →*Computeranimation* bei der →*Nachbearbeitung* eingesetzt werden.

Vistavision _____

[*ital.* vista, Sicht, *lat.* visio, Schau] Ⅲ →*Filmformate.*

Visualisierung _____

⊡ Graphische Darstellung von abstrakten Daten und Prozessen. Visualisierungstechniken sind insbesondere im Zusammenhang mit →*Supercomputern* bedeutungsvoll, um das dabei anfallende Datenmaterial schnell und zuverlässig auswerten zu können. Insbesondere die →*Echtzeitanimation* kann helfen, den aktuellen Stand einer laufenden Berechnung zu erkennen, um gegebenenfalls mit Parameterveränderungen eingreifen zu können. →*Computergraphik.*

Vogelperspektive _____

℘ ∆→*Perspektive* ②.

Vollfarbendarstellung _____

⊡ →*Farbtiefe.*

Volumenmodell _____

→*körperorientiertes Modellieren.*

Voronoi-Diagramm _____

∆ Das Voronoi-Diagramm zu einer endlichen Punktmenge ist eine Zerlegung der Ebene in Gebiete. Jedem Punkt der Punktmenge entspricht ein Gebiet, das den Teil der Ebene umfaßt, die diesem Punkt näher als jedem anderen Punkt der Punktmenge liegt. Das bedeutet, daß die Gebietsgrenzen durch Mittelsenkrechte auf den

Verbindungsstrecken der gegebenen Punkte gebildet werden und damit die einzelnen Gebiete → *Polygone* sind. Voronoi-Diagramme stehen in enger Verbindung mit → *Delaunay-Triangulierungen.*

Voxelmodell _____

[*engl.* Volume element, Volumen-, Raumelement] ⌐ Ein Voxelmodell kann als Übertragung von → *Rasterbildern* in den dreidimensionalen Raum angesehen werden. Es definiert eine räumliche Zellzerlegung in reguläre Volumenelemente (*Voxel*, analog zu → *Pixel*). Den Voxeln ist ein Wert zugeordnet, der anwendungsabhängig ist. Bei einem binären Voxelmodell kann das etwa Material/kein Material sein. Bei der → *Computertomographie* erhält man ein Voxelmodell durch die räumliche Anordnung der Folge der Schnittbilder. Die Voxel sind hierbei üblicherweise Grauwerte, die über die Materialverteilung Auskunft geben. In der Computeranimation werden Voxelmodelle auch als dreidimensionale → *Texturen* eingesetzt.

W

window _____

[*engl.* Fenster] → *Fenstertechnik.*

wire frame _____

[*engl.* Drahtrahmen] ⌐ ⇒ *Drahtmodell.*

work station _____

⌐ [*engl.* Arbeitsplatz] ⇒ *Arbeitsplatzrechner.*

X

X-Window-System _____

⊞ ein am Massachusetts Institute of Technology (MIT), USA, entwickeltes Fenstersystem (→ *Fenstertechnik*), das mittlerweile von zahlreichen Rechnerherstellern, insbesondere von → *Arbeitsplatzrechnern* unter →UNIX, übernommen wurde. Das hängt damit zusammen, daß das X-Window-System relativ einfach auf unterschiedliche Rechner und → *Betriebssysteme* anpaßbar ist. Das X-Window-System ist auch für Rechner vorgesehen, die in einem → *Rechnernetz* organisiert sind. Die → *interaktiven* Arbeitsplätze werden von sogenannten X-Servern verwaltet, die die Kommunikation mit X-Klienten durchführen. X-Klienten sind Prozesse, mit denen der Dialog stattfindet und denen Fenster auf dem Bildschirm des X-Servers zugeordnet sind.

Y

YMC ───

[*engl.* Yellow Magenta Cyan, gelb, magentarot, zyanblau] Die →*Gegenfarben* zu →*RGB*.

Z

Z-Buffer ───

⌺ [nach der „Höhen"-Koordinate z] →*Tiefenpufferalgorithmus*.

Zeitcode ───

∞ zusätzliches Signal bei der Videoaufzeichnung, das die Einzelbilder durchnumeriert, um bildgenaues Schneiden zu ermöglichen (→*elektronischer Schnitt*, →*Insert-Schnitt*). Beim →*SMPTE*-Longitudinalcode (auch serieller Zeitcode genannt) erfolgt die Aufzeichnung auf einer separaten Spur, etwa einer Tonspur, im →*Längsspurverfahren*. Beim VITC (vertical interval time code) wird der Zeitcode in die Austastlücke des →*Videosignals* integriert.

Zeilensprungverfahren ──────────────────────────────────

∞ Bei der Wiedergabe von Bildern auf einem →*Monitor* wird die Bildfrequenz dadurch scheinbar verdoppelt (und damit Flackern verhindert), daß alle geraden Zeilen und dann alle ungeraden Zeilen abwechselnd ausgegeben werden. Dies wird auch als *interlaced* (engl.) oder Halbbildverfahren bezeichnet.

Zeitlupe ───

▥ Aufzeichnung von mehr Bildern pro Sekunde als bei der Normalaufzeichnung, so daß beim Abspielen mit normaler Geschwindigkeit der Zeitablauf verlangsamt erscheint. Gegensatz: →*Zeitraffer*.

Zeitraffer ──

▥ Aufzeichnung von weniger Bildern pro Sekunde als im Normalfall, so daß beim Abspielen mit normaler Geschwindigkeit der Zeitablauf beschleunigt erscheint. Gegensatz: →*Zeitlupe*.

Zentralprojektion ───────────────────────────────────────

√ →*Projektion*.

Zoom ───

[*engl.* to zoom, summen, surren, steil nach oben ziehen, hochreißen] ▥ Die *optische Fahraufnahme*, im Gegensatz zur →*Kamerafahrt*, die durch Veränderung der Objektivbrennweite bei feststehender Kamera erzielt wird.

$2\frac{1}{2}$-dimensional ─────────────────────────────────────

⌺ Simulation von Dreidimensionalität und →*Perspektive* durch kulissenartig hintereinander angeordnete zweidimensionale Gebilde. Auch dreidimensionale Objekte der →*geometrischen Modellierung*, die sich aus einer Folge zweidimensionaler Objekte ergeben, werden als zweieinhalbdimensional bezeichnet. Beispiele sind eine aus ebenen Schichten aufgebaute Landschaft oder →*Sweep-Körper*, die sich durch Bewegen eines zweidimensionalen Objekts ergeben.

Literatur

J. Albertz, W. Kreiling (1980). *Photogrammetrisches Taschenbuch.* Herbert Wichmann Verlag, Karlsruhe.

B. Allan, B. Wyvill, I.H. Witten (1989). *A Methodology for Direct Manipulation of Polygon Meshes.* In *New Advances in Computer Graphics, CG International '89*, pp. 451–470, Springer-Verlag, Tokyo.

J. Amanatides (1984). *Ray Tracing with Cones. Computer Graphics*, 18(3):129–135.

P. Amburn, E. Grant, T. Whitted (1986). *Managing Geometric Complexity with Enhanced Procedural Models. Computer Graphics*, 20(3):189–196.

P. Amburn, T. Whitted, E. Grant (1986). *Exploiting Classes in Modeling and Display Software. IEEE Computer Graphics & Appl.*, 6(11):13–19.

H. J. Andree (1986). *Grundlagen für die Produktion von Computerfilmen. Fernseh- & Kinotechnik*, 40(2):44–50.

ANSI (1981). *IGES (Initial Graphics Exchange Specification).*

ANSI (1986). *PHIGS.* Draft Proposal American National Standard, Technical Committee X3H3-Computer Graphics.

M. Aono, T.L. Kunii (1984). *Botanical Tree Image Generation. IEEE Computer Graphics & Appl.*, 4(5):10–34.

Apollo Computer Inc. *Network Computing System (NCS) Reference.*

W.W. Armstrong, M.W. Green (1985). *The Dynamics of Articulated Rigid Bodies for Purpose of Animation. The Visual Computer*, 1:231–240.

J. Arvo, D. Kirk (1987). *Fast Ray Tracing by Ray Classification. Computer Graphics*, 21(4):55–64.

N.I. Badler, S.W. Smoliar (1979). *Digital Representation of Human Movement. ACM Computing Surveys*, 11:19–38.

E. Bahar, S. Chakrabati (1987). *Full Wave Theory Applied to Computer Aided Graphics for 3-D objects. IEEE Computer Graphics & Appl.*, 7(7):46–60.

M. Barnsley (1988). *Fractals Everywhere.* Academic Press, New York.

A.H. Barr (1984). *Global and Local Deformations of Solid Primitives. Computer Graphics*, 18(3):21–30.

A.H. Barr (1986). *Ray Tracing Deformed Surfaces. Computer Graphics*, 20(3):287–296.

D.R. Baum et al. (1986). *The Back-Buffer Algorithm: An Extension of the Radiosity Method to Dynamic Environments. The Visual Computer*, 2:298–306.

K.W. Bernath (1982). *Grundlagen der Fernseh-Systeme und Schaltungstechnik.* Springer-Verlag, Berlin.

K.W. Bernath (1986). *Technik des Fernsehens.* Springer-Verlag, Berlin.

J. Bertin (1974). *Graphische Semiologie.* Walter de Gruyter, Berlin.

J.F. Blinn (1978). *Simulation of Wrinkled Surfaces. Computer Graphics*, 12(3):286–292.

J.F. Blinn (1982). *Light Reflection Functions for Simulation of Clouds and Density Surfaces. Computer Graphics*, 16(3):21–30.

J.F. Blinn, M.E. Newell (1976). *Texture and Reflection in Computer Generated Images. Comm. ACM*, 19:542–547.

J. Bloomenthal (1985). *Modeling the Mighty Maple. Computer Graphics*, 19(3):305–312.

W. Boehm, G. Farin, J. Kahmann (1985). *A Survey on Curve and Surface Methods in CAGD. CAGD*, 1:1–60.

J.-D. Boissonnat (1988). *Shape Reconstruction from Planar Cross-Sections. Computer Vision, Graphics, and Image Processing*, 44:1–29.

K. Bouatouch, T. Priol (1988). *Experimenting with a Parallel Ray-Tracing Algorithm on a Hypercube Machine.* In *Proceedings Eurographics '88*, pp. 243–260. North-Holland, Amsterdam.

K. Bouatouch, T. Priol (1988). *Parallel Space Tracing: An Experience on an iPSC Hypercube.* In *New Trends in Computer Graphics, CG International '88*, pp. 170–188. Springer-Verlag, Berlin.

S.R. Bourne (1984). *The Unix System.* Addison-Wesley, Reading, Mass.

C. Bouville (1985). *Bounding Ellipsoids for Ray-Fractal Intersection. Computer Graphics*, 19(3):45–52.

A. Bowyer, P.J. Willis, J.R. Woodwark (1981). *A Multiprocessor Architecture for Solving Spatial Problems. Computer Journal*, 24:265–278.

P. Bratley, B.L. Fox, L.E. Schrage (1983). *A Guide to Simulation.* Springer-Verlag, New York.

D.E. Breen (1989). *Choreographing Goal-Oriented Motion Using Cost Functions.* In *State-of-the-art in Computer Animation*, pp. 141–152. Springer-Verlag, Tokyo.

D.E. Breen, M.J. Wozny (1989). *Message-Based Choreography for Computer Animation.* In *State-of-the-art in Computer Animation*, pp. 69–82. Springer-Verlag, Tokyo.

W.F. Bronsvoort, F. Klok (1985). *Ray Tracing Generalized Cylinders. ACM Transactions on Graphics*, 4:291–303.

L.S. Brotman, N.I. Badler (1984). *Generating Soft Shadows with a Depth Buffer Algorithm. IEEE Computer Graphics & Appl.*, 4:5–12.

M.H. Brown (1988). *Algorithm Animation.* ACM Distinguished Dissertation, MIT Press.

J. Bu, E.F. Deprettere (1987). *A VLSI System Architecture for High-Speed Radiative Transfer 3D Image Synthesis.* In *Proceedings Eurographics '87*, pp. 221–234. North-Holland, Amsterdam.

N. Burtnyk, M. Wein (1976). *Interactive Skeleton Techniques for Enhancing Motion Dynamics in Key Frame Animation. Comm. ACM*, 19(10):564–569.

B. Cabral, N. Max, R. Springmeyer (1987). *Bidirectional Reflection Functions from Surface Bump Maps. Computer Graphics*, 21(3):273–282.

Camacho-Gonzales et al. (1984). *Evaluation of the Effectiveness of PROLOG for a CAD application. IEEE Computer Graphics & Appl.*, 4(3):67–75.

L. Carpenter (1984). *The A-Buffer, An Antialiased Hidden Surface Method. Computer Graphics*, 18(3):103–108.

H.N. Christiansen, T.W. Sederberg (1978). *Conversion of Complex Contour Line Definition into Polygonal Element Mosaics. Computer Graphics*, 12(3):187–192.

H.N. Christiansen, M.B. Stephenson, R.F. Hales B.J. Nay, D.G. Ervin (1981). *Movie.BYU - 1981.* In *Proceedings Eurographics '81*, pp. 57–67. North-Holland, Amsterdam.

P. Chylla, H.-G. Hegering (1987). *Ethernet-LANs.* Datacom Buchverlag, Pulheim.

J. Clark (1982). *The Geometry Engine: A VLSI Geometry System for Graphics. Computer Graphics*, 16(3):127–133.

U. Claussen (1989). *Die Schnittstelle zwischen Simulation und Animation – ein Diskussionsbeitrag.* In *19. GI-Jahrestagung, Informatik-Fachberichte 222*, pp. 474–485. Springer-Verlag, Berlin.

R.D. Clay, H.P. Moreton (1988). *Efficient Adaptive Subdivision of Bezier Surfaces.* In *Proceedings Eurographics '88*, pp. 357–372. North-Holland, Amsterdam.

J. Cleary, K.-H. Goh, B. Unger (1985). *Discrete Event Simulation in Prolog.* In *Proceedings "AI, Graphics, and Simulation"*, pp. 8–13. The Society for Computer Simulation.

J.G. Cleary, B.M. Wyvill, G.M. Birtwistle, R. Vatti (1986). *Multiprocessor Ray Tracing. Computer Graphics Forum*, 5:3–12.

W.F. Clocksin, C.S. Mellish (1981). *Programming in Prolog.* Springer-Verlag, Berlin.

M.F. Cohen, S.E. Chen, J.C. Wallace, D.P. Greenberg (1988). *A Progressive Refinement Approach to Fast Radiosity Image Generation. Computer Graphics*, 22(3):75–84.

M.F. Cohen, D.P. Greenberg (1985). *The Hemi-Cube: a Radiosity Solution for Complex Environments. Computer Graphics*, 19(3):31–40.

M.F. Cohen, D.P. Greenberg, D.S. Immel, P.J. Brock (1986). *An Efficient Radiosity Approach for Realistic Image Synthesis. IEEE Computer Graphics & Appl.*, 6(2):26–34.

R. L. Cook, K.E. Torrance (1982). *A Reflectance Model for Computer Graphics. ACM Transactions on Graphics*, 1(1):7–24.

R.L. Cook (1984). *Shade Trees. Computer Graphics*, 18(3):223–232.

R.L. Cook (1986). *Antialiasing by Stochastic Sampling. ACM Trans. on Computer Graphics*, 5:51–72.

R.L. Cook, T. Porter, L. Carpenter (1984). *Distributed Ray Tracing. Computer Graphics*, 18(3):137–145.

E. Couchot (1988). *Images – De l'optique au numérique.* Hermès, Paris.

F.C. Crow (1984). *Summed-Area Tables for Texture Mapping. Computer Graphics*, 18(3):207–212.

C. A. Csuri (1977). *3–D Computer Animation.* In *Advances in Computer.* Academic Press, New York.

Leonardo da Vinci (1989). *Traktat von der Malerei.* Eugen Diederichs Verlag, München. Nachdruck der Ausgabe Jena 1925.

N. Dadoun, D.G. Kirkpatrick, J.P. Walsh (1985). *The Geometry of Beam Tracing*. In *1. ACM Symposium on Computational Geometry*, pp. 55–61.

W.J. Dallas (1980). *Computer-Generated Holograms*. In *The Computer in Optical Research, Topics in Applied Physics, vol. 41, B.R. Frieder, ed., Springer-Verlag, Berlin*.

S. Demko, L. Hodges, B. Naylor (1985). *Construction of Fractal Objects with Iterated Function Systems. Computer Graphics*, 19(3):271–278.

F. Devai (1986). *Quadratic Bounds for Hidden-Line Elimination*. In *2. ACM Conference on Computational Geometry*, pp. 269–275.

M. Dippé, J. Swensen (1984). *An Adaptive Subdivision Algorithm and Parallel Architecture for Realistic Image Synthesis. Computer Graphics*, 18(3):149–158.

W. Dungan (1979). *A Terrain and Cloud Model Image Generation Model. Computer Graphics*, 13(3):143–150.

H. Edelsbrunner (1987). *Algorithms in Combinatorial Geometry*. Springer-Verlag, Berlin.

J. Encarnaçao, W. Straßer (1986). *Computer Graphics: Gerätetechnik, Programmierung und Anwendung graphischer Systeme*. Oldenbourg, München.

G. Enderle, G. Kansy, G. Pfaff (1984). *Computer Graphics Programming*. Springer-Verlag, Berlin.

G.E. Farin (1987). *Geometric Modeling: Algorithms and New Trends*. SIAM.

G.E. Farin (1988). *Curves and Surfaces for Computer Aided Geometric Design*. Academic Press, New York.

I.D. Faux, J. Pratt (1979). *Compuational Geometry for Design and Manufacture*. Ellis Horward, Chichester.

J. Feder (1988). *Fractals*. Plenum Press, New York.

E.A. Feibush, M. Levoy, R.L. Cook (1980). *Synthetic Texturing Using Digital Filters. Computer Graphics*, 14(3):294–301.

W.-D. Fellner (1989). *Computer Grafik*. B.I. Wissenschaftsverlag, Mannheim.

R.W. Floyd, L. Steinberg (1975). *An Adaptive Algorithm for Spatial Gray Scale*. In *Int. Symp. Dig. Tech. Papers*.

J.D. Foley, A. van Dam (1982). *Fundamentals of Interactive Computer Graphics*. Addison-Wesley, Reading, Mass.

A. Fournier, D. Fussel, L. Carpenter (1982). *Computer Rendering of Stochastic Models. Comm. ACM*, 25:371–384.

A. Fournier, W.T. Reeves (1986). *A Simple Model of Ocean Waves.* Computer Graphics, 20(3):75–84.

H.W. Franke (1978). *Kunst kontra Technik?* Fischer, Frankfurt a.M.

H.W. Franke (1985). *Computergraphik — Computerkunst.* Springer-Verlag, Berlin.

W.R. Franklin (1980). *A Linear Time Exact Hidden Surface Algorithm.* Computer Graphics, 14(3):117–123.

K.S. Fu (1980). *Syntactic Modeling Using Stochastic Tree Grammars.* Computer Graphics and Image Processing, 12:136–152.

K.S. Fu, S.Y. Lu (1978). *Computer Generation of Texture Using a Syntactic Approach.* Computer Graphics, 12(3):147–152.

H. Fuchs, J. Goldfeather, S. Spach J.P. Hultquist, J.D. Austin, F.P. Brooks Jr., J.G. Eyles, J. Poulton (1985). *Fast Spheres, Shadows, Textures, Transparencies and Image Enhancements in Pixel-Planes.* Computer Graphics, 19(3):111–120.

H. Fuchs, Z. Kedem, B.F. Naylor (1980). *On Visible Surface Algorithms by a Priority Tree Structure.* Computer Graphics, 14(3):124–133.

H. Fuchs, Z. Kedem, S.P. Uselton (1977). *Optimal Surface Reconstruction from Planar Contours.* Comm. ACM, 20:693–702.

A. Fujimoto, T. Tanaka, K. Iwata (1986). *ARTS: Accelerated Ray Tracing System.* IEEE Computer Graphics & Appl., 6(4):16–25.

K. Fujimura, H. Toriya, K. Yamaguchi, T.L. Kunii (1983). *Oct-Tree Algorithms for Solid Modeling.* In Intergraphics 83, volume B2/1, pp. 1–15.

K. Fujimura, H. Toriya, K. Yamaguchi, T.L. Kunii (1984). *Oct-Tree Related Data Structures and Algorithms.* IEEE Computer Graphics & Appl., 4(1):53–59.

I. Futo, T. Deutsch, T. Gergely (1986). *Logic Modelling. Simulation Series,* 18:117–129.

G.Y. Gardner (1984). *Simulation of Natural Scenes Using Textured Quadric Surfaces.* Computer Graphics, 18(3):11–20.

G.Y. Gardner (1985). *Visual Simulation of Clouds.* Computer Graphics, 19(3):297–304.

M. Gervautz, W. Purgathofer (1988). *A Simple Method for Color Quantization: Octree Quantization.* In CG International '88, pp. 219–231. Springer-Verlag, Berlin.

N. Gharachovuloo et al. (1988). *Subnanosecond Pixel Rendering with Million Transistor Chips.* Computer Graphics, 20(3):41–49.

M. Girard, A.A. Maciejewski (1985). *Computational Modeling for the Computer Animation of Legged Figures.* Computer Graphics, 19(3):263–270.

A.S. Glassner (1984). *Space Subdivision for Fast Raytracing.* IEEE Computer Graphics & Applications, 4(10):15–22.

A.S. Glassner (1986). *Adaptive Precision in Texture Mapping.* IEEE Computer Graphics & Appl., 20(4):297–306.

A.S. Glassner, editor (1989). *An Introduction to Ray Tracing.* Academic Press, New York.

M. Goldapp (1986). *Fast Scan-Conversion Using Vectorization.* Parallel Computing, 3:141–152.

A. Goldberg (1983). *Smalltalk 80 - The Language and its Implementation.* Addison-Wesley, Reading, Mass.

J. Goldfeather, J.P.M. Hultquist, H. Fuchs (1986). *Fast Constructive-Solid Geometry Display in the Pixel-Powers Graphics System.* Computer Graphics, 20(3):107–116.

J. Goldsmith, J. Salmon (1987). *Automatic Creation of Object Hierarchies for Ray Tracing.* Computer Graphics & Appl., 7(5):14–20.

R. Gonzales, P. Wintz (1977). *Digital Image Processing.* Addison-Wesley, Reading, Mass.

C.M. Goral, K.E. Torrance, D.P. Greenberg, B. Battaile (1984). *Modeling the Interaction of Light Between Diffuse Surfaces.* Computer Graphics, 18(3):213–222.

H. Gouraud (1971). *Computer Display of Curved Surfaces.* IEEE Transactions on Computers, C-20:623–629.

D.P. Greenberg, M.F. Cohen (1986). *Radiosity: A Method for Computing Global Illumination.* The Visual Computer, 2:291–297.

B. Guenther (1989). *A System for Simulating Human Facial Expression.* In State-of-the-art in Computer Animation, pp. 191–202. Springer-Verlag, Tokyo.

L.J. Guibas, J. Stolfi (1985). *Primitives for the Manipulation of General Subdivisions and the Computation of Voronoi Diagrams.* ACM Transactions on Computer Graphics, 4:74–123.

P. Gummert, K.-A. Reckling (1986). *Mechanik.* Vieweg & Sohn, Braunschweig.

R. Hagman (1986). *Process Server: Sharing Processing Power in a Workstation Environment.* In 6th Intl. Conf. on Distributed Computing Systems, Cambridge, MA, pp. 260–267.

J.K. Hahn (1988). *Realistic Animation of Rigid Bodies.* Computer Graphics, 22(3):299–308.

E.A. Haines, D.P. Greenberg (1986). *The Light Buffer: A Shadow Testing Accelerator.* IEEE Computer Graphics & Appl., 6(9):6–16.

P. Hanrahan (1983). *Ray Tracing Algebraic Surfaces.* Computer Graphics, 17(3):83–90.

P. Hariharan (1984). *Optical Holography.* Cambridge University Press, Cambridge.

P.S. Heckbert (1982). *Color Image Quantization for Frame Buffer Display.* Computer Graphics, 16(3):297.

P.S. Heckbert (1986). *Survey on Texture Mapping.* IEEE Computer Graphics & Appl., 6(11):56–67.

P.S. Heckbert, P. Hanrahan (1984). *Beam Tracing Polygonal Objects.* Computer Graphics, 18(3):119–127.

C. Hewitt, R. Atkinson (1977). *Parallelism and Synchronization in Actor Systems.* In *Proc. ACM Symp. on Principles of Programming Languages*, pp. 267–280.

C. Hewitt, P. Bishop, R. Steiger (1973). *A Universal Modular Actor Formalism for Artificial Intelligence.* In *Proc. International Joint Conference on Artificial Intelligence*, pp. 231–245.

T. Higgins, D. Kochanek (1987). *2-D Computer Animation.* In D. Thalmann, editor, *CG International'88 – L'animation par ordinateur.*

H. Hild, M. Pins (1989). *A 3-D Error Diffusion Dither Algorithm for Half-Tone Animation on Bitmap Screens.* In *State-of-the-art in Computer Animation*, pp. 181–190. Springer-Verlag, Tokyo.

H. Hild, M. Pins (1989). *Variations on a Dither Algorithm.* In *EUROGRAPHICS'89*, pp. 381–392. North-Holland, Amsterdam.

W.D. Hillis (1985). *The Connection Machine.* ACM Distinguished Dissertations, MIT Press.

R.W. Hockney, C.R. Jesshope (1981). *Parallel Computers.* Hilger.

G.R. Hofmann, K. Reichenberger (1989). *Realismus als eine Kategorie technischer Bildqualität? – ein Diskussionsbeitrag.* In *19. GI-Jahrestagung, Informatik-Fachberichte 222*, pp. 486–496. Springer-Verlag, Berlin.

K.H. Höhne (1987). *3-D Bildverarbeitung und Computergrafik in der Medizin.* Informatik-Spektrum, 10:192–200.

J. Hoschek, D. Lasser (1989). *Grundlagen der geometrischen Datenverarbeitung.* B.G. Teubner, Stuttgart.

E. Hundt, G. Schwierz (1985). *Verfahren und Systeme der Computertomographie — Röntgen — Magnetische Resonanz — Ultraschall. Informatik-Spektrum,* 8:273–304.

D.S. Immel, M.F. Cohen, D.P. Greenberg (1986). *A Radiosity Model for Non-Diffuse Environments. Computer Graphics,* 20(3):133–142.

INMOS Ltd., Bristol. *Transputer.*

R.M. Isaacs, M.F. Cohen (1987). *Controlling Dynamic Simulation with Kinematic Constraints. Computer Graphics,* 21(3):215–224.

K. Jensen, N. Wirth (1985). *Pascal User Manual and Report, 3rd ed.* Springer-Verlag, New York.

K.I. Joy, M.N. Bhetanabhotla (1986). *Ray Tracing Parametric Surface Patches Utilizing Numerical Techniques and Ray Coherence. Computer Graphics,* 20(3):279–285.

J.T. Kajiya (1983). *New Techniques for Ray Tracing Procedurally Defined Objects. ACM Trans. on Graphics,* 2:161–181.

J.T. Kajiya (1985). *Anisotropic Reflection Models. Computer Graphics,* 19(3):15–22.

J.T. Kajiya (1986). *The Rendering Equation. Computer Graphics,* 20(3):143–150.

J.T. Kajiya, B.P. von Herzen (1984). *Ray Tracing Volume Densities. Computer Graphics,* 18(3):165–174.

F.-J. Kauffels (1984). *Lokale Netze.* Verlagsgesellschaft Rudolf Müller, Köln-Braunsfeld.

F.-J. Kauffels (1987). *Einführung in die Datenkommunikation.* Datacom Buchverlag, Pulheim.

D.S. Kay, D. Greenberg (1979). *Transparency for Computer Synthesized Images. Computer Graphics,* 13(3):158–164.

T.L. Kay, J.T. Kajiya (1986). *Ray Tracing Complex Scenes. Computer Graphics,* 20(3):269–278.

B.W. Kernighan, D.M. Ritchie (1978). *The C Programming Language.* Prentice-Hall, Englewood Cliffs.

R.V. Klassen (1987). *Modeling the Effect of the Atmosphere on Light. ACM Transactions on Graphics,* 6:215–237.

K. Knowlton (1981). *Computer-Aided Description, Manipulation, and Depiction of Objects Composed of Spheres. Computer Graphics*, 15(1):49–71.

D.E. Knuth (1980). *The Art of Computer Programming, Vol. 2 — Seminumerical Algorithms.* Addison-Wesley, Reading, Mass.

D.E. Knuth (1984). *The TeXbook.* Addison-Wesley, Reading, Mass.

D.E. Knuth (1986). *The METAFONTbook.* Addison-Wesley, Reading, Mass.

D.E. Knuth (1987). *Digital Halftones by Dot Diffusion. ACM Transactions on Graphics*, 6:245–273.

H. Kobayashi, T. Nakamura, Y. Shigei (1988). *A Strategy for Mapping Parallel Ray-Tracing into a Hypercube Multiprocessor System.* In *CG International'88.* Springer-Verlag.

W. Krüger (1988). *Intensity Fluctuations and Natural Texturing. Computer Graphics*, 22(3):213–220.

J. Lansdown, R.A. Earnshaw, editors (1989). *Computers in Art, Design and Animation.* Springer-Verlag, New York.

J. Lasseter (1987). *Principles of Traditional Animation Applied to 3D Computer Animation. Computer Graphics*, 21(3):35–44.

M.E. Lee, R.A. Redner, S.P. Uselton (1985). *Statistically Optimized Sampling for Distributed Ray Tracing. Computer Graphics*, 19(3):61–67.

H. Leopoldseder, editor (1987). *Meisterwerke der Computerkunst*, Worpswede. ORF Linz, Verlag H. Sauer. Prix Ars Electronica '87.

H. Leopoldseder, editor (1988). *Meisterwerke der Computerkunst*, Bremen. ORF Linz, TMS Verlag, H. Saitzek. Prix Ars Electronica '88.

G. Levner, P. Tassinari, D. Marini (1987). *A Simple, General Method for Ray Tracing Bicubic Surfaces.* In T. Kunii, editor, *Computer Graphics International 1987*, pp. 285–302. Springer-Verlag, Tokyo.

O. Limann, H. Pelka (1983). *Fernsehtechnik ohne Ballast.* Franzis-Verlag, München.

A. Lindenmayer (1968). *Mathematical Models for Cellular Interactions in Development, I, II. J. of Theoret. Biology*, 18:280–315.

T. Lozano-Perez (1983). *Spatial Planning: a Configuration Space Approach. IEEE Transactions on Computers*, C-32:108–120.

T. Lozano-Perez, M. A. Wesley (1979). *An Algorithm for Planning Collision-Free Paths Among Polyhedral Obstacles. Comm. ACM*, 22(10):560–570.

D. Maegher (1982). *Geometric Modeling Using Octtree Encoding. Computer Graphics and Image Processing*, 19:129–147.

N. Magnenat Thalmann, D. Thalmann (1987). *The Direction of Synthetic Actors in the Film Rendez-vous à Montréal. IEEE Computer Graphics & Appl.*, 7(12):9–19.

N. Magnenat Thalmann, D. Thalmann (1987). *Image Synthesis: Theory and Practice.* Springer Verlag, Tokyo.

N. Magnenat Thalmann, D. Thalmann, editors (1989). *State-of-the-art in Computer Animation.* Springer-Verlag, Tokyo.

N. Magnenat Thalmann, D. Thalmann (1990). *Computer Animation: Theory and Practice.* Springer-Verlag, Berlin, 2nd edition.

B.B. Mandelbrot (1982). *The Fractal Geometry of Nature.* Freeman, San Francisco.

S.C. Marsh (1988). *Fine Grain Parallel Architecture and the Creation of High Quality Images.* In *Theoretical Foundations of Computer Graphics and CAD*, pp. 727–754. Springer-Verlag, Berlin.

R. Marshall, R. Wilson, W. Carlson (1980). *Procedure Models for Generating 3d Terrain. Computer Graphics*, 14(3):154–162.

G.A. Mastin, P.A. Wattenberg, J.F. Mareda (1987). *Fourier Synthesis of Ocean Scenes. IEEE Computer Graphics & Appl.*, 7(3):16–27.

N.L. Max (1981). *Vectorized Procedural Models for Natural Terrain: Waves and Islands in Sunset. Computer Graphics*, 15(3):317–324.

N.L. Max (1984). *Atoms with Transparency and Shadows. Computer Vision, Graphics, and Image Processing*, 27:46–63.

N.L. Max (1986). *Light Diffusion through Clouds and Haze. Computer Vision, Graphics, and Image Processing*, 33:280–292.

N.L. Max (1986). *Shadows for Bump-Mapped Surfaces.* In *Advanced Computer Graphics*, pp. 145–156. Springer-Verlag, Tokyo.

G. Mazzola, D. Krömker, G.R. Hofmann (1987). *Rasterbild – Bildraster.* Springer-Verlag, Berlin.

B.H. McCormick, T.A. DeFanti, M.D. Brown (1987). *Visualization in Scientific Computing. Computer Graphics*, 21(6).

K. Mehlhorn (1984). *Data Structures and Algorithms 3: Multidimensional Searching and Computational Geometry.* Springer-Verlag, Berlin.

G.S.P. Miller (1986). *The Definition and Rendering of Terrain Maps. Computer Graphics*, 20(3):39–48.

K.M. Mittelstaedt, D.E. Trippner (1988). *CAD Data Exchange.* In *Advances in Computer Graphics III*, pp. 241–292. Springer-Verlag, Berlin.

J. Monne, F. Schmitt, D. Massaloux (1981). *Bidimensional Texture Synthesis by Markov Chains. Computer Garphics and Image Processing*, 17:1–23.

M. Moore, J. Wilhelms (1988). *Collision Detection and Response for Computer Animation. Computer Graphics*, 22(3):289–298.

B. Morgenstern (1987). *Technik der magnetischen Videosignalaufzeichnung.* B.G. Teubner, Stuttgart.

H. Müller (1986). *Erzeugung realistisch wirkender Computergraphik aus komplexen Szenen durch Strahlverfolgung. Angewandte Informatik*, 28(4):151–155.

H. Müller (1988). *Realistische Computergraphik: Algorithmen, Datenstrukturen und Maschinen.* In *Informatik-Fachberichte 163.* Springer-Verlag, Berlin.

E. Myers (1984). *Cray conquers Hollywood. Datamation*, 30(10):24–32.

M. Nagl (1979). *Graphgrammatiken.* Vieweg-Verlag, Braunschweig.

W.M. Newman, R.F. Sproull (1982). *Principles of Interactive Computer Graphics.* McGraw-Hill, New York.

H. Nishimura, T. Kawata, I. Shirakama, K. Omura (1983). *LINKS-1: A Parallel Pipelined Multicomputer System for Image Creation.* In *Proceedings of the 10th symposium on Computer Architecture, SIGARCH*, pp. 387–394.

T. Nishita, Y. Miyawaki, E. Nakamae (1987). *A Shading Model for Atmospheric Scattering Considering Luminous Intensity Distribution of Light Sources. Computer Graphics*, 21(3):303–310.

T. Nishita, E. Nakamae (1985). *Continuous Tone Representation of Three-Dimensional Objects Taking Account of Shadows and Interreflection. Computer Graphics*, 19(3):23–30.

T. Nishita, I. Okamura, E. Nakamae (1985). *Shading Models for Linear Sources. ACM Transactions on Computer Graphics*, 4:124–146.

A. Norton (1982). *Generation and Display of Geometric Fractals in 3-D. Computer Graphics*, 16(3):61–67.

M. Ohta, M. Maekawa (1987). *Ray Coherence Theorem and Constant Time Ray Tracing Algorithm.* In *Computer Graphics 1987*, pp. 303–314. Springer-Verlag, Tokyo.

P.E. Oppenheimer (1986). *Real Time Design and Animation of Fractal Plants and Trees. Computer Graphics*, 20(3):55–64.

A.R. Peachey (1985). *Solid Texturing of Complex Surfaces. Computer Graphics*, 19(3):279–286.

D.R. Peachey (1986). *Modeling Waves and Surf. Computer Graphics*, 20(3):65–74.

H.O. Peitgen, D. Saupe (1988). *The Science of Fractal Images*. Springer-Verlag, New York.

Q.S. Peng, Y. Zhu, Y. Liang (1987). *A Fast Ray Tracing Algorithm Using Space Indexing Techniques*. In *Proceedings Eurographics '87*, pp. 11–23. North-Holland, Amsterdam.

J. W. Peterson (1987). *Distributed Animation Summary*. In *4. USENIX Computer Graphics Workshop*, pp. 24–36.

B. T. Phong (1975). *Illumination for Computer Generated Pictures. Comm. ACM*, 18(6):311–317.

Pixar. *The Renderman Interface.*

D.J. Plankett, M.J. Balley . *The Vectorization of a Ray-Tracing Algorithm for Improved Execution Speed. IEEE Computer Graphics & Appl.*, 5(8):52–60.

F.P. Preparata, M.I. Shamos (1985). *Introduction to Computational Geometry*. Springer-Verlag, New York.

T. Priol, K. Bouatouch (1988). *Experimenting with a Parallel Ray-Tracing Algorithm on a Hypercube Machine*. In *Proceedings Eurographics '88*, pp. 243–259. North-Holland, Amsterdam.

P. Prusinkiewicz, J. Hanan (1989). *Lindenmayer Systems, Fractals, and Plants*. Lecture Notes in Biomathematics 79, Springer-Verlag, New York.

X. Pueyo, D. Tost (1988). *A Survey of Computer Animation. Computer Graphics Forum*, 7(4):281–300.

W.T. Reeves (1983). *Particle Systems - a Technique for Modelling a Class of Fuzzy Objects. Computer Graphics*, 17(3):91–108.

W.T. Reeves, R. Blau (1985). *Approximate and Probabilistic Algorithms for Shading and Rendering Structured Particle Systems. Computer Graphics*, 19(3):313–322.

P. De Reffye, C. Edelin, J. Francon, M. Jaeger, C. Puech (1988). *Plant Models Faithful to Botanical Structure and Development. Computer Graphics*, 22(3):151–158.

J.H. Reif, S. Sen (1988). *An Efficient Output-Sensitive Hidden-Surface Removal Algorithm and Its Parallelization.* In *4. ACM Conference on Computational Geometry*, pp. 193–200.

A.F.G. Requicha (1980). *Representations of Rigid Solids. Theory, Methods, and Systems. ACM Computing Surveys*, 12:437–464.

C. W. Reynolds (1982). *Computer Animation with Scripts and Actors. Computer Graphics*, 16(3):289–298.

P.K. Robertson, J.F. O'Callaghan (1985). *The Application of Scene Synthesis Techniques to the Display of Multidimensional Image Data. ACM Trans. on Graphics*, 4:247–275.

R. Roncarelli (1989). *The Computer Animation Dictionary.* Springer-Verlag, New York.

S.D. Roth (1982). *Ray Casting for Modeling Solids. Computer Graphics and Image Processing*, 18:109–144.

H.E. Rushmeier, K.E. Torrance (1987). *The Zonal Method for Calculating Light Intensities in the Presence of a Participating Medium. Computer Graphics*, 21(3):293–302.

B. Schachter (1983). *Computer Image Generation.* John Wiley&Sons, New York.

B.J. Schachter (1980). *Long Crested Wave Models. Computer Graphics and Image Processing*, 12:187–201.

B.J. Schachter, N. Ahuja (1979). *Random Pattern Generation Process. Computer Graphics and Image Processing*, 10:95–114.

A. Schmitt (1981). *Time and Space Bounds for Hidden Line and Visible Surface Algorithms.* In *Proceedings EUROGRAPHICS'81*, pp. 43–56.

H. Schönfelder (1983). *Bildkommunikation.* Springer-Verlag, Berlin.

D. Schreier (1984). *Synthetische Holographie.* Physik-Verlag, Weinheim.

T.W. Sederberg, D.C. Anderson (1984). *Ray Tracing of Steiner Patches. Computer Graphics*, 18(3):159–164.

T.W. Sederberg, S.R. Parry (1986). *Free Form Deformation of Solid Geometric Models. Computer Graphics*, 20(3):151–160.

C.H. Sequin, P.S. Strauss (1983). *UNIGRAPHIX.* In *20th IEEE Design Automation Conference*, pp. 374–381.

H. Shantz (1981). *Surface Definition for Branching Contour-Defined Objects. Computer Graphics*, 15(3):242–270.

M.-Z. Shao, Q.-S. Peng, Y.-D. Liang (1988). *Form-Factors for General Environments*. In *Proceedings Eurographics '88*, pp. 499–510. North-Holland, Amsterdam.

M.-Z. Shao, Q.-S. Peng, Y.-D. Liang (1988). *A New Radiosity Approach by Procedural Refinements for Realistic Image Synthesis*. Computer Graphics, 22(3):93–102.

M. Sharir (1989). *Algorithmic Motion Planning in Robotics*. IEEE Computer, 22(3):9–20.

A.R. Smith (1983). *Digital Filmmaking*. Abakus, 1(1):28–45.

A.R. Smith (1984). *Plants, Fractals, and Formal Languages*. Computer Graphics, 18(3):1–10.

A.R. Smith (1987). *Planar 2-Pass Texture Mapping and Warping*. Computer Graphics, 21(3):263–272.

K.D. Solf (1976). *Filmen*. Fischer, Frankfurt a.M.

L.R. Speer, T.D. DeRose, B.A. Barsky (1985). *A Theoretical and Empirical Analysis of Coherent Ray Tracing*. In M. Wein, editor, *Computer Graphics Interface 85*, pp. 1–8, Montréal.

G. Spur, F.-L. Krause (1986). *CAD-Technik*. Hanser, München, Wien.

J. Stoer, R. Bulirsch (1973). *Einführung in die Numerische Mathematik I,II*. Springer-Verlag, Berlin.

B. Stroustrup (1986). *The C++ Programming Language*. Addison-Wesley, Reading, Mass.

P. Stucki (1982). *Image Processing for Documentation*. In *Document Preparation Systems*, pp. 245–282. North-Holland and Oldenbourg.

Sun Micro Systems. *NFS – Network File System protocol Specification, Revision B*.

I.E. Sutherland, R.F. Sproull, R.A. Schumaker (1974). *A Characterization of Ten Hidden Surface Algorithms*. Comput. Surveys, 6:1–55.

R.W. Swanson, L.J. Thayer (1986). *A Fast Shaded Polygon Renderer*. Computer Graphics, 20(3):95–101.

M.A.J. Sweeney, R.H. Bartels (1986). *Ray Tracing Free-Form B-Spline Surfaces*. IEEE Computer Graphics & Appl., 2(6):41–49.

D. Terzopoulos, K. Fleischer (1988). *Modeling Inelastic Deformation: Viscoelasticity, Plasticity, Fracture*. Computer Graphics, 22(3):269–278.

D. Terzopoulos, J. Platt, A. Barr, K. Fleischer (1987). *Elastically Deformable Models. Computer Graphics*, 21(3):205–214.

D.L. Toth (1985). *On Ray Tracing Parametric Surfaces. Computer Graphics*, 19(3):171–179.

A. van Dam (1988). *PHIGS+ Functional Description, Revision 3.0. Computer Graphics*, 22(3):125–218.

Verband der Automobilindustrie, e.V., Frankfurt. *VDAFS 2.0 - Rechnergestütztes Konstruieren: Format zum Austausch geometrischer Information VDAFS 1.0 = DIN 66301).*

B. von Herzen, A.H. Barr (1987). *Accurate Triangulation of Deformed, Intersecting Surfaces. Computer Graphics*, 21(3):103–110.

F.M. Wahl (1984). *Digitale Bildsignalverarbeitung*. Springer-Verlag, Berlin.

J.R. Wallace et al. (1987). *A Two-Pass Solution to the Rendering Equation: A Synthesis of Raytracing and Radiosity Method. Computer Graphics*, 21(3):311–320.

G.J. Ward, F.M. Rubinstein, R.D. Clear (1988). *A Ray Tracing Solution for Diffuse Interreflection. Computer Graphics*, 22(3):84–92.

D.R. Warn (1983). *Lighting Controls for Synthetic Images. Computer Graphics*, 17(3):13–22.

K. Waters (1987). *A Muscle Model for Animating Three-Dimensional Facial Expression. Computer Graphics*, 21(3):17–24.

J. Weil (1986). *The Synthesis of Cloth Objects. Computer Graphics*, 20(3):49–54.

C.F.R. Weimann (1980). *Continuous Anti-Aliased Rotation and Zoom of Raster Images. Computer Graphics*, 14(3):286–293.

T. Whitted (1980). *An Improved Illumination Model for Shaded Display. Comm. ACM*, 23:343–349.

J.J. Wijk (1984). *Ray Tracing Objects Defined by Sweeping Planar Cubic Splines. ACM Transactions on Graphics*, 3:223–237.

J. Wilhelms, M. Moore, R. Skinner (1988). *Dynamic Animation: Interaction and Control. The Visual Computer*, 4:283–295.

N.S. Williams (1988). *Distributed Ray Tracing Using an SIMD Processor Array*. In *Theoretical Foundations of Computer Graphics and CAD*, pp. 703–726. Springer-Verlag, Berlin.

B. Willim (1989). *Leitfaden der Computer Graphik*. Drei-R-Verlag, Berlin.

P.J. Willis (1987). *Visual Simulation of Atmospheric Haze. Computer Graphics Forum*, 6:35–41.

J. Winckler (1990). *TEX-Fonts in Image Generation Software.* In *TEX: Applications, Uses, Methods*, pp. 73–78. Ellis Horwood, Chichester.

A. Witkin, K. Fleischer, A. Barr (1987). *Energy Constraints on Parameterized Models. Computer Graphics*, 21(3):225–232.

I.H. Witten, R.M. Neal, J.G. Cleary (1987). *Arithmetic Coding for Data Compression. Comm. ACM*, 30:520–540.

G. Wyvill, B. Wyvill, C. McPheeters (1987). *Solid Texturing of Soft Objects. IEEE Computer Graphics & Appl.*, 7(12):20–26.

L. Yaeger, C. Upson, E. Myers (1986). *Combining Visual and Physical Simulation – Creation of the Planet Jupiter for the film "2010". Computer Graphics*, 20(3):85–93.

J. Ziv, A. Lempel (1978). *Compression of Individual Sequences via Variable-Rate Coding. IEEE Trans. on Inform. Theory*, it-25:530–536.

Register